高等学校交通运输与工程类专业教材建设委员会规划教材

Traffic System Modeling and Simulation
交通系统建模与仿真

慈玉生　吴丽娜　编著

李　岩　主审

人民交通出版社股份有限公司

北京

内 容 提 要

本书为交通运输与工程类专业教材建设委员会规划教材,共三篇八章,主要内容包括:交通系统及系统分析、交通系统常用模型、交通系统建模、交通系统仿真基础、交通系统仿真模型、宏观交通系统建模与仿真、中观交通系统建模与仿真、微观交通系统建模与仿真。

本书可作为高等院校交通工程、交通运输、交通设备与控制工程及物流工程等专业本科生和交通运输工程专业研究生的参考教材,也可作为交通行业工程技术人员的参考读物。

图书在版编目(CIP)数据

交通系统建模与仿真 / 慈玉生,吴丽娜编著. — 北京:人民交通出版社股份有限公司,2020.11
ISBN 978-7-114-16951-9

Ⅰ.①交⋯ Ⅱ.①慈⋯ ②吴⋯ Ⅲ.①交通运输系统—系统建模 ②交通运输系统—仿真仿真 Ⅳ.①U491.2-39

中国版本图书馆 CIP 数据核字(2020)第 227148 号

高等学校交通运输与工程类专业教材建设委员会规划教材
Jiaotong Xitong Jianmo yu Fangzhen

书　　名:	交通系统建模与仿真
著 作 者:	慈玉生　吴丽娜
责任编辑:	李　晴　杨　思
责任校对:	孙国靖　宋佳时
责任印制:	刘高彤
出版发行:	人民交通出版社股份有限公司
地　　址:	(100011)北京市朝阳区安定门外外馆斜街 3 号
网　　址:	http://www.ccpcl.com.cn
销售电话:	(010)59757973
总 经 销:	人民交通出版社股份有限公司发行部
经　　销:	各地新华书店
印　　刷:	北京市密东印刷有限公司
开　　本:	787×1092　1/16
印　　张:	17.5
字　　数:	437 千
版　　次:	2020 年 11 月　第 1 版
印　　次:	2020 年 11 月　第 1 次印刷
书　　号:	ISBN 978-7-114-16951-9
定　　价:	45.00 元

(有印刷、装订质量问题的图书由本公司负责调换)

前言

道路交通系统是一个复杂系统。为研究和反映动态交通系统内部变量之间、内部变量与外部变量之间的相互关系,可以在一定的假设条件下构建相应的数学模型,并以此为基础实现交通仿真。其中,交通模型是否准确地描述了系统对象,模型结构是否正确,会对仿真结果的可信度产生重要影响。同时,仿真技术的可重复性及可延续性特征会对模型构建提供强有力的反馈,对交通系统建模也提出了更高的要求。

本书涉及交通系统建模与仿真的基础理论、方法与实践,内容分为三篇,共计八章。第一篇为交通系统建模篇,包含交通系统概念及相关定义、交通系统常用模型及交通系统建模基本方法等;第二篇为交通系统仿真篇,包含交通系统仿真基础及交通系统仿真模型;第三篇为案例篇,分别从宏观、中观和微观三个角度给出具体应用案例。其中,第一、二、四、五、六、七章由慈玉生编写,第三、八章由慈玉生和吴丽娜共同编写。

本书定位于交通系统建模与仿真的入门教材,内容限于基础的、最易于着手的知识点,可作为交通系统建模与仿真课程的教科书,也可作为工程技术人员的参考读物。本书将对分析交通问题和应用所学知识解决实际交通问题起到积极的作用。希望本书能够成为专业学习与工程实践的重要桥梁和纽带。

限于编写人员的知识结构和写作水平,书中如有不妥和纰漏之处,敬请广大读者批评指正。

　　本书的出版得到笔者主持的两项国家重点研发计划项目(2017YFC0803907；＊＊＊＊)的支持。在成稿过程中,笔者参阅了大量的国内外文献,吸收了部分重要成果,在此向各位作者一并表示感谢。感谢课题组研究生韩张宇、张乃湘、王飒、吴海龙、韩应轩为本书成稿所做的图文编排工作。同时感谢参与和支持本书出版的所有人员。

慈玉生

二〇二〇年七月

目录

第一篇　交通系统建模篇

第一章　交通系统及系统分析 ··· 3
第一节　系统及系统科学 ·· 3
第二节　交通系统工程 ··· 8
第三节　交通系统分析 ·· 10
本章思考题 ··· 17

第二章　交通系统常用模型 ··· 18
第一节　常用模型分类 ·· 18
第二节　交通预测模型 ·· 22
第三节　交通系统优化模型 ··· 40
第四节　交通系统网络分析模型 ··· 48
第五节　交通系统评价模型 ··· 60
本章思考题 ··· 70

第三章　交通系统建模 ··· 71
第一节　系统建模基本技能 ··· 71
第二节　系统建模的步骤和方法 ··· 74
第三节　经验模型构建及参数辨识 ··· 78
第四节　随机性模型构建及评价 ··· 83
第五节　信号控制交叉口交通流集聚与疏散特性建模案例 ··································· 88
本章思考题 ··· 96

第二篇　交通系统仿真篇

第四章　交通系统仿真基础 ··· 99

第一节　交通系统仿真概述 ………………………………………………………… 99
　　第二节　交通系统仿真建模原理 …………………………………………………… 108
　　第三节　交通系统仿真方法与步骤 ………………………………………………… 134
　　本章思考题 …………………………………………………………………………… 147
第五章　交通系统仿真模型 …………………………………………………………… 148
　　第一节　道路设施模型 ……………………………………………………………… 148
　　第二节　车辆生成模型 ……………………………………………………………… 155
　　第三节　车辆跟驰模型 ……………………………………………………………… 171
　　第四节　车道变换模型 ……………………………………………………………… 185
　　第五节　行人与非机动车模型 ……………………………………………………… 192
　　本章思考题 …………………………………………………………………………… 200

第三篇　案　例　篇

第六章　宏观交通系统建模与仿真 …………………………………………………… 203
　　第一节　宏观交通系统仿真软件 …………………………………………………… 203
　　第二节　宏观交通系统仿真案例分析 ……………………………………………… 209
　　本章思考题 …………………………………………………………………………… 222
第七章　中观交通系统建模与仿真 …………………………………………………… 223
　　第一节　中观交通系统仿真软件 …………………………………………………… 223
　　第二节　中观交通系统仿真案例分析 ……………………………………………… 230
　　本章思考题 …………………………………………………………………………… 233
第八章　微观交通系统建模与仿真 …………………………………………………… 234
　　第一节　微观交通系统仿真软件 …………………………………………………… 234
　　第二节　微观交通系统仿真案例分析 ……………………………………………… 253
　　本章思考题 …………………………………………………………………………… 272

参考文献 ………………………………………………………………………………… 273

PART1 第一篇

交通系统建模篇

第一章
交通系统及系统分析

第一节　系统及系统科学

一、系统的定义

现实生活中,系统(System)是一个被广泛使用的词汇。在自然界和人类社会中,可以说任何事物均是以系统的形式存在着,每个所要研究的对象均可以被看作一个系统。如人体是一个系统,由神经、呼吸、消化、循环、运动、生殖等子系统构成;一个城市也是一个系统,由交通运输系统、资源系统、商业系统、市政系统、卫生系统等相互作用着的子系统组合而成,通过各个子系统相互协调地运转去完成城市生活和发展的特定目标。一个大系统的各子系统还可以进一步分解,例如交通运输系统是由铁路运输、公路运输、水路运输、航空运输、管道运输等子系统构成,这些子系统相互配合,共同为社会提供运输服务。

现实生活中,人们总会用综合分析的思维方式认识和改造客观事物,根据事物内在的、本质的、必然的联系,从整体的角度进行分析和研究,这类事物就被看成一个系统。自然界和人类社会中很多事物并不是孤立存在的,而是相互制约、相互联系的,从而形成了各式各样的系统,系统间可以相互包含,可以相互交叉与融合。

我国著名科学家、系统工程的倡导者钱学森对系统给出了如下定义:"系统是由相互作用、相互依赖的若干组成部分结合成的具有特定功能的有机体,而且这个系统本身又是它所从属的一个更大系统的组成部分。"

由上述系统的定义概括出系统中的若干概念。

(1) 系统与要素的关系:系统是由诸要素组成的整体,系统与要素是相互伴随而产生的,也是相互作用而变化的。系统通过整体作用支配和控制要素,要素通过相互作用决定系统的特性和功能。

(2) 系统结构:系统各要素相互作用、相互依赖所构成的组织形式,就是系统结构。

(3) 系统层次:系统可以划分为不同层次,层次的划分具有相对性。任何系统是更高一级系统的组成要素,但任何系统的要素又是更低一级别的系统,即所谓的"向上无限大,系统变要素;向下无限小,要素变系统。"

(4) 系统环境和边界:一个系统以外的又与系统有关联的所有其他部分叫作环境,环境与系统的分界叫作系统边界。

(5) 系统功能:系统具有目的性或功能性,这是系统与环境相互作用的表现形式。

系统的边界和功能是由人们按一定的目的和需要来定义和规定的。例如可以将路基、垫层、基层和面层定义为路基-路面结构系统,将基础、墩台、上部结构和桥面系统定义为桥梁结构系统,分析不同组合的系统内各组成部分在荷载和环境因素作用下产生的应力或位移量,可寻求使各组成部分的承载能力或使用功能均得到充分利用的平衡设计方案;也可以将路面、桥梁或其他工程设施在计划和使用期内经历的规划、设计、施工、养护和监测等管理阶段视为一个管理系统,为管理部门提供低成本、高服务水平的对策方案。

二、系统的特征

1. 整体性

系统是由两个或两个以上可以相互区别的要素,按照作为系统所应具有的综合整体性而构成的一个有机整体。系统的整体性说明:系统的各要素之间存在一定的组合方式,各要素之间是相互统一和协调的,系统整体的功能不是各组成要素功能的简单叠加,而是各组成要素所没有的新功能。一般来说,系统的整体功能大于各组成要素的功能总和。蚂蚁蚁群的分工协作充分说明了系统要素与整体功能间的关系。单独来看,每个蚂蚁的能力是有限的,但是,一旦一只只蚂蚁形成了一个"系统",其整体的生存能力将大于各个蚂蚁之和。在一个系统整体中,即使每个要素并不很完善,也可以协调、综合成为具有良好功能的系统。

并不是所有要素组合的功能总会大于要素功能的简单相加,最典型的例子就是"一个和尚挑水吃,两个和尚抬水吃,三个和尚没水吃。"这是因为,这些"和尚要素"相互不协调、不统一,才使得集体运水的效果骤减。这说明,要使整体功能大于各部分功能之和,构成整体的要素必须协调、统一。

系统的整体性特征决定了系统各要素需形成整体,以获得更多的功能。在认识和改造系统时,必须从整体出发,从全局考虑,从系统、要素、环境的相互关系中探求系统整体的本质和规律,注意从提高整体功能的角度去提高和协调要素的功能。提高要素的基本质量是提高系统整体效能的基础,但在提高要素质量的同时,还要注意要素间的协调。

2. 相关性

组成系统的要素是相互联系、相互作用、相互依存又相互制约的,系统中每个要素的存在均依赖于其他要素的存在,系统中任一要素的变化均将引起其他要素的变化,甚至是整个系统的变化。

系统中各要素之间有着一定的组合关系、联系方式。交通管制系统中,交通网、运输工具、信号控制等要素是相互关联的,通过它们之间的协调关系,交通网上的运输工具有条不紊地运行。如果各个要素不能组成相互协调的系统,势必会造成交通的混乱。

系统的相关性特征决定了系统各要素之间需建立起合理关系,以消除各要素相互间的盲目联系和无效行动,提高系统的有序性,尽量避免系统的"内耗",提高系统整体运行的效果。

3. 目的性

通常,系统具有某种目的和为实现该目的所具有的特定功能,而这正是区别这一系统和那一系统的标志。

系统的目的一般用更具体的目标来体现。比较复杂的社会经济系统均具有不止一个目标。因此,需要用一个指标体系来描述系统的目标。例如,衡量一个工业企业的经营实绩,不仅要考核它的产量、产值指标,而且要考核它的成本、利润和质量指标。在指标体系中,各个指标之间有时是相互矛盾的。因此,要从整体出发,力求获得全局最优的经营效果,这就要求在矛盾的目标之间做好协调工作,寻求平衡或折中方案。

系统的目的性特征决定了系统功能,系统功能又进一步决定了系统结构。

4. 环境适应性

任何一个系统均存在于一定的物质环境之中,必然要与外界环境产生物质的、能量的和信息的交换,外界环境的变化必然引起系统内部各要素的变化。

系统必须适应外部环境的变化,不能适应环境变化的系统是没有持续生命力的。只有能够经常与外界环境保持最优适应状态的系统才是理想系统。例如,任何一个工业企业均必须经常了解市场动态和同类企业的经营动向、有关行业的发展动态、国内外市场的需求等环境的变化,在此基础上研究企业的经营策略,调整企业的内部结构,以适应环境的变化。

三、系统的形态

系统是以不同的形态存在的。根据系统生成原因的不同,系统可分为自然系统和人造系统。自然系统是自然界自发生成的一切物质和现象。人造系统是人类运用自然规律建造的,以自然系统为基础的一切满足人类生存和发展需要的人造物。人造系统与自然系统之间存在着一定的制约关系,如果前者对后者的破坏或改变超出了一定界限,就将产生如环境恶化等不良的后果。

根据系统的组成性质,人造系统又可分为实体系统和概念系统。实体系统是概念系统的形态化,又是实现概念系统要求的运行体。概念系统是实体系统的"灵魂",而实体系统是概念系统的"躯壳"。只有两者结合,人造系统才能得以建立和不断完善。

根据系统状态是否随时间变化,实体系统又可分为静态系统和动态系统。静态系统的状态不随时间变化而改变,动态系统的状态是时间的函数。

根据有无环境交换关系,系统可分为开系统和闭系统。开系统是与环境有物质、能量、信息交换的系统,而闭系统则没有这种交换。因此,建立有生命力的系统,必须是与环境有交换能力的开系统。

此外，根据某些特定的标志，系统还可分为输出完全取决于输入的因果系统(信号系统)、按给定目的行动的目的系统(管理系统)、有控制功能和手段的控制系统(自动化系统)、把达到目的的行动作为组成要素的行动系统(军事系统)、按对象区分的对象系统(经营系统)等。

系统的形态与系统的功能密切相关。分析系统的形态，能使人们明确各种系统的特点及它们之间的关系。尽管系统形态千差万别，但对人类活动起重要作用的是实体系统和概念系统相结合的人造复合系统，这是现实世界存在的各种系统中的大多数。

四、系统科学的定义

系统思想的出现，彻底改变了人们的思维方式，使人们在改造世界的活动中，逐步认识并揭示出客观世界的本质联系和内部规律。现代科学技术、计算机技术和信息技术的高度发展，对系统思想的产生与系统方法的应用产生了极为重大的影响，主要体现在两个方面：一方面是科学技术与科学方法使得系统思想与系统方法定量化、科学化；另一方面是计算机与信息技术的应用，为系统思想、系统方法的实际运用提供了强有力的工具。正是由于这两个影响，才使得系统思想方法从一种哲学思维逐步发展成了独特的系统理论，并在此基础上形成了一门专门的学科——系统科学。

系统科学是关于系统及其演化规律的学科，它是一个大学科，包括一般系统论、控制论、信息论、系统工程、大系统理论、系统动力学、运筹学、博弈论、耗散结构理论、协同学、超循环理论、一般生命系统论等分支。系统科学理论为科学技术进步提供了强大的思想武器，为现代科学技术进步做出了突出的贡献。

系统科学以系统及其机理为对象，研究系统的类型、性质和运行规律。系统科学的研究对象与其他学科不同，它研究的是系统的概念、系统所具有的性质和系统演化的一般规律，反映的是自然界中各个领域中共同的特征。系统科学研究包括5个方面的内容(图1-1)：

(1) 系统概念。即关于系统的一般思想和理论。

(2) 一般系统理论。用数学的形式描述和确定系统结构和行为的纯数学理论。

(3) 系统理论分论。指研究系统结构和行为的一些专门学科，如图论、博弈论、排队论、控制论、信息论等。

(4) 系统方法。即对系统对象进行分析、规划、设计和运用时所采用的具体应用理论及技术的方法，主要指系统分析和系统工程。

(5) 系统方法的应用。即将系统科学的思想和方法应用到各个具体领域中去。

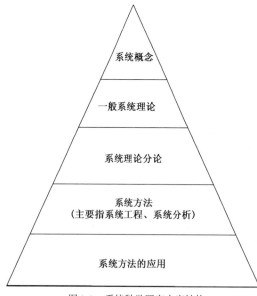

图1-1 系统科学研究内容结构

当代科学技术的发展有两个显著特点：一方面，向深度发展，科学研究的对象越来越专一，学科分类越来越精细，新领域、新科学、新专业不断产生；另一方面，各学科之间、各技术之间以及学科和技术之间相互渗透、相互交叉、相互移植，使得科学技术日趋整体化、综合化。系统科学就是现代科学技术整体化、综合化的产物。

五、系统科学的体系及方法

1. 系统科学的知识体系

人们通常把科学技术体系分成4个层级：工程技术、技术科学、基础科学和哲学。用上述4个层级可以构筑一个大部门科学技术体系。到目前为止，已经形成了三个大部门科学体系：数学科学、自然科学和社会科学；还有新的正在形成的三个大部门科学体系：系统科学、思维科学和人体科学。

系统科学作为高度综合的普遍化理论，横跨自然科学和社会科学两大领域，在社会科学和自然科学之间架起了相互贯通的桥梁。它实现了人类由定性认识到定量认识、由认识物质和能量到认识信息的新飞跃。

系统科学是以系统为研究和应用对象的一个科学技术的门类，如同自然科学、社会科学、数学科学等一样，它是现代科学技术体系中一门新兴的科学技术体系。钱学森应用系统思想和系统方法，一直致力于探求事物发展更一般的规律性，他在总结、概括已有的系统研究成果的基础上，于20世纪70年代末首先提出了系统科学的体系结构（图1-2）。

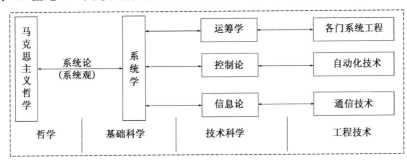

图1-2 系统科学的体系结构

（1）工程技术层次，如各门系统工程、自动化技术、通信技术，是直接改造客观世界的知识。系统工程是组织管理系统的技术，依据系统类型划分各类系统工程，如农业系统工程、经济系统工程、工程系统工程、社会系统工程等。

（2）技术科学层次，如运筹学、信息论和控制论，是指导工程技术的理论。

（3）基础科学层次，如系统学，是研究系统的基本属性与一般规律的学科，是一切系统研究的基础理论。

（4）哲学层次，如系统科学，是通向哲学的桥梁。系统科学的建立必将极大加强人类认识和改造客观世界的能力，促进科学技术与经济的发展，最终发展和深化马克思主义哲学。

2. 系统科学的方法体系

由于抽去了系统的具体形态及其特定的结构和功能，系统科学对系统的研究只着眼于一般形态的系统类型、性质及其运行规律。因此，它对各种具体系统的研究具有方法论的意义，从而使系统科学成为现代的科学方法。

1) 系统科学的一般方法

系统科学从系统观点出发，探讨整体与要素之间、要素与要素之间、整体与外部环境之间的相互联系，并运用系统、信息、熵、控制、反馈、稳态、功能、结构、涨落等理论与方法，刻画系统的性质及其进化。系统科学的一般方法包括结构方法、功能方法、历史方法等，可以应用于一切领域的系统研究。

2）系统科学的特殊方法

系统科学的各个分支学科，如控制论、信息论、博弈论、决策论等，既研究具体领域的系统，又具有横断学科的性质，它们的基本原理可以成为较普遍的科学方法，但普遍性又次于系统科学的一般方法，因而称为系统科学的特殊方法。在系统科学的特殊方法中，可以提炼出系统科学的一般方法。特殊方法的基本特征在于它是特殊系统的研究方法，例如，控制论是研究控制和通信系统的科学方法。

3）系统工程方法

系统工程方法是运用系统观点和理论，为处理巨大规模的复杂工程、科研和生产任务而创造的方法。系统工程的基本思想是对组织和管理的对象进行分析，建立系统模型，运用最优化的方法，求得系统的最佳结果。系统工程方法主要有系统分析、网络分析、协调方法等。

第二节　交通系统工程

一、交通系统

交通系统是人类社会大系统的一个组成环节，是一个复杂、开放的大系统，由人、车辆、线路和环境组成。人是交通系统的主体，包括驾驶员、乘客、行人等。车辆是交通系统的主要部分，包括通用车辆、专用车辆；线路包括公路、城市道路等。人、车辆、线路构成了交通系统的内部结构，交通系统的外部环境包括交通场站、社会环境、土地利用等。构成交通系统的基本要素既是独立的，又往往以组合的形式出现。各类要素中有一类是寻求得到系统服务的需求因素，另一类则是对系统的扩展和运行起制约作用的供给因素。

一般来说，交通系统可以分为载体子系统（包括各类交通网络、场站和交通工具）、运输子系统（包括运输方式的构成及运输组织管理等）以及交通管理子系统等，交通系统的外部环境同样也可以划分成若干子系统（包括地理环境、城市形态与规模、土地利用及社会经济环境等）。子系统具备以下特征：①子系统由各个要素组成。②子系统有独立的内在构成方式和运行机制。③子系统之间存在相互依存与互为制约的关系，任何一个子系统同时作为另一个子系统的外部环境条件而存在。

交通系统具有一般系统所共有的特点，即整体性、相关性、目的性、环境适应性。整体性体现在交通系统是由人、车辆、线路、环境组成的综合整体；相关性体现在交通系统内部各系统之间是有机联系、相互依存又相互作用的；目的性表现在为人们从事各种活动提供必要的物质条件和空间活动条件；环境适应性表现为交通系统处于社会环境之中，受周围环境的影响和制约，并与周围环境相协调。

交通系统的另一个特点是它的开放性。它的服务时间、地点和路线往往不需要事先申请，也难以事先掌握这些信息，因而它的管理难度较大。以现代信息技术、计算机技术等为核心的智能交通系统的研究进展很快，有望在不久的将来为这个问题的解决提供新的契机。

交通系统是高度开放的，因而其另一个特点就是高度随机性。交通系统与其他基础设施（供水、供电、电信等）相比，虽然均具有随机服务和资源共享的共同属性，但也有本质的区别。

交通系统向社会提供服务的方式具有更高的开放性，用户无须事先申请提供专用的服务渠道（如供水管线、电话线），可更加随意地介入这一服务系统。交通系统使用者在使用交通系统的时间上和方式上高度随机，使得交通系统在供求关系的调节上往往难以摆脱被动和滞后的局面。

交通系统也表现出一定程度的可控性。无论是交通源、流的产生及其时空分布，还是交通流向和路径的选择，以及交通方式的构成等，均表现出不同程度的可控性。不仅如此，交通的时空分布也与土地利用布局、交通网络布局、交通组织等有很直接的关联，因而可以通过调整土地利用布局、优化网络布局及调整交通组织来调节和控制交通设施负载量。此外，交通管理政策与相应技术也是调节交通设施负载量的强有力手段。

二、交通系统工程的含义

系统工程以系统为研究对象，交通系统工程的研究对象则是交通系统。交通系统工程是系统工程在交通领域中具体应用的分支学科，它将人、车辆、路线、环境作为一个有机整体，从系统观点出发，以数学和工程等科学方法为工具，综合运用汽车工程、运输工程、交通工程、环境工程、管理工程、运输经济学和人类工效学等基本理论，为交通活动提供最优规划和计划，进行有效的协调和控制，并在一定时空界限内寻求最合理、最经济、最有效的运行方案。

交通系统工程和交通工程是对同一个问题两个不同的研究侧面，虽然两者在研究若干静态微观的交通问题上确实有着许多类似的地方，但两者之间却存在着某些明显的区别，主要为：

（1）交通系统工程是用系统工程的观点和方法来研究交通系统。所谓系统工程观点，归纳起来即全局（整体）观点、层次（渐进）观点、动态（变化）观点、信息（反馈）观点、价值（数量）观点、策略（灵活）观点；所谓系统工程方法，包括系统分析法、系统建模法、系统综合法和系统控制法。然而，这些是传统交通工程较少触及的。

（2）交通工程至今未上升到方法论的高度，其基础属于土木工程技术范畴，限制了交通工程成为一门有雄厚理论作为基础的科学分支的可能性。说到底，它是一门工程技术。交通系统工程则不然，发展十分迅速的系统工程已经升华为系统科学，成为独立的科学领域。交通系统工程无论在理论上还是在实践上，均较交通工程丰富，对国民经济的影响也较交通工程更广泛、深刻。

（3）从学科方向来看，交通工程偏重静态的、微观的、硬科学范畴的研究，交通系统工程则侧重于动态的、宏观的、软科学范畴的研究。前者更多地适应外延；后者更多地适应内涵，着重调整和优化系统的内部结构。

三、交通系统工程实例

此处，以公共汽车运行时刻表的制定为例，简要说明交通系统工程的应用。过程如下：

（1）提出时刻表拟定问题。某公交运营管理部门通过观察，发现路线行程增加很快，但载客量与可载客量之比不断下降，而高峰与平均运输量之差增加很快。如何把有限的车辆部署好，特别是在高峰阶段，就成了一个很重要的问题。因此，需要研究现有路线与高峰运输的合理化计划，以及利用现有车队来拟制时刻表和发车次数。

（2）确定目标。确定的目标是拟制一套方法来制定、实验和鉴定各种行车时刻表，从而使公交公司有利可图。这份时刻表是一份满意的而不一定是最佳的时刻表,因为最佳化研究不仅费时,在许多情况下也得不偿失。

(3)拟制模型。公共汽车时刻表的拟定问题包含几个方面:确定需求量,即每天不同时间各站点上下的乘客量;制定行驶的频率,即每条建议路线的行驶频率;调配车辆,即根据路线和频率调配车辆;确定车上工作人员。

(4)收集资料。把公交站点分为三类:一类站点全天均有大量乘客上车;二类站点只在高峰时期有大量乘客上车;三类站点为其余车站。车站选择和分类是与公交公司工作人员合作进行的。利用一周时间对每个站点的乘客需求量做详细观察,每隔5min统计排队人数并记录下来,并记下每辆车的到达时间、终点站等资料和乘客的目的地。

(5)使用资料。将原始资料归纳后,就能得到各站要求上车乘客量(以每小时为基础)、各站下车乘客数。研究成果是一个起点-终点矩阵,该矩阵用来说明从各起点到终点每小时内要求运送的乘客数。

(6)确定发车频率。根据下列准则确定路线发车频率:路线的载客量必须在最低水平以上,使载客量与可容载客量之比达到可接受的水平;乘客等车时间必须小于公交公司规定的服务标准。

(7)制定时刻表。确定发车频率后,就必须调度车辆,以确定线路所需的公共汽车数,其要求是把闲置时间和跑空车的现象减至最低程度;同时,进行人员排班等工作。

(8)模拟。使用各站随机需求量来模拟系统的工作情况,以检验模型的性能。

(9)结论。由于乘客出行的随机性及公共汽车在线运行的不确定性,上述方案并不一定是一个最优解,但对公交公司的运维管理意义重大。借助它比较容易重新制定时刻表,并能满足主要的要求,载客量与可容载客量之比可望增加,还可提高公共汽车利用率并减少车辆投入。

第三节　交通系统分析

一、交通系统分析的含义

1. 理解系统分析

系统分析是一门分析技术,最初由美国的军事研究机构兰德公司(Research and Development, RAND)提出。它以系统理论、运筹学、计算机软件技术等为基础,研究在自然环境条件下受人控制和影响的有目的运行系统的机理。

兰德公司最初提出的系统分析,是一种从费用和效果两个方面对符合确定目标的不同方案进行经济评价的方法。后来运用数学和经济学的原理和方法,研究新型防御武器系统,不仅在航天技术领域等军事方面得到广泛应用,并且推广到民用项目领域,用于改善交通、通信、公共卫生等设施的效率和效能,使系统分析成为研究经济合理性的应用工具。与此同时,研究人员逐步把系统分析理论化、系统化,作为一般的方法推广到各个研究领域,使它成为分析各种研究对象的理论体系。

在实际研究中,根据所分析问题的不同,系统分析能采取各种适当的技术、方法和模型,以获得各种可行方案,供决策者参与。在系统工程方法中,系统分析起着核心的作用。系统分析是系统工程方法的主要组成部分,是系统设计和系统决策的重要基础。

广义上,可把系统分析理解为应用系统工程解决问题的前期阶段工作。即系统分析是从系统长远和总体最优出发,在选定系统目标和准则的基础上,分析构成系统各个层次子系统的功能和相互关系,以及系统同环境的相互影响;在调查研究、收集资料和系统思维推理的基础上,产生对系统的输入、输出及转换过程的种种假设,在确定和不确定条件下利用定性和定量方法,探索若干可能相互替代的方案;建立模型或用模拟方法,分析对比各个不同的方案并研究探讨可能产生的效果;综合技术经济、组织管理、方针政策、信息交换等各方面因素,寻求对系统整体效果最佳和有限资源配备最佳的方案,为决策者最后判断提供科学依据和信息。

狭义上,可把系统分析作为系统工程逻辑程序中的一个步骤。即在明确了系统问题,确定了决策目标,并拟定若干备选方案之后,对方案进行分析、评优、比较、选择的工作过程。有的学者又将狭义上的系统分析称为系统综合评价。

2. 交通系统分析的定义

交通系统分析的定义可表述为:利用科学的分析方法和工具,分析并确定交通系统中各个子系统的目的、功能、环境、费用与效益等问题。抓住交通系统中需要决策的若干关键问题(如交通拥堵和交通安全),根据其性质和要求,在充分进行前期的交通调查资料和数据采集的基础上,确定交通系统的具体目标,提出为实现该目标的若干可行方案。通过应用交通模型进行交通仿真实验,优化分析和综合评价,最后整理出完整、正确、可行的实施方案,从而为决策提供充分依据。

3. 交通系统分析的意义

(1)为交通系统规划提供依据。交通系统分析为交通系统规划提供必要的理论依据。例如,在城市道路网规划中,要预测规划期内的交通需求、交通分布和居民的出行方式分担比例,从而计算出各条道路上分配的交通量,确定交通需求,并依此设计道路。

(2)为交通设施设计及改造提供依据。交通系统分析为设计新的交通设施或改造原有交通设施提供理论依据。例如,设置标志牌(如限速标志、停车标志等)要考虑路段上车流的行驶速度、驾驶员的反应速度等,从而确定标志的形式、文字的大小、布设的位置等;在决定交叉口是否设置信号灯时,需要考虑交叉口交通量的大小、冲突情况等;在决定是否要设置行人过街按钮灯时,需要考虑行人交通量的大小、分布和机动车流量大小及其分布规律等。这些交通设施的设计及改造都离不开交通系统分析。

(3)为交通管理提供依据。交通系统分析可以为交通管理提供依据。例如,有些城市通过停车收费来调整交通需求,而收费价格就要运用供求关系理论经定量分析确定;又如,在信号交叉口配时设计时,各项配时参数(如信号周期、绿灯时长、黄灯时长、全红时间等)需要根据交通流规律、交叉口几何形状等经定量优化获得。应该说,没有科学的具体分析,就难有科学的管理。

(4)为交通政策和法规的制定提供依据。交通系统分析可以为制定交通政策和法规提供理论依据。例如,在确定公共交通票价时,要运用价格需求弹性理论来分析票价的变化对乘客的影响,进而分析对私人小汽车使用量的影响。有的国家根据这些分析的结果来制定和修订交通政策,优先发展公共交通,使城市交通大大改善。

因此,交通规划、交通设计、交通管理、交通政策制定等各个方面都离不开交通系统分析。

4. 交通系统分析与运筹学

交通系统分析与运筹学两者之间存在相同的地方,也有不同之处。就其相同点而言:两者同样要考虑数量因素,重视逻辑分析,对于不确定因素以及成本与效益等,均作为构成问题与模型的主要因素。不同点:第一,范围不同,交通系统分析的范围较广,还包括对交通基本参数的分析,着重于基础交通理论与系统工程结合;而运筹学的范围较窄,主要是利用统计学、数学模型和算法等方法,去寻找复杂交通问题中的最佳或近似最佳的解答,侧重于解决交通问题的一种方法和工具。第二,交通系统分析不能离开价值判断,分析者的任务是向决策者提供何时并如何考虑价值判断,而决策者需根据自己的价值判断进行决策;而运筹学开展工作时,价值判断往往已经决定,仅研究达成一个目标的最好方法。系统分析和运筹学分析在问题的性质、搜索的方法、分析的目的、方法等方面的比较见表1-1。

交通系统分析和运筹学分析比较　　　　　　　表1-1

分类	运筹学分析	系统分析
问题的性质	以小规模较短时期为主,由定量的因素构成	包含长时期、大规模、定量化的因素和不确定因素
搜索的方法	主要追求关于所给定工作的最优解	不限于所给定系统的工作,也可以考虑新系统的开发,大多不以求最优解为目的
分析的目的	考虑所给的倾向强烈,一般是单一的	作为探讨对象的多个目的也可以相互对立
分析的方法	数学方法	除数学方法外,还灵活运用"心算"和判断

二、交通系统分析的特点

1. 以整体为目标

在一个交通系统中,处于各个层次的交通子系统分别具有特定的功能和目标,需彼此分工合作,才能实现系统整体的共同目标。交通系统总体所具有的性质,是其各个组成部分或要素所没有的,因此,如果只研究改善某些局部问题,而忽略或不重视其他子系统,则交通系统整体的效益将受到不利的影响。从事任何系统分析,必须考虑发挥系统总体的最高效益,不能只局限于个别交通子系统,以免顾此失彼。

交通系统总体目标和局部目标分别同交通系统结构层次的高低相适应,低层次交通系统的局部目标从属于高层次交通系统的总体目标。在正常情况下,实现交通系统的局部目标是达到交通系统总体目标的手段,个别要素的局部目标只有与交通系统的总目标相适应才能顺利实现。

2. 以特定问题为对象

交通系统分析是一种处理问题的方法,其目的在于寻求解决特定问题的最佳策略。许多问题均含有不确定因素,交通系统分析就是针对这种不确定情况,研究解决问题的各种方案及其可能产生的结果。不同的交通系统分析所解决的问题当然不同,即使对相同交通系统所要解决的问题,也要进行不同的分析,拟订不同的求解方法。

3. 运用定量分析和其他科学方法

系统分析不能单凭想象、臆断、经验或者直觉,在许多复杂情况下,必须要有准确可靠的数字和资料作为科学决断的依据。在有些情况下,利用数学方法描述有困难时,还要借助于结构模型解析法等其他科学方法。

4. 凭借价值判断

从事交通系统分析时,对交通系统中的一些要素,必须从未来发展的观点,用某些方法进行科学预测,或者类比以往发生过的事实,来推断其将来可能产生的趋势或倾向。由于所提供的资料有许多是不确定变量,而客观环境又会发生各种变化,因此,在进行系统分析时,还要凭借各种价值观念进行判断和选优。

三、交通系统分析的内容

此处按照系统研究、系统设计、系统属性量化等内容,给出系统分析流程图(图1-3)。在提出问题状况后,第一个步骤就是系统研究,通过对广泛资料的处理,获得有关信息,进而使资料所代表的意义明确化,并使相关的数据与信息因问题状况的特性而显现出某种程度的结构化,利用有效方法进行比较和分析,以确认或发现所提出问题的目标。系统设计是第二个步骤,主要是处理系统的整体结构,使系统与系统环境实现结构化,以便进行定量处理。系统属性量化是第三个步骤,是处理系统问题的属性量化部分,也就是说,处理与表示系统与环境的属性,使系统定量化。系统属性经过量化后,一般来说,还需要经过第四个步骤,即必要的修改与简化工作,才有可能使用现有的分析模式或技术来运算,达到可操作性的要求。最后一个步骤是系统评价与协调,通过该步骤的作业活动,输出供决策者选择用的具有排序的可行方案集,作为待选方案。

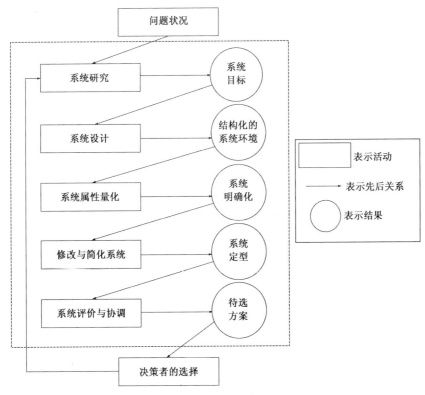

图1-3 系统分析流程

交通系统分析的主要研究包括交通流参数分析、交通预测分析、交通系统优化分析、交通系统评价分析。

1. 交通流参数分析

交通流参数分析主要是针对交通流特性的各种参数进行分析。交通流特性是指交通流运行状态的定性、定量特征。用来描述和反映交通流特性的物理量称为交通流参数。交通流参数模型又可以分为宏观交通流模型、中观交通流模型和微观交通流模型。例如，宏观交通流模型主要针对速度、密度和交通量等参数的分析来表征交通系统的特性，包括 LWR 模型、Payne 模型和 Phillips 模型。

2. 交通预测分析

交通预测分析主要是分析交通系统现有的供应与需求关系，并在此基础上，推测未来交通系统演变状态和发展趋势。其中经典的交通预测分析模型主要包括灰色预测模型、马尔可夫链预测模型和人工神经网络预测模型。

3. 交通系统优化分析

交通系统优化分析主要介绍优化交通系统的各种方法，包括交通系统模型优化和交通系统网络优化。对交通系统分析的目的，是要最终实现交通系统的最优化。而交通系统最优化，就是应用最优化理论和方法，对备选方案进行优化分析，找出最优方案。系统优化的方法很多，随所建立的模型的不同而不同，如网络规划中有最短路问题、最大流问题、最小费用最大流问题等。

4. 交通系统评价分析

交通系统评价分析主要介绍评价交通系统运行质量的各种指标和方法。在系统分析时，为实现某一系统的目的或目标，往往可建立多个备选方案。系统评价就是要对备选方案进行综合评价，以获得最佳方案。该部分将介绍系统评价的评价准测体系、指标体系、层次分析模型和回归树模型。

四、交通系统分析的要素

1. 目的

目的是决策的出发点，为了正确获得最优化系统决策方案所需的各种有关信息，分析人员的首要任务就是充分了解建立系统的目的和要求，同时确定系统的构成和范围。

系统分析的对象是人工系统，一切人工系统均具有目的性。因此，交通系统分析首先要明确期望达到的目的。例如，发展车路协同技术使城市交通更加畅通、高效和安全就是智能交通系统的目的。交通系统的目的不一定是单一的，可能有多种目的。例如，高效、安全、舒适、绿色等多种指标，就是智能交通系统的各种目的。系统的目的往往不是一次能够确定的，需要一个反复分析的过程，必须运用反馈控制法逐步明确并最终确定。

2. 可行方案

具备可行方案是选优的前提，没有足够数量的方案，就没有优化。只有在性能、费用、效益、时间等指标上互有长短并能进行对比的，才称得上是可行方案。可行方案必须有定性和定量的分析和论证，必须提供执行方案时的预期效果。

实现系统的目的，可以采用多种手段，因而可以产生多种可行方案。由于条件的不同，方案的适用性也不同。因此,在明确系统的目的之后,就要通过系统分析,提出各种可能的方案供决策时选择。有了多种可行方案,决策者就可以根据当时的条件,选择其中最合适的方案。

3. 模型

根据目标要求,用若干参数或因素描述系统本质,以分析的客观性、推理的一贯性和可能的有限定量化为基础,使用模型进行分析,是系统分析的基本方法。通过模型可以预测出备选方案的性能、费用与效益、时间等指标。

交通系统设计需要有各种的模型,以反映交通系统要素和结构以及它们之间的相互关系。物理模型、仿真模型和数学模型等形式,要根据实际条件和需要加以构造。例如,为了分析目的与手段的关系,可以构造费用与效果相互关系数学模型。有了模型,就能在决策之前对结果做出预测。

4. 费用

用于方案实施的实际支出就是费用,一般用货币表示。但在决定对社会有广泛影响的大项目时,还要考虑非货币支出的费用,因为其中有些因素是不能或很难用货币尺度来衡量的,例如兴建某一工程对社会环境、生态的影响。

任何系统目的的实现,均需付出一定的费用,用于人、物、材、设备等资源耗费。此外,由于机会的丧失,而做出成本上的牺牲,也要加入费用的构成部分。

5. 效果(效益)

效果就是达到目的所取得的成果。衡量效果的尺度有效益和有效性两种指标,效益可以用货币尺度来评价,有效性则用货币以外的指标来评价。

效益可分为直接效益和间接效益。直接效益包括使用者付出的报酬或因提供某种服务而得到的收入;间接效益是指增加社会生产潜力的效益,如环境效益。

由于人工系统均具有目的性,因此十分注重是否达到目的的成果,即达到目的的程度,这就是效果。目的与效果的这种直接联系,决定了对系统进行效果分析的重要性。在分析系统的效果时,必须注意直接的效果,同时也要注意间接的效果。对于企业的经营系统来说,直接效果是指本企业的利益,间接效果是指企业以外的社会效益。这两个方面的效果均要兼顾,而不能偏废。

6. 评价标准

衡量可行性方案优劣的指标是评价标准。评价标准可对各个可行方案进行综合评价,确定出各方案的优劣顺序。

评价标准要有一组指标,不同的指标体系应根据不同的要求和科学技术条件具体确定。评价标准可能包括费用效益比、性能周期比、费用周期比等。由于存在多种可行方案,因此,根据统一的评价标准对各种方案进行综合评价,可以比较各种方案的优劣情况,确定对各种方案的选择顺序,为决策提供依据。

依据系统分析基本要素相互之间的制约关系,可构建系统分析结构概念图(图1-4)。

五、交通系统分析的要点及步骤

1. 交通系统分析的要点

交通系统分析应注意使用逻辑思维推理的方法,在分析时往往要通过追问一系列"为什么"(表1-2)而使问题得到圆满的解答。只有回答了这7个提问,才能对系统的开发目的、开发时间、开发方法等有一个完整、清晰、圆满的答案。

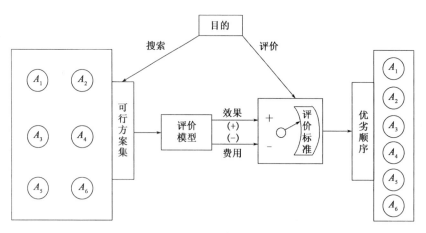

图1-4 系统分析结构概念图

系统分析提问表 表1-2

分析内容	第一次提问	第二次提问(Why)	第三次提问
对象	做什么(What)	为什么做这个	对象是否已经清楚
目的	是什么(What)	为什么是此目的	目的是否已经明确
地点	在何处做(Where)	为什么在此处做	有无其他更合适的地点
时间	在何时做(When)	为什么在此时做	有无其他更合适的时间
人员	由谁做(Who)	为什么由此人做	有无其他更合适的人选
方法	怎样做(How)	为什么用此方法做	有无其他更合适的方法

2. 交通系统分析的步骤

交通系统分析不同于一般技术经济分析,作为一种解决交通问题的方法,它可以帮助道路交通设计与管理者对大量可行性方案进行鉴别,然后选择一个最合适的方案,在满足所有约束条件的情况下,最优地达到交通系统设计者和决策者的总目标。一般来说,交通系统分析的步骤可以概括为5个阶段。

1) 发现问题,确定目的

对交通系统进行分析的第一步就是要明确系统中存在的问题,可以从定性与定量分析相结合的角度进行分析,例如改建一条城市道路,定性分析要明确道路改建之后的道路等级、应该满足的交通需求;定量分析要明确改建道路的交通量应达到多少,设计车速应该在什么范围内。对某一交通系统进行分析,然后要明确所分析问题的目的和当前目标。目的和目标,两者既有联系又有区别。所谓目的,多偏重原则性、理想的期待;而目标则是在特定目的下,具有实际可行性的具体的期待。目的一般要由多个目标的实现来达成。

确定目的对系统分析非常重要,如果目的不明确,那无论怎样进行分析也不会得到正确结果。确定目的通常要考虑将来的效果、全局的可行性、经济性等。

2) 收集、分析资料,探索可行方案

数据收集是交通系统分析的基础工作,首先要调查影响目的的各种因素的现状及历史,收集国内外有关问题的各种资料,确定影响目的的各个因素。其次要确定范围,找出其中的相互关系,寻求解决交通问题的各种可行方案。确定可行方案可以按照提供备选方案、优选备选方案和确定方案三个步骤来进行。

3)建立模型(模型化)

为便于分析,应建立各种模型,利用模型预测每一方案可能产生的结果,并根据其结果定量说明各方案的优劣与价值。模型的功能在于及时获得实际问题所需的指示或线索,模型只是现实过程的近似描述,只要它说明了所研究系统的主要特征,就算是一个满意的模型。建立模型作为交通系统的重要分析方法,可以更加全面地描述系统各方面的属性。常用的模型,根据描述系统的方法的不同,可以分为逻辑模型(描述系统要素间的逻辑关系,是一些抽象模型)、数学模型(用数学方法建立的描述各要素间关系的模型,如描述居民出行分布的重力模型)、物理模型(按照比例尺建立描述系统的实体模型,如道路的尺寸等)和仿真模型(利用计算机技术建立的模拟交通系统运行的模拟模型,如描述车辆跟驰行为的元胞自动机模型)。

4)系统最优化

运用最优化的理论和方法,对若干替换方案进行最优化,求出几个替换解。常用的系统优化方法包括逻辑判断法、数学优化法和智能优化法。

(1)逻辑判断法。通过对不同系统方案进行逻辑判断来确定系统最优方案的方法称为逻辑判断法。由于该方法缺少定量指标,很难确定方案之间的优劣,尤其当逻辑判断认为两种方案接近时,更是难以实现系统的择优。此外,该方法会较多地受到人为主观因素的影响。因此,该方法在系统化中并不常用。通常,首先通过逻辑判断法剔除那些明显不能实现优化的方案,然后运用定量的方法来最终确定最优方案。

(2)数学优化法。数学优化法通过数学模型来获得系统的优化目标值,根据目标值的大小来确定系统的最优方案。由于该方法能够给出具体的目标值,从而可以确定唯一的最优方案,而且可以减少人为主观因素对系统决策的影响。因此,该方法比较常用。根据数学模型的具体形式,数学优化方法又分为很多种,如线性规划、动态规划、网络图优化方法等。

(3)智能优化法。借助计算机通过智能算法来优化系统的方法称为智能优化法。根据算法设计思想的不同,智能优化法又分为很多种,如神经网络、遗传算法和蚁群算法等。

5)系统评价

根据最优化所得到的替换解,考虑前提条件、假定条件和约束条件,在经验和知识的基础上决定最优解,从而为选择最优系统设计方案提供足够信息。系统评价的方法包括对比评价法和数学评价法。

(1)对比评价法在对比分析不同优化方案各项指标的基础上,通过对每种方案各项性能优劣的综合分析来获得对方案的整体优劣评价,为系统决策提供最终依据。对比评价法是一种定性比较法,经常需要与定量评价法相结合来实现系统的综合评价。

(2)数学评价法通过建立数学模型来实现系统各项性能的综合评价。这类方法是定量评价法,通过要素之间的关联关系建立性能指标的数学模型,从而实现系统的整体评价。常用的数学评价法主要包括层次分析法、模糊综合评判法、系统聚类分析法等。

本章思考题

1. 系统科学的研究内容有哪些?
2. 交通系统的构成及特点有哪些?
3. 交通系统分析的内容有哪些?
4. 交通系统分析的要素有哪些?
5. 交通系统分析的步骤有哪些?

第二章
交通系统常用模型

第一节 常用模型分类

在传统交通工程理论中,通常将交通系统模型分为宏观模型、中观模型及微观模型三类。建模方法的分类依据是建模对象的范围。微观建模方法通常只考虑交通参与者(车辆、非机动车及行人等)的个体行为;宏观建模方法不关注个体行为的具体描述,而注重考虑交通流的统计行为、集计行为等;中观建模方法介于两者之间。

本书在讨论交通系统建模中所提到的宏观、中观和微观是一个相对的尺度和概念。在讨论道路及路段上的交通流特征时所指的是微观层;在以道路交通流为基础讨论区域交通流特性时所指的是宏观层面;当所讨论的区域交通流特性既考虑到子区域交通流特性也包含道路交通流特性时,子区域交通流即为中观层面。

本书的粒度划分可以和交通区域划分甚至行政管理区域划分相一致。道路交通可以分为多个区域,交通区域也可以划分为多个路段。宏观层面是指整个道路交通网络,中观层面是指区域路网中的某个干道系统,微观层面更多地是指单个交叉口、枢纽等。这种粒度划分方法便于使交通特性分析模型和实际交通管理系统对应起来,同时也使得研究成果更方便地服务于具体实践。本节将简要介绍交通流宏观、中观及微观模型,希望对读者有所启发。

一、宏观交通流模型

在连续的宏观交通流模型中,独立变量为位置 x 和时间 t,绝大多数的宏观交通流模型均用于描述密度 $k = k(x,t)$、流量 $q = q(x,t)$、速度 $v = v(x,t)$ 的动态变化。密度 $k(x,t)$ 表示在时刻 t、路段 $[x, x+dx)$ 单位长度上的车辆数;流量 $q(x,t)$ 表示在时段 $[t, t+dt)$ 单位时间上通过 x 点的车辆数;速度则可表示为 $v(x,t) = \dfrac{q(x,t)}{k(x,t)}$。

假设交通流的相关变量是时间、空间的微分函数,于是可以得到:

$$q = k \cdot v \tag{2-1}$$

以及车辆守恒方程:

$$\partial k + \partial_x q = 0, \frac{\partial k}{\partial t} = \frac{\partial q}{\partial x} = 0 \tag{2-2}$$

表明在区间 $[x, x+dx)$ 的边界上,驶入和驶出的车辆数是守恒的。

上面两个方程均为独立方程,称为交通流第一连续模型。两个方程却有 3 个未知变量,所以还需要一个独立方程对变量求解。正因为如此,出现了各种不同的宏观交通流模型,主要有 LWR 模型、Payne 模型和 Phillips 模型。

1. LWR 模型

1955 年,英国学者 Lighthill 和 Whitham 将交通流比拟为一种流体,提出了流体动力学模拟理论,即 L-W 理论:

$$\partial k + \partial_x(k v^e(k(x,t))) = 0 \tag{2-3}$$

模型得到的连续解不是唯一的,可采用特征曲线使得方程解唯一。

2. Payne 模型

1971 年,Payne 建议将第一连续模型做适当的偏微分,用以描述速度 v 的运动特性。于是得到 Payne 模型的通用式:

$$\overset{o}{v} = \partial v + \overbrace{v \partial_x v}^{A} = \overbrace{[v^e(k) - v]/T}^{B} - \overbrace{(1/r) \cdot \partial_x P + (\eta/r) \cdot \partial_x^2 v}^{C} \tag{2-4}$$

式中: P ——交通压力,辆 $\cdot$ m/s^2;

η ——交通运动黏度;

$\overset{o}{v}$ ——总时间引申量,描述与交通流以相同速度 v 同向运动的观测者所观测到的交通流速度变化率,等于实际时间引申量 ∂v 与传递项 A 之和;

A ——传递项,描述由于驶入车辆的速度不同而引起的速度 v 的变化;

B ——相关项,描述交通流调整其速度达到平衡速度 $v^e(k)$ 的趋势。

3. Phillips 模型

1979 年,Phillips 使用基于交通流密度的相关时间 $T = T(k)$,并且将交通压力近似为 $P(k) = k \cdot \varphi(k)$,其中 $\varphi(k) = \varphi(1 - k/k_{jam})$。由公式可得:当交通流密度等于阻塞密度 k_{jam} 时,速度奇值 φ 等于 0。

二、中观交通流模型

中观交通流模型采用中等详细级别来表述交通,即不区分车辆和驾驶员的行为,也不单独描述,而是运用一种更聚合的方式来描述两者,如概率分布函数。但是行为规则的描述还是在独立级别上,如用气体动力模型描述在某地、某时刻的速度分布。中观交通流模型有3个典型代表,即车头时距分布模型、车辆团模型和气体动力模型。

1. 车头时距分布模型

车头时距指两辆车连续通过同一位置的时间差。车头时距分布模型既没有明确细节,也没有跟踪单个车辆,而是描述车头时距的分布情况。模型实例有半泊松分布模型和综合排队模型。在混合车头时距分布模型中,将首车与跟驰车辆区别对待,即这两类车的车头时距服从不同的概率分布。

该模型的缺点是忽略了交通动力学特性,同时假定所有车辆在本质上是相同的。也就是说,概率分布函数独立于出行者类型、车辆类型、出行目的、对驾驶员指引级别等,是相等的分布函数。为了修正这些缺点,人们建立了一个多类型车流和多车道的模型。

2. 车辆团模型

车辆团模型中的核心就是车辆团,指拥有统一特征的车辆组。团的大小可以动态地增加或减少,但团里面的交通状况,如车头时距、速度差等,通常是不必仔细考虑的。团的形成一般是由超车限制引起的,如禁止超车、与周围车辆的关系冲突、由于天气因素或周围条件等不能超车的情况。

3. 气体动力模型

连续气体动力模型描述的不是单个车辆的运动特性,而是交通流中车辆速度分布函数的动态变化,即状态空间密度 $\rho(x,v,t)$ 的变化。状态空间密度可表述为:在时刻 t、在极小的区间 $[x, x+dx]$ 上以速度 $[v, v+dv]$ 行驶的车辆数的期望值为 $\rho(x,v,t)dxdv$。这是一个从统计物理学里借用来的概念,类似于宏观交通流模型中的交通流密度,反映的是单个车辆的速度分布函数。以下3个过程可以使状态空间密度发生改变。

(1) 传递过程,即车辆以速度 v 进入或离开路段 $[x, x+dx]$。
(2) 向期望速度方向加速的过程,即没有达到期望速度的车辆伺机加速。
(3) 车辆之间相互影响而减速的过程,即车辆受到前面低速车辆的影响,如果不能立刻超车,则必须减速。

三、微观交通流模型

微观交通流模型非常细致地描述交通系统中每一时刻、每一辆车的行为及其相互作用关系。微观交通流模型有4个典型代表,即安全距离跟驰模型、刺激-反应跟驰模型、心理-生理学跟驰模型和元胞自动机模型(CA 模型)。

1. 安全距离跟驰模型

安全距离跟驰模型也称防撞模型,旨在寻找一个特定的跟驰距离,使得即使前车驾驶员采取了一个意想不到的操作,只要后车与前车间距大于这个特定的跟驰距离,就不会发生碰撞。最简单的安全距离模型源于美国加利福尼亚州机动车法规中对驾驶员跟驰行驶的建议,即在跟驰行驶

过程中,安全距离至少为一个车身长度,并随车速每增加16.1km/h就增加一个车长,表示如下:

$$D_j = l_j \left(1 + \frac{v}{16.1}\right) \tag{2-5}$$

式中:D_j——车辆j车速为v时,与其前车应保持的最小安全距离,m;

l_j——车辆j的车长,m。

这是一个最小安全距离随车速v线性变化的模型。然而通过实际观测,人们发现该模型计算的安全距离在低速和高速时均偏小。

2. 刺激-反应跟驰模型

刺激-反应跟驰模型的基本原理是:驾驶员试图与前车驾驶行为保持一致,即只要有前车的刺激,后车就会对此做出反应,但是有一个延迟时间T。该模型重在描述驾驶环境中各种刺激对驾驶员行为的影响,表述如下:

反应 = 灵敏度 × 刺激

通常,"反应"是指后车所做的减速或加速动作。刺激-反应模型的一般表达式为

$$a_j(t + T) = \gamma [v_{j-i}(t) - v_j(t)] \tag{2-6}$$

在该式中,"刺激"为前后两车的速度差。式中,$a_j(t)$与$v_j(t)$为分别为车辆j在时刻t的加速度和速度;γ为驾驶员的灵敏度,可用下式进行计算:

$$\gamma = c \frac{v_j(t+T)^m}{[x_{j-1}(t) - x_j(t)]^l} \tag{2-7}$$

式中:$x_j(t)$——车辆j在时刻t的位置;

c、m、l——常数。

从刺激-反应模型可以看出,后车的加速度与两车之间的速度差成正比,与两车的车头时距成反比,同时也与自身的速度相关。刺激-反应模型清楚地反映出车辆跟驰行驶的制约性、延迟性和传递性,且模型形式简单,但现在已较少使用。

3. 心理-生理学跟驰模型

心理-生理学模型也称反应模型,是用一系列的阈值和期望距离体现人的感觉和反应,这些界限值划定了不同的值域,在不同的值域,后车与前车存在不同的影响关系。德国于1974年建立的MISSION模型是这类模型中最为深入、最符合驾驶员行为的模型。模型在$\Delta X/\Delta V$平面上将车辆跟驰状态划分为5个区域,即自由行驶区、脱离前车区、逼近前车区、跟驰行驶区和制动避祸区。在不同区域内,采用不同模型计算车辆下一时刻的状态。

心理-生理学模型充分考虑了多种因素对驾驶员行为的影响和制约,从建模方法上更接近于实际情况,也更能准确地描述大多数的驾驶行为。但该类模型参数较多,子模型间的相互关系复杂,并且对于各种阈值的调查和观测均比较困难。

4. 元胞自动机模型

元胞自动机模型又称微粒跳跃模型,目前已经被用于许多领域,如生物学、物理学等领域。将该模型应用于交通仿真并配以并行计算机,可仿真大型路网的微观特性。在该模型中,交通系统被视为一个个相同大小(一般是边长7.5m)的蜂窝格子,车辆的运动是以离散方式从一个蜂窝跳跃到另一个蜂窝。车辆的速度只能在一个有限的区间$(0, v_{max})$内取离散值。

模型的处理过程可分为以下三步。

第一步:加速,车速低于其最大速度的车辆均加速到一个更高的速度。
第二步:减速,如果车速高于与前车的车间距 d,则将减速。
第三步:自由状态,根据给定概率,车速随概率自然降低。

最初的元胞自动机模型是单车道模型,后来又产生了多车道、多车型的元胞自动机模型。模型在追求运算效率的同时,融合了微观仿真模型的优点。在德国和美国高速公路和城市路网上的实验反映出,元胞自动机模型在宏观范围内得到的结论符合实际情况。但模型中的车辆跟驰规则毕竟与真实驾驶行为存在较大的差距,因此缺乏直观性。而且,模型中对于超车、汇流等交通细节的描述和研究均比较粗糙。

第二节　交通预测模型

一、基本概念

1. 预测科学

预测是对未来所发生的事情进行合理的估计,是在研究事物发生、发展所呈现的规律性以及分析现状条件、环境因素制约和影响的基础上,推测事物未来演变的状态和发展的趋势。

预测分析是在调查研究基础上,对事物的未来进行科学分析,研究其发展变化的规律。预测分析中所采用的方法和手段,称为预测技术。两者总称为预测的理论和方法,把预测的理论和方法作为一个整体来研究的科学叫作预测科学,简称预测。预测科学根据客观事物的过去和现在的发展规律,借助科学的方法和手段,对事物的发展趋势和状况进行描述、分析,形成科学的假设和判断,是一门广泛运用于社会、经济、科学技术等各个领域的新科学。

2. 预测的基本原理

(1) 整体性原理。事物是由若干相互关联的元素构成的有机整体,事物发展变化过程也是一个有机整体,整体性原理是预测的基本原理。

(2) 可知性原理。由于事物的过去、现在和将来是一个统一的整体,所以人们不但可以认识预测对象的过去和现在,而且可以通过过去、现在的发展规律,推测将来的发展变化。

(3) 可能性原理。预测对象的发展有各种各样的可能性,预测是对预测对象发展的各种可能性的一种估计。如果认为预测是必然结果,则失去了预测的意义。

(4) 相似性原理。把预测对象与类似的已知事物的发展进行类比,可以对预测对象进行描述。

(5) 反馈原理。预测未来的目的是更好地指导当前,因此应用反馈原理不断地修正预测才会更好地指导当前工作,为决策提供依据。

3. 预测的特性

(1) 科学性与先进性。预测的途径主要是因果分析、类比分析以及统计分析等,其中所采用的手段和技术通常是较先进的。

(2) 近似性。预测过程所采用的信息主要从历史资料中获取,历史资料的准确性与完整性均将影响预测的准确程度;同时,预测时需要对实际问题进行抽象、简化,使结果具有近似性。

(3) 不确定性。预测对象往往受外部因素的影响,外部因素的发展常常受到人为因素的干扰,使预测对象的发展变化具有多样性和不确定性。

(4)局限性。近似性和不确定性决定预测结果具有局限性,决策者不能完全按照预测结果进行决策。

(5)导向性。合理的预测结果往往可以给出未来发展方向和改进现有系统的有用信息,具有良好的导向性。

4. 预测的意义

(1)预测本身和预测结果并不是目的,预测的作用体现在被决策者直接或间接地运用于决策。预测结果及预测过程中得到的有关信息可作为决策时的输入数据。

(2)在预测过程中,随着预测者和决策者交流的深入,两者对预测对象会有更深刻、更全面的了解和认识,人们可以得到许多对可能发生事情的有价值的看法以及有预见性地解决问题的启示和方法。

(3)预测过程本身具有宣传和鼓动作用,往往能帮助决策者调动群众的积极性。预测结果即使不精确,也因具有良好的导向性,可以帮助决策者实现其战略目标。

下面,主要介绍几种常用的定量交通预测模型。

二、灰色预测模型

1. GM(1,1)模型基本原理

人们常用颜色深浅来表示系统信息的完备程度,把内部特性已知的系统称为白色系统,把未知的或非确知的系统称为黑色系统,把既含有已知的、又含有未知信息的或非确知的系统称为灰色系统。1982年,我国学者邓聚龙教授提出了灰色系统,并将其成功应用于预测分析领域。

灰色预测是将已知的数据序列按照某种规则构成动态或非动态的白色模块,再按照某种变化、解法来求解未来的灰色模型。具体来讲,即当一时间序列无明显趋势时,采用累加的方法生成一个趋势明显的时间序列,按该序列增长趋势建立预测模型,并考虑灰色因子的影响进行预测,然后采用"累减"的方法进行逆运算,恢复时间序列,得到预测结果。

灰色预测模型有多种形式。一般地,将预测模型为 n 阶微分方程和具有 h 个变量的灰色模型记作 GM(n,h)。GM(1,1) 表示一阶的单个变量的微分方程,GM(1,n) 表示一阶的 n 个变量的微分方程。

GM(1,n) 模型有许多用途,但是,某一变量 x_1 的值除了依赖自身各时刻的值之外,还要依赖其余 $n-1$ 个变量在各个时刻的值。为了预测 x_1 的值,首先必须预测其余 $n-1$ 个变量的值,这在预测中是不可取的。因此,将灰色系统理论应用于预测中时,GM(1,n) 模型并不适合。GM(1,1) 模型的计算过程只涉及变量 x_1 一个时刻的值,适合预测工作,国内外多领域的应用表明 GM(1,1) 模型预测精度高、使用简便、适用范围广。

灰色预测的另一个重要特点是,模型使用的不是原始数据序列,而是生成的数据序列。灰色预测的数据不是直接从生成模型得到的数据,而是经过还原后的数据,或者说是通过生成数据的 GM 模型得到的预测值,必须进行逆生成处理。

2. GM(1,1)模型应用步骤

1)确定原始数列

$$X^{(0)} = \{x^{(0)}(t) \mid t = 1,2,\cdots,n\} \tag{2-8}$$

2) 对数据进行累加处理

灰色系统建模时,必须采取一定的方式对原始数据进行生成处理,使生成数据序列变成有规律序列。数据的生成方式主要采用累加生成,累加生成即对原始数列中各时刻的数据依次累加,从而形成新的序列。对 $X^{(0)}$ 做一次累加生成,即

$$x^{(1)}(k) = \sum_{i=1}^{k} x^{(0)}(t) \tag{2-9}$$

则生成数列为

$$X^{(1)} = \{x^{(1)}(t) \mid t = 1,2,\cdots,n\} = \{x^{(0)}(1), \sum_{i=1}^{2} x^{(0)}(i), \cdots, \sum_{i=1}^{n} x^{(0)}(i)\} \tag{2-10}$$

也可以写成:

$$x^{(1)}(n) = x^{(1)}(n-1) + x^{(0)}(n) \tag{2-11}$$

若对 $X^{(0)}$ 做 m 次累加生成,即

$$x^{(m)}(k) = \sum_{i=1}^{k} x^{(m-1)}(i) \tag{2-12}$$

则生成数列为

$$X^{(m)} = \{x^{(m)}(k) \mid k = 1,2,\cdots,n\} \tag{2-13}$$

一般地,对非负数列,累加生成次数越多,数列的随机性就弱化得越多。当累加生成次数足够大时,时间序列便由随机转变为非随机了。

3) 建立 GM(1,1) 模型

设原始时间序列为 $X^{(0)} = \{x^{(0)}(t) \mid t = 1,2,\cdots,n\}$,通过累加生成的新的序列为 $X^{(1)} = \{x^{(1)}(t) \mid t = 1,2,\cdots,n\}$,则 GM(1,1) 模型相应的微分方程为

$$\frac{\mathrm{d}X^{(1)}(t)}{\mathrm{d}t} + aX^{(1)}(t) = u \tag{2-14}$$

式中:a——发展系数;

u——灰作用量。

解的形式为

$$\hat{x}^{(1)}(t+1) = \left[x^{(0)}(1) - \frac{u}{a}\right]\mathrm{e}^{-at} + \frac{u}{a} \tag{2-15}$$

4) 确定 GM(1,1) 预测模型参数

利用最小二乘法求解,可得:

$$\hat{a} = [a,u]^{\mathrm{T}} = (B^{\mathrm{T}}B)^{-1}B^{\mathrm{T}}y_n \tag{2-16}$$

式中,$B = \begin{vmatrix} -\frac{1}{2}[x^{(1)}(1) + x^{(1)}(2)] & 1 \\ -\frac{1}{2}[x^{(1)}(2) + x^{(1)}(3)] & 1 \\ \cdots & \cdots \\ -\frac{1}{2}[x^{(1)}(n-1) + x^{(1)}(n)] & 1 \end{vmatrix}$,$y_n = \begin{pmatrix} x^{(0)}(2) \\ x^{(0)}(3) \\ \cdots \\ x^{(0)}(n) \end{pmatrix}$

将已知的 B、y_n 代入公式 $\hat{a} = [a,u]^{\mathrm{T}} = (B^{\mathrm{T}}B)^{-1}B^{\mathrm{T}}y_n$,可得 GM(1,1) 预测模型 $\frac{\mathrm{d}X^{(1)}(t)}{\mathrm{d}t} +$

$aX^{(1)}(t) = u$ 中参数 a 和 u 的值。即可得预测模型：

$$\hat{x}^{(0)}(t+1) = \left[x^{(0)}(1) - \frac{u}{a}\right]e^{-at} + \frac{u}{a} \quad (t = 0,1,2,\cdots,n) \quad (2\text{-}17)$$

5）还原模型

可得原始序列预测公式：

$$\hat{x}^{(0)}(t+1) = (-a) \cdot \left[x^{(0)}(1) - \frac{u}{a}\right] \cdot e^{-at}$$

或：

$$\hat{x}^{(0)}(t+1) = \hat{x}^{(1)}(t+1) - \hat{x}^{(1)}(t) \quad (2\text{-}18)$$

6）模型精度检验

t 时刻原始数列的实际值 $x^{(0)}(t)$ 与预测值 $\hat{x}^{(0)}(t)$ 之差 $E(t)$，称为 t 时刻的残差。残差 $E(t)$ 与实际值 $x^{(0)}(t)$ 之比 $e(t)$，称为 t 时刻的相对残差，即 $E(t) = x^{(0)}(t) - \hat{x}^{(0)}(t)$，$e(t) = E(t)/x^{(0)}(t)$。分别计算各时刻残差 $E(t)$ 与相对残差 $e(t)$，可以检验该模型的精度。

设原始数列 $X^{(0)}$ 和残差数列 $E = \{E(t) \mid t = 1,2,\cdots,n\}$ 的平均值分别为 $\bar{x}$、$\bar{E}$，则有：

$$\bar{x} = \frac{1}{n}\sum_{t=1}^{n} x^{(0)}(t), \bar{E} = \frac{1}{n}\sum_{t=1}^{n} E(t) \quad (2\text{-}19)$$

又设原始数列 $X^{(0)}$ 和残差数列 E 的均方差分别为 S_1、S_2：

$$S_1^2 = \frac{1}{n}\sum_{t=0}^{n}[x^{(0)}(t) - \bar{x}]^2, S_2^2 = \frac{1}{n}\sum_{t=0}^{n}[E(t) - \bar{E}]^2 \quad (2\text{-}20)$$

定义后验差比值 C 及小误差频率 P 分别为

$$C = S_2/S_1, P = P\{|E(t) - \bar{E}| < 0.6745 S_1\} \quad (2\text{-}21)$$

指标 C 越小越好，它表明尽管原始数据很离散，但是模型所得值与实际值之差并不太离散。指标 P 越大越好，它表明残差与残差平均值之差小于给定值 $0.6745 S_1$ 的点较多。根据 C 和 P 两个指标，由表 2-1 可综合评定预测模型的精度等级。凡是精度等级为"不合格"者，应予以修正。

灰色预测精度等级 表 2-1

预测模型精度等级	好	合格	勉强合格	不合格
P	>0.95	>0.80	>0.70	≤0.70
C	<0.35	<0.50	<0.65	≥0.65

3. GM(1,1)模型应用案例

某城市区域历年交通事故数据见表 2-2，利用 6 维 GM(1,1) 模型预测该区域 2022 年的交通事故数据。

历年交通事故数据 表 2-2

年份（年）	2003	2004	2005	2006	2007	2008
平均日交通量（百次）	11.28	12.86	8.65	8.70	13.75	15.55

1）对 $x^{(0)}(t)$ 一次累加做生成变换

$$x^{(0)}(t) = \{11.28, 12.86, 8.65, 8.70, 13.75, 15.55\}$$
$$x^{(1)}(t) = \{11.28, 24.14, 32.79, 41.49, 52.24, 70.79\}$$

2）构造数据矩阵 B 和 y_n

$$B = \begin{bmatrix} -17.71 & 1 \\ -28.47 & 1 \\ -37.14 & 1 \\ -48.37 & 1 \\ -63.02 & 1 \end{bmatrix}, \quad y_n = \begin{bmatrix} 12.86 \\ 8.65 \\ 8.70 \\ 13.75 \\ 15.55 \end{bmatrix}$$

3）由参数方程式计算参数向量

$$\hat{a} = \begin{pmatrix} a \\ u \end{pmatrix} = \begin{bmatrix} -0.1012 \\ 7.9601 \end{bmatrix}$$

4）建立 GM(1,1) 模型

$$\frac{dX^{(1)}(t)}{dt} - 0.1012 X^{(1)}(t) = 7.9601$$

同时得到离散时间相应函数：

$$\hat{x}^{(1)}(k+1) = 89.9371 e^{0.1012k} - 78.6571$$

5）还原并进行后检验

$$C = S_2/S_1 = 1.9432/3.1012 = 0.63$$
$$P = P\{|E(t) - \bar{E}| < 0.6745 S_1\} > 70\%$$

故预测精度等级为勉强合格，该预测模型可以应用。但如果用其他时间序列方法，则很难预测，且预测准确性较差。

6）预测远景年事故数据

将远景年的时间值代入 GM(1,1) 模型相应函数，预测得到 2022 年交通事故数据，见表 2-3。

远景年交通事故数据预测　　　　　　　　　表 2-3

年份（年）	预测事故数（百次）
2022	35.70

上述实例表明 GM(1,1) 模型预测方法有较高的拟合及预测精度。GM(1,1) 模型是单变量一阶线性模型，对样本含量和概率分布无严格要求且适应性强。交通事故预测是比较复杂的交通问题，它受到人、车、路及环境多种因素的综合影响，其中有些属于确定性因素，绝大部分属于非确定性因素，要想从已知信息的生成、开发中提取信息，灰色预测方法是一种较为有效的工具。

三、马尔可夫链预测模型

1. 马尔可夫链预测过程

马尔可夫链预测过程是研究事物状态及其转移的理论，它通过研究不同状态的初始概率以及状态间的转移概率，确定状态的变化趋势，从而达到预测未来的目的。

马尔可夫链预测过程的特点是每次状态的转移均只与相互连接的前一个状态有关，与过去的状态无关，即在时刻 t_0 所处的状态为已知的情况下，过程在时刻 $t(t > t_0)$ 所处的状态与时刻 t_0 之前无关，这种特性称为无后效性。

如果随机变量 X_t 在 $t = k + 1$ 时取值的规律只与 X_t 在 $t = k$ 时的取值有关，而与 $t = k$ 以前的取值无关，则这时的 X_t 称为一次马尔可夫链。同样，如果随机变量 X_t 在 $t = k + 1$ 时的取

值规律只与 X_t 在 $t = k$ 及 $t = k - 1$ 时的取值有关,而与 $t = k - 1$ 以前的取值无关,则这时的 X_t 称为二次马尔可夫链。以此类推,可得到三次、四次马尔可夫链。

1)状态转移概率矩阵

假设预测对象可能处在 $S_1, S_2, \cdots, S_n$ 这 n 个状态中,而且每次只能处在一个状态中,若目前它处于状态 S_i,则下一时刻可能由 S_i 转向 $S_1, S_2, \cdots, S_n$ 状态之一,可能的转移方式有 n 种(其中 $S_i \to S_i$ 表示停留在状态 S_i),相应的转移概率为 p。如果将 p 作为矩阵的第 i 行第 j 列,则 n 个状态共有 n 行 n 列。

$$R = \begin{bmatrix} p_{11} & \cdots & p_{1j} & \cdots & p_{1n} \\ \cdots & \ddots & \cdots & \cdots & \cdots \\ p_{i1} & \cdots & p_{ij} & \cdots & p_{in} \\ \cdots & \cdots & \cdots & \ddots & \cdots \\ p_{n1} & \cdots & p_{nj} & \cdots & p_{nn} \end{bmatrix} \tag{2-22}$$

将矩阵 R 称为状态转移概率矩阵。其中,p_{ij} 表示从状态 i 转向状态 j 的概率,矩阵满足 $p_{ij} \geq 0$,$\sum_{j=1}^{n} p_{ij} = 1$。

2)状态概率和稳定状态概率

状态概率是指系统在某一时期处在某一状态的概率。状态概率可用向量表示,称为状态的概率向量。

稳定状态的概率是指系统在固定的一次转移概率条件下,经过多次转移,处于某种状态的概率趋向一个常数,这种逐渐稳定下来的概率,称为稳定状态概率。系统存在稳定状态概率的条件是一次转移概率不变,即系统在多次转移过程中,任何相邻两个时期的转移概率不变。

3)一次马尔可夫链预测

(1)划分预测对象所处状态。对于不同事物、不同的预测目标,有不同的状态划分,有的是预测对象本身已具有明显的状态界限,如气象预报中的晴、阴、雨、风;有的则需要根据实际情况人为地做出划分,如把道路路面状况的好坏按综合指标划分成若干个状态。

(2)计算初始概率。所谓初始概率 p_t,在实际问题中是指由分析历史资料得到的某一状态出现的概率,假设某时有 S_i 个状态($i = 1, 2, \cdots, n$),在已知历史资料中,状态 S_i 出现的次数为 M,资料的总个数为 N,这时 S_i 出现的概率为 $F = M/N$。当样本足够大时,用频率 F_i 代替概率 p 的误差就会足够小。

(3)计算状态的一次转移概率。转移概率的理论分布是未知的,当掌握的数据资料足够多时,可以用状态转移的频率描述状态转移的概率。

从转移频率的定义可知:

$$p_{ij} = (S_i \to S_j) = p(S_j | S_i) = F(S_j | S_i) \quad (i = 1, 2, \cdots, n; j = 1, 2, \cdots, n) \tag{2-23}$$

式中:$F(S_j | S_i)$ ——由状态 i 转向状态 j 的频率。

处于 S_i 状态的样本个数为 M_i,假设由 S_i 转向 S_j 的个数为 M_n,则:

$$F(S_j | S_i) = M_n / M_i \tag{2-24}$$

假设目前时间处于 S_i 状态下,那么它的转移概率分布为:

$$p_{i1} \cong F(S_1 | S_i) = M_{i1}/M_i \tag{2-25}$$

$$p_{i2} \cong F(S_2 | S_i) = M_{i2}/M_i \tag{2-26}$$

$$\cdots$$

$$p_{in} \cong F(S_n | S_i) = M_{in}/M_i \tag{2-27}$$

根据条件概率性质,对任意 $i(i = 1, 2, \cdots, n)$ 均有:

$$\sum_{j=1}^{n} p_{ij} = M_{i1}/M_i + M_{i2}/M_i + \cdots + M_{in}/M_i = (1/M_i) \sum_{j=1}^{n} M_{ij} \tag{2-28}$$

因为 $\sum_{j=1}^{n} M_{ij} = M_i$,所以 $\sum_{j=1}^{n} p_{ij} = 1$,写成矩阵形式,即

$$R = \begin{bmatrix} p_{11} & p_{12} & \cdots & p_{1j} & \cdots & p_{1n} \\ p_{21} & p_{22} & \cdots & p_{2j} & \cdots & p_{2n} \\ \cdots & \cdots & \ddots & \cdots & & \cdots \\ p_{i1} & p_{i2} & \cdots & p_{ij} & \cdots & p_{in} \\ \cdots & \cdots & & \cdots & \ddots & \cdots \\ p_{n1} & p_{n2} & \cdots & p_{nj} & \cdots & p_{nn} \end{bmatrix} \tag{2-29}$$

矩阵 R 称为一步转移概率矩阵,它完整描述了 n 个状态的概率分布,矩阵对角线上的元素 p_{11},p_{22},$\cdots$,p_{nn} 表示状态经过 Δt 时间后,仍然处在原状态的概率。

在实际工作中,往往需要预测今后第 k 个时刻系统的状态,这时需要先求出系统的 k 步状态转移概率矩阵:

$$R^{(k)} = R^{(k-1)} R \tag{2-30}$$

式中:R——一步转移概率矩阵;

$R^{(k)}$—— k 步转移概率矩阵。

系统的 k 步转移概率矩阵可由 $k-1$ 步转移概率矩阵乘以上一步转移概率矩阵得到。

(4)根据转移概率矩阵进行预测。转移概率矩阵全面地描述了各种状态之间相互转移的概率分布,根据它可以对未来所处的状态进行预测。

2. 马尔可夫链预测案例一

公路养护部门为了合理安排公路维修资金,需要预测道路的变化情况,路面一般分为4种状态:S_1(优)、S_2(良)、S_3(中)、S_4(差)。第一年处于优、良、中、差的道路长度分别为200km、400km、300km、100km。根据以往经验,得到日常养护情况下的路面状态转移概率(表2-4),试预测日常养护下第二、第三年的路面状态。

公路路面状态转移概率 表2-4

路面状态	S_1	S_2	S_3	S_4
S_1	0.65	0.20	0.10	0.05
S_2	0.00	0.70	0.20	0.10
S_3	0.00	0.00	0.80	0.20
S_4	0.00	0.00	0.00	1.00

马尔可夫链预测用于描述路面状态时,假定路面的当前状态仅依赖于路面的先期状态,而路面的未来状态只依赖于目前的状态。第一年处于 S_1、S_2、S_3、S_4 状态的道路里程为(200,400,

300,100),在日常养护条件下,第二年的路面状态为

$$(S_1, S_2, S_3, S_4) = (200, 300, 400, 100) \begin{bmatrix} 0.65 & 0.20 & 0.10 & 0.05 \\ 0.00 & 0.70 & 0.20 & 0.10 \\ 0.00 & 0.00 & 0.80 & 0.20 \\ 0.00 & 0.00 & 0.00 & 1.00 \end{bmatrix} = (130, 250, 400, 220)$$

(2-31)

第二年处于优、良、中、差状态的道路长度分别为130km、250km、400km、220km。如果第二年仍然采用日常养护,则第三年的路面状态为

$$(S_1, S_2, S_3, S_4) = (130, 250, 400, 220) \begin{bmatrix} 0.65 & 0.20 & 0.10 & 0.05 \\ 0.00 & 0.70 & 0.20 & 0.10 \\ 0.00 & 0.00 & 0.80 & 0.20 \\ 0.00 & 0.00 & 0.00 & 1.00 \end{bmatrix} = (84.5, 201, 383, 331.5)$$

(2-32)

第三年处于优、良、中、差状态的道路长度分别为84.5km、201km、383km、331.5km。

3. 马尔可夫链预测案例二

1) 车辆结构优化模型构建

根据车辆结构变化特点,作下列假设。

(1) 旅客运输总需求是由各种车型共同承担、共同完成的,各种车型之间可以相互替代。若设在时刻 t,m 种车型的数量占总车辆数的比例分别为 $f_1(t), f_2(t), \cdots, f_m(t)$,则有:

$$\sum_{j=1}^{m} f_j(t) = 1 \tag{2-33}$$

(2) 由于各种类型的车辆各有其特点,适用于不同的运输条件和旅客需求。因此,各种车型在激烈的竞争中不断发展其特长、克服其弱点,这将引起车辆结构的重新调整。设从时刻 t 到时刻 $t+1$,第 i 种车型在时刻 t 的市场占有率 $f_i(t)$ 将以某一概率转移给下一时刻从 1 到 m 的各种车型中。因此,若记从时刻 t 到时刻 $t+1$ 由第 i 种车型转移到第 j 种车型的车辆结构比例为 $\Delta f_{ij}(t)$,则有:

$$f_i(t) = \sum_{j=1}^{m} \Delta f_{ij}(t) \quad (i = 1, 2, \cdots, m) \tag{2-34}$$

(3) 设在时刻 $t+1$,第 i 种车型在客运市场的占有率全由上一时刻从 1 到 m 的各种车型转移而来,则有:

$$f_i(t+1) = \sum_{j=1}^{m} \Delta f_{ji}(t) \quad (i = 1, 2, \cdots, m) \tag{2-35}$$

(4) 在时刻 t,第 i 种车型所占车辆结构比例与该时刻其他车型 j 所占结构比例的获得方式无关,而仅与上一时刻各车辆结构比例 $f_j(t-1)(j = 1, 2, \cdots, m)$ 有关。

(5) 从时刻 t 到时刻 $t+1$,第 j 种车型由第 i 种车型转化而来的车辆结构比例 $\Delta f_{ij}(t)$ 与时刻 t 第 i 种和第 j 种车辆自身所占的车辆结构比例 $f_i(t)$、$f_j(t)$ 成比例:

$$\Delta f_{ij}(t) = G_{ij}(t) \cdot f_i(t) \cdot f_j(t) \tag{2-36}$$

式中:G_{ij} ——比例因子,它的大小决定了转移量 $\Delta f_{ij}(t)$ 的大小。

根据上述基本假设,对式(2-34)~式(2-36)进行适当代换,便可得到各种车型结构优化模

型的函数表达式。

首先将式(2-36)代入式(2-34),得:

$$f_i(t) = \sum_{j=1}^{m} G_{ij}(t) \cdot f_i(t) \cdot f_j(t) \quad (i = 1,2,\cdots,m) \tag{2-37}$$

然后将式(2-36)代入式(2-35),得:

$$f_i(t+1) = \sum_{j=1}^{m} G_{ji}(t) \cdot f_i(t) \cdot f_j(t) \quad (i = 1,2,\cdots,m) \tag{2-38}$$

由于 $f_i(t) \neq 0$,将式(2-37)和式(2-38)两边分别除以 $f_i(t)$,得:

$$\sum_{j=1}^{m} G_{ij} \cdot f_j(t) = 1 \quad (i = 1,2,\cdots,m) \tag{2-39}$$

$$\sum_{j=1}^{m} G_{ji} \cdot f_j(t) = \frac{f_i(t+1)}{f_i(t)} \quad (i = 1,2,\cdots,m) \tag{2-40}$$

式(2-39)、式(2-40)即为客运市场车辆结构优化模型。

2)模型求解

(1)用最小二乘法估计式(2-40)中的参数 G_{ij},得到 G_{ij} 的初始估计值,记为 $G_{ij}^{(0)}$。

(2)设置求解的目标条件,令 R_s 的取值达到最小,并使预测误差最小:

$$\min R_s = \min \frac{1}{n} \sum_{t=1}^{n} \sum_{i=1}^{m} \left\{ \left[1 - \sum_{j=1}^{m} G_{ij} f_j(t) \right]^2 + \left[f_i(t+1)/f_i(t) - \sum_{j=1}^{m} G_{ij} f_j(t) \right]^2 \right\} \tag{2-41}$$

$$\min \sum_{t=2}^{n} \sum_{i=1}^{m} \left[f_i(t)^{yu} - f_i(t) \right] \tag{2-42}$$

$$\sum_{i=1}^{m} f_i(t) = 1 \quad (i = 1,2,\cdots,m) \tag{2-43}$$

式中:$f_i(t)^{yu}$——第 i 种车型在时刻 t 的客运市场占有率预测值。

由式(2-41)~式(2-43)式得出的 G_{ij},即为最优解。

3)应用实例

应用上述方法,利用某省车辆结构的统计数据,预测该省2021—2025年客运市场各车辆结构的市场占有率。

(1)参数初始估计值。用最小二乘法做回归分析,结果如下。

大型、中型、小型车辆的 $G_{ij}^{(0)}$ 估计值为

$$\begin{bmatrix} G_{11(0)} & G_{21(0)} & G_{31(0)} \\ G_{12(0)} & G_{22(0)} & G_{32(0)} \\ G_{13(0)} & G_{23(0)} & G_{33(0)} \end{bmatrix} = \begin{bmatrix} 0.6020 & 2.0012 & -8.2525 \\ 1.8526 & 0.2108 & 9.9802 \\ -2.0184 & 6.3725 & -20.3455 \end{bmatrix} \tag{2-44}$$

高级、中级、普通型车辆的 $G_{ij}^{(0)}$ 估计值为

$$\begin{bmatrix} G_{11(0)} & G_{21(0)} & G_{31(0)} \\ G_{12(0)} & G_{22(0)} & G_{32(0)} \\ G_{13(0)} & G_{23(0)} & G_{33(0)} \end{bmatrix} = \begin{bmatrix} -80.4345 & 16.8966 & -3.6534 \\ -16.3456 & -4.0265 & 4.0656 \\ -11.4465 & 5.0567 & -0.8975 \end{bmatrix} \tag{2-45}$$

(2)规划求解结果。设置规划目标条件后,得大型、中型、小型车辆预测结果 $R_s = 12.2546$,最终 G_{ij} 值为:

$$\begin{bmatrix} G_{11} & G_{21} & G_{31} \\ G_{12} & G_{22} & G_{32} \\ G_{13} & G_{23} & G_{33} \end{bmatrix} = \begin{bmatrix} 0.5572 & 1.8745 & -7.8456 \\ 1.6897 & 0.1986 & 9.8456 \\ -0.9765 & 4.9876 & -21.4563 \end{bmatrix} \quad (2\text{-}46)$$

得高级、中级、普通型车辆预测结果 $R_s = 2.5086$,最终 G_{ij} 值为

$$\begin{bmatrix} G_{11} & G_{21} & G_{31} \\ G_{12} & G_{22} & G_{32} \\ G_{13} & G_{23} & G_{33} \end{bmatrix} = \begin{bmatrix} 0.0087 & 0.0056 & 3.8796 \\ 5.9867 & 0.0009 & 1.5674 \\ -0.0006 & 1.0087 & 0.5624 \end{bmatrix} \quad (2\text{-}47)$$

则各种车辆结构市场占有率比较模型为

$$\begin{bmatrix} \dfrac{f_1(t+1)}{f_1(t)} & \dfrac{f_2(t+1)}{f_2(t)} & \dfrac{f_3(t+1)}{f_3(t)} \end{bmatrix} = \begin{bmatrix} f_1(t) & f_2(t) & f_3(t) \end{bmatrix} \begin{bmatrix} 0.5572 & 1.8745 & -7.8456 \\ 1.6897 & 0.1986 & 9.8456 \\ -0.9765 & 4.9876 & -21.4563 \end{bmatrix}$$

$$(2\text{-}48)$$

式中:$f_i(t+1)$——$t+1$ 年度大型、中型、小型车辆的市场占有率,$i=1,2,3$。

$$\begin{bmatrix} \dfrac{f_1(t+1)}{f_1(t)} & \dfrac{f_2(t+1)}{f_2(t)} & \dfrac{f_3(t+1)}{f_3(t)} \end{bmatrix} = \begin{bmatrix} f_1(t) & f_2(t) & f_3(t) \end{bmatrix} \begin{bmatrix} 0.0087 & 0.0056 & 3.8796 \\ 5.9867 & 0.0009 & 1.5674 \\ -0.0006 & 1.0087 & 0.5624 \end{bmatrix}$$

$$(2\text{-}49)$$

式中:$f_j(t+1)$——$t+1$ 年度高级、中级、普通型车辆的市场占有率,$j=1,2,3$。

(3)预测结果。用模型对未来 5 年的某省客运市场各车辆结构的市场占有率进行预测,预测值见表 2-5。

2021—2025 年某省客运市场各车辆结构预测值　　　　　　　　　　表 2-5

年份(年)	大型车	中型车	小型车	高级车	中级车	普通型车
2021	0.2876	0.5898	0.1226	0.1331	0.5212	0.3457
2022	0.2654	0.6245	0.1101	0.1421	0.5917	0.2662
2023	0.2456	0.6765	0.0779	0.1200	0.6566	0.2234
2024	0.2289	0.7002	0.0709	0.0946	0.6827	0.2227
2025	0.2086	0.7267	0.0647	0.0816	0.6660	0.2524

其拟合相对误差见表 2-6。

车辆结构预测拟合相对误差　　　　　　　　　　表 2-6

年份(年)	大型车	中型车	小型车	高级车	中级车	普通型车
2016	0.0208	-0.0042	-0.2108	-0.0042	0.0105	-0.0072
2017	0.0079	-0.0039	0.0003	0.0912	-0.0292	0.0189
2018	0.0283	0	-0.1865	0.5757	-0.0639	0.0204
2019	0.0499	0	-0.2988	0.2324	0.0527	-0.0723

四、人工神经网络预测模型

1. 人工神经网络

人工神经网络模型是基于生物学中神经网络的基本理而建立的。最典型的人工神经网络模型是 MP(McCulloch 和 Pitts)认知网络(图 2-1)。

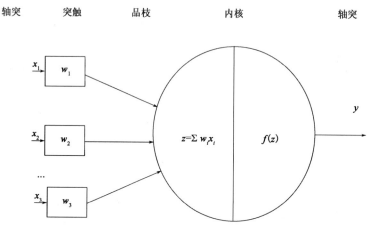

图 2-1 MP 认知网络

一个神经元接收到 n 个信息,w_i 为关联权,表示神经元对第 i 个接到信息的感知能力,函数 $f(z)$ 称为输出函数或激活函数。

$$y = f(z) = \text{sgn}\left(\sum_{i=1}^{n} w_i \cdot x_i - \theta_i\right)$$
$$\text{sgn}(x) = \begin{cases} 1, & x > 0 \\ 0, & \text{其他} \end{cases} \quad (2\text{-}50)$$

式中:θ——阈值。

当 w_i 为固定值时,即可对给定的一组输入 $(x_1,x_2,\cdots,x_n)^{\text{T}}$ 计算得到输出值。对给定的输入,应尽可能使计算输出同实际值吻合,这就要求确定参数 w_i。

人工神经网络的主要工作就是建立模型和确定 w_i 的值。依据人工神经网络模型的建立和权数 w_i 的确定方法,神经网络主要有两个模型:前向型人工神经网络和反馈型人工神经网络。前向型人工神经网络的特点是将神经元分层,每一层的神经元之间没有信息交流,模型一层一层分析且同步计算。反馈型人工神经网络则将整个网络看成一个整体,神经元相互作用,计算是整体性的。

在已知一组正确的输入输出结果的条件下,人工神经网络根据这些数据调整并确定权数 w_i 的方法称为有指导学习。在只有输入数据而不知输出结果的情况下,确定权数的方法称为无监督学习。

对前向型人工神经网络,一般将人工神经网络的计算分为两个阶段:学习阶段和应用(或工作)阶段。学习阶段的主要工作是确定权数 $w_i(i = 1,2,\cdots,n)$;应用(或工作)阶段是在权数确定的基础上,用带有确定权数的神经网络去解决实际问题。当然,学习和应用并不是绝对地分为两个阶段,它们相辅相成。可以通过学习、应用、再学习、再应用的循环过程,逐渐提高人工神经网络的应用效果。

2. BP 网络

单层网络只能解决线性问题,解决较复杂的非线性函数问题需采用多层网络,即在输入及输出层之间加上中间层(隐层),构成多层前向网络。多层前向网络由输入层、中间层(隐层)和输出层组成,中间层可有若干层,在实际应用中,多层前向网络经常被设计为三层。

误差逆传播算法是校正多层网络连接权的一种训练方法,它利用实际输出与期望输出之差对网络的各层连接权由后向前逐层进行校正。误差逆传播算法的英文为 Error Back-PropagationTraining,即从后向前计算,故人们把采用这种算法进行误差校正的多层前向网络称为 BP 网络(图 2-2)。

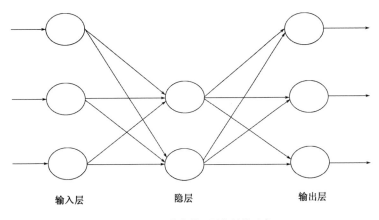

图 2-2 三层前向神经网络结构示意

BP 网络是一种具有三层或三层以上的多层神经网络,它的左、右各层之间各个神经元实现全连接,即左层的每一个神经元与右层的每个神经元均有连接,各层内神经元之间无连接。BP 网络按有教师学习方式进行训练,将一对模式提供给网络后,其神经元的激活值将从输入层经中间层向输出层传播,在输出层的各神经元输出对应于输入模式的网络响应。然后,按照减少希望输出与实际输出误差的原则,从输出层经中间层、最后回到输入层逐层校正各连接权。

假设一个 k 层神经网络每一层的输入输出关系如下。从第 0 层到第 1 层的原始输入向量、权矩阵、接受值向量和输出向量及它们之间的关系分别为

$$X = \begin{bmatrix} x_1 \\ x_2 \\ \vdots \\ x_{n_0} \end{bmatrix}, W_1 = (w_{ij}^1)_{n_0 \times n_1}, Z_1 = \begin{bmatrix} z_1^1 \\ z_2^1 \\ \vdots \\ z_{n_1}^1 \end{bmatrix} = W_1^T X, Y_1 = \begin{bmatrix} y_1^1 \\ y_2^1 \\ \vdots \\ y_n^1 \end{bmatrix} = f(Z_1) \tag{2-51}$$

第 $k-1$ 层到第 k 层的权矩阵、接受值向量和输出向量及它们之间的关系为

$$W_k = (w_{ij}^k)_{n_{k-1} \times n_k}, Z_k = \begin{bmatrix} z_1^k \\ z_2^k \\ \vdots \\ z_{n_1}^k \end{bmatrix} = W_k^T Y_{k-1}, Y_k = \begin{bmatrix} y_1^k \\ y_2^k \\ \vdots \\ y_{n_1}^k \end{bmatrix} = f(Z_k) \tag{2-52}$$

其中,$y_i^k = f(z_i^k)$。

单样本学习规则是:确定 W,使得最小。

$$F(W) = (D - Y_K)^T(D - Y_K) \tag{2-53}$$

其中,$D = (d_1, d_2, \cdots, d_n)^T$,为理想输出。

记 $B_{k+1} = \begin{bmatrix} d_1 - y_1^k \\ d_2 - y_2^k \\ \vdots \\ d_{n_k} - y_{n_k}^k \end{bmatrix}$,$W_{k+1} = I$(单位矩阵),则 $F(W) = (B_{k+1})^T B_{k+1}$。

记 $B_k = \mathrm{diag}\left[\dfrac{\mathrm{d}y_1^k}{\mathrm{d}z_1^k}, \dfrac{\mathrm{d}y_2^k}{\mathrm{d}z_2^k}, \cdots, \dfrac{\mathrm{d}y_{n_k}^k}{\mathrm{d}z_{n_k}^k}\right] W_{k+1} B_{k+1}$,$\mathrm{diag}(a_1, a_2, \cdots, a_n)$ 表示以 $a_1, a_2, \cdots, a_n$ 为对角元素的 n 阶对角矩阵,则:

$$\left(\frac{\partial F(W)}{\partial w_{ij}^k}\right)_{n_{k-1} \times n_k} = -2 \begin{bmatrix} y_1^{k-1} \\ y_2^{k-1} \\ \vdots \\ y_{n_{k-1}}^{k-1} \end{bmatrix} (B_k)^T \tag{2-54}$$

记 $B_{k-1} = \mathrm{diag}\left[\dfrac{\mathrm{d}y_1^{k-1}}{\mathrm{d}z_1^{k-1}}, \dfrac{\mathrm{d}y_2^{k-1}}{\mathrm{d}z_2^{k-1}}, \cdots, \dfrac{\mathrm{d}y_{n_{k-1}}^{k-1}}{\mathrm{d}z_{n_{k-1}}^{k-1}}\right] W_k B_k$,则:

$$\left(\frac{\partial F(W)}{\partial w_{ij}^{k-1}}\right)_{n_{k-2} \times n_{k-1}} = -2 \begin{bmatrix} y_1^{k-2} \\ y_2^{k-2} \\ \vdots \\ y_{n_{k-1}}^{k-2} \end{bmatrix} (B_{k-1})^T \tag{2-55}$$

当第 t 个学习样本值 $X(t)$ 输入后,可以依次得到:

$$Y_1(t) = (y_1^1(t), y_2^1(t), \cdots, y_{n_1}^1(t))^T \tag{2-56}$$

$$Y_2(t) = (y_1^2(t), y_2^2(t), \cdots, y_{n_2}^2(t))^T \tag{2-57}$$

$$Y_k(t) = (y_1^k(t), y_2^k(t), \cdots, y_{n_k}^k(t))^T \tag{2-58}$$

此时,用式(2-54)、式(2-55)和已知的 $w(t)$ 可以得到相应的值,用带有参数 t 的形式表示为 $B_k(t)$ 和 $\left(\dfrac{\partial F(W)}{\partial w_{ij}^k}(t)\right)_{n_{k-1} \times n_k}$,按 $F(W)$ 下降的方向确定权数的学习规则为

$$W_k(t+1) = W_k(t) + \delta W_k(t) \tag{2-59}$$

$$\delta W_k(t) = -\frac{1}{2}\varepsilon_t \left(\frac{\partial F(W)}{\partial w_{ij}^k}(t)\right)_{n_{k-1} \times n_k} = \varepsilon_t \begin{bmatrix} y_1^{k-1}(t) \\ y_2^{k-1}(t) \\ \vdots \\ y_{n_{k-1}}^{k-1} \end{bmatrix} (B_k(t))^T$$

式中:ε_t ——第 t 步的学习效率。

从式(2-59)的学习规则可以看出这样的一个规律:W_k 的修正是从最后一层神经元的权属 W_k 开始,反向递推求解修正 $k-1$ 层的 W_{k-1},一直修正到第一层的权数 W_k。由此将式(2-59)学习规则称为反推(BP)学习规则。

反推学习算法的步骤如下:

(1)选定学习的数组 $\{X(t),D(t)\}$ ($t=1,2,\cdots,T$),随机确定初始权矩阵 W_0。

(2)用学习数据 $X(t)$ 计算 Y_1t,$Y_2(t)$,$\cdots$,$Y_k(t)$。

(3)用式(2-54)、式(2-55)计算反向修正 W_t,修正公式为式(2-59),直到学习完所有数组。

当激活函数 $f(x) = \dfrac{1}{1+\mathrm{e}^{-x}}$ 时:

$$\frac{\mathrm{d}y_j^k}{\mathrm{d}z_j^k} = f(z_i^k)[1-f(z_j^k)] \quad (i=1,2,\cdots,n_{k-1};j=1,2,\cdots,n_k) \tag{2-60}$$

代入式(2-54)、式(2-55),使计算简化。

BP 网络计算案例如下:

根据统计资料,某市 1990—1999 年的市区人口、国内生产总值、人均国内生产总值、工业总产值、财政收入、居民平均生活费收入与支出及相应汽车保有量样本数据见表 2-7。利用 BP 网络预测 2005 年、2010 年、2020 年的汽车保有量。

1990—1999 年样本数据　　　　　　　表 2-7

年份（年）	市区人口（万人）	国内生产总值（万元）	人均国内生产总值（元）	工业总产值（万元）	财政收入（万元）	居民平均生活费收入（元）	居民平均生活费支出（元）	汽车保有量（辆）
1990	87.9	306867	1652	409349	45494	1149	1023	58041
1991	89.5	358603	1917	446049	49499	1281	1202	59621
1992	90.2	437264	2321	539506	56619	1544	1413	62713
1993	91.2	627291	3296	711990	71964	1981	1782	67725
1994	92.8	851636	4419	903052	85157	2735	2372	68930
1995	93.9	962001	4946	931036	95395	3008	2785	69802
1996	96.3	1137364	5762	1060061	133880	3934	3171	71311
1997	98.6	1280130	6388	1211278	154249	4335	3398	73512
1998	101.8	1430164	6997	1403100	173219	4739	3674	76308
1999	104.9	1564299	7528	1425275	189805	5167	4173	79532

由于以上各个指标之间数值相差悬殊,为避免在学习过程中数据溢出,进而影响学习速度,在预测前需要对样本数据进行 0～1 之间的标准化处理。用基于 BP 网络非线性预测方法,对预测年的汽车保有量进行预测。考虑到年样本数据较为充分,故将样本数据分为两个部分,其一为训练部分,其二为检验部分,待学习精度和检验精度达到规定的要求,得到稳定的网络结构和连接权值时,即可用于汽车保有量预测。本预测步骤分为三个阶段。

(1)学习阶段。选择 1990—1997 年的 8 个年份样本数据作为学习样本,输入计算机软件包运行,用试算法确定隐层节点数,经过筛选,4 为满意选择。评判标准是不引起网络振荡,收敛速度快,平均误差小。学习精度在98%以上即可转入检验阶段。

(2)检验阶段。以1998—1999年样本数据作为检验样本,并比较汽车保有量输出值与已知值的差异。输出值与实际值误差在要求的5%范围内,说明本模型所建立的网络结构和连接权值用于汽车保有量预测已具有较高的可行性。

(3)预测阶段。分别将基于BP网络的非线性时间序列的汽车保有量影响指标各预测年的预测值作为稳定网络结构的输入,即可得到相应各预测年的汽车保有量预测值。某市2005年、2010年、2020年汽车保有量预测值结果见表2-8。

某市汽车保有量预测结果 表2-8

年份(年)	2005	2010	2020
汽车保有量(辆)	127410	179640	298800

用神经网络方法和传统方法对已知年1999年汽车保有量进行预测,并对误差进行对照分析(表2-9)。结果表明采用传统预测方法,预测结果误差较大,而神经网络预测方法只有1.74%的相对误差,具有较强的容错性,故神经网络模型对保有量预测效果和预测精度比其他方法更符合实际。

1999年汽车保有量检验预测结果对照表 表2-9

预测对象	时间序列	多元线性回归法	神经网络
汽车保有量(辆)	73713	72808	80913
相对误差(%)	7.32	10.97	1.74

3. LSTM模型

循环神经网络(Recurrent Neural Network,RNN)作为一类专门用于处理时序数据样本的神经网络,它的每一层不仅输出给下一层,同时还输出一个隐状态,给当前层在处理下一个样本时使用。就像卷积神经网络可以很容易地扩展到具有很大宽度和高度的图像,并且一些卷积神经网络还可以处理不同尺寸的图像,循环神经网络可以扩展到更长的序列数据,并且大多数的循环神经网络可以处理序列长度不同的数据(for循环,变量长度可变)。故循环神经网络可以看作带自循环反馈的全连接神经网络。

而在面对时间跨度较长的处理目标时,要面临长期依赖问题,即由于网络层数过多,所进行的变换过多时,在进行梯度回传过程中有较大概率出现梯度消失或梯度爆炸的可能。梯度消失是指在计算头部层数对结果的影响时,由于前馈过程较长,其对结果的影响较小,即梯度较小,造成结果的改变无法正常反馈到其参数变化上;梯度爆炸是指梯度在传递过程中较大,导致较小的结果变化均会导致其参数大幅改变。为解决该类问题,长短时记忆网络(Long-Short Term Memory,LSTM)算法应运而生,并逐渐成为最受欢迎的RNN算法之一。

传统RNN(图2-3)使用十分简单的链式结构。相比而言,LSTM(图2-4)的结构中每个单元则更加复杂,除了隐藏状态之外,LSTM还增加了一个细胞状态,用来记录随时间传递的信息。在传递过程中,通过当前输入、上一时刻隐藏层状态、上一时刻细胞状态以及门结构来增加或删除细胞状态中的信息。门结构用来控制增加后删除信息的程度,一般由Sigmoid函数和向量点乘来实现。两者的对比结构分别如图2-3、图2-4所示。

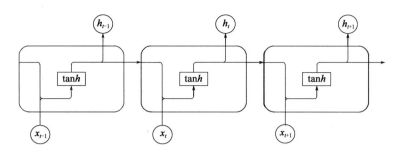

图 2-3 RNN 结构

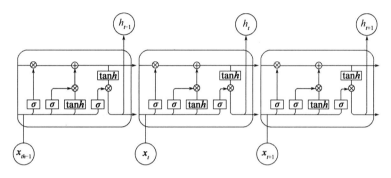

图 2-4 LSTM 结构

图中,X_t 代表 t 时刻的输入,h_t 代表 t 时刻的隐藏状态,σ 表示 Sigmoid 函数,$\otimes$ 表示点乘运算。在 LSTM 结构中一共包含三个门结构来控制细胞状态和隐藏状态,分别为遗忘门、输入门和输出门。遗忘门用于决定上一时刻的细胞状态有多少可以传递到当前时刻的细胞中;输入门用于控制当前输入新生成的信息中有多少信息可以加入细胞状态中;输出门用于控制有多少细胞状态信息作为隐藏状态的输出。细胞状态的更新模型如下:

$$f_t = \sigma(w_f \cdot [h_{t-1}, x_t] + b_f) \tag{2-61}$$

$$i_t = \sigma(w_i \cdot [h_{t-1}, x_t] + b_i) \tag{2-62}$$

$$\tilde{C}_t = \tanh(w_c \cdot [h_{t-1}, x_t] + b_c) \tag{2-63}$$

$$C_t = f_t \cdot C_{t-1} + i_t \cdot \tilde{C}_t \tag{2-64}$$

$$o_t = \sigma(w_0 \cdot [h_{t-1}, x_t] + b_o) \tag{2-65}$$

$$h_t = o_t \cdot \tanh(C_t) \tag{2-66}$$

式中:f_t ——遗忘门的输出状态;

i_t ——输入门的输出状态;

$\tilde{C}_t$ ——当前神经元输出的细胞状态;

C_t ——更新后的细胞状态;

o_t ——输出门的输出状态;

h_t ——隐藏层的输出状态;

w ——每个门结构的系数;

x_t —— t 时刻的输入。

神经网络的反向梯度传播是求解与优化神经网络最关键的一步,因此实现 LSTM 的自动优化需要将输出误差对于各个门参数的梯度进行求解,以此作为依据进行梯度下降优化神经网络。模型目标函数 E 对于各个权重的梯度包括以下方面:$w_{hf}, w_{xf}, b_f, w_{hi}, w_{xi}, b_i, w_{hc}, w_{xc}, b_c, w_{ho}, b_o, w_y, b_y$。根据偏导数推导,可得到下述梯度公式:

$$\frac{\partial E}{\partial w_{hi}} + = \delta_{it} \cdot h_{t-1}^{\mathrm{T}}, \frac{\partial E}{\partial w_{xi}} + = \delta_{it} \cdot x_t^{\mathrm{T}}, \frac{\partial E}{\partial b_i} + = \delta_{it} \tag{2-67}$$

$$\frac{\partial E}{\partial w_{hf}} + = \delta_{ft} \cdot h_{t-1}^{\mathrm{T}}, \frac{\partial E}{\partial w_{xf}} + = \delta_{ft} \cdot x_t^{\mathrm{T}}, \frac{\partial E}{\partial b_f} + = \delta_{ft} \tag{2-68}$$

$$\frac{\partial E}{\partial w_{h\tilde{C}_t}} + = \delta_{\tilde{C}_t} \cdot h_{t-1}^{\mathrm{T}}, \frac{\partial E}{\partial w_{x\tilde{C}_t}} + = \delta_{\tilde{C}_t} \cdot x_t^{\mathrm{T}}, \frac{\partial E}{\partial b_{\tilde{C}_t}} + = \delta_{\tilde{C}_t} \tag{2-69}$$

$$\frac{\partial E}{\partial w_{ho}} + = \delta_{ot} \cdot h_{t-1}^{\mathrm{T}}, \frac{\partial E}{\partial w_{xo}} + = \delta_{ot} \cdot x_t^{\mathrm{T}}, \frac{\partial E}{\partial b_o} + = \delta_{ot} \tag{2-70}$$

其中:

$$\delta_{it} = \delta_{C_t} \cdot \tilde{C}_t \cdot i_t \cdot (1 - i_t) \tag{2-71}$$

$$\delta_{ft} = \delta_{C_t} \cdot C_{t-1} \cdot f_t \cdot (1 - f_t) \tag{2-72}$$

$$\delta_{\tilde{C}_t} = \delta_{C_t} \cdot i_t \cdot (1 - \tilde{C}_t^2) \tag{2-73}$$

$$\delta_{ot} = \delta_{C_t} \cdot f_t \cdot o_t \cdot (1 - o_t) \tag{2-74}$$

其中:

$$\delta_{C_t} + = \frac{\partial E}{\partial h_t} \cdot o_t \cdot [1 - \tanh^2(C_t)] \tag{2-75}$$

根据上述公式的梯度进行反向优化,即可优化网络的能力。

利用 LSTM 对航班的乘客数据进行预测。某航空公司某国际航班 1949—1960 年每个月的乘客数据,共 144 组,见表 2-10。

表 2-10 某航空公司某国际航班 12 年间乘客数

112	118	132	129	121	135	148	1448	136	119
104	118	115	126	141	135	125	149	170	170
158	133	114	140	145	150	178	163	172	178
199	199	184	162	146	166	171	180	193	181
183	218	230	242	209	191	172	194	196	196
236	235	229	243	264	272	237	211	180	201
204	188	235	227	234	263	302	293	259	229
203	229	242	233	267	269	270	315	364	347
312	274	237	278	284	277	317	313	318	374
413	405	355	306	271	306	315	301	356	348
355	422	465	467	404	347	305	336	340	318

续上表

362	348	363	435	491	505	404	359	310	337
360	342	406	396	420	472	548	559	463	407
362	405	417	391	419	461	472	535	622	606
508	461	390	432	—	—	—	—	—	—

针对不同的参数设置，LSTM拥有不同的预测结果。例如，在本例中改变神经网络的迭代次数，在 $n=100$（图 2-5）、$n=250$（图 2-6）、$n=1000$（图 2-7）情况下的误差结果见表 2-11。

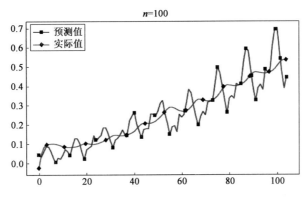

图 2-5　迭代 100 次后 LSTM 的拟合效果

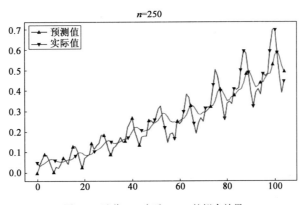

图 2-6　迭代 250 次后 LSTM 的拟合效果

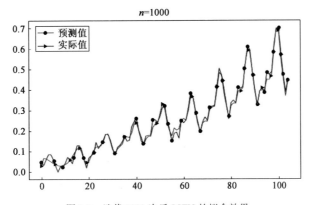

图 2-7　迭代 1000 次后 LSTM 的拟合效果

不同迭代次数下的 LSTM 误差　　　　　　表 2-11

迭代次数 n	100	250	1000
误差	0.00912	0.00762	0.00029

由结果可知,在迭代次数不高时,LSTM 神经网络具有一定的拟合能力,误差相对高,但基本满足实际数据趋势;当迭代次数逐步升高时,神经网络的拟合能力越来越强,误差越来越小,当迭代次数达到 1000 次时,预测值与实际值的误差几乎为 0,模型对数据的拟合效果非常好,但实际使用时应当注意避免过拟合的情况发生。

第三节　交通系统优化模型

一、最优化模型

1. 基本概念

伴随着经济、技术的发展,工程技术、管理人员在实际工作中,面临着这样一类问题:工程设计中,怎样选择参数,才能使得设计既满足要求,又降低成本;资源分配中,怎样选择分配方案,才能既满足各方面的基本要求,又获得好的经济效益;生产计划中,怎样选择计划方案,才能提高产值和利润;原料配比问题中,怎样确定各种成分的比例,才能提高质量、降低成本;城建规划中,怎样安排工厂、机关、学校、商店、医院、住宅和其他单位的布局,才能方便群众,有利于各行各业的发展。在各个领域中,此类问题,不胜枚举。这一类问题的共同特点,是要在所有可能的方案中,选出合理的、达到最优目标的方案,这个方案称为最优方案,寻找最优方案的方法称为最优化方法。

优化技术是一种以数学为基础,用于求解各种实际问题优化方案的应用技术,优化的根本目的是在原有基础上改善,并力求在考虑范围内找到最佳的结果。随着现代科学的发展,各学科之间相互渗透,新的交叉学科不断形成,新的思维方式、新的计算方法迅速发展,为优化技术的研究与发展注入了活力,也为其提供了更广阔的研究空间。对于实际系统,不断涌现出超大规模的非线性系统,在这些系统的研究中,经典优化方法不能有效求解。鉴于实际问题的复杂性、约束性、非线性、不确定性、建模困难等特点以及传统优化方法局限性大的现状,寻求一种适合大规模并行的最优化方法已成为很多学科研究的目标和内容。优化理论的研究是一个具有理论意义和应用价值的重要课题。

系统最优化过程是指系统在一定限制条件下达到目标最大值(最小值)方案的过程。一般包括:从系统思想出发对系统评价目标的定性和定量分析;对系统约束条件的定性和定量分析;建立系统模型并进行求解;对求解结果的分析和系统因素变化时对结果影响的分析。在系统最优化的过程中,以定性分析为指导,对系统目标、约束条件用数学形式进行描述,建立数学模型并求解的方法叫作最优化方法,应用最优化方法所建立的模型叫作最优化模型。

一般最优化问题主要是指函数优化问题和组合优化问题。

以最小化函数为例,函数优化问题通常可描述为:令 s 为 R^n 上的有界子集(即变量的定义域),$f:s \rightarrow R$ 为 n 维实值函数,所谓函数 f 在 s 域上全局最小化,就是寻求点 $x_{\min} \in s$,使得 $f(x_{\min})$ 在 s 域上全局最小,即 $\forall x \in s: f(x_{\min}) \leq f(x)$。有约束的问题可以将其转化为无约束问题,因此,函数优化主要以无约束问题为主。

仍以最小化问题为例,组合优化问题通常可以描述为:令 $\Omega = \{s_1, \cdots, s_n\}$ 为所有状态构成的解空间,$C(s_i)$ 为状态 s_i 对应的目标函数值,目的是寻找最优解 s^*,使得 $\nabla s_i \in \Omega$,$C(s^*) = \min C(s_i)$。组合优化问题是函数优化问题中的一类特殊优化问题,求解难度大,一般优化算法难以有效解决。典型组合优化问题有旅行商问题、调度问题、0-1 背包问题、图着色问题、装箱问题、聚类问题等。

2. 庞特里亚金极大值定理

庞特里亚金最大值原理(Pontryagin's Maximum Principle),也称庞特里亚金最小化原理,是最优控制中的理论基础,是在状态或输入空间有限制条件的情形下,可以找到使动力系统由一个状态到另一个状态的最优控制信号。此理论是数学家列夫·庞特里亚金及他的学生在 1956 年提出的,是变分法中欧拉-拉格朗日方程的特例。

设交通系统的状态方程为

$$\dot{x}(t) = f[x(t), u(t), t] \tag{2-76}$$

控制变量 $u(t)$ 是有第一类间断点的分段连续函数,属于 m 维空间中的有界闭集 Ω,满足不等式约束条件:

$$g[x(t), u(t), t] \geq 0 \tag{2-77}$$

则为把状态 $x(t)$ 自初始状态:

$$x(t_0) = x_0 \tag{2-78}$$

转移到满足边界条件:

$$\psi[x(t_f), t_f] = 0 \tag{2-79}$$

的终态,其中 t_f 未知,并使性能指标(泛函):

$$J(u) = \Phi[x(t_f), t_f] + \int_{t_0}^{t_f} L[x(t), u(t), t] \mathrm{d}t \tag{2-80}$$

达到最小值,实现最优控制的条件为:

(1) 设 $u^*(t)$ 是最优控制,$x^*(t)$ 为由此最优控制产生的最优轨迹,则存在与其相对应的协态向量 $\lambda^*(t)$,使 $x^*(t)$ 和 $\lambda^*(t)$ 满足规范方程组:

$$\begin{cases} \dot{x}^*(t) = \dfrac{\partial}{\partial \lambda} H[x^*(t), \lambda^*(t), u^*(t), t] \\ \dot{\lambda}^*(t) = \dfrac{\partial}{\partial x} H[x^*(t), \lambda^*(t), u^*(t), t] \end{cases} \tag{2-81}$$

(2) 在最优轨迹上与最优控制 $u^*(t)$ 对应的 Hamilton 函数取最小值:

$$H[x^*(t), \lambda^*(t), u^*(t), t] = \min_{u \in \Omega} H[x^*(t), \lambda^*(t), u^*(t), t] \tag{2-82}$$

(3) Hamilton 函数在最优轨迹重点处的值由式(2-83)决定。

$$\left\{ H + \frac{\partial \Phi}{\partial t_f} + \frac{\partial \psi^{\mathrm{T}}}{\partial t_f} v \right\} \bigg|_{t_f} \tag{2-83}$$

(4) 协态向量 $\lambda^*(t)$ 的终值满足横截条件:

$$\lambda^*(t_f) = \left\{\frac{\partial \Phi}{\partial x} + \frac{\partial \psi^\mathrm{T}}{\partial x}v\right\}\bigg|_{t_f} \quad (2\text{-}84)$$

(5)状态向量 $x^*(t)$ 满足边界条件：

$$\begin{cases} x(t_0) = x_0 \\ \psi[x(t_f), t_f] = 0 \end{cases} \quad (2\text{-}85)$$

二、多目标规划问题及求解

很多实际问题中，通常包含多个不相容的目标，而且要求同时考虑。作为单目标规划的推广，多目标规划定义为在一组约束条件下，极大化(极小化)多个不同的目标函数。一般形式为

$$\begin{cases} \max[f_1(x), f_2(x), \cdots, f_p(x)] \\ g_j(x) \leq 0, j = 1, 2, \cdots, m \end{cases} \quad (2\text{-}86)$$

其中，$x = (x_1, x_2, \cdots, x_n)$ 是一个 n 维决策变量；$f_i(x)$ 是目标函数，$i = 1, 2, \cdots, p$；$g_j(x) \leq 0$ 是系统约束，$j = 1, 2, \cdots, m$。

对于多目标问题，不能像单目标问题那样求最优解，当目标函数处于冲突状态时，不存在最优解使所有目标函数同时最优化。

多目标规划求解主要使用评价函数法，评价函数法的基本思想是：构造评价函数，将多目标优化问题转化为单目标优化问题；然后利用单目标优化问题的求解方法求出最优解，并把这种最优解当作多目标优化问题的最优解。所谓评价函数，是利用多目标规划的目标函数 $f(x)$，构造一个复合函数 $\varphi[f(x)]$，然后在约束集 D 上极小化 $\varphi[f(x)]$，根据评价函数构造的不同产生不同的方法。

1. 理想点法

在多目标规划中，先求解 p 个单目标问题

$$\min_{x \in D} f_j(x) \quad (j = 1, 2, \cdots, p) \quad (2\text{-}87)$$

设其最优值为 f_j^*，称 $f_j^* = (f_1^*, f_2^*, \cdots, f_p^*)^\mathrm{T}$ 为值域中的一个理想点。因为一般很难达到它，就期望在某种度量下，寻求距 f^* 最近的 f 作为近似值。一种最直接的想法是构造评价函数：

$$\varphi(z) = \sqrt{\sum_{i=1}^{p}(z_i - f_i^*)^2} \quad (2\text{-}88)$$

然后极小化 $\varphi[f(x)]$，即求解：

$$\min_{x \in D} \varphi[f(x)] = \sqrt{\sum_{i=1}^{p}[f_i(x) - f_i^*]^2} \quad (2\text{-}89)$$

并将它的最优解 x^* 作为多目标规划的"最优解"。

2. 线性加权和法

在具有多个指标的问题中，人们总是希望对那些相对重要的指标给予较大的权系数。基于这种现实，令：

$$\Lambda = \{\lambda = (\lambda_1, \cdots, \lambda_p)^\mathrm{T} | \lambda_i \geq 0 \text{ 且 } \sum_{i=1}^{p}\lambda_i = 1\} \quad (2\text{-}90)$$

称为权向量集。令：

$$p(z) = \sum_{i=1}^{p} \lambda_i z_i = \lambda^T z \quad (\lambda \in \Lambda) \tag{2-91}$$

再求解：

$$\min_{x \in D} \varphi[f(x)] = \lambda^T f(x) \tag{2-92}$$

将它的最优解 x^* 作为多目标规划的"最优解"。关于权系数的取法，可征求专家意见，也有定量的办法。

3. 极大极小法

在决策时，有时采取保守策略是稳妥的，即在最坏的情况下，寻求最好的结果。按照这种想法，可以构造下述评价函数：

$$\varphi(z) = \max_{1 \leq i \leq p} z_i \tag{2-93}$$

然后求解：

$$\min_{x \in D} \varphi[f(x)] = \min_{x \in D} \max_{1 \leq i \leq p} f_i(x) \tag{2-94}$$

将它的最优解 x^* 作为多目标规划的"最优解"。

三、遗传算法及其在公交线网优化中的应用实例

1. 遗传算法

遗传算法(Genetic Algorithm, GA)是由美国的 J. H. Holland 教授于 1975 年首次提出的。这是一种全局优化搜索算法，其基本特征是利用群体进化，即在求解过程中，通过种群不断优化，从而找到满意解或最优解。它只要求优化问题是可计算的，直接在优化准则函数值的引导下，在搜索空间进行自适应全局并行搜索。其运行过程简单而计算结果丰富，是目前一类通用性强的优化方法。

1) 遗传算法步骤(图2-8)

(1) 初始化。选择一个群体，即选择一个串或个体的集合 $b_i(i = 1, 2, \cdots, n)$，这个初始的群体也就是问题假设解的集合。一般取 $n = 30 - 160$。通常以随机方法产生串或个体的集合 $b_i(i = 1, 2, \cdots, n)$。问题的最优解将通过这些初始假设解进化而求出。

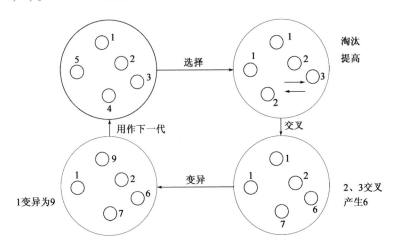

图2-8 遗传算法示意

(2) 选择。根据适者生存原则选下一代的个体。在选择时，以适应度为选择原则。适应度准则体现了适者生存、不适者淘汰的自然法则。

给出目标函数 f，则 $f(b_i)$ 称为个体 b_i 的适应度。以 $P\{$选中 $b_i\}$ 为下一代个体的次数：

$$p\{\text{选中 } b_i\} = f(b_i) \cdot n \bigg/ \sum_{j=1}^{n} f(b_j) \tag{2-95}$$

显然，适应度较高的个体，繁殖下一代的数目较多；适应度较小的个体，繁殖下一代的数目较少，甚至被淘汰。这样，就产生了对环境适应能力较强的后代。从问题求解角度来讲，就是选择出与最优解较接近的中间解。

(3) 交叉。对于选中用于繁殖下一代的个体，随机地选择两个个体的相同位置，按交叉概率 p_c 在选中的位置实行交换。这个过程反映了随机信息交换，目的在于产生新的基因组合，也即产生新的个体。交叉时，可实行单点交叉或多点交叉，一般而言，交叉算子 p_c 取值为 0.25～0.75。

例如，有个体 $S_1 = 100101$、$S_2 = 010111$，选择它们的左边 3 位进行交叉操作，则产生 $S'_1 = 010101$、$S'_2 = 100111$。

(4) 变异。根据生物遗传中基因变异的原理，以变异概率 p_m 对某些个体的某些位执行变异。在变异时，对执行变异的串的对应位求反，即把 1 变为 0，把 0 变为 1。变异概率 p_m 与生物变异极小的情况一致，所以，p_m 的取值较小，一般取 0.01～0.2。

例如，个体 $S = 101011$，对其第 1 位、第 4 位的基因进行变异，则有 $S' = 001111$。

单靠变异不能在求解中得到好处。但是，它能保证算法过程不会产生无法进化的单一群体。因为当所有的个体一样时，交叉是无法产生新的个体的，这时只能靠变异产生新的个体。也就是说，变异增加了全局优化的特质。

(5) 全局最优收敛。当最优个体的适应度达到给定的阈值，或者最优个体的适应度和群体适应度不再上升时，算法的迭代过程收敛，算法结束。否则，用经过选择、交叉、变异得到的新一代群体取代上一代群体，并返回(2)继续循环执行。

2) 遗传算法应用关键

(1) 串的编码方式。本质是问题编码，一般把问题的各种参数用二进制编码，构成子串，然后把子串拼接构成"染色体"串。串长度及编码形式对算法收敛影响极大。

(2) 适应函数的确定。适应函数是问题求解品质的测量函数，往往也称为问题的"环境"。一般可以把问题的模型函数作为对象函数，但有时需要另行构造。

(3) 遗传算法自身参数设定。遗传算法自身参数有 3 个，即群体大小 n、交叉概率 p_c 和变异概率 p_m。群体大小 n 太小时难以求出最优解，太大则增长收敛时间，一般取 $n = 30～160$。交叉概率 p_c 太小时难以向前搜索，太大则容易破坏高适应值的结构，一般取 $p_c = 0.25～0.75$。变异概率 p_m 太小时难以产生新的基因结构，太大使遗传算法成了单纯的随机搜索，一般取 $p_m = 0.01～0.2$。

2. 遗传算法用于公交线网优化

公交线网由多条线路组成，在可行线路集中符合线路线长、非直线系数等约束的公交线路很多，在线网优化时，可对每一条可行公交线路给出布设与不布设两种决策选择，在数学上可归结为复杂的 0-1 规划问题。这类问题的计算复杂性与问题的规模之间呈指数增长关系，当问题的规模较大时，工作量大、时间长，虽然计算机技术使得传统方法的求解能力得到改善，但对于大规模复杂函数的优化问题,用传统方法仍然难以得到满意解。遗传算法具有并行搜索能力,可以从解空间中多点出发搜索问题的最优解,适用于大规模复杂优化问题的求解,因此可用遗传算法来求解线网优化问题。

采用遗传算法进行公交线网优化(图2-9)的过程如下:

(1)优化模型的建立。每个城市均有自身特点,在建立线网优化模型时,需结合城市用地规模、用地布局、人口规模及经济发展状况等,选取适当的约束条件和目标函数。

(2)可行线路集的形成。根据道路节点的性质以及线长、线路弯曲系数的约束,在整个网络中选取可布设公交线路的端点对,并找到相应的公交线路,形成公交可行线路集。

(3)初始化。对每条公交线路在优化线网中有布设和不布设两种方案,分别用1和0表示,将公交线网优化问题转化为0-1规划问题。对可行线路集中的每条线路用0或1随机选取可构成一个初始公交线网,选取群体规模 n 个这样的线网,组成遗传算法的种群1。

(4)适应值计算。对每个公交线网进行检查,不合理网络取其适应值为0。对合理的公交线网进行公交客流分配和车辆配置计算,根据目标函数计算各自的适应值。

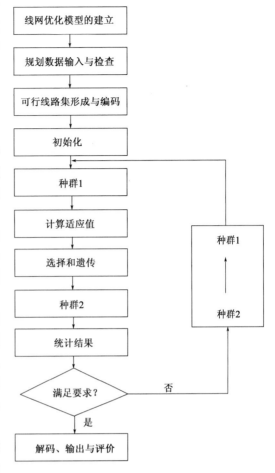

图2-9 公交线网优化流程

(5)选择和遗传。根据每个线网的适应值,设计一个随机选择策略,对种群1中的线网进行选取;选取适当的杂交算子和变异算子对选取结果作用生成新一代的个体种群2。

(6)停止准则。循环执行适应值计算、选择和遗传,直到满足某个停止准则。停止准则一般为找到一个能接受的解或已迭代了预置的代数,在线网优化中一般设置最大迭代次数。

(7)线网输出与评价。输出线网优化方案,评价检验其合理性。

3. 温州滨海新区公交线网优化

温州滨海新区规划(2010)占地35.2km²,规划总人口35万人。常规公交是滨海新区公交客流的主要承担者,根据交通预测分析得到的公交高峰小时客流量为33000人次。规划中将滨海新区总体规划确定的主次干道及部分具有交通功能的支路作为公交出行路网,并对道路节点分别编码(图2-10)。

依据滨海新区的公交客流分布情况,建立公交线网优化函数:

$$\min \left(a_1 \cdot \sum_{i,j=1}^{n} Q_{ij} \cdot T_{ij} + a_2 \cdot \sum_{k=1}^{m} M_k \cdot L_k \right) \quad (2\text{-}96)$$

式中：n ——交通区的数目；

Q_{ij} ——从交通区 i 到交通区 j 的公交乘客量，人次；

T_{ij} ——从交通区 i 到交通区 j 的公交出行总时间，h；

m ——布设公交线路条数；

M_k ——第 k 条线路的发车数，辆/h；

L_k ——第 k 条线路的长度，km；

a_1、a_2 ——换算系数。

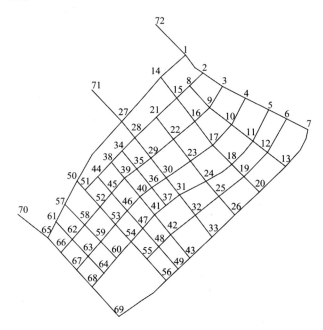

图 2-10　滨海新区规划路网结构及编码图

通过遗传算法优化计算可得到由 11 条线路组成的公交线网（图 2-11、表 2-12）。

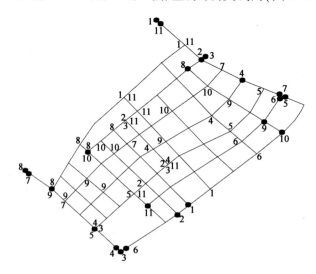

图 2-11　滨海新区规划公交线路走向图

滨海新区规划公交线路走向表 表2-12

编 号	距离(km)	起 点	中 间 站 点	终 点
1	9.69	43	33、32、31、30、29、28、27、14、1	72
2	8.15	2	8、15、21、28、34、35、36、37、41、47、48	49
3	10.3	2	8、15、21、28、34、35、36、37、41、47、54、60、64、68	69
4	9.35	4	10、17、23、30、36、37、41、47、54、60、64、68	69
5	8.42	6	5、11、18、24、31、37、41、47、54、60、64	68
6	8.69	6	12、19、20、26、33、43、49、56	69
7	11.5	6	5、4、3、9、16、22、29、35、39、45、52、58、62、66、65	70
8	8.31	8	15、21、28、34、38、44、51、50、57、61、65	70
9	9.35	12	11、10、17、23、30、36、40、46、53、59、58、62、66	65
10	8.23	13	12、11、10、9、16、22、29、35、39、45、44	51
11	9.79	55	54、47、41、37、36、35、34、28、27、14、10	72

滨海新区规划公交线网总长度为107.71km,线路平均长度为9.25km,平均非直线系数为1.25;公交线网密度为2.89km/km²。线网经过66个节点,节点覆盖率为92%;路段总长60.62km,道路长度覆盖率为63%。高峰小时OD量为33314人次,直达OD为8902人次,直达率为26.72%,一次换乘率为57.47%。车辆配置总数为272辆。规划滨海新区公交线网在客流效益和网络效率上是令人满意的。滨海新区规划公交线路基本信息见表2-13。

滨海新区规划公交线路基本信息表 表2-13

线路编号	起点	终点	直线距离(km)	线路长度(km)	非直线系数	行车间隔(min)	双向最小配车数(辆)
1	43	72	7.34	9.69	1.32	2.5	36
2	2	49	6.17	8.15	1.32	4	16
3	2	69	8.02	10.28	1.28	3.5	22
4	4	69	7.8	9.35	1.2	4	18
5	6	68	7.9	8.42	1.07	3.5	18
6	6	69	7.99	8.69	1.09	3.5	20
7	6	70	8.75	11.45	1.31	3	30
8	8	70	6.64	8.31	1.25	2.5	26
9	12	65	7.23	9.35	1.29	2.5	28
10	13	51	6.15	8.23	1.34	2	32
11	55	72	7.29	9.79	1.34	3	26

第四节 交通系统网络分析模型

一、图与网络系统

1. 图的定义

在实际工程中,许多工程系统均可以用图形来描述,如公路运输系统、城市公交系统、城市给排水系统及通信系统等,这些系统均可以用节点与连线所组成的网络来描述。有一些计划工作,也可按其相互关系绘制成网络形式,可以认为是沿时间展开的网络。把一个工程课题的各种物理量之间的关系用一个抽象的图或网络来描述,用图与网络的性质求解网络模型往往比求解数学模型简单。

图论中所研究的图与人们通常熟悉的图(如数学中各种几何图形、函数图形)是完全不同的。图论中所研究的图是指由若干个点和连接这些点中某些"点对"的连线所组成的图形,它可不按比例尺画,线段不代表真正的长度,点和线条的位置也是随意的。图中的点称为顶点,线条称为边。在图论中,用顶点表示所研究的对象,用边表示研究对象间的某种特定关系。例如,图 2-12a) 表示某地区的公路交通网,A、B、C、D、E、F 表示 6 个城镇,连线表示两城镇间的公路,如连线 AE 表示城镇 A、E 间有公路相通这种特定关系,而研究的问题又只是着眼于"两城镇间有无公路相通"这一特定关系,公路的长度、曲直、坡度、海拔、城镇的具体位置均不是主要问题,那么就可以用图 2-12b) 所示的网状图来代替图 2-12a) 所示的公路网。

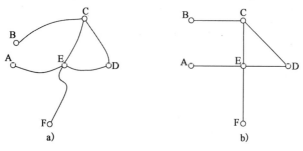

图 2-12 图的转化过程

从图 2-12b) 看不出它所代表的具体含义,这种抽象图既可以表示公路交通系统,也可以表示农田灌溉系统或通信系统。在图论及网络理论中,对图的讨论是将图的具体内容抛开,研究抽象图的一般规律及典型问题的分析和求解方法。

图是顶点和边的集合,记为 $G = (V, E)$,V 代表点集合,E 代表边集合。例如在图 2-13 中 $V = \{V_1, V_2, V_3, V_4, V_5, V_6\}$,$E = \{e_1, e_2, e_3, e_4, e_5, e_6, e_7, e_8\}$。若某条边 e_k 连接点 V_i、V_j,则记为 $e_k = [V_i, V_j]$。若 $e_k = [V_i, V_j] \in E$,则称 V_i、V_j 为边 e_k 的端点,称 e_k 为点 V_i、V_j 的关联边。如图 2-13 中 $e_2 = [V_1, V_5]$,则 V_1、V_5 为 e_2 的端点,而 e_2 为点 V_1、V_5 的关联边。若一条边的两个端点重合,则称该边为环,如图 2-13 中的边 e_8。若两点之间多于一边时,则称这些边为多重边,如图中的 e_4、e_7。若一个图中既没有环也没有多重边,这样的图称为简单图,图 2-12b) 就是一个简单图。

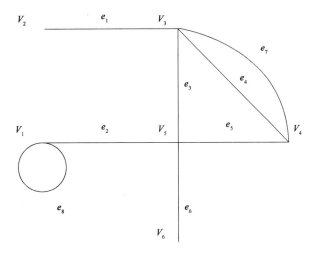

图 2-13 图的定义

2. 连通图

图中若存在某一个点与边的连续交替序列 $\{V_{i1},e_{i1},V_{i2},e_{i2},\cdots,V_{ik-1},e_{ik-1},V_{ik}\}$,则称这个点边序列为一条从 V_{i1} 点到 V_{ik} 点的链,简记为 $\{V_{i1},V_{i2},\cdots,V_{ik}\}$。链 $\{V_{i1},V_{i2},\cdots,V_{ik}\}$ 中,若 $V_{i1}=V_{ik}$,即链的起点与终点重合,则称为圈,圈实际上是闭链。若链(圈)中所含的边均不相同,则称为简单链(圈);若点也不相同,则称为初等链(圈)。例如在图 2-14a) 中,$\mu_1=\{V_1,V_2,V_4,V_5,V_3,V_2,V_4,V_6\}$ 为一条从 V_1 到 V_6 的链,但它不是简单链,因为 $\{V_2,V_4\}$ 重复两次。$\mu_2=\{V_1,V_2,V_3,V_1\}$ 为初等圈,$\mu_3=\{V_1,V_2,V_5,V_3,V_2,V_4\}$ 为简单链,$\mu_4=\{V_1,V_2,V_5,V_4,V_6\}$ 为初等链。

在一个图中,若任何两点之间至少存在一条链,则称这个图为连通图,否则就称为不连通图。图 2-14 中除图 2-14d) 外均为连通图,在图 2-14d) 中,点 V_6 与点 V_4 之间不存在链,故为非连通图。

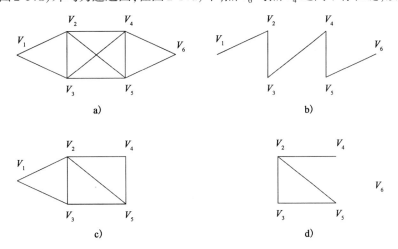

图 2-14 连通图定义

3. 无向图与有向图

图中不规定从一点到另一点的方向,即从 V_i 到 V_j 与从 V_j 到 V_i 均是一样的,这种图称为无向图。如果图中每条边均表明方向,规定只能从 V_i 到 V_j,不能从 V_j 到 V_i,这样的图称为有向图。在实际问题中,有些问题可用无向图来描述,如市政管道系统、双向行驶的交通网络。但有些问题用无向图就无法描述,如交通网络中的单行线、一项工程中各项工序之间的先后关系等,显然,这些关系仅用边是反映不出来的,还必须标明各边的方向。

在有向图中,点与点之间有方向的连线称为弧,记为 $A = (V_i, V_j)$, (V_i, V_j) 与 (V_j, V_i) 是不同的。有向图是由点集 V 和弧集 A 组成的,记为 $D = (V, A)$。

例如图 2-15a)就是一个有向图,图中:

$V = \{V_1, V_2, V_3, V_4, V_5, V_6\}$

$A = \{(V_1, V_2), (V_1, V_6), (V_2, V_6), (V_6, V_2), (V_2, V_3), (V_2, V_5), (V_6, V_5), (V_5, V_3), (V_3, V_4), (V_5, V_4)\}$

如果从一个有向图中去掉箭头,就得到一个无向图,如图 2-15b)所示。

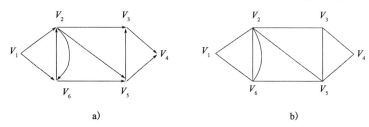

图 2-15 有向图与无向图

有向图图 2-15a)中,从 V_1 到 V_4 沿箭头方向排列一些弧段 $\{V_1, V_2, V_5, V_3, V_4\}$,这些弧段组成一个连续弧的序列,在此序列中各弧段首尾连接而不重复,这就形成了从 V_1 到 V_4 的一条通路(或称路)。如果在弧的序列中某些弧段的方向与前进方向不一致,则从起点到终点各弧段组成一条链。图 2-15a)中的弧序列 $\{V_1, V_2, V_3, V_5, V_4\}$,便是从 V_1 到 V_4 的一条链。路是链中的一个特例,路中所有弧的方向与前进方向一致。在有向图中,如果路的起点与终点重合,则称该路为回路。

二、图与网络数据结构

1. 邻接矩阵表示法

$G = (V, A)$ 是一个简单有向图,V 中的顶点用自然数 $1, 2, \cdots, n$ 表示或编码,A 中的弧用自然数 $1, 2, \cdots, m$ 表示或编码,邻接矩阵表示法是将图以邻接矩阵的形式存储在计算机中。图 $G = (V, A)$ 的邻接矩阵 C 的定义如下。

C 是一个 $n \times n$ 的 0-1 矩阵,即

$$C = (c_{ij})_{m \times n} \in (0,1)^{m \times n} \qquad (2\text{-}97)$$

$$c_{ij} = \begin{cases} 0, & (i,j) \notin A \\ 1, & (i,j) \in A \end{cases} \qquad (2\text{-}98)$$

也就是说,如果两点之间有一条弧,则邻接矩阵中对应的元素为 1,否则为 0。每行元素之和正好对应顶点的出度,每列元素之和正好是对应顶点的入度。可以看出,这种表示法非常简单、直接。但是,在邻接矩阵的所有 n^2 个元素中,只有 m 个非零元素。如果网络比较稀疏,这种表示法浪费了大量的存储空间,从而增加了在网络中查找弧的时间。

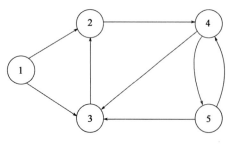

图 2-16 有向简单图的例子

图 2-16 所示的网络图可以用邻接矩阵表示为

$$\begin{bmatrix} 0 & 1 & 1 & 0 & 0 \\ 0 & 0 & 0 & 1 & 0 \\ 0 & 1 & 0 & 0 & 0 \\ 0 & 0 & 1 & 0 & 1 \\ 0 & 0 & 1 & 1 & 0 \end{bmatrix} \tag{2-99}$$

同样,对于网络中的权,也可以用类似邻接矩阵的 $n \times n$ 矩阵表示。只是此时一条弧所对应的元素是相应的权值。如果网络中每条弧赋有多种权,则可以用多个矩阵表示这些权。

2. 关联矩阵表示法

关联矩阵表示法是将图以关联矩阵的形式存储在计算机中。图 $G = (V,A)$ 的关联矩阵 B 的定义如下。

B 是一个 $n \times m$ 的矩阵,即

$$B = (b_{ik})_{n \times m} \in \{-1,0,1\}^{n \times m} \tag{2-100}$$

$$b_{ik} = \begin{cases} 1, & \exists j \in V, k = (i,j) \in A \\ -1, & \exists j \in V, k = (j,i) \in A \\ 0, & 其他 \end{cases} \tag{2-101}$$

也就是说,在关联矩阵中,每行对应图的一个节点,每列对应图的一条弧。如果一个节点是一条弧的起点,则关联矩阵中对应的元素为 -1;如果一个节点是一条弧的终点,则关联矩阵中对应的元素为 -1;如果一个节点与一条弧不关联,则关联矩阵中对应的元素为 0。对于简单图,关联矩阵中每列只含有两个非零元($+1$,-1)。在关联矩阵中,每行元素 1 的个数正好是对应顶点的出度,每行元素 -1 的个数正好是对应顶点的入度。可以看出,这种表示法也非常简单、直接,但是,在关联矩阵的所有 $n \times m$ 个元素中,只有 $2m$ 个为非零元。如果网络比较稀疏,这种表示法也会浪费大量的存储空间。

图 2-16 中,如果关联矩阵中每列对应的弧顺序为 $(1,2)$、$(1,3)$、$(2,4)$、$(3,2)$、$(4,3)$、$(4,5)$、$(5,3)$ 和 $(5,4)$,则关联矩阵表示为

$$\begin{bmatrix} 1 & 1 & 0 & 0 & 0 & 0 & 0 & 0 \\ -1 & 0 & 1 & -1 & 0 & 0 & 0 & 0 \\ 0 & -1 & 0 & 1 & -1 & 0 & -1 & 0 \\ 0 & 0 & -1 & 0 & 1 & 1 & 0 & -1 \\ 0 & 0 & 0 & 0 & 0 & -1 & 1 & 1 \end{bmatrix} \tag{2-102}$$

同样,对于网络中的权,也可以通过对关联矩阵的扩展来表示。例如,如果网络中每条弧赋有一个权,则可以把关联矩阵增加一行,把每一条弧所对应的权存储在增加的列中。如果网络中每条弧赋有多个权,则可以把关联矩阵增加相应的行数,把每一条弧所对应的权存储在增加的行中。

3. 弧表表示法

弧表表示法将图以弧表的形式存储在计算机中。所谓的弧表,也就是图的弧集合中的所有有序对。弧表表示法直接列出所有弧的起点和终点,共需 $2m$ 个存储单元,当网络比较稀疏

时比较方便。此外,对于网络图中每条弧上的权,也要对应地用额外的存储单元表示。如图 2-16 中,弧(1,2)、(1,3)、(2,4)、(3,2)、(4,3)、(4,5)、(5,3)和(5,4)的权分别为 8、9、6、4、0、3、6 和 7,则弧表表示见表 2-14。

弧 表 表 示 法　　　　　　　表 2-14

起点	1	1	2	3	4	4	5	5
终点	2	3	4	2	3	5	3	4
权	8	9	6	4	0	3	6	7

为了便于检索,一般按照起点、终点的自然顺序存储弧表。

4. 邻接表表示法

邻接表表示法将图以邻接表的形式存储在计算机中。所谓图的邻接表,也就是图的所有节点的邻接表的集合。而对每个节点,它的邻接表就是它的所有出弧。邻接表表示法就是对图的每个节点,用一个单向链列出从该节点出发的所有弧,链表中每个单元对应一条出弧。为了记录弧上的权,链表中每个单元除列出弧的另一个端点外,还可以包含弧上的权等作为数据域。图的整个邻接表可以用一个指针数组表示。例如,图 2-16 所示的网络图,邻接表表示如图 2-17 所示。

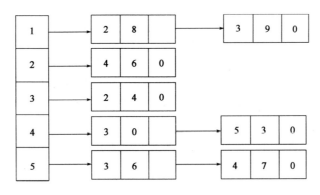

图 2-17　邻接表

这是一个 5 维指针数组,每一维(图 2-17 表示法中的每一行)对应一个节点的邻接表,如第 1 行对应第 1 个节点的邻接表(即第一个节点的所有出弧)。每个指针单元的第 1 个数据域表示弧的另一个端点(弧的头),后面的数据域表示对应弧上的权。如第 1 行中的"2"表示弧的另一个端点为 2[即弧为(1,2)],"8"表示对应弧(1,2)上的权为 8;"3"表示弧的另一个端点为 3[即弧为(1,3)],"9"表示对应弧(1,3)上的权为 9;"0"表示邻接点结束,空格表示还有邻接点。又如,第 5 行说明从节点 5 出发的弧有(5,3)、(5,4),它们对应的权分别为 6 和 7。

三、最小生成树

1. 最小生成树问题

一个无圈的连通图称为树,树具有以下性质:
(1)任意两点之间必有一条且仅有一条链。

(2)去掉任一条边,则树成为不连通图。
(3)任何两个顶点间添上一条边,恰好得到一个圈。

设图 $G(V,E)$,对 G 中的每一条边 $[v_i,v_j]$,相应地有一个数 w_{ij},称这个数为边 $[v_i,v_j]$ 上的权,G 连同边上的权称为赋权图。这里所说的"权",是指与边有关的数量指标,根据实际问题的需要,可以赋予不同的含义,例如表示距离、时间、费用或流量等。

设有一连通图 $G(V,E)$,对于每一条边 $[v_i,v_j]$,有一权 $w_{ij} \geq 0$,最小树问题就是求图 G 的生成树 T,使得 $W(T) = \sum\limits_{[v_i,v_j] \in T} w_{ij}$ 最小。在 G 的所有生成树中,权数最小的生成树称为 G 的最小生成树。

2. 最小生成树计算

1)破圈法

图中任取一圈,从圈中去掉一条权最大的边,在余下的圈中,重复这个步骤,直到无圈为止,即可求出最小生成树。

某城市有 6 个居民点,道路交通图如图 2-18 所示,现要沿道路铺设煤气管道,将 6 个居民点连成网,已知每条道路的长度,求使管道长度最短的铺设方案。

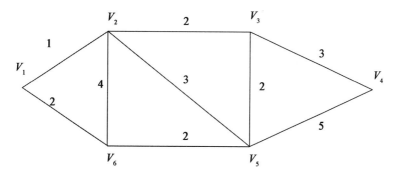

图 2-18 居民出行道路交通图

由于煤气管道只能沿着道路布设,并要求通到所有居民点,故表示煤气管道的图必须为道路图的部分图。为了使管道总长最短,途中不应有圈,故原问题为一个求最小树的问题。任取一圈 $\{V_1,V_2,V_6,V_1\}$,去掉权最大的边 $[V_2,V_6]$;取圈 $\{V_3,V_4,V_5,V_3\}$,去掉权最大的边 $[V_4,V_5]$;取圈 $\{V_2,V_3,V_5,V_2\}$,去掉权最大的边 $[V_5,V_2]$;取圈 $\{V_1,V_2,V_3,V_5,V_6,V_1\}$,去掉权最大的边 $[V_5,V_6]$,得最小生成树,该图即为管道总长最短的铺设方案,管道总长(即最小树的权之和)为 10 个单位,求解过程如图 2-19 所示。

2)避圈法

先从图中选一条权最小的边,然后每一步都从未选的边中选一条权最小的边,使之与已选的边不构成圈,直到形成生成树。

用避圈法(图 2-20)求最小树,先取权最小的边 $[V_1,V_2]$,在余下的边中,最小权为2,这样的边有 4 条,可以任取其中的一条,但应不构成圈,故取 $[V_1,V_6]$,再取 $[V_2,V_3]$、$[V_6,V_5]$,这时不能再取边 $[V_3,V_5]$,否则将构成圈。取不构成圈的边中权最小的边 $[V_3,V_4]$,连通所有点形成最小树。这个最小树与破圈法的最小树不一致,但权之和是相同的,均是 10 个单位,可见最小树不是唯一的,但它们的最小权是唯一的。

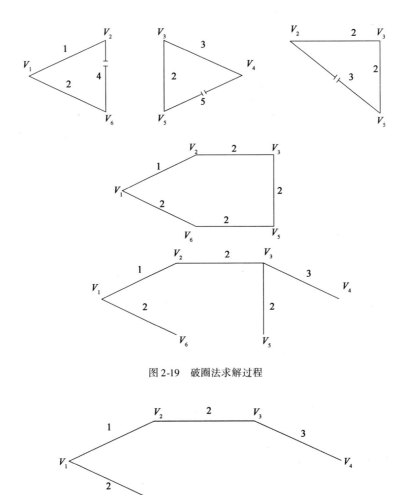

图 2-19 破圈法求解过程

图 2-20 避圈法求解过程

3. 逐步生成树法

1）问题提出

区域公路网规划中，一方面要在原有路网的基础上，根据新的需求扩大路网的深入程度，提高路网的密度；另一方面还要做出路网技术改造规划，将部分节点间的连通关系分别提升到相应的等级。因而，提出了一个如何实现网络中部分节点最佳连通关系的问题。

网络节点间最佳连通关系的实现，最小树是一种较为切实可行的方法，但如何在部分重要性程度较高的节点之间形成最佳的连通关系，现行的最小树方法难以完全胜任。在求最小树的过程中，为了追求网络诸节点间连通路径的总长度最短，也就无法实现其部分节点间连通路径长度和为最短的愿望。在生成最小树的过程中，无法识别网络中各节点的重要程度，因而也就不可能达到有选择地连通的目的。如果将重要性程度较高的节点从原网络中分离出来，则其相互间的连通关系应按照一定思路进行确定，原网络中其他节点也应依据相应原则进行取舍。

2) 逐步生成树法的基本思路

（1）基于动态规划的原理，将寻求网络中的部分节点的最佳连通关系划分为若干个决策阶段，若待纳入最小树的节点为 M 个，则分为 $M-1$ 个决策阶段，后续决策是在前一决策的基础上形成只包括下一个待纳入节点的部分图，作为其决策的基础。

（2）新的部分图的形成，是以前一决策阶段已形成的树形图为基础，将图上所有的节点，包括非目的节点，与待入树的节点之间，按最短路关系连通形成的。对于尚未进入新的部分图的部分，暂时不予考虑。对于最新连通的最短路上除去起讫点之外的所有其他节点之间，同样按最短路连通。如上所构成的连通图中，凡只有两条边与之相邻接的节点，将与其相邻接的两条边归并为一条边，将两条边的权数之和作为新边的权数，其他情况不变。

（3）在如上所构成的部分图上求最小树，形成新的扩展了的最小树，删除树上的那些非目的节点的末端点。

（4）以此类推，直至将所有待入树的节点全部入树，其结果即为所求。

3）案例

在图 2-21 所示的网络中，需将 1、5、9 三个节点用较高级别路段连通形成最小树。

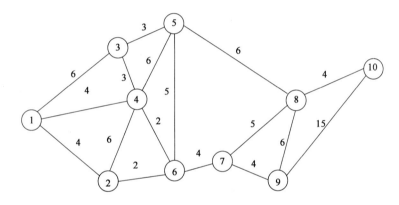

图 2-21　现状路网图

按常规方法生成最小树（图 2-22），三点连通路径长度和为 24。

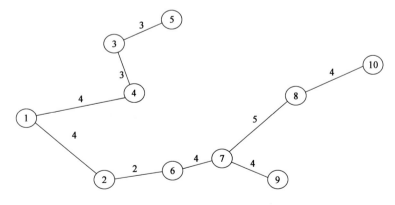

图 2-22　常规方法生成的最小树

仅将要纳入树的部分节点按最短路连通时形成的网络图最小树。先将 1、5、9 三点间按最短路连通形成新的网络（图 2-23），再求最小树（图 2-24），其权数和为 21。

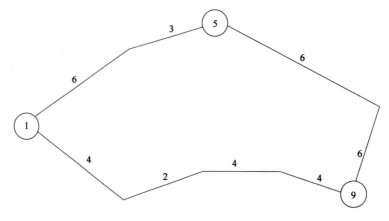

图 2-23　1、5、9 的连通图

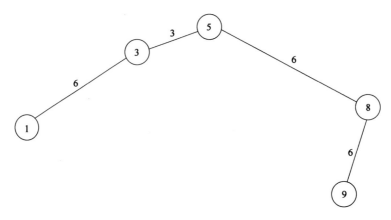

图 2-24　1、5、9 的连通图的最小树

按逐步生成树法成图并求最小树。先将节点 5 和节点 9 按最短路连通,再将节点 1 及连通节点 1 与仅包括节点 5 和节点 9 的最小树上的各节点的所有连通路纳入新的树形图之中(图 2-25)。所生成的最小树(图 2-26),权数和为 19。

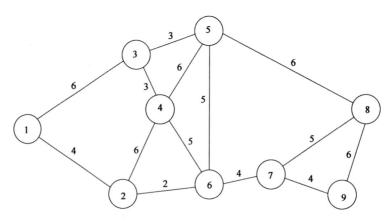

图 2-25　树形结构图

从分析结果来看,逐步生成树法在形成网络中部分节点之间的最小树时,是一种结果最能接近优化目标,操作过程又比较规范的可行方法。

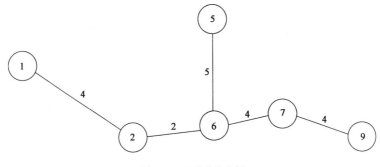

图 2-26 最终的最小树

四、最小费用最大流

1)理论模型

最大流问题为在一个边容量有限的网络图中,求出发点至终点的最大流值。然而,有些现实问题的网络图不仅应考虑流量,而且应考虑费用,即网络中的边除了容量限制外,还附加运送单位流量所需费用。于是,人们便提出问题:如何求出一个最大流,既满足运输量又使费用最小?这就是最小费用最大流问题。例如,有个制造商需将成品运至远处的仓库,他可以从许多条路线上进行运输,每段线路的单位运输成本不同,且均有最大运输量的限制。制造商如何选择运输方案才能花最少的钱把全部成品从工厂运至仓库?这是典型的最小费用最大流问题。

对网络 $G = (V, A, C)$,每条弧 $(V_i, V_j) \in A$ 上,除容量 C_{ij} 外还给了一个单位流量费用 $b(V_i, V_j) \geq 0$,所谓最小费用最大流,就是要求一个最大流 f,使流总运输费用取最小值。即

$$\min b(f) = \min \sum b_{ij} f_{ij}, (V_i, V_j) \in A \qquad (2\text{-}103)$$

寻找最大流的方法是从某个可行流出发,找到关于这个流的一条增广链 μ。沿着 μ 调整 f,对新的可行流试图寻求关于它的增广链,如此反复,直到找到最大流。现在的问题是要寻求最小费用的最大流,首先考虑一下,当沿着一条关于可行流 f 的增广链 μ,以 $\Delta = 1$ 调整 f,得到新的可行流 f'[显然 $V(f') - V(f) = 1$]时,费用 $b(f')$ 比 $b(f)$ 增加:

$$b(f') - b(f) = \left[\sum_{\mu^+} b_{ij}(f'_{ij} - f_{ij}) - \sum_{\mu^-} b_{ij}(f'_{ij} - f_{ij})\right] = \sum_{\mu^+} b_{ij} - \sum_{\mu^-} b_{ij} \qquad (2\text{-}104)$$

称 $\sum_{\mu^+} b_{ij} - \sum_{\mu^-} b_{ij}$ 称为增广链 μ 的"费用"。

若 f 是流量为 $V(f)$ 的所有可行流中费用最小者,μ 是关于 f 的所有增广链中费用最小的增广链,那么沿着 μ 调整 f,得到的可行流 f' 就是流量为 $V(f')$ 的所有可行流中的最小费用流,当 f' 是最大流时,即为所要求的最小费用最大流。

在实际问题中,费用 b_{ij} 总是非负的,所以 $f = 0$ 必是流量为 0 的最小费用流。这样,总可以从可行流 $f = 0$ 开始。一般地,设已知 f 是流量 $V(f)$ 的最小费用流,余下的问题就是如何去寻找关于 f 的最小费用增广链。

为了找出关于 f 的最小费用增广链,需要构造一个长度网络 $L(f)$,使得在网络 G 中寻找关于 f 的最小费用增广链等价于在长度网络 $L(f)$ 中寻找从 V_s 到 V_t 的最短路。长度网络的构造方法如下:

(1)保持原网络各顶点不动,每两点之间各连正反向两条弧。

(2) 对于正向弧(与原网络方向一致者),令弧长:

$$l_{ij} = \begin{cases} b_{ij}, & f_{ij} < C_{ij} \\ +\infty, & f_{ij} = C_{ij} \end{cases} \quad (2\text{-}105)$$

其中, $+\infty$ 表示该弧已经饱和,不能再增大流量,这样的弧在 $L(f)$ 图中可以省略。

(3) 对于反向弧,令弧长:

$$l_{ij} = \begin{cases} -b_{ij}, & f_{ij} > 0 \\ +\infty, & f_{ij} = 0 \end{cases} \quad (2\text{-}106)$$

这里 $+\infty$ 的意义是流量已减小到 0,不能再小,这样的弧也可以省略。

2) 一种求解算法

于是,求网络最小费用最大流的算法可归纳如下:

(1) 取零流为初始可行流 $f^{(0)} = 0$。

(2) 构造长度网络 $L^{(0)}$,在 $L^{(0)}$ 上求 $V_s \to V_t$ 最短路。这条最短路就是对应在原网络中的关于 $f^{(0)}$ 的最小费用增广链。

(3) 在原网络中找到相应于最短路的增广链 μ。沿着 μ 对 $f^{(0)}$ 进行调整,于是得费用最小的可行流 $f^{(1)}$。

(4) 设在第 $k-1$ 步得到的最小费用流为 $f^{(k-1)}$,在原网络 G 中找到相应的增广链 μ,在 μ 上对 $f^{(k-1)}$ 进行调整,调整量为

$$\Delta = \min\{\min_{\mu^+}(c_{ij} - f_{ij}^{(k-1)}), \min_{\mu^-}(f_{ij}^{(k-1)})\} \quad (2\text{-}107)$$

令:

$$f_{ij}^{(k)} = \begin{cases} f_{ij}^{(k-1)} + \Delta, & (V_i, V_j) \in \mu^+ \\ f_{ij}^{(k-1)} - \Delta, & (V_i, V_j) \in \mu^- \\ f_{ij}^{(k-1)}, & 其他 \end{cases} \quad (2\text{-}108)$$

于是得到一个新的可行流 $f^{(k)}$。

(5) 返回第二步,继续进行,直到 L 网络中不存在最短路为止,这时的可行流 f 就是最小费用的最大流。

3) 案例

某地区道路交通网络如图 2-27 所示,弧上的数字为 (b_{ij}, c_{ij}), b_{ij} 为单位行驶费用(元/辆), c_{ij} 为路段通行能力(千辆/h),求该网络的最小费用最大流。

取初始可行流为零流 $f^{(0)} = 0$,并以此构成相应的长度网络 $L^{(0)}$(图 2-28)。在 $L^{(0)}$ 上,求出从 V_s 到 V_t 的最短路,其最短路线为 $V_s \to V_2 \to V_1 \to V_t$,如图 2-28 中的双线所示。

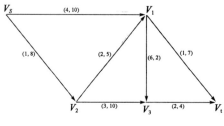

图 2-27 道路交通网络

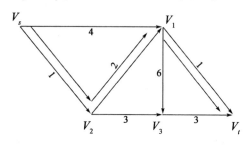

图 2-28 $L^{(0)}$

在原网络中找出与最短路相应的最小费用增广链 μ,进行调整,调整量为:
$$\Delta = \min\{\min_{\mu^+}(c_{ij} - f_{ij}^{(0)}), \min_{\mu^-}(f_{ij}^{(0)})\} = \min\{(8-0),(5-0),(7-0)\} = 5$$
调整后得到新的最小费用客流量 $f^{(1)}$(图 2-29)。重复上述过程。构造长度网络 $L^{(1)}$(图 2-30),并找出最短路 $V_s \to V_1 \to V_t$。

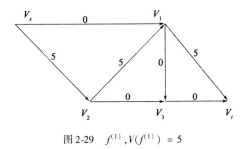

图 2-29 $f^{(1)}, V(f^{(1)}) = 5$

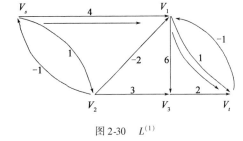

图 2-30 $L^{(1)}$

在 G 中找出相应的增广链 μ,对 $f^{(1)}$ 进行调整。调整量为 $\Delta = \min\{(10-0),(7-5)\} = 2$,得新的最小费用客流量 $f^{(2)}$(图 2-31)。

重复上面的方法,依次求出 $L^{(2)}$(图 2-32)、$f^{(3)}$(图 2-33)、$L^{(3)}$(图 2-34)、$f^{(4)}$(图 2-35)和 $L^{(4)}$(图 2-36)。

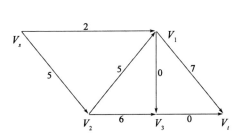

图 2-31 $f^{(2)}, V(f^{(2)}) = 7$

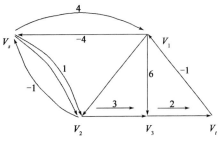

图 2-32 $L^{(2)}$

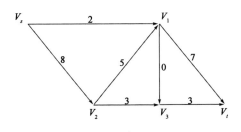

图 2-33 $f^{(3)}, V(f^{(3)}) = 10$

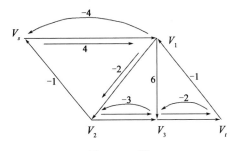

图 2-34 $L^{(3)}$

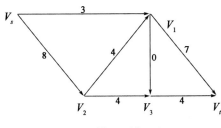

图 2-35 $f^{(4)}, V(f^{(4)}) = 11$

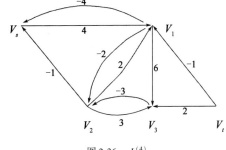

图 2-36 $L^{(4)}$

当进行到 $L^{(4)}$ 时,在 $L^{(4)}$ 中已不存在最短路,即在长度网络 $L^{(4)}$ 中,V_s 与 V_t 之间不存在通路,这时算法结束。$f^{(4)}$ 就是要求的最小费用最大流,即道路交通网(图 2-27)的最大流量为 11000 辆/h,最大流量的最小费用为:

$$f = 4 \times 3000 + 1 \times 7000 + 1 \times 8000 + 2 \times 4000 + 3 \times 4000 + 2 \times 4000 = 55000(元/h)$$

第五节　交通系统评价模型

一、概述

1. 系统评价概念

系统评价是对系统分析过程和结果的鉴定,判别设计的系统是否达到了预定的各项技术经济指标,为能否投入使用提供决策所需要的信息。系统评价是方案选优和决策的基础,评价的好坏影响着决策的正确性。

在系统分析时,为了实现某一系统的目的或目标,往往可建立多个备选方案,各个备选方案通过模型化、最优化后,分别得相应的最优解。系统评价就是指从技术和经济等多方面对所设计的各个备选方案最优解进行评价,从中选择在技术上是先进的、在经济上是合理的方案作为最优系统方案。

在进行两城市之间的运输系统规划时,为实现两城市之间物资运输这一目的,可建立的运输系统方案有以下几个:道路运输系统、水路运输系统、铁路运输系统、航空运输系统、管道运输系统。各方案通过模型化、最优化后,分别得到了相应最优解,如最佳道路运输系统、最佳铁路运输系统等。系统评价就是要对各方案的最佳结构方式(相应的最优解)进行综合评价,以便选择最佳的运输系统方案。

要对系统进行评价,必须确定评价基准,即确定各方案选用顺序的标准。评价基准一般根据系统的具体情况而定。例如,在评价系统的费用(C)和效益(E)时,评价基准可以从下述 3 种基准中选用:

(1)以各方案效益相同为基准,选择费用最小的方案为最优方案。即当方案效益 $E_1, E_2, \cdots, E_N$ 相同时,若 $C_i \to C_{\min}$,则方案 i 为最优方案。

(2)以各方案费用相同为基准,选择效益最大的方案为最优方案。即当方案费用 $C_1, C_2, \cdots, C_N$ 相同时,若 $E_i \to E_{\max}$,则方案为 i 最优方案。

(3)以效益费用比为基准,选择效益费用比最大的方案为最优方案,若 $E_i/C_i \to \max$,则方案 i 为最优方案。

2. 评价分类

1)按评价项目分类

(1)目标评价。确定系统目标后,要进行目标评价,确定目标是否合理。

(2)方案评价。确定决策方案后,要进行方案评价,选择最优方案。

(3)设计评价。即对设计的评价,确定设计是否理想。

(4)计划评价。即对计划的评价,验证计划是否可行。

(5)规划评价。即对规划的评价,指出规划是否合适。

2)按评价时间顺序分类

(1)事前评价。即在系统开发之前进行的评价,是为了提高系统成果而合理决定计划的有效方法。

(2)中间评价。即在开发过程中进行的评价,是在系统研制过程中用来判断是否有必要变更目标和为及时采取对策而进行管理的有效手段。

(3)事后评价。即在开发完成之后进行的评价,是在定量地掌握已经达到目标成果的同时,确认目标以外成果的良好方法。

(4)跟踪评价。即用来研究真实效果,对整个系统进行评价的一种方法。

3)按内容分类

(1)技术评价。即围绕系统功能进行的评价,评定系统方案能否实现所需功能及实现程度。

(2)经济评价。即围绕经济效益进行的评价,内容主要是以成本为代表的经济可行性分析。

(3)社会评价。即针对系统给社会带来的利益或影响而进行的评价。

(4)综合评价。即在上述三个方面评价的基础上,对系统方案价值大小所做的综合评定。

3. 系统评价步骤

在系统评价过程中,首先要熟悉方案和确定评价指标。熟悉方案是指通过大量调查研究,了解系统的基本目标、功能要求,确切地掌握各种方案的优缺点以及对系统目标、功能要求的实现程度、方案实施的条件和可能性等。评价指标是指评价条件和要求,是方案期望达到的指标,它包括政策指标、技术指标、经济指标和社会指标等。然后,应用适当的方法,先进行单项评价,再做综合评价,从而做出对方案优先顺序的结论。单项评价法主要指利用经济理论和技术水平对系统的某个方面做出定量评价的方法,经济评价方法主要有价值分析法、成本效益法、利润评价法等,技术评价方法主要有可行性分析、可靠性评价等。综合评价法主要有层次分析法、模糊评价法、SWOT分析法、主成分分析法等。

系统评价的步骤是有效进行评价的保证,一般包括以下几项(图2-37):

(1)明确系统目标,熟悉系统方案。为了进行科学定量评价,必须反复调查,了解建立这个系统的目标和为完成系统目标所考虑的具体事项,熟悉系统方案,进一步分析和讨论已经考虑到的各个因素。

(2)分析系统要素。根据评价目标,集中收集有关的资料和数据,对组成系统的各个要素及系统的性能特征进行全面分析,找出评价项目。

(3)确定评价指标体系。评价指标体系必须科学地、客观地、尽可能全面地考虑各种因素,包括组成系统的主要因素及有关系统性能、费用、效果等方面。指标体系的选择要视被评价系统的目标和特点而定。指标体系可以在大量的资料、调查、分析的基础上得到,它是由若干个单项评价指标组成的整体,应反映出所要解决问题的各项目标要求。

(4)制定评价结构和评价准则。对所确定的指标进行定量化处理,有些指标本来就有定量的数字,有些原来只是定性的描述,

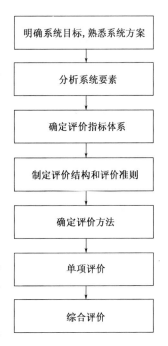

图2-37 系统评价步骤

要进行分析研究,制定和选择评价的定量依据,有时需要借助模糊理论的概念和方法。每一个具体指标可能是几个指标的综合,在评价时要制定评价结构。由于各指标的评价尺度不同,对于不同的指标,很难在一起比较,因此,必须将指标体系中的指标规范化,制定出评价准则,根据指标所反映要素的状况,确定各指标的结构和权重。

(5)确定评价方法。评价方法根据对象的具体要求不同而有所不同,要按系统目标与系统分析结果、费用、效果的测定方法,成功可能性的讨论方法以及评价准则等来确定。

(6)单项评价。单项评价是就系统的某一特殊方面进行详细的评价,以突出系统的特征。单项评价不能解决最优方案的判定问题,只有综合评价才能解决最优方案或方案优选顺序的确定问题。

(7)综合评价。按照评价标准,在单项评价的基础上,从不同的观点和角度,对系统进行全面的评价。综合评价就是利用模型和各种资料,用技术经济的观点,对比各种可行方案,考虑成本与效益的关系,权衡各方案的利弊得失,从系统的整体观点出发,综合分析问题,选择适当而且可能实现的优化方案。

上海新满仓址选址过程中所采取的评价步骤如图 2-38 所示。

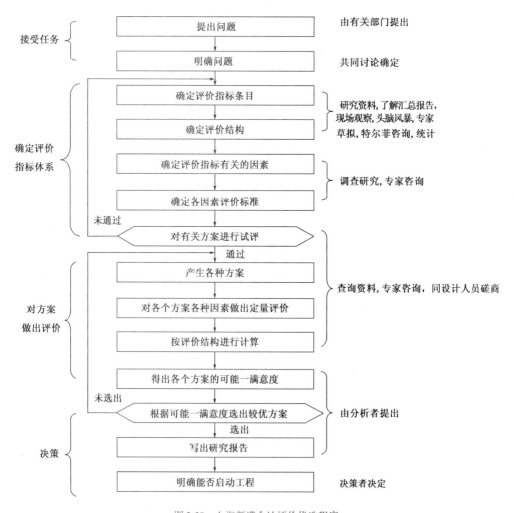

图 2-38 上海新满仓址评价优选程序

二、评价准则体系

在系统研究、系统设计过程中，在确定系统目标的同时，就应该考虑到如何设计一套能够具体反映系统目标的准则，并且还能够在系统量化中获得这些准则的测度标准，以便具体评价系统。

系统评价准则应与系统的目标密切相关，切忌单纯为了评估方便或易于得到资料等原因，设计出与系统目标不密切相关的指标或准则，导致系统分析结果严重错误。在多目标系统中，不同目标要用不同的准则来衡量。

利润和成本等用货币来衡量，建设周期和资金回收期等用时间来衡量，运输量和载质量等用体积或质量来衡量，路程、占地等用长度、面积来衡量，美观、舒适、方便等较为抽象的目标则用评分法的得分多少或其他间接的准则来衡量。如果要从总体上评价某一备选方案对于全体目标的合意程度，那就将上述用各种度量单位表示的准则规范为统一的数量尺度或测度，以便实现各准则数值指标的合并，从而建立起各方案之间的可比数量关系。

在评价与决策中，只要目标、准则体系制定之后，任一备选方案的实施效果便可由它在全体评价准则体系下的所有结果值唯一确定。当存在着多个评价准则时，各个准则下的效用函数值必须要相互协调和照应，某一准则下效用函数值偏大或偏小均是不适宜的，将直接影响在效用值合成中该准则应有的权重。

多目标评价中，由于风险因素或不确定因素而引起的一系列问题，均可以设法局限在各个分目标序列之中来解决。这样，就可以将任一方案在不确定自然状态下的各种可能结果值转化为单个数字(即期望效用值)。对于存在风险因素或不确定因素的每个准则，均采用同样方法处理，那么，任何一个备选方案在任一准则条目下，都相当于只具有一个确定的结果，而不是有多种可能的结果。于是，多目标评价问题和非确定型评价问题就可转化为多目标确定型评价问题。

一个方案在同一准则下，只具有唯一的确定结果；不同方案在同一准则下，则具有不同的确定结果。这样，就同一准则而言，各备选方案同各种确定结果形成一一对应的关系，一个方案对应一个结果值，另一个方案对应着另一个结果值。因此，以结果值为自变量的效用函数就可看作以备选方案为自变量的复合函数，有多少个准则就有多少个这样的函数。

三、评价指标体系

评价指标包括系统目标所涉及的一切方面，评价指标必须与国家的方针、政策、法令的要求一致。评价指标体系的制订是一个很困难的问题，一般来说，指标范围越宽，指标数量越多，则方案之间的差异越明显，越有利于判断和评价，但确定指标类别和指标重要程度也越困难，处理和建模过程也越复杂，因而歪曲方案本质特性的可能性也越大。评价指标体系要全面地反映出所要评价系统的各项目标要求，尽可能地做到科学、合理，且符合实际情况，被有关人员和部门所接受。为此，制订评价指标体系需在全面分析的基础上，拟定指标草案，经过广泛征求专家意见，反复交换信息，统计处理和综合归纳等最后确定。

评价指标体系通常可以考虑如下 6 个方面：

(1) 政策性指标，包括政府的方针、政策、法令，以及法律约束和发展规划等方面的要求，这对国防或国计民生方面的重大项目或大型系统尤为重要。

(2) 技术性指标，包括产品的性能、寿命、可靠性、安全性等。

(3) 经济性指标，包括方案成本、效益、建设周期、回收期等。

(4) 社会性指标，包括社会福利、社会节约、综合发展、污染、生态环境等。

(5)资源性指标。

(6)时间性指标。

以上考虑的是大类指标,每一个大类指标又可以包括许多小类指标,每一个小类指标可能由几个指标综合反映,这样便形成了指标树,这个指标树就构成了系统评价指标体系。

四、层次分析模型

层次分析法(Analytical Hierarchy Process,AHP)是一种定性分析与定量分析相结合的决策分析方法。这种分析方法的特点是将决策者对复杂对象的决策思维过程系统化、层次化和模型化,可用于多目标、多准则的决策问题分析。

层次分析法通过分析复杂问题所包含的因素及相互关系,将问题分解为不同的要素,并将这些要素归并为不同层次,从而形成多层次结构。在某一层次,可按某一规定准则,对该层要素进行两两比较,建立判断矩阵。计算判断矩阵的最大特征值以及对应的正交化特征向量可得出该层要素对于该层准则的权重。在这个基础上,计算出各层要素对于总体目标的组合权重,从而得出不同方案的权值,为选择满意方案提供依据。严格地说,层次分析法仍然是以主观方法确定权系数,与其他方法不同的是这种方法可以降低主观程度,增加客观性。

层次分析法具体步骤如下。

1)明确问题

明确问题的范围、具体要求、所包含的要素(目标、准则、可能方案等)以及各要素之间的关系。

2)建立层次结构

根据对问题的了解和初步分析,把问题中涉及的要素按性质分层排列,形成目标层次结构。最简单的层次结构如图2-39所示。

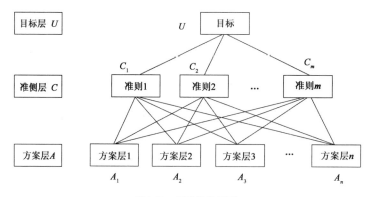

图 2-39 层次结构示意

图中最上层是目标层,是决策所要实现的目标。中间层是准则层,是衡量达到目标的各项准则或指标。第三层是方案层,排列了各种可能采取的方案和措施。准则层与目标层之间、方案层与准则层之间的连线表示各层要素之间的相互关系。

3)建立判断矩阵

建立层次结构后,就可以逐层按上一层次某一准则将该层要素进行两两比较,比较按表2-15所示的标度及其描述进行,比较结果用判断矩阵表示,见表2-16。表2-16中$A_1, \cdots, A_n$为同一层次要素,C_k为上一层次第k个准则,判断矩阵元素a_{ij}表示要素A_i与A_j对于准则C_k的相对重要性(标度值)。

要素比较标度及其描述 表 2-15

标度值(c_{ij} 或 a_{ij})	两准则关系(C_i 与 C_j)	两方案关系(单准则下)(A_i 与 A_j)
1	C_i 与 C_j 同样重要	A_i 与 A_j 同样优
3	C_i 与 C_j 稍微重要	A_i 与 A_j 稍微优
5	C_i 与 C_j 明显重要	A_i 与 A_j 明显优
7	C_i 与 C_j 非常重要	A_i 与 A_j 非常优
9	C_i 与 C_j 极为重要	A_i 与 A_j 极为优
2,4,6,8	两相邻判断的中值	

判断矩阵 A 表 2-16

C_k	A_1	A_2	$\cdots$	A_n
A_1	a_{11}	a_{12}	$\cdots$	a_{1n}
A_2	a_{21}	a_{22}	$\cdots$	a_{2n}
$\vdots$	$\vdots$	$\vdots$	$\ddots$	$\vdots$
A_n	a_{n1}	a_{n2}	$\cdots$	a_{nn}

对于判断矩阵各元素来说,显然有:

$$a_{ii} = 1, a_{ij} = 1/a_{ji} \quad (i = 1,2,\cdots,n; j = 1,2,\cdots,n) \tag{2-109}$$

因此,n 阶判断矩阵原有 n^2 个元素,但实际上只要知道 $n(n-1)/2$ 个元素即可。a_{ij} 可根据资料与条件,由专家和决策者共同研究确定,对于单一准则进行两要素的比较,一般不难给出标度值。

4)层次单排序及其一致性检验

层次单排序是根据判断矩阵计算本层次与上一层次某要素相对重要性的权重。层次单排序是计算判断矩阵 A 的特征根和特征向量。

(1)计算单一准则下各要素的相对权重。有了单一准则下各要素两两比较的判断矩阵,就可以计算与判断矩阵最大特征值对应的正交特征向量,即单一准则下各要素的相对权重。实际中最常采用的有求和法和方根法。求和法的计算步骤分为两步。

第一步,计算判断矩阵每一行元素的和 V_i:

$$V_i = \sum_{j=1}^{n} a_{ij} \quad (i = 1,2,\cdots,n) \tag{2-110}$$

第二步,将 V_i 归一化即可得各要素在单一准则下的相对权重 W_i:

$$W_i = V_i \Big/ \sum_{i=1}^{n} V_i \quad (i = 1,2,\cdots,n) \tag{2-111}$$

求和法的计算过程见表 2-17。

求和法计算过程 表 2-17

C_k	A_1	A_2	$\cdots$	A_n	V_i	W_i
A_1	a_{11}	a_{12}	$\cdots$	a_{1n}	$V_1 = \sum_{j=1}^{n} a_{1j}$	$W_1 = V_1 \Big/ \sum_{j=1}^{n} V_j$
A_2	a_{21}	a_{22}	$\cdots$	a_{2n}	$V_2 = \sum_{j=1}^{n} a_{2j}$	$W_2 = V_2 \Big/ \sum_{j=1}^{n} V_j$
$\vdots$	$\vdots$	$\vdots$	$\ddots$	$\vdots$	$\vdots$	$\vdots$
A_n	a_{n1}	a_{n2}	$\cdots$	a_{nn}	$V_n = \sum_{j=1}^{n} a_{nj}$	$W_n = V_n \Big/ \sum_{j=1}^{n} V_j$

(2)一致性检验。由于客观事物的复杂性及人的认识的多样性,在构造判断矩阵时,往往出现判断不一致的情况,这就必然导致权重计算的偏差。因此,需要对判断矩阵进行一致性检验,以便将偏差控制在允许的范围内,步骤如下。

第一步,计算判断矩阵最大特征根:

$$\lambda_{max} = \sum_{i=1}^{n}(A \times W)_i/(n \cdot W_i), W = (W_1, W_2, \cdots, W_n)^T \qquad (2\text{-}112)$$

第二步,计算一致性指标:

$$C.I = (\lambda_{max} - n)/(n - 1) \qquad (2\text{-}113)$$

式中:n——判断矩阵的阶数。

第三步,计算一致性比例:

$$C.R = C.I/R.I \qquad (2\text{-}114)$$

式中:$R.I$——平均随机一致性指标(表2-18)。

平均随机一致性指标　　　　表2-18

阶数 n	1	2	3	4	5	6	7	8	9	10	11	12
$R.I$	0.00	0.00	0.58	0.90	1.12	1.24	1.32	1.41	1.45	1.49	1.52	1.54

当 $C.R < 0.1$ 时,一般认为判断矩阵的一致性是可以接受的。

5)层次总排序

有了各层要素对上一层次单一准则(或目标)的权重,就可以计算各层要素对更上一层准则(或目标)的组合权重,见表2-19。计算出方案层对目标 U 的组合权重,方案的优劣顺序即可按各方案组合权重大小排列,权重最大的方案为满意方案。

组合权重计算　　　　表2-19

方案层 A	准则层 C				组合权重
	C_1	C_2	...	C_m	
	b_1	b_2	...	b_m	
A_1	W_{11}	W_{12}	...	W_{1m}	$W_1 = \sum_{j=1}^{m} b_j \cdot W_{1j}$
A_2	W_{21}	W_{22}	...	W_{2m}	$W_2 = \sum_{j=1}^{m} b_j \cdot W_{2j}$
⋮	⋮	⋮	⋱	⋮	⋮
A_n	W_{n1}	W_{n2}	...	W_{nm}	$W_n = \sum_{j=1}^{m} b_j \cdot W_{nj}$

6)层次总排序一致性检验

为了检验层次总排序计算结果一致性,需要计算检验指标 $C.I$ 和 $R.I$。计算公式见式(2-115)~式(2-117)。当 $C.R < 0.10$ 时,认为层次总排序的结果具有满意的一致性。

$$C.I = \sum_{j=1}^{n} b_j C.I_j \qquad (2\text{-}115)$$

$$R.I = \sum_{j=1}^{n} b_j R.I_j \qquad (2\text{-}116)$$

$$C.R = \frac{C.I}{R.I} \qquad (2\text{-}117)$$

五、回归树模型

在人工智能时代下,机器学习算法已经成为研究和应用的热点。目前,最流行的两类算法莫过于神经网络算法(卷积神经网络、循环神经网络、生成式对抗网络和图神经网络)与树形算法(随机森林、GBDT、XGBoost 和 LightGBM)。树形算法的基础就是决策树,由于其易理解、易构建、速度快等特点,被广泛地应用在数据挖掘、机器学习等领域。因此,决策树是经典的机器学习算法,很多复杂的机器学习算法均是由决策树演变而来。对于决策树的学习,是机器学习课程中非常重要的一个环节,也能够广泛应用于交通系统评价当中。

根据处理数据类型的不同,决策树又分为两类:分类决策树与回归决策树。分类决策树可用于处理离散型数据,回归决策树可用于处理连续型数据。

1.决策树简介

决策树(图 2-40)是一种基本的分类与回归方法。决策树由节点(Node)和有向边(Diredcted Edge)组成。节点有两种类型:内部节点(Internal Node)和叶节点(Leaf Node)。内部节点表示一个特征或属性,叶节点表示一个类别或者某个值。

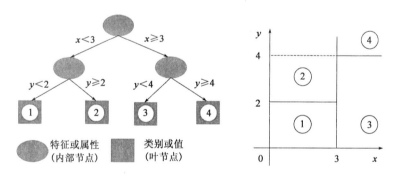

图 2-40 决策树模型示例

用决策树做分类或回归任务时,从根节点开始,对样本的某一特征进行测试,根据测试结果,将样本分配到其子节点;这时,每一个子节点对应着该特征的一个取值。如此递归地对样本进行测试并分配,直至到达叶节点。

其实,决策树是将空间用超平面进行划分的一种方法。每次分割的时候,均将当前的空间根据特征的取值进行划分,这样使得每一个叶子节点均是在空间中的一个不相交的区域,在进行决策的时候,会根据输入样本每一维度的特征值,一步一步往下,最后使得样本落入 N 个区域中的一个(假设有 N 个叶子节点)。

分类回归树(Classification and Regression Tree,CART)模型由 Breiman 等在 1984 年提出,是应用广泛的决策树学习方法。CART 同样由特征选择、树的生成及剪枝组成,既可以用于分类也可以用于回归。表 2-20 给出了 3 种比较常见的决策树的比较总结,希望可以帮助读者更好地理解。这里重点介绍一下 CART 算法。

常用决策树算法比较 表 2-20

算法	支持类型		树结构	特征选择	连续值处理	缺失值处理	剪枝
ID3	分类		多叉树	信息增益	不支持	不支持	不支持
C4.5	分类		多叉树	信息增益比	支持	支持	支持
CART	分类	回归	二叉树	基尼指数	均方差	支持	支持	支持

2. CART 原理

假设 X 和 Y 分别为输入和输出变量,并且 Y 是连续变量,给定训练数据集 $D = \{(x_1,y_1),(x_2,y_2),\cdots,(x_N,y_N)\}$,考虑如何生成回归树。既然是回归树,那么必然会存在以下两个核心问题:①如何选择划分点?②如何决定树中叶节点的输出值?

一个回归树对应着输入空间(即特征空间)的一个划分以及在划分单元上的输出值。假设已将输入空间划分为 m 个单元 $R_1, R_2, \cdots, R_m$,并且在每个单元 R_m 上有一个固定输出值 c_m,于是回归树模型可以表示为

$$f(x) = \sum_{m=1}^{M} c_m \cdot I \quad (x \in R_m) \tag{2-118}$$

当输入空间的划分确定时,可以用平方误差 $\sum_{x_i \in R_m} [y_i - f(x_i)]^2$ 来表示回归树对于训练数据的预测误差,用平方误差最小的准则求解每个单元上的最优输出值。由此可知,单元 R_m 上的 c_m 的最优值 $\hat{c}_m$ 是 R_m 上所有输入 x_i 实例对应的输出 y_i 的均值,即

$$\hat{c}_m = \text{ave}(y_i | x_i \in R_m) \tag{2-119}$$

1)空间划分

CART 采用启发式的方法对输入空间进行划分,选择第 j 个变量 $x^{(j)}$ 和它取的值 s,作为切分变量(Splitting Variable)和切分点(Splitting Point),并定义两个区域:

$$R_1(j,s) = \{x | x^{(j)} \leq s\} \text{ 和 } R_2(j,s) = \{x | x^{(j)} > s\} \tag{2-120}$$

然后寻找最优切分变量 j 和最优切分点 s。即求解:

$$\min_{j,s} \left[\min_{c_1} \sum_{x_i \in R_1(j,s)} (y_i - c_1)^2 + \min_{c_2} \sum_{x_i \in R_2(j,s)} (y_i - c_2)^2 \right] \tag{2-121}$$

对固定输入变量 j 可以找到最优切分点 s。

2)叶节点输出值

用选定的最优切分变量 j 和最优切分点 s 划分区域并决定相应的输出值:

$$\hat{c}_1 = \text{ave}[y_i | x_i \in R_1(j,s)] \text{ 和 } \hat{c}_2 = \text{ave}[y_i | x_i \in R_2(j,s)] \tag{2-122}$$

遍历所有输入变量,找到最优的切分变量 j,构成一个对 (j,s)。依此将输入空间划分为两个区域。接着,对每个区域重复上述划分过程,直到满足停止条件为止。这样就生成了一颗回归树。这样的回归树通常称为最小二乘回归树(Least Squares Regression Tree)。

如果已将输入空间划分为 m 个区域 $R_1, R_2, \cdots, R_m$,并且在每个区域 R_m 上有一个固定的输出值 $\hat{c}_m$,于是回归树模型可以表示为

$$f(x) = \sum_{m=1}^{M} \hat{c}_m \cdot I \quad (x \in R_m) \tag{2-123}$$

3. CART 算法流程

最小二乘回归树生成算法如下。

输入:训练数据集 D;

输出:回归树 $f(x)$。

在训练数据集所在的输入空间中,递归地将每个区域划分为两个子区域并决定每个子区域上的输出值,构建二叉决策树。

(1)选择最优切分变量 j 与切分点 s,求解:

$$\min_{j,s} \left[\min_{c_1} \sum_{x_i \in R_1(j,s)} (y_i - c_1)^2 + \min_{c_2} \sum_{x_i \in R_2(j,s)} (y_i - c_2)^2 \right] \tag{2-124}$$

遍历变量 j,对固定的切分变量 j 扫描切分点 s,选择式(2-124)达到最小值的对 (j,s)。

(2)用选定的对 (j,s) 划分区域并决定相应的输出值:

$$R_1(j,s) = \{x \mid x^{(j)} \leq s\} \text{ 和 } R_2(j,s) = \{x \mid x^{(j)} > s\} \tag{2-125}$$

$$\hat{c}_m = \frac{1}{N_m} \sum_{x_i \in R_m(j,s)} y_i, \quad (x \in R_m, m = 1, 2, \cdots) \tag{2-126}$$

(3)继续对两个子区域调用步骤(1)和步骤(2),直至满足停止条件为止。

(4)将输入空间划分为 m 个区域 $R_1, R_2, \cdots, R_m$,生成决策树。

4. 关于回归树的若干问题

1) CART 回归决策树

CART 回归决策树是一种二分递归分割的技术,分割方法采用基于最小距离的基尼指数估计函数,将当前的样本集分为两个子样本集,使得生成的每个非叶子节点均有两个分支。因此,CART 算法生成的决策树是结构简洁的二叉树。

CART 回归决策树是针对目标变量是离散型变量,通过二叉树将数据分割成离散类的方法。

2) 树形结构为什么不需要归一化

因为数值缩放不影响分裂点位置,对树模型的结构不造成影响。按照特征值进行排序的,排序的顺序不变,那么所属的分支以及分裂点就不会有不同。而且,树模型是不能进行梯度下降的,因为构建树模型(回归树)寻找最优点时是通过寻找最优分裂点完成的,因此树模型是阶跃的,阶跃点是不可导的,并且求导没有意义,也就不需要归一化。

既然树形结构(如决策树、RF)不需要归一化,那为何非树形结构(如 Adaboost、SVM、LR、KNN、K-Means 之类)则需要归一化?

对于线性模型,特征值差别很大时,运用梯度下降的时候,损失等高线是椭圆形,需要进行多次迭代才能到达最优点。但是如果进行了归一化,那么等高线就是圆形的,促使 SGD 往原点迭代,从而导致需要的迭代次数较少。

3) 决策树如何剪枝

决策树的剪枝基本策略有预剪枝(Pre-Pruning)和后剪枝(Post-Pruning)。

预剪枝:其中的核心思想是,在每一次实际对节点进行进一步划分之前,先采用验证集的数据来验证划分是否能提高划分的准确性。如果不能,就把节点标记为叶节点并退出进一步划分;如果可以,就继续递归生成节点。

后剪枝:则是先从训练集生成一颗完整的决策树,然后自底向上地对非叶节点进行考察,若将该节点对应的子树替换为叶节点能带来泛化性能提升,则将该子树替换为叶节点。

4)树分裂的终止条件

有了选取分割特征和最佳分割点的方法,树便可以依此进行分裂,但分裂需要考虑终止条件来保证树的完整性。

节点中所有目标变量的值相同,既然均已经是相同的值了,自然没有必要再分裂,直接返回这个值就好了。树的深度达到了预先指定的最大值。不纯度的减少量小于预先定好的阈值,或节点的数据量小于预先定好的阈值时,也就是指进一步地分割数据并不能更好地降低数据不纯度的时候,就可以停止树分裂了。

5)ID3 和 C4.5 能不能用来回归

CART 是一棵二叉树,那么只要回归树不是一棵二叉树,那么就不是 CART 了。

在分类问题中,ID3、C4.5 和 CART 的区别就在于划分子节点的策略不同,信息增益、信息增益比、基尼指数。而在回归问题中,用平方误差最小的准则求解每个特征上的最优输出值,这种情况下,分类时的 ID3、C4.5、CART 之间的区别就没有了,那么就是每个父节点划分成多少个子节点的问题了,如果还是二叉树,则认为是 CART,否则就不是。

如果同一个时刻对某一个特征 $x^{(j)}$ 选择两个切分点 s_1 和 s_2 来划分父节点,那么将产生三个区间 $R_1(j,s_1)$、$R_2(j,s_1,s_2)$、$R_3(j,s_2)$,这种做法无疑增大了遍历的难度,如果选择更多个切分点,那么遍历的难度会呈指数级上升。如果想要细分多个区域,那么让 CART 回归决策树更深即可,这样遍历的难度会小很多。所以,固然可以构建非 CART 回归决策树,但是不如 CART 回归决策树来得更简单。

本章思考题

1. 常用的交通流模型有哪些?
2. 简要叙述交通预测模型的优缺点及适应条件。
3. 简要叙述交通系统优化模型可能的应用方向。
4. 简要叙述交通系统网络分析方法的应用步骤。
5. 简要叙述交通系统评价方法的应用步骤。

第三章
交通系统建模

第一节　系统建模基本技能

一、主要因素及合理假设

面对一个交通问题,如何下手往往是最棘手的事情,对于初学者,尤为严重。系统建模的一个基本原则是认真分析所给的问题,找出所有相关的因素。这里的因素可以是定量的,即可以用数量来描述,也可以是定性的,如有可能还可以找出各因素之间的一些简单关系式。定量的因素可以分为变量、参量、常量。参量对于一个特定的问题可以认为是常量,但对不同的问题这个常量也自然而然地不同。变量可分为离散型变量和连续性变量,也可分为确定性变量和随机性变量。在一个实际交通系统问题中,往往会有诸多因素与之有关,所以在收集好之后,应先考虑一些主要因素,舍弃一些与此问题关系不紧密的次要因素,所以区分哪些因素是输入变量(可以影响模型,但不是该模型所要研究的那些因素),哪些是输出变量(其形状是这个模型打算研究的那些因素),并给出适当的符号与单位,要做到这点,有时其实不太容易。这不仅有赖于对问题的深刻认识及建模经验,有时,对于有些因素,虽然并非是无足轻重的,但还是略掉了,原因在于建模者现阶段不能处理它们或者认为对研究问题并无本质影响。此时,只能寄希望于略掉之后不会对结果有太大的影响。

为使建模得以顺利进行,必须做一些合理假设,假设的目的在于给出变量的取舍,即选出主要因素,忽略次要因素,使研究问题简化,以便能进行数学描述,不仅抓住了问题的本质,而且能够减少计算量和工作量。如果把这一过程比作建房,各个因素就是建房的砖块,而假设就像水泥,把各个因素粘在一起。一个模型是否成功很大程度上依赖于假设是否合理,这当然主要取决于建模工作者的经验和积累。

一般来说,假设可以分为两类:一类是为了简化问题而作的,另一类是为了沿用某种数学方法而作的,由数学建模本身所决定。数学建模就是采用或建立某种数学方法来解决具体问题,而每种理论的应用均必须满足一定的条件,但应指出:一个假设是否合理,最重要的是它是否符合所考虑的实际问题,而不是为了方便解决问题而扭曲了原问题。

在初次建模时,要选择使模型尽可能简单的假设,把所有的假设清楚地写出来,使得建模者自己清楚,也能使他人确切地知道模型是在怎样的假设下完成的。不同的假设可能得到不同的模型,所以描述一种情况的最佳模型通常不止一个。在一个模型中不可能兼顾普遍性、现实性、精确性,所以在建模时可根据不同情况做出合理的取舍。

一旦建好了第一个模型,就要着手考虑问题中其他因素的影响,对模型进行修正。一个良好的模型不但要刻画出问题的本质,而且不要太复杂,避免实际上无法求解。这就要看建模者能否处理好简单与复杂、精确与普适之间的矛盾。注意,在作假设时千万不要为了方便处理问题而忽视了其与所给问题的相符性。其实与所给问题的相符性才是最重要的假设准则。

此处以计算某个信号控制交叉口在某个信号控制交叉口下的机动车燃油消耗为例进行说明。显然,机动车油耗与车型、使用年限、维护状况、机动车流量、信号控制方式、出入口交通组织等均有直接关系,为了简化建模,可以作出如下假设:

(1)交叉口所有机动车与测试机动车一致。即交叉口通行机动车拥有与测试机动车相同的燃油消耗率,不考虑电动汽车混入情况,同时,所有通行机动车平均运行速度、平均加速度及平均减速度相同。

(2)交叉口交通流均匀到达、所有通行机动车的停车延误相同。此处用进口道交通流的平均停车延误替代停车延误。

(3)交叉口所有通行机动车遵守交通规则,不会闯红灯致使交叉口堵死。

显然,以上假设并不会改变研究问题的本质,但可能会在一定程度上影响计算结果,可以通过敏感性分析等方法分析不同变量的变化程度对结果的影响,从而能够在一定程度上弥补不同假设带来的影响。

二、数据作用及采集

数据是指在考察现实问题中所收集的一些量化材料,是通过测量或观察得到的,有一定的不精确性、片面性,但就交通研究而言,很多时候得到的数据是抽样的、不连续的,但它们在某些方面能反映出客观实际,在建模中有以下几个方面的作用:

(1)能帮助建模者形成建模的思想;

(2)能确定所建模型中的参数值,即能进行参数辨识;

(3)能帮着检验所建的模型。

在建模时有些数据是给出的,有些数据需要靠建模人员去收集。在数据的收集和分析中需要注意以下三方面的问题。

（1）要弄清楚什么样的数据是建模所需要的，在动手建模前要仔细研究哪些数据与研究问题是息息相关的，哪些是多余的，同时也要考虑是否欠缺某些数据。

（2）收集建模所需的数据，获得途径主要有两种：一种是向提出问题的人员或者部门去要，有些可能可以现成取到，有些可能通过实验等手段获得；另一种是通过查资料索取。交通系统建模所需数据，可以通过现场收集获得，也可以通过搜集公开数据获得。随着互联网数据日益丰富，交通系统建模的数据资源也越来越丰富，甚至出现了数据驱动的交通系统建模等。

（3）如何处理所收集的数据资料？如果所收集的数据多源、异构且多样化等，首先可以通过统计、平均的方法把它处理成建模所需要的形式。要建好一个模型，关键还体现在对数据的处理上，特别是对一些不规则数据的处理，更能体现出建模者的建模能力和创造性思维。因此，数据处理的好坏也是能否建立一个创造性模型的关键。目前来看，关于交通大数据的处理方法已经逐渐引起建模人员及实际使用人员的重视，数据的预处理、处理在建模当中的地位日益提高，具体建模人员可以参考其他参考书目。

三、误差与精度

交通系统建模的数据往往来自实际调查采集，这并不能避免误差甚至错误，数据的误差常常会引起模型的误差。误差的来源大约来自三个方面：建模假设、近似方法的求解及数据本身。

由于有了误差，模型的预测并不100%准确、可信。因此，有必要估计其最大误差，可以说"建模所得的模型是在可能最大误差为 M 的情况下得到预测的 X"。误差的描述方式有绝对误差和相对误差两种。

绝对误差＝真实值－近似值。例如，用27/7来近似估计π，其绝对误差为 π－21/7≈0.0012645。

相对误差＝绝对误差/真实值，通常用百分比来表示。例如，用22/7来近似表示π的相对误差，为 0.0012645/π＝0.04％。

下面，再来考察这些误差源，以达到降低误差的目的。

（1）要给出由假设引起的误差的影响程度一般是不太可能的，因为通常不知道所要估计的精确值，必要时可以通过改变假设来研究其误差的影响程度。上文关于交叉口机动车油耗的例子就是同样的道理。

（2）使用近似方法的原因可能是由于模型的精确数学解是不可能得到的，也可能是由于使用计算机来加快速度，这些数值方法所包含的误差中的一部分是数据带来的，另一部分是所用计算方法引起的。有时，可以使用简化模型的手段来克服它。

例如，构建了一个信号交叉口配时优化模型，但无法求解出数学精确解，只能采取计算机数值解法，而由于计算机本身是个离散系统，故存在部分误差。所以，有时会用一个简化模型来代替，常用到的Webster配时方法就是这个原理。

（3）有些误差是由于计算机的容量引起的，这些误差在进行大量的运算时往往会聚集成可观的数量。总体来说，根据摩尔定律且随着工业机性能的快速发展，这些方面的误差影响越来越小，但在现实交通系统模型中也是客观存在的，例如大规模网络导航系统，在进行数据处理更新过程中会利用一些简化模型减少由于计算及存储能力限制而存在的部分误差。

(4)理想情况下,根据数据估计最大误差是可行的。如果上述所有误差合在一起是复杂的,建模时应找到最严重的误差源并估计最后结果中好坏的可能性。对建模来说,这虽然是艰难的,但也是非常必要的。

第二节　系统建模的步骤和方法

一、系统模型构建

模型是对实际系统的简化表示,它提取了所要研究系统的基本特性。可用以间接研究系统的组成结构,找出影响系统性能的主要因素或主要成分,研究结构改变的影响和各种因素变化的效果。所谓系统建模,就是要建立一个新系统,用以模拟或仿真原有系统。建立一个简明适用的系统模型,将为系统的分析、评价和决策提供可靠的依据。建造系统模型,尤其是建造抽象程度很高的系统数学模型,是一种创造性劳动。因此,系统建模既是一种技术,又是一种"艺术"。

1. 系统模型化的基本理论

(1)"黑箱"理论。对内部结构和行为不清楚的系统,依据可控因素输入引起可观测因素变化的实验数据来确定系统运行规律,建立系统模型的理论和方法称为"黑箱"理论。"黑箱"理论即将系统当作未知的"黑箱",通过实验的方法得出系统运行规律,通常用输出输入方程(传递函数)来描述系统。

(2)"白箱"理论。对内部结构和行为清楚的系统,应用各种已知的科学知识进行描述从而建立系统模型的理论和方法称为"白箱"理论。"白箱"理论即将系统当作一个已知的"白箱",通过系统输入引起系统状态的变化,进而使系统输出变化的规律,通常用状态方程描述一个系统。

(3)"灰箱"理论。对内部结构和行为的主要部分清楚、其他部分不清楚的系统,采用已知的科学知识建立模型,然后通过实验对所建的模型进行补充和修正,从而建立系统模型的理论和方法称为"灰箱"理论。"灰箱"理论是将"白箱"理论和"黑箱"理论相结合而建立模型的一种方法,该方法有较大的实用价值。

由"黑箱"到"灰箱"再到"白箱",是人们认识系统的客观规律。一切系统均是由未知到了解一部分再到完全了解。到目前为止,一无所知的"黑箱"是很少的,尤其是系统工程所研究的系统。然而完全清楚的系统也是极少的,绝大部分系统均为均介于"黑箱"和"白箱"之间的"灰箱",因此,近些年来科学家们均致力于研究"灰箱"建模理论,其中以邓聚龙教授开发的灰色系统理论最为突出。他提出的五步建模思想与方法是灰色系统建立模型的重要方法论,该方法体现出建立系统模型时,由定性到定量、由粗到细、由灰到白的全过程。

(4)数理统计和分析的理论。对属于"黑箱"但又不能进行实验的系统,采用数理统计和分析的方法,应用统计规律建立系统模型的理论与方法称为数理统计和分析的理论。应用数理统计和分析的理论与方法建立系统模型是系统工程中最常用的方法之一,常用于系统预测模型的建立。

2. 系统建模的原则

(1)准确性。模型必须反映现实系统的本质规律。模型中包含各种变量和数学公式,数据必须可靠,公式和图表必须正确,有科学根据,合乎科学规律和经济规律。

(2) 可靠性。模型既然是实际系统的替代物,它必须能反映事物的本质,且有一定的精确度。如果一个模型不能在本质上反映实际,或者在某些关键部分缺乏一定的精确度,那么就存在着潜在的危险。

(3) 简明性。模型的表达方式应明确、简单、抓住本质。一个实际系统可能是相当复杂的,如果模型也很复杂,则构造和求解模型的费用太高,甚至由于因素太多,模型难以控制和操纵,就失去了建模的意义。

(4) 实用性。模型必须能方便用户,因此要努力使模型标准化、规范化,要尽量采用已有的模型。在建立一个实际系统的模型时,如果已经有人建立过类似的模型,甚至已经有了标准模型,那么可以将现有的模型拿来试试,如果合适,尽量利用现成的模型,这样既可以节省时间和精力,又可以节约建模费用。

(5) 反馈性。开始建模时可以设计得简单一些,参数和变量不宜太多,但要注意灵敏性问题,即留心哪些参数或变量的改变对模型影响特别敏感。以后逐步加入有关细节,参数和变量逐渐增多,最后达到一定的精度。

二、系统建模步骤和常用方法

1. 模型化的过程

模型化是建立模型的过程(图3-1)。模型化的过程是对现实系统进行分析和观察,通过概念化获取信息,这是对系统的认识过程。对获取的信息经加工、处理,进一步深化认识后抽象出模型并用确定的形式进行描述,这是提高认识的过程。由于对系统的认识是逐步提高的,因此模型化的过程是认识—提高—再认识—再提高的过程。图3-1 中的反馈即体现了这种再认识—再提高的过程。上述模型化的过程就可建立一个既反映现实系统的结构或行为,又能指导系统运行的模型。

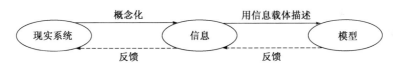

图3-1 模型化过程示意

2. 系统建模的基本步骤

(1) 根据系统的目的,提出建立模型的目的。建立模型必须目的明确,应明确回答"为什么建立模型"等一类问题。

(2) 根据建立模型的目的,提出要解决的具体问题。应明确回答"解决哪些问题"等一类问题,也就是将建模目的具体化。提出问题实质上是对系统中影响建模目的的各种要素进行详细分析的过程。

(3) 根据所得出的问题,构思要建立的模型类型、各类模型之间的关系等,即构思所要建立的模型系统。为了达到建模目的,解决所提出的问题,一般要建立几个模型(个别情况可建一个模型),需回答"建立一些什么样的模型""它们之间的关系是什么"等一类问题。这与问题提出阶段是一个反复修正的过程,问题的提出是构思模型系统的基础,而构思的模型系统又可补充问题的提出。经过这样多次反馈,可使问题提出更全面、模型结构更合理。

(4) 根据所构思的模型体系,收集有关资料。为了实现所构思的模型,必须根据模型的要求收集有关资料,应回答"模型需要哪些资料"等一类问题。有时,构思的模型所需的资料很难收集,这就需要重新修改模型,进而可能影响到问题的提出等。经过这样几次反馈即可收集建模所需的资料。

(5)设置变量和参数。变量和参数是构思模型时提出的,参数是在资料的收集、加工、整理后得出的,一般要用一组符号表示,并整理成数据表和参数表的形式。需回答"需要哪些变量和参数"等一类问题。

(6)模型具体化。将变量和参数按变量之间的关系和模型之间的关系连接起来,用规定的形式进行描述。应回答"模型的形式是什么"等一类问题。

(7)检验模型的正确性。模型正确与否将直接影响建模目的。应回答"模型正确吗"一类问题。检验模型的正确性应先从各模型之间的关系开始,研究所构成的模型体系是否可实现建模目的,而后研究每个模型是否正确地反映所提出的问题。一般检验方法是试算。如试算不正确,则应重新审查所构思的模型系统,从中找出问题,与构思模型构成反馈。

(8)将模型标准化。模型标准化是很重要的,一般情况下模型要对同类问题有指导意义,需具有通用性。需回答"该模型通用性如何"等问题。

(9)根据标准化的模型编制计算机程序,使模型运行。需回答"计算时间短吗""占用内存少吗"等一类问题。

建立系统模型的基本步骤如图 3-2 所示。

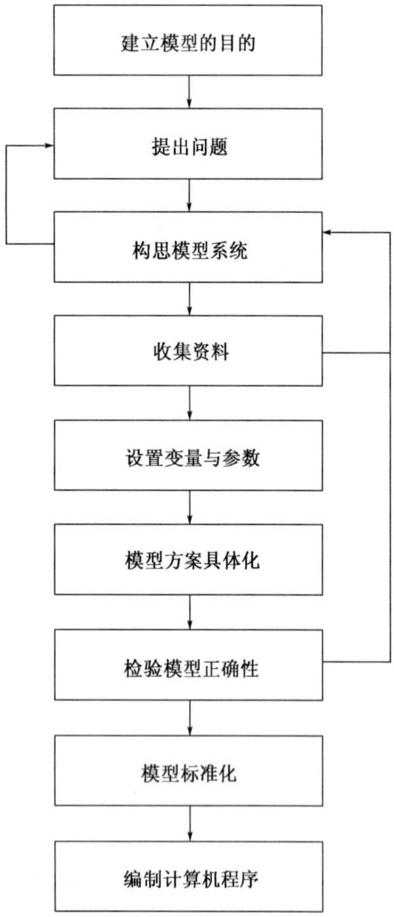

3. 系统建模的常用方法

(1)直接法。按系统的性质和范围,通过直接分析的方法,应用已知的科学知识建立模型,是应用"白箱"理论建立模型的方法。

(2)数据分析法。有些系统结构性质不是很清楚,但是可以通过描述系统功能的数据分析来搞清楚系统的结构模型,这种方法称为数据分析法,如回归分析。

(3)概率统计分析法。利用概率统计的基本知识和方法分析问题并建立模型,称为概率统计分析法,如排队问题的建模。

(4)实验分析法。当现有数据分析不能确定个别因素(变量)对系统工作指标的影响时,有必要在系统上做局部实验,以搞清哪些是本质变量及其对指标的影响,如环形交叉口通行能力分析时采用的阻车观测法。

(5)模拟法。对有的模型,其结构和性质已经了解,但数量描述及求解过程均相当麻烦。如果有另一种结构和性质与之相同的系统,构造出的模型也类似,就可以把后一种模型看成是原来模型的模拟,可对后一种模型进行实验并求解。

(6)想定法。有些系统结构并不是很清楚,又没有很多的现成数据可以利用,也不允许在系统上做实验。例如,想研究的系统是未来的、复杂的、涉及人的因素的大系统,这些系统中很多因素不确定,

图 3-2 系统构模的基本步骤

但又想通过模型来预测这类系统的一些数量行为,这时可以采用"想定法"。它的思路是事先设定一些不定情况,再用前述的方法构造出一些模型,推出一些结果,然后根据这些结果加以讨论,分析其是否可行。如果不行,再重新想定,或者以后在过程中不断修改。因此,这种构模法,往往不能一次成功,需要多次迭代进行,如在分析城市公共交通策略时可以采用这一方法。

(7)数学模型的建立。建立数学模型,就是利用代数、微分、积分、逻辑式、数表等各种数学表达式表示系统的某些行为特性和结构本质。建立数学模型有两种方法:一种是根据对于实际系统的观测数据来确定方程式;另一种是以过去对实际系统的理论解释和规律反应来确定适当的数学表达。在建立数学模型时,理论考察和数据考察都很重要,两种方法综合运用能够得到很好的模型。

三、注意事项与模型简化

1. 系统建模的注意事项

(1)明确目的,确定构成要素。对同一个系统,由于建模的目的不同,构造出来的模型也不同。例如,在研究天体运行模型时,可以将地球作为一个质点来考虑,而以地球的构造作为研究对象时,就不能把地球作为一个质点来考虑。根据系统的信息和研究目的,可以决定模型的大小,如大模型、小模型、静态模型、动态模型等,同时构造模型的目的还决定了模型的最小构成要素。

(2)模型的简单化和高精度。模型的简单化和高精度要求之间是相互矛盾的。简单模型包含实际系统的信息少,模型的精度就差。高精度模型一般比较复杂,如果成本很高,对于实际应用必要性不大,模型就值得简化。当然,仅仅追求模型的简单化,而使用不能达到要求的简单模型也就失去了应用模型的意义。

(3)没有固定不变的建模方法。建模均是由技术人员、研究人员按照其知识结构、研究经验决定的。建立模型的一个特征,就是无法确定哪一种模型是最好的。建立模型的方法根据目的不同而不同。

(4)模型的验证。为了确认模型的准确,必须进行验证。当能将实验与经验进行比较时,验证是很容易的。模型验证应该注意两种情况:一种是模型本身就不合适,另一种是模型本身合适,但是参量值不合适。在参量数目多的情况下,确定不合适的参量值就非常复杂。

(5)没有人类介入的系统建模。有人类介入的系统,指人类的思想、心理状态、感情等因素作为要素进入系统中。无论有上述哪种因素进入系统,建模均是很困难的。但是,任何模型均是由人去建立的,所以,应该考虑模型中人的影响因素。排除了人的影响因素的模型,才是没有人类介入的、真正反映了实际情况的系统模型。

2. 模型简化

(1)去除一些变量。一个系统如果有很多变量,由于变量太多会导致实验次数、经费大为增加,给数据分析带来困难。如果对实际情况有丰富的经验,可抓住其中 $1 \sim 2$ 个变量进行重点实验。如果经验不足,可以采用正交实验方法,找出主要影响因素再进行优选实验;或者人为除去一些变量,只留下一两个变量进行实验,结果满意时就可以不管其他变量,反之,另取两个变量进行同样的实验,直到满意为止。

(2)合并一些变量。在构造模型时,把性质相近的变量合并成少数有代表性的变量,虽会产生一些误差,但如果通过估算还在预期精度之内,仍是可行的。

(3) 改变变量的性质。可把某些变量(次要的、暂时的)看成是常量,把连续变量看成是离散变量,把离散变量看成是连续变量。

(4) 改变变量之间的函数关系。如非线性模型的处理相当困难,这时可以用线性关系式逼近非线性关系式,或用二次函数等来逼近,从而使模型大为简化。在概率模型中,也常用一些熟悉的概率分布函数,如正态分布、指数分布等来代替不大好处理的概率分布函数。

(5) 改变约束关系。为简化模型,可对变量的约束条件加以改变,如增加或减少一些约束、对约束进行一些修改等。约束关系改变后,求得的解并非系统的真正解,但可以用来了解真正解的范围,这对系统进行初步的评价是有益的。

(6) 根据数据情况修改模型。如模型要求具备某种数据,但这种数据不具备或不容易求得,那只好改用其他形式的模型,即改变模型的结构。

第三节 经验模型构建及参数辨识

经验模型是指完全依靠数据而得到的模型。在这样的模型中,变量之间的关系是通过考察所给数据的变化特点而选取的一种数学形式,它既有数学表达上的简单性,又有一定的精确性。这样的经验模型的明显特点是所考察的变量之间的关系并不是来自假设,也不是基于物理的规律或原理,而是基于建模者认为数据的变化与某个数学关系式表示的关系很吻合。这样的经验模型往往用在一个复杂模型的子模型或者其一个部分中。

得到经验模型的第一步是把所收集的数据画在一个坐标图上,通过图表来判断其数学形式。这是很关键的一步,选择数学形式的优劣将直接影响到经验模型的精确程度。第二步是决定数学形式中的特定参数。第三步是求解数学模型,有时需要将实际测定的数据与用模型求出的理论值进行比较,判定其误差程度。若不满足精度要求,就得对经验模型进行修正。当然,最简单的情形是它们集中于某一条直线附近。要找出这条在某意义上与这些点最接近的直线,可以通过最小二乘法或者回归分析等方法来实现。目前,这些均已经非常容易实现,很多现成软件包或软件系统能够实现,如 R 软件包等。本书以最小二乘法为例简要进行经验模型构建及参数辨识,同时以常用的交通流车头时距分布特性为例介绍经验模型构建及参数辨识,从而为读者提供参考。

一、最小二乘法

设有 n 个点(测量所得 n 组数据,如交通流系统的速度和密度点集)$(x_1,y_1),(x_2,y_2),\cdots,(x_n,y_n)$,在平面直角坐标系内,作出这 n 个点,称之为散点图。如果发现这些点的分布近似于一条直线 l:

$$y = ax + b \tag{3-1}$$

若点 (x_i,y_i) 在直线 l 上,则应有:

$$y_i - ax_i - b = 0 \tag{3-2}$$

若点 (x_j,y_j) 不在直线 l 上,则应有:

$$y_j - ax_j - b = \varepsilon_j \quad (j \in [1,n]) \tag{3-3}$$

其中,ε_j 表示用 $y = ax + b$ 来反映 x_j 和 y_j 的关系时所产生的偏差。所以建模人员希望选取

适当的 l，即在确定 a 和 b 时应使 ε_j 越小越好。因此，可以取这些偏差的平方和来刻画，即

$$\varepsilon(a,b) = \sum_{j=1}^{n} \varepsilon_j^2 = \sum_{j=1}^{n} (y_j - ax_j - b)^2 \tag{3-4}$$

则该问题变换成求 $\varepsilon(a,b)$ 取最小的 a 和 b。一旦确定了 a 和 b，也就确定了该直线 l，这就是此问题近似的模型。这种方法就是最小二乘法。

根据微积分中求极值的方法，容易求得：

$$\begin{cases} b = \bar{y} - a\bar{x} \\ a = \dfrac{\sum_{i=1}^{n}(x_i - \bar{x})(y_i - \bar{y})}{\sum_{i=1}^{n}(x_i - \bar{x})^2} \end{cases} \tag{3-5}$$

其中，$\bar{x} = \dfrac{1}{n}\sum_{i=1}^{n} x_i$，$\bar{y} = \dfrac{1}{n}\sum_{i=1}^{n} y_i$。

实际应用时，按式(3-5)求得的 $y = ax + b$，称为经验公式。经验公式为了真实反映实际交通问题中的变量变化，常把问题分解成若干个部分，其主要部分为线性部分。例如，在交通流密度与速度部分散点图中呈现指数关系：

$$y = Ae^{-B/x} \quad (A, B > 0) \tag{3-6}$$

可通过取对数得到：

$$\ln y = \ln A - B/x \tag{3-7}$$

令 $y^* = \ln y$，$x^* = 1/x$，则 y^* 与 x^* 变成了线性关系：

$$y^* = \ln A - Bx^* \tag{3-8}$$

这样从数据 (x_i, y_i) 出发，按照 $y_i^* = \ln y_i$，$x_i^* = 1/x_i$，求得数据 (x_i^*, y_i^*)，再利用微分求中值的方法得到 a^* 和 b^*，最后由 $b^* = \ln A$，$-B = a^*$ 得到 A 和 B。

二、交通流车头时距分布特性实例

快速路匝道连接段关键运行特征是主线与匝道车辆交替运行，驶入驶出车辆的增加必然引起车头时距重新分布。这种重新分布是动态的，对于车头时距的分布模型，国内外均做过大量研究。目前比较成熟和比较有代表性的模型主要有以下三种，此外还有皮尔逊Ⅲ型分布模型、对数正态分布模型等。

（1）交通流量很低，车辆之间基本上是相互独立的，这时的车头时距可以认为是随机的，其概率一般服从负指数分布或移位负指数分布：

$$P(h \geq t) = e^{-Q \cdot t / 3600} \tag{3-9}$$

式中：$P(h \geq t)$——车头时距大于或等于 t 的概率；

Q——交通流平均小时流量，pcu/h；

t——所选定的时间间隔，s；

e——常数，e = 2.71828。

（2）交通流量很大，接近于通行能力，这时的车头时距值基本上可以认为是恒定的，$t = 3600/Q$。

（3）交通流量介于上述两种情况之间，这时部分车辆独立行驶，而另外一些车辆彼此影响，这时的车头时距分布模型是 k 阶 Erlang 分布模型，即

$$P(h \geq t) = \sum_{i=0}^{k-1} (\lambda \cdot k \cdot t)^{t} \cdot \frac{\mathrm{e}^{-(\lambda \cdot k \cdot t)}}{i!} \tag{3-10}$$

式中：λ——来车强度，辆/s。

对于交通量大于 750 辆/h 的交通流，即平均车头时距小于 4.8s 的交通流研究不多，然而，车头时距在 1~5s 的交通流对于匝道连接段通行能力分析计算及服务水平评价起到了决定性的作用。

1. 车头时距特性

在研究城市快速路匝道连接段车头时距分布规律时，发现其与相关文献研究结果有所差别，简单的负指数分布、Erlang 分布难以表达连接段车头时距分布规律。因为城市快速路匝道连接段交通流与高速公路匝道连接段交通流具有很多不同的特点，城市快速路上行驶的车辆类型相对单一、出行高峰时段相对集中。研究发现威布尔分布数学处理方便、物理背景明确，并被实践证明具有广泛的适应性，以它为基础所形成的复杂可靠性模型已受到广泛应用。

1）数据采集

考虑时间、费用等实际情况，收集匝道连接段车头时距为 I 类截尾数据，收集的数据不是单个时间的记录，而是在一列互不重叠的时间区间里的失效个数。考虑交通流的实际情况，车头时距很小（小于 0.5s）的概率很小，而车头时距很大对于研究无太大意义，因此可将收集的车头时距当作完整数据来进行处理。

2）模型选择

模型选择主要依据对失效机理的了解、以往经验及数据图形与模型理论图形的比较法。概率纸图是一种行之有效的方法，在概率纸上作图，复杂模型概率图通常是具有某种特性的形状和特征的曲线。研究人员在总结各分布函数特点的基础上，选取三参数威布尔分布来表征快速路匝道连接段交通流车头时距分布特征。

三参数威布尔分布失效函数为

$$F(t) = 1 - \exp\{-[(t-\gamma)/\eta]^{\beta}\} \tag{3-11}$$

式中，$\gamma \geq 0$，γ 为位置参数。密度函数、失效率函数和分布函数分别为

$$f(t) = (\beta/\eta)[(t-\gamma)/\eta]^{\beta-1}\exp\{-[(t-\gamma)/\eta]^{\beta}\} \tag{3-12}$$

$$r(t) = (\beta/\eta)[(t-\gamma)/\eta]^{\beta-1} \tag{3-13}$$

$$P(h \geq t) = \exp\{-[(t-\gamma)/\eta]^{\beta}\} \tag{3-14}$$

3）利用威布尔分布建模过程

对于一组调查数据，设含有 n 个车头时距，作图程序如下。

(1) 重新整理数据，使其按增序排列。令 $t_i(i=1,2,\cdots,n)$ 为有序数据。

(2) 计算 x_i 和 y_i $(i=1,2,\cdots,n)$，如下：

$$x_i = \ln(t_i), y_i = \ln\{-\ln[1-i/(n+1)]\} \tag{3-15}$$

(3) 在普通坐标纸上画 (x_i,y_i)，$i=1,2,\cdots,n$。

这就得到了车头时距数据的 WPP 图（威布尔画图纸），如果数据图大致上沿一条直线分布，则该列数据可以用二参数威布尔分布模型建模；如果数据图大体上与指数曲线类似，则数据可以用三参数威布尔分布建模。

4）参数估计

威布尔分布参数估计方法有图形法和解析法两大类，图解法估计模型参数的依据是在特

定概率纸上的数据图形,解析法主要有矩法、极大似然法、贝叶斯法等。

(1)图形法参数估计。如果威布尔模型可以拟合建模数据,则基于 WPP 图可以估计模型参数。

在三参数模型中,可先拟合一条光滑的曲线,然后按照以下步骤估计参数:画拟合曲线的右渐近线,其斜率是 β 的一个估计;找出点 $I_x(Y=0)$ 的位置,其水平坐标给出 $\ln(\eta+\gamma)$;在点 I_x 处,画拟合曲线的切线,其斜率给出 $\beta(1+\gamma/\eta)$;基于后两步的结果,计算 γ 和 η。

(2)解析法参数估计。利用点 I_x 估计 $(\eta+\gamma)$ 的值:

$$t_I = \eta + \gamma, t_I = e^{x_I} \tag{3-16}$$

将 $\eta = t_I - \gamma$ 代入三参数威布尔分布的可靠度函数,得:

$$R(t) = \exp\{-[(t-t_I+\eta)/\eta]^\beta\} \tag{3-17}$$

经取对数变换,有:

$$-\ln[R(t)] = [(t-t_I+\eta)/\eta]^\beta = [1+(t-t_I)/\eta]^\beta \tag{3-18}$$

当 $(t-t_I)/\eta \leqslant 1$ 时,式(3-18)右边可以展开泰勒级数:

$$Y = -\{\ln[R(t)+1]\}/(t-t_I), X = t-t_I \tag{3-19}$$

$$a = \beta/\eta, b = \beta(\beta-1)/(2\eta^2) \tag{3-20}$$

$$Y \cong a + bX \tag{3-21}$$

这是 X-Y 平面内的一条直线,使用上面的变换式,则数据 $(t_i, R(t_i))$ 能变换成 (x_i, y_i) ($i=1,2,\cdots,n$)。拟合 X-Y 平面内的数据点成一条直线,可以得到 a 和 b 的值,然后使用式(3-22)求 β、η 和 γ 的估计。

$$\hat{\beta} = 1/[1-2b/a^2], \hat{\eta} = \beta/a, \hat{\gamma} = t_I - \eta \tag{3-22}$$

2. 实测数据验证

取广州市内环 A 线客运站入口匝道连接段交通流数据进行验证,通过 Metrocount5600 采集的交通流数据共 858 组。由于图解法误差较大,此处运用解析法进行参数估计。

(1)对车头时距从小到大的顺序进行排序并编号。

(2)利用变换并作出 WPP 图(图 3-3)。

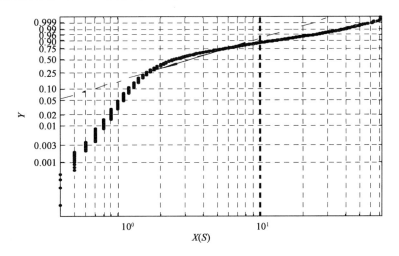

图 3-3 匝道连接段车头时距的 WPP 图

从图 3-3 中可以看出,其与指数分布曲线相似,因此可用三参数威布尔分布进行建模。

(3)用高次多项式进行拟合($Y = 0.178X^3 - 1.183X^2 + 3.432X - 2.886$),并计算 $t_l = e^{x_l}$。经计算,$t_l = e^{1.3269} = 3.77$。

(4)由 $R(t) = 1 - (i - 0.3)/(n + 0.4)$ 计算 $R(t)$ 并最终计算 X_i 和 Y_i,从而建立 X_i 和 Y_i 的直线关系。

(5)计算 β、η、γ 的估计。

经计算,$\hat{\beta} = 0.83$,$\hat{\eta} = 2.60$,$\hat{\gamma} = 1.17$。

因此,该交通流车头时距分布函数为

$$P(h \geq t) = \exp\{-[(t - 1.17)/2.60]^{0.83}\} \quad (3-23)$$

当然,也可运用 Matlab Weibfit 工具箱进行极大似然参数估计,但其只能进行二参数估计,其前提是需对原始数据进行位置参数变换。对于三参数模型 γ 的估计,可参考插值方法,即在 WPP 图上画三条等间距的水平直线,这些直线与数据拟合直线曲线相交于三点,其坐标依次记作为(x_1, y_1)、(x_2, y_2)、(x_3, y_3)。用式 $t_i = e^{x_i}$ 计算 t_i($i = 1, 2, 3$)。那么在理论上下述三点应位于一条直线上,即($\ln(t_1 - \gamma), y_1$)、($\ln(t_2 - \gamma), y_2$)、($\ln(t_3 - \gamma), y_3$)。

因而有:

$$(y_3 - y_2)(y_2 - y_1) = [\ln(t_3 - \gamma) - \ln(t_2 - \gamma)]/[\ln(t_2 - \gamma) - \ln(t_1 - \gamma)] = 1 \quad (3-24)$$

由此得:

$$\hat{\gamma} = t_2 - (t_3 - t_2)(t_2 - t_1)/(t_3 - 2t_2 + t_1) \quad (3-25)$$

(6)参数检验。模型的检验或模型的合法化就是确保所选模型对于给定的数据列是一个恰当的模型,检验方法有视觉评判和统计检验。

经 χ^2 检验,$\chi^2 = \sum_{i=1}^{14} \frac{f_i}{F_i} - N = 867.52 - 858 = 9.52$,$DF = 12$,取 $\alpha = 0.05$,查表得 $\chi^2_{0.05} = 21.03 > 9.52$,可得该组数据服从威布尔分布(图 3-4)。

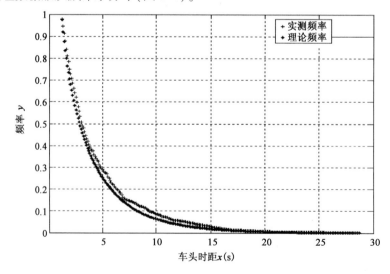

图 3-4　车头时距分布累计频率图

第四节 随机性模型构建及评价

本节主要介绍随机性模型构建及评价的基本原理,具体操作部分可参考第五章第二节交通生成模型部分内容。

一、随机变量

何为随机变量?在交通系统建模当中,常常会用到随机变量,比如在交叉口进口道断面处依据随机时间间隔生成一车辆。随机变量是一个值不可预测的变量。虽然一个随机变量在个别实验中其结果具有不确定性,但在大量重复实验中其结果是具有统计规律性的。正是随机变量的这种规律性使建模人员可以利用它来进行建模。例如,可以利用下面的数据构建一个模型:

| 时间 $t(s)$ | 0 | 1 | 2 | 3 | 4 | 5 | 6 | 7 | 8 | 9 |
| 变量 X | 1 | 0 | 2 | 2 | 1 | 2 | 0 | 1 | 0 | 2 |

X 是一个离散的随机变量并取值 0、1、2。建模人员不可能给出 X 与 t 的确定性关系式,但是可以通过数 X 的不同值出现次数来描述随机性规律,具体如下:

X	0	1	2
频数	3	3	4
频率	0.3	0.3	0.4

上述给出了随机变量 X 的变化规律。如果建模者需要构造一个包含这个随机变量的模型,可以假设这个规律总是成立的,模型的假设可以基于这几个数据之上。实际操作时可以把频率分布当作概率函数来处理,但应注意概率是频率的极限值,这两者是有区别的。在处理一个简单的理论模型时,对概率函数必须做出合适的选择。例如,假设在上述问题中的随机变量取三个值是等可能的,其概率函数为

| X | 0 | 1 | 2 |
| $P(X)$ | 1/3 | 1/3 | 1/3 |

此例说明在处理随机变量的模型时可有以下两种选择:

(1)使用一个理论模型。在任何一本概率统计的参考书上均可以找到一些标准的理论模型,如二项分布等,每一个理论模型均是基于一定的假设成立的,所以在选用时要特别注意其假设条件。

(2)使用基于实际数据的概率表,而不去套用标准的理论模型。使用前者的好处在于能精确地叙述变量的概率,在处理问题时可以充分发挥概率统计的作用。但这一好处也把所求模型制约在了处理简单情形上。随着复杂性的增加,计算复杂程度也在增加。使用后者的好处在于,模型是基于观测到的数据而不是基于假设,增加复杂性可以得到一定约束。但建模人员不能再利用数理统计,而是求助于模拟以及模型的统计结果。

在构建随机性模型时,首先要注意将要处理的是离散型还是连续型的随机变量。

1. 离散型随机变量

离散型随机变量的理论模型是由概率函数 $p(x) = P(X = x)$ 来刻画的,这个公式说明随机变量 X 取值 x 时的概率。对于离散型的随机变量,以下三种分布是重要的。

1) 0-1 分布

设随机变量 X 只能取 0 和 1 两个值,它的分布规律是:

$$P\{X = k\} = p^k (1-p)^{1-k}, k = 0,1 \quad (0 < p < 1) \tag{3-26}$$

则称 X 服从 0-1 分布。对于一个随机实验,如果它的样本空间只包含两个元素,即 $S = \{e_1, e_2\}$,总能在 S 上定义一个服从 0-1 分布的随机变量,则用 X 来描述这个随机实验的结果:

$$X = X(e) = \begin{cases} 0, & e = e_1 \\ 1, & e = e_2 \end{cases} \tag{3-27}$$

2) 二项分布

二项分布在交通系统中经常被用于比较拥挤、自由行驶机会不多的交通流情况。

设实验 E 只能有两个可能的结果,将 E 独立地重复进行 n 次,则称这一串重复的独立实验为 n 重贝努力实验。它是一种很重要很基础的数学模型,有着广泛的应用。若用 X 表示 n 重贝努力实验中时间 A 发生的次数,X 是一个随机变量,它服从如下的二项分布:

$$P\{X = k\} = \binom{n}{k} \cdot p^k \cdot q^{n-k} \quad (k = 0,1,2,\cdots,n) \tag{3-28}$$

特别地,当 $n = 1$ 时二项分布就是 0-1 分布。

3) 泊松分布

泊松分布在交通系统中经常被用于交通流密度不大、外界干扰因素基本不存在情况下的随机交通流。设随机变量 X 所有可能的取值为 0、1、2 等,而取各值的概率为

$$P\{X = k\} = \frac{\lambda^k \cdot e^{-\lambda}}{k!} \tag{3-29}$$

其中,$\lambda > 0$ 是常数,则称 X 服从参数为 λ 的泊松分布。可以证明当 p 很小时,以 n 和 p 为参数的二项分布,当 $n \to \infty$ 时趋于以 λ 为参数的泊松分布,其中 $\lambda = n \cdot p$。

2. 连续型随机变量

理论模型的连续性随机变量可以由概率密度函数 $f(x)$ 来描述,对所有的 x 存在 $f(x) \geq 0$,且 $\int_{-\infty}^{\infty} f(x) \mathrm{d}x = 1$,随机变量落在区间 $(x_1, x_2]$ 的概率可由 $\int_{x_1}^{x_2} f(x) \mathrm{d}x$ 来给出。在连续型随机变量中,下述两种分布是比较基础且比较重要的。

1) 均匀分布

设连续型随机变量 X 具有概率密度:

$$f(x) = \begin{cases} \dfrac{1}{b-a}, & a < x < b \\ 0, & \text{其他} \end{cases} \tag{3-30}$$

则称 X 在区间 (a,b) 上服从均匀分布。

在区间 (a,b) 上服从均匀分布的随机变量 X,具有下述意义的等可能性,即它落在区间 (a,b) 中任意等长度的子区间内的可能性是相同的,或者说它落在子区间内的概率只依赖于

子区间的长度而与子区间的位置无关。

2)正态分布

设连续型随机变量 X 的概率密度为

$$f(x) = \frac{1}{\sqrt{2\pi}\sigma} e^{-\frac{(x-\mu)^2}{2\sigma^2}} \quad (-\infty < x < \infty) \tag{3-31}$$

其中,μ、$\sigma(\sigma > 0)$ 为常数,则称 X 服从参数为 μ、σ 的正态分布。

连续型随机变量的值与离散型一样,可以用概率表给出,不同的是离散型随机变量每个频率对应于随机变量的值,而连续型随机变量每一个频率对应于随机变量的一个取值范围。

当然,在实际交通流当中,负指数分布、移位负指数分布、爱尔朗分布、威布尔分布等也被广泛应用。

二、蒙特卡洛方法

蒙特卡洛方法是计算机模拟的基础,其名字来源于世界著名的赌城——摩洛哥的蒙特卡洛,其思想来源于著名的蒲丰投针问题(图3-5)。

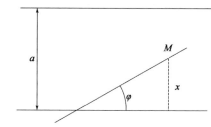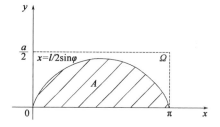

图 3-5　针落实验几何模型图示

1777年,法国科学家蒲丰提出了下述著名问题:平面上画有等距离 $a(a>0)$ 的一些平行线,取一根长度为 $l(l<a)$ 的针,随机地向画有平行线的平面上掷去,求针与平行线相交的概率。

可以用几何模型来解决这一问题,设 M 为针落下后的中点,x 表示中点 M 到最近一条平行线的距离,φ 表示针与平行线的交角。因此,基本事件区域:

$$\Omega = \left\{ (x,\varphi) \mid 0 \leq x \leq \frac{a}{2}, 0 \leq \varphi \leq \pi \right\} \tag{3-32}$$

它为平面上的一个矩形,其面积为 $S(\Omega) = \frac{\pi a}{2}$。

为使针与平行线(与 M 最近的一条平行线)相交,其充要条件是:

$$A = \begin{cases} 0 \leq x \leq \frac{l}{2}\sin\varphi \\ 0 \leq \varphi \leq \pi \end{cases} \tag{3-33}$$

A 的面积为 $S(A) = \int_0^\pi \frac{l}{2}\sin\varphi \, d\varphi = l$,这样针与平行线相交的概率为

$$p = \frac{S(A)}{S(\Omega)} = \frac{2l}{\pi a} \tag{3-34}$$

设一共投掷 n 次(n 是一个事先选好的相当大的自然数),观察到针和直线相交的次数为 m。从式(3-34)可以看出,当比值 l/a 不变时,p 值始终不变。取 m/n 为 p 的近似值,可以计算出 π 的近似值。可以想象当投掷次数越来越多时计算的结果就越来越精确。表3-1是这些实

验的有关资料(此处把 a 折算为1)。

掷针实验数据汇总 表3-1

实 验 者	年 份(年)	针 长	投 掷 次 数	相 交 次 数	π的实验值
Pulf	1850	0.80	5000	2532	3.1596
Smith	1855	0.60	3204	1218	3.1554
De Morggan C.	1860	1.00	600	382	3.1370
Fox	1884	0.75	1030	489	3.1595
Lazzerini	1901	0.83	3408	1808	3.1416
Reina	1925	0.54	2520	859	3.1795

由此可以看出蒙特卡洛方法的基本步骤:首先,建立一个概率模型,使它的某个参数等于问题的解。然后按照假设的分布,对随机变量选出具体的值(抽样过程),从而构造出一个确定性的模型,计算出结果。再通过多次抽样实验的结果,得到参数的统计特性,最终算出解的近似值。

蒙特卡洛方法主要用于难以定量分析的概率模型中,这种模型一般得不到解析结果,或虽然有解析结果,但计算代价太大以致不可用,也可以用在算不出解析结果的定性模型中。用蒙特卡洛方法求解,需要根据随机变量遵循的分布规律选出具体的值,即抽样。随机变量的抽样方法很多,不同的分布采用的方法不尽相同,在计算机上的各种分布的随机数事实上均是按照一定的确定性方法产生的伪随机数。

三、随机数的生成

我们知道,丢硬币的随机结果可以用一个离散型随机变量的概率函数来描述。如果需要模拟随机变量的一个值或者一个集合,可以用丢硬币然后记录其结果的方式来得到,然而这具有相当的局限性。这里用数学模型来产生拟随机变量,即看上去是随机出现的,但并非真正的随机变量(伪随机变量),它们产生于一个递推公式,不过这些拟随机数并没有明显的规律,当给予适当的伸缩之后,它们非常接近于在[0,1]区间上的均匀分布。这种方法的思想是,设计一个把0和 M 之间的整数映射到它们自身上的函数 f,然后从 x_0 开始,依次计算 $f(x_0) = x_1$,$f(x_1) = x_2, \cdots$。例如,通过下面的公式可以产生这样的一组随机变量:

$$X_{n+1} = 97X_n + 3 \pmod{1000}, R_{n+1} = \frac{X_{n+1}}{1000} \tag{3-35}$$

给定任一初始值,如 $X_0 = 71$,代入公式得 $X_1 = 890$,然后用1000去除,得 $R_1 = 0.890$;同样,将 $X_1 = 890$ 代入公式,可以得到 $R_2 = 0.333$。重复这一过程,得到所需要的一组随机变量。在程序设计和软件包中通常用 RND 来表示这样的公式生成的拟随机数,用它来表示[0,1]上均匀分布的随机变量。

可以由它构造出另外的随机变量。例如,可以从 $X = a + (b - a)$ RND 给出区间 $[a,b]$ 上连续分布的随机变量。

四、数字模拟

模拟是根据模型对现象所产生的再现。所谓数学模拟,就是用数学模型使现象再现。因此,表示现象的部分或总体的基本方程和表示自然规律的数学模型全是数学模拟。然而,狭义上主要指的是数字模拟。它是将复杂现象作出可以用数字计算机表达的数学模型,从数值上进行各种实验。这种方法随着计算机的发展已广泛地应用,因此,此处所说的模拟主要是指数字模拟。

比如,一列火车计划在13时离开A站,其统计规律如下:

离站时间	13:00	13:05	13:10
概率	0.7	0.2	0.1

火车从A站到B站途中所需的平均时间为30min,有2min的标准差。如果某乘客要赶的是这趟火车的下一站B,而乘客到达B站的时间分布为

到站时间	13:28	13:30	13:32	13:34
概率	0.3	0.4	0.2	0.1

问:乘客能赶上这趟火车的概率为多少?

为回答这个问题,建模者需要一些随机数。这里将采用上面给出的那些随机数,即0.890,0.333,0.304,…,而建模者所需要模拟的是:

(1)火车离站的时间t_1;
(2)火车途中的时间t_2;
(3)乘客到达车站B的时间t_3。

乘客能赶上火车的条件为$t_3 < t_1 + t_2$。为模拟这个问题只需要生成t_1、t_2和t_3,然后检验这个条件是否成立。但如何得到t_2的值无法得知,因为这个分布并不知道。这样,假设一个模型,取平均值为30min、标准差为2min的正态分布,由所给的条件知道t_1、t_2为离散的随机变量,而t_3为连续的随机变量。

以min为时间单位,从$t = 0$的13时起算,构造的模型如下:

$$\begin{cases} 0 < \text{RND} < 0.7, & t_1 = 0 \\ 0.7 < \text{RND} < 0.9, & t_1 = 5 \\ 0.9 < \text{RND} < 1.0, & t_1 = 10 \end{cases} \tag{3-36}$$

$$\begin{cases} 0 < \text{RND} < 0.3, & t_3 = 28 \\ 0.3 < \text{RND} < 0.7, & t_3 = 30 \\ 0.7 < \text{RND} < 0.9, & t_3 = 32 \\ 0.9 < \text{RND} < 1.0, & t_3 = 34 \end{cases} \tag{3-37}$$

$$t_2 = 2X + 30 \tag{3-38}$$

其中,$X = \sqrt{-2\ln(\text{RND}_1)}\cos(2\pi\text{RND}_2)$。

计算结果为$t_1 = 5$,$t_2 = 29$,$t_3 = 30$,这样$t_1 + t_2 = 34$。在这种场合,乘客比火车提前4min抵达B站。需要指出的是,这并不是说建模者已经回答了这个问题,回答这个问题需要建模者进行多次这样的实验和模拟,记下这些结果,算出能赶上火车的概率。人们通过足够多次的模拟之后就可以得到赶上火车的概率。

一般在用模拟建模时,一次模拟的成功并不能说明什么问题,更不能说建模的主要工作已经完成。必须进行多次的模拟,然后分析其结果。分析的种类要看模型的对象,而这在建模的

一开始就应该是清楚的。在实验中模拟模型的对象是变化的,但通常包含以下几种:

(1) 对系统的长期性态作出统计;
(2) 比较系统的可选择对象的安排;
(3) 研究参数变化的影响;
(4) 研究模型假设的影响;
(5) 找出系统最优方案。

五、模型检验和评价

一个成功的模型应该是能作出经得起数据或常识检验的预测,应该清楚它所预测的事件与现实问题的误差程度。如果同一事件的不同模型可以得出同样的结论,或者结论是从一个比较普遍的模型推出的,那这个结论是可靠的。如果一项预测要在非常特殊的假设下才有效,那么它是脆弱的,甚至是不能应用的。

在检验一个模型时,它并不一定要完全与预测吻合,某种"差错"是必然的,因为构建的模型仅是在一些简化了的条件下取得的。检验模型时要说明所给的预测是否已达到所要求的精度,是否已经达到所设计的要求。只要模型能给出可以直接解决实际问题的结果,那么这个模型就是有用。如果构建的模型达不到所要求的精度,就应当修改构建的模型,或是修改假设,或是改善建模中每一步的精度。一个好的模型所预见的结果也不应该由于原始数据或参数的微小扰动而出现大的变化。因此,模型对参数与原始数据的敏感性和稳定性分析是重要的。某些模型可能不需要数据,它的预测是在模型假设下作出的,这样的模型并不能说是无用的。有些模型实际上是不太可能被实际检验的,如核战争模型、道路网大面积重组模型、公交线路全部理论优化模型等,它们只能进行计算机模拟,通过模拟的手段来达到检验的目的。

模型的评价可以包含模型的改进、推广和优缺点分析三个部分。严格来讲,模型的改进应该是在建模的过程中完成的。改进一个模型的目的是使之更符合实际问题的要求。模型的推广是针对模型的普适性而言的,一个模型的应用价值主要取决于它的应用范围。模型的优缺点分析是对所构建的模型的特性和本质进行更深刻的认识,可以从模型的精确性、实用性及对各种实际因素的影响等方面来进行评价和分析。

第五节 信号控制交叉口交通流集聚与疏散特性建模案例

一、交通流间断条件

城市道路由于信号控制交叉口的存在会使交通流运行发生较大的干扰。那么如何用交通流理论来表征这一现象呢?机动车交通流在信号控制交叉口进口道遇见红灯相位后,会逐渐减速并形成高密度排队等候车队,此时进口道排队车辆会形成一列停车波,前部车辆停驶,尾部不断向后移动;当此方向绿灯亮起后,排队等候车辆逐渐加速驶离交叉口,此时交通流的启动波和停车波并存,交通流前部和尾部同时向后延伸。应如何表述这一现象呢?可以借用交通流密度变化情况来描述交通流的集聚与疏散现象。

结合交通波理论,在此红绿灯变化过程中,交通流密度经历了由小到大、再由大变小的状态变化过程,交通流中两种密度的分界面通过车队不断向后传递的现象一般称为波动现象。交叉口进口道交通流的变化可简化如下(图3-6)。

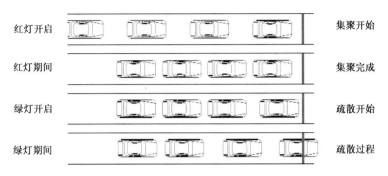

图 3-6　信号控制交叉口进口道交通流集聚和消散过程示意

设以 x 轴表示城市道路,x 轴正向表示车辆前进方向,设 $k(t,x)$ 为时刻 t 交通流沿 x 轴方向分布的密度,即设时刻 t 在 $[x,x+dx]$ 内的车辆数等于 $k(t,x)dx$;再设 $q(t,x)$ 为车辆通过 x 点的交通流率,则在时段 $[t,t+dt]$ 中通过 x 点的交通量为 $q(t,x)dt$。

根据交通流守恒规律可知,在时段 $[t,t+dt]$ 中在 $[x,x+dx]$ 内交通量的增加应等于在时段 $[t,t+dt]$ 中通过点 x 的交通量减去在时段 $[t,t+dt]$ 中通过点 $x+dx$ 的交通量,即

$$k(t+dt,x)dx - k(t,x)dx = q(t,x)dt - q(t,x+dx)dt \qquad (3-39)$$

同时,假设密度、交通量函数连续可微,则式(3-39)可转化为

$$\frac{\partial k}{\partial t}(t,x) + \frac{\partial q}{\partial x}(t,x) = 0 \qquad (3-40)$$

根据宏观交通流三参数模型可知交通量与密度呈现二次抛物线关系,即

$$q = u_f \cdot k - u_f \cdot k^2/k_j \qquad (3-41)$$

式中:q——交通量,pcu/h;

k——交通流密度,pcu/km;

k_j——阻塞密度,pcu/km;

u_f——自由流速度,km/h。

同时可知,当 $u = u_j/2$ 时,交通流能够达到饱和流率,因此可得相应的结构方程:

$$q = q(k) = -a \cdot k \cdot (k-b) \qquad (3-42)$$

其中,$a = u_f/k_j$,$b = k_j$,代入式(3-40),可得:

$$\frac{\partial u}{\partial t}(t,x) + (c - du)\frac{\partial u}{\partial x}(t,x) = 0 \qquad (3-43)$$

其中,$c = u_f$,$d = 2u_f/k_j$。

因此,做一个未知函数的变换 $h = c - du$,式(3-43)可转化为

$$\frac{\partial u}{\partial t}(t,x) + h\frac{\partial u}{\partial x}(t,x) = 0 \qquad (3-44)$$

且对应的初始条件为 $t = 0$,$h = h_0(x) = c - d \cdot k_0(x)(0 \leq k_0(x) \leq k_j)$。

任取一时段 $[t_1,t_2]$ 及一路段 $[x_1,x_2]$ 进行分析,在此时段中在该路段上交通量的增加应等于在该时段内经过 $x = x_1$ 处的交通量减去经过 $x = x_2$ 处的交通量,于是:

$$\int_{x_1}^{x_2} k(t_2, x) \mathrm{d}x - \int_{x_1}^{x_2} k(t_1, x) \mathrm{d}x = \int_{t_1}^{t_2} q(t, x_1) \mathrm{d}t - \int_{t_1}^{t_2} q(t, x_2) \mathrm{d}t \qquad (3\text{-}45)$$

式(3-45)表明,在 (t,x) 平面上的任一矩形环路 Γ 上:

$$\oint_{\Gamma} k \mathrm{d}x - q \mathrm{d}t = 0 \qquad (3\text{-}46)$$

因此,对 (t,x) 平面上任一在 $t \geq 0$ 上的分段光滑的闭环路 Γ,式(3-46)仍成立。因此,交通流守恒规律的积分形式可表达为

$$\oint_{\Gamma} k \mathrm{d}x - q(k) \mathrm{d}t = 0, \forall \Gamma \qquad (3\text{-}47)$$

式中:Γ——(t,x) 平面上任一在 $t \geq 0$ 上的分段光滑闭环路。

在连续可微的交通流场中,利用格林公式,由式(3-47)可得:

$$\iint_{D} \left[\frac{\partial k}{\partial t} + \frac{\partial q(k)}{\partial x} \right] \mathrm{d}x \mathrm{d}t = 0, \forall D \qquad (3\text{-}48)$$

式中:D——此交通流场中任一分段光滑闭环路 Γ 所包含的区域。

由此利用 D 的任意性,可得到式(3-40),即交通流守恒的微分方程。

若解 $k(t,x)$ 在 (t,x) 平面上出现间断,则在解的间断线 $x = x(t)$ 的两侧,解应该具有不同的数值。设解具有第一类间断,并记在 $x = x(t)$ 两侧的解分别为 k_- 及 k_+,可得如下交通流间断条件:

$$\frac{\mathrm{d}x}{\mathrm{d}t} = \frac{q(k_+) - q(k_-)}{k_+ - k_-} \qquad (3\text{-}49)$$

二、交叉口交通流集聚与疏散过程解析

为便于分析交叉口交通流,将信号控制置于 $x = 0$ 处。假设道路上交通流处于稳定状态,即初始密度 $f(x)$ 是常数。某时刻道路进口道信号转为红灯相位,则信号灯前的交通流继续往前行驶,而后续交通流需在信号灯后排队等候至下一相位绿灯出现才能通行。由于交叉口及信号控制的存在,必然引起密度函数 $k(t,x)$ 的间断,由上文的模型可知间断必须满足间断条件,即式(3-49),下面分析间断线的变化规律。

设 $t = 0^+$ 时道路进口道某转向信号灯由绿变红,$t = \tau$ 时又由红变绿,即此相位红灯时长为 τ。下面依次分析讨论 $k(t,x)$ 的演变过程。

(1) $t \leq 0^-$ 时,设 $k(t,x) = f(x) = k_0$(常数),且不妨设 $k_0 < k_m/2$,即初始交通流密度小于交通量达到最大时的密度,此时交通流呈现非拥挤状态。

(2) $0^+ \leq t < \tau$ 时,红灯亮。在红灯后车辆集聚并达到最大密度 k_m,与初始密度 k_0 形成间断,这条左间断线记作 $x = x_{sl}(t)$,表示排队车流尾部随时间向后延伸的过程。红灯前面的车辆继续行驶,空出的路段导致 $k = 0$,与 $k = k_0$ 形成间断,这条右间断线记作 $x = x_{sr}(t)$,表示远离的车流尾部向前延伸的过程。x_{sl} 和 x_{sr} 由式(3-43)和式(3-49)确定。故此时的间断条件可转化为

$$\frac{\mathrm{d}x}{\mathrm{d}t} = -a(k_+ - b/2) - a(k_- - b/2) = \frac{1}{2}[q'(k_+) + q'(k_-)] \qquad (3\text{-}50)$$

当 $x = x_{sl}(t)$ 时:

$$\begin{cases} \dfrac{\mathrm{d}x_{sl}}{\mathrm{d}t} = \dfrac{1}{2}[q'(k_j) + q'(k_-)] = \dfrac{-u_f \cdot k_0}{k_j} \\ x_{sl}(0) = 0 \end{cases} \qquad (3\text{-}51)$$

其解为

$$x_{\mathrm{sl}}(t) = \frac{-u_{\mathrm{f}} \cdot k_0}{k_{\mathrm{j}}} t \tag{3-52}$$

当 $x = x_{\mathrm{sr}}(t)$ 时：

$$\begin{cases} \dfrac{\mathrm{d}x_{\mathrm{sr}}}{\mathrm{d}t} = \dfrac{1}{2}[q'(k_{\mathrm{j}}) + q(k_-)] = \dfrac{u_{\mathrm{f}} \cdot (k_{\mathrm{j}} - k_0)}{k_{\mathrm{j}}} \\ x_{\mathrm{sr}}(0) = 0 \end{cases} \tag{3-53}$$

其解为

$$x_{\mathrm{sr}}(t) = \frac{u_{\mathrm{f}} \cdot (k_{\mathrm{j}} - k_0)}{k_{\mathrm{j}}} t \tag{3-54}$$

此处由于前面假设 $k_0 < k_{\mathrm{m}}/2$，由式(3-52)和式(3-54)可知，$x_{\mathrm{sr}}(t)$ 向前的速度比 $x_{\mathrm{sl}}(t)$ 向后的速度大。

(3) $t = \tau$ 时此相位变为绿灯，排队等候车辆开始通过交叉口向前运行。

(4) $t > \tau$ 时用 $x_1(t)$ 表示排队车辆启动时首车的位置，用 $x_2(t)$ 表示排队车辆起动时末车的位置，将时间坐标平移为 $t' = t - \tau$，初始交通流密度可记作：

$$f(x) = \begin{cases} k_{\mathrm{j}}, & x_{\mathrm{sl}} < x < 0 \\ 0, & 0 < x < x_{\mathrm{sr}} \\ k_0, & x < x_{\mathrm{sl}}, x > x_{\mathrm{sr}} \end{cases} \tag{3-55}$$

对于 $0 < x_0 < x_{\mathrm{sr}}$，由 $q' = u_{\mathrm{f}}(1 - 2k/k_{\mathrm{j}})$ 可知，$q'[f(x_0)] = u_{\mathrm{f}}$。在特征线 $x = u_{\mathrm{f}} \cdot t' + x_0$ 上，密度 $k(t',0) = 0$。由 $x_0 \to 0^+$，即可得 $x_1(t') = u_{\mathrm{f}} \cdot t'$。对于 $x_{\mathrm{sl}} < x_0 < 0$，同理可得 $x_2(t') = -u_{\mathrm{f}} \cdot t'$。而对于 $x_2(t) \leq x \leq x_1(t)$，密度函数连续，利用 $x = u_{\mathrm{f}} \cdot (1 - 2k/k_{\mathrm{j}})(t - \tau)$ 得：

$$k(t,x) = \frac{k_{\mathrm{j}}}{2}\left[1 - \frac{x}{u_{\mathrm{f}} \cdot (t - \tau)}\right] \quad (x_2(t) \leq x \leq x_1(t)) \tag{3-56}$$

(5) $t = t_{\mathrm{d}}$ 时排队消失，由于 $x_1(t)$、$x_2(t)$ 向前、向后的速度均是 u_{f}，$x_{\mathrm{sl}}(t)$ 向后的速度为 $u_{\mathrm{f}} \cdot k_0/k_{\mathrm{j}}$，$x_{\mathrm{sr}}(t)$ 向前的速度为 $u_{\mathrm{f}} \cdot (k_{\mathrm{j}} - k_0)/k_{\mathrm{j}}$。根据前面 $k_0 < k_{\mathrm{j}}/2$ 的假设可知，$x_2(t)$ 会首先赶上 $x_{\mathrm{sl}}(t)$，记这个时刻为 t_{d}，即 t_{d} 满足 $x_{\mathrm{sl}}(t_{\mathrm{d}}) = x_2(t_{\mathrm{d}})$。因此，$t_{\mathrm{d}} = k_{\mathrm{j}}/(k_{\mathrm{j}} - k_0) \cdot \tau$ 是排队车辆阻塞消失的时刻。

(6) $t > t_{\mathrm{u}}$ 时，$x_{\mathrm{sl}}(t)$ 和 $x_{\mathrm{sr}}(t)$ 继续向前移动。$x_{\mathrm{sl}}(t)$ 满足间断条件，其中 $k^+ = \dfrac{k_{\mathrm{j}}}{2} \cdot \left[1 - \dfrac{x_{\mathrm{sl}}}{u_{\mathrm{f}} \cdot (t - \tau)}\right]$，代入间断条件，可得：

$$\begin{cases} \dfrac{\mathrm{d}x_{\mathrm{sl}}}{\mathrm{d}t} = \dfrac{x_{\mathrm{sl}}}{2(t - \tau)} + \dfrac{u_{\mathrm{f}}}{2} \cdot \left(1 - \dfrac{2k_0}{k_{\mathrm{j}}}\right) \\ x_{\mathrm{sl}}(t_{\mathrm{d}}) = -u_{\mathrm{f}} \cdot (t_{\mathrm{d}} - \tau) \end{cases} \tag{3-57}$$

解式(3-57)可得：

$$x_{\mathrm{sl}}(t) = u_{\mathrm{f}} \cdot \left(1 - \frac{2k_0}{k_{\mathrm{j}}}\right)(t - \tau) - 2u_{\mathrm{f}} \cdot \left(1 - \frac{2k_0}{k_{\mathrm{j}}}\right)\left(\frac{k_0 \cdot \tau}{k_{\mathrm{j}} - k_0}\right)(t - \tau)^{1/2} \tag{3-58}$$

同时，令式(3-58)等于0，可得：

$$t^* = \frac{\tau}{\left(1 - \frac{2k_0}{k_j}\right)^2} \tag{3-59}$$

式(3-59)表明此刻交叉口进口道处的交通流密度减少到初始密度 k_0,可认为交叉口的交通恢复正常。同时由式(3-59)可知,进口道红灯时间越长,初始密度与最大密度之比越大,交叉口运行状态恢复得越慢。如果交叉口发生 1min 交通阻塞事件,初始密度与最大密度之比为 2/5,则需经过 25min 此交叉口的交通才能恢复原状(图3-7)。

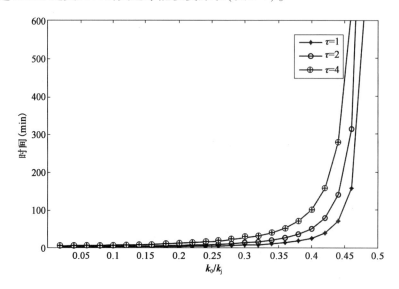

图 3-7 信号交叉口运行状态恢复时间与密度和红灯时长的关系

由此可见,交叉口的自组织功能及自我调节能力与上述两个因素有关,可以通过交叉口优化设置来改善其交通流的运行状态及提升运行可靠性,最终能够提高交叉口通行车辆的燃油经济性。假设该时刻交叉口各进口道车辆总和为 100pcu,则由于此交通事故所带来额外的燃油消耗为 42000mL,平均每车 420mL,可见交叉口集聚和疏散特性对交通流燃油消耗具有重要影响。

三、交通流集聚特性对交叉口运行的干扰解析实例

虽然很多研究表明交叉口进口道车辆的到达可以表征为泊松分布或均一分布等,然而实际观测发现车辆的到达仍具有较强的随机性,即车辆的到达时间间隔或单位时间内集聚的车辆数是随机的。也正是由于这种属性,某些车辆驶入交叉口后面临红灯,或即使是绿灯而受到前方排队车辆的影响,不得不停车等待或减速运行,因此车辆的运行受到交叉口的干扰而产生延误。时间距离轨迹(图3-8)、排队模式(图3-9)与实测的时间-距离曲线基本一致。

交叉口车辆平均延误及排队长度是决定交叉口运行状态或服务水平的主要参数,也是计算分析交叉口交通流燃油消耗及排放的重要参数。一般而言,交叉口的车均延误采取均衡延误模型和随机延误模型两种方式来进行表述,力求反映交通流的流动特性和随机属性。均衡延误模型是以流体力学基础理论为基础,用连续变量交通流率来表征交叉口交通需求和交通供给特征,并且该连续变量随着时空条件的改变而相应变化;随机延误模型则是以稳态排队理论为理论依据而拓展起来的,该模型描述了交通流的到达、疏散及排队分布情况。

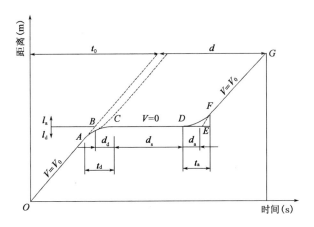

图 3-8 车辆在交叉口受信号控制影响的时间距离轨迹

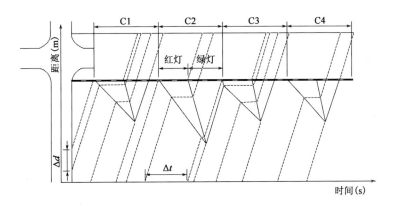

图 3-9 交叉口排队延误模式示意

1) 车辆运行状态及延误分析

车辆驶入交叉口进口道的车头时距或者特定时间内进口道到达的车辆数呈现随机分布特性,由于受到信号灯的干扰,必然存在部分车辆进行停车或减速运行的状况。因此,结合图 3-8 和图 3-9 可按照如下两种情况分别进行分析。

(1) 车辆不停车通过交叉口。车辆通过交叉口时,未受到信号控制及其他车辆、行人干扰,以设计速度通过交叉口,如图 3-8 中左侧虚线所示。车辆通过交叉口时间如式(3-60)所示:

$$t_0 = \frac{3.6l}{V_0} \tag{3-60}$$

式中: t_0 ——不受交叉口干扰,以设计速度通过交叉口所需时间,s;

l ——交叉口距离,m;

V_0 ——道路交叉口设计速度,km/h。

车辆在通过交叉口的过程中,受到各种因素干扰,但未停车通过交叉口,如图 3-8 中右侧虚线所示。车辆实际通过交叉口所需时间为

$$t = t_0 + d \tag{3-61}$$

式中: t ——受交叉口干扰,车辆实际通过交叉口所需时间,s;

d ——车辆在交叉口范围内的总延误时长,s。

(2) 车辆经过停车等待后通过交叉口。车辆经过停车等待后通过交叉口,那么车辆可能

停车若干次也可能停车一次或多次通过交叉口,这主要取决于交叉口交通需求及交通供给情况,此处以车辆经过一次停车等待后通过交叉口为例进行说明。如图 3-9 所示,车辆通过交叉口总的延误时间即为车辆经过停车等待后经过交叉口的实际时间与车辆以设计速度不停车通过交叉口的时间之差,由减速延误、怠速延误及加速延误三个部分组成。即

$$d = d_{\mathrm{d}} + d_{\mathrm{s}} + d_{\mathrm{a}} \qquad (3\text{-}62)$$

式中:d_{d} ——车辆通过交叉口减速阶段延误,s;

d_{s} ——车辆通过交叉口怠速阶段延误,s;

d_{a} ——车辆通过交叉口加速阶段延误,s。

其中,减速阶段延误可表示为车辆减速时间总和与车辆以设计速度通过相同减速距离所花费时间的差值;加速阶段延误为车辆加速时间总和减去以设计速度通过相同加速距离所花费的时间;而怠速阶段延误为车辆速度为 0 的等待时间的总和:

$$d_{\mathrm{d}} = \sum_{i=1}^{n} t_i - \frac{\sum_{i=1}^{n} \frac{V_{i-1} + V_i}{7.2} t_i}{V_0/3.6} \qquad (3\text{-}63)$$

$$d_{\mathrm{a}} = \sum_{i=1}^{n} t_i - \frac{\sum_{i=1}^{n} \frac{V_{i-1} + V_i}{7.2} t_i}{V_0/3.6} \qquad (3\text{-}64)$$

式中:t_i ——车辆通过交叉口的第 i 组数据的时间,s;

V_i、V_{i-1} ——车辆通过交叉口的第 i 和第 $i-1$ 组数据的速度,km/h;

n ——车辆通过交叉口所测的数据组数。

哈尔滨市红旗大街—宏图街交叉口延误分析结果见表 3-2,指标相互关系见表 3-3。

红旗大街—宏图街交叉口延误分析 表 3-2

测试次数	驶入速度 (km/h)	驶离速度 (km/h)	减速延误 (s)	怠速延误 (s)	加速延误 (s)	总延误 (s)
1	34	26	3.93	11.45	2.50	17.88
2	40	21	3.73	5.37	3.36	12.46
3	61	—	0.69	—	—	0.69
4	28	26	3.24	—	2.73	5.96
5	31		2.57			2.57
6	57		0.33			0.33
7	38	31	3.30	59.95	4.49	67.74
8	55	32	4.03	37.04	5.10	46.17
9	36	35	2.86	25.72	4.31	32.89
10	50	33	2.60	65.94	3.01	71.55
11	43	35	3.50	60.92	3.46	67.88
12	40	22	6.92	56.16	4.16	67.24
13	30	—	3.02	—	—	3.02
平均值	42	29	3.13	40.32	3.68	30.49

由表 3-2 可知,车辆通过交叉口的油耗与怠速延误的相关性为 97%,与总延误的相关性为 98%。

红旗大街—宏图街交叉口测试指标相关关系分析　　　　表3-3

指标	减速度 (m/s²)	减速延误 (s)	怠速延误 (s)	加速延误 (s)	加速度 (m/s²)	总延误 (s)	油耗量 (mL)
减速度(m/s²)	1.00	−0.09	0.39	0.35	0.31	0.39	0.44
减速延误(s)	−0.09	1.00	0.07	0.19	−0.65	0.13	0.09
怠速延误(s)	0.39	0.07	1.00	0.23	0.45	1.00	0.97
加速延误(s)	0.35	0.19	0.23	1.00	0.24	0.27	0.44
加速度(m/s²)	0.31	−0.65	0.45	0.24	1.00	0.42	0.47
总延误(s)	0.39	0.13	1.00	0.27	0.42	1.00	0.98
油耗量(mL)	0.44	0.09	0.97	0.44	0.47	0.98	1.00

2）交通流到达特性对交叉口运行的干扰

交叉口进口道车辆的到达与疏散特性示意如图3-10所示，图中横坐标为车辆到达、驶离交叉口的时间，即可表示为车辆在交叉口范围内的延误，纵坐标为不同时刻进口道停车线后的车辆排队长度。

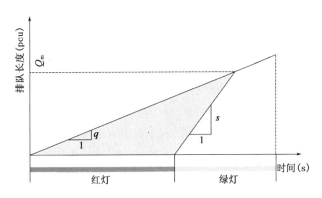

图3-10　车辆到达与疏散示意

由于交叉口进口道交通需求大于交通供给，造成车辆多次停车通过交叉口（图3-11），在有效绿灯时长内进口道车道组不能疏散停车线后排队等待车辆，因此部分车辆会产生二次甚至多次停车才能通过交叉口。

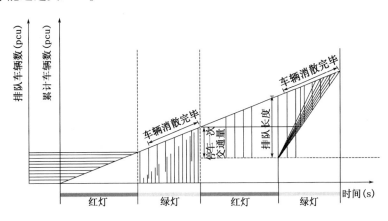

图3-11　车辆多次停车通过交叉口示意

因此,在某一信号周期时间内,所有车辆的总延误时间应等于由图 3-11 中所示的车辆疏散累计线和车辆到达累计线所围成图形的面积。显然,不同的车辆到达累计线与车辆疏散累计线所围成图形的面积差异较大,即车辆到达特性对延误产生较大干扰。如果车辆的到达特性变化较大或表现出较为明显的随机性,则进口道交通流到达特性与稳态理论和定数理论的基本假设条件相悖,也就意味着不能使用此类模型计算车辆的平均延误等。另一方面,车辆到达的不均匀性或随机性对车辆的延误分析会产生干扰,但对于车辆的平均延误及平均停车率等指标而言不会产生明显影响,也意味着在分析计算交叉口交通流燃油消耗方面不会产生重要影响。因此,常有文献在处理车辆到达方面以均匀分布来进行替代,即车辆的到达函数 $q(t) = q$ 不随时间的变化而变化。

本章思考题

1. 简要叙述系统建模的步骤及常用方法。
2. 简要叙述经验模型构建及参数辨识的步骤。
3. 简要叙述随机性模型构建与评价方法及步骤。

PART2 | 第二篇
交通系统仿真篇

第四章
交通系统仿真基础

第一节 交通系统仿真概述

一、交通系统仿真简介

1. 系统仿真概述

系统仿真是指以相似原理、控制理论、系统技术、信息技术及其应用领域有关专业技术为基础,对真实系统或设想系统进行分析研究,在分析系统各要素性质及其相互关系的基础上,建立能描述系统结构或行为过程且具有一定逻辑关系或数量关系的系统仿真模型,并在计算机或各种专用物理效应设备上进行实验及定量分析,以获得正确决策所需各种信息的过程。

1) 系统仿真的主要步骤

(1) 明确实验目标。在进行仿真实验之前,首先需要对系统进行定义,要分析系统间各要素性质及其相互关系,并确定系统分析的目的,即实验目标。在建立仿真模型时,需要根据预先确定的实验目标对仿真模型的内容与参数进行标定。根据实验目标,依据系统的定义,考虑对系统造成影响的因素并加以分析,将对系统没有影响的因素设置为初始条件或常数,利用控制变量的思想对系统运行进行仿真。

(2)建立仿真模型。仿真模型的建立是系统仿真中最关键的一个步骤。需要建立能够描述系统结构或行为过程且具有一定逻辑关系或数量关系的系统模型(数学模型),并采用仿真语言和数值方法,将数学模型转化为仿真模型,最终建立数值解析模型。而面对不同的系统(如离散系统或连续系统),又需要不同的建模技巧。因此,仿真模型的建立需要根据问题进行具体考量与分析,在对问题准确描述的基础上进行建模,比如对实验目标有影响的因素和无影响的因素需要进行不同方式的处理,将其设置为不同的参数类型,才能够最大限度地还原现实。另外,仿真模型的建立与所采用的编程语言也有一定联系,在采用高级语言和专门面向仿真程序设计的语言时,仿真模型的实现逻辑存在一定的差别。

(3)仿真实验及评估。在完成仿真模型的建立之后,需要利用模型进行实验。仿真实验首先要搭建计算机仿真平台,之后以仿真模型和解析模型为基础进行仿真实验。在进行仿真实验之前,一般需要先考虑系统所处的运行环境,根据运行环境与平台设计合理的实验内容。实验过程中,应尽量收集各种数据,以便于后续对模型进行优化以及及时发现存在的问题,并根据问题内容判断是否中止实验。

仿真实验的评估也是一个必不可少的步骤。对仿真实验进行评估能够为后续的模型优化与更新提供有效的信息,并协助仿真决策,提高仿真实验的运行效率等。

2)系统仿真的作用

(1)优化系统设计。在复杂系统建立以前,通过改变仿真模型结构和调整参数来优化系统设计。通常,复杂系统的建立不是一蹴而就的,因此需要逐步进行迭代优化。而对于实验成本较高或难以重复进行实验的系统,仿真实验能够提供很好的协助。例如航空航天系统,难以进行多次重复实验,而利用仿真实验能够帮助研究人员快速确认系统的漏洞并加以修复。

(2)评价系统性能。在进行不可修复实验时,如在汽车碰撞实验中,实验对象的损坏可能是无法复原的,采用计算机仿真实验可以对车辆性能指标进行反复测试,评价系统的性能表现。另外,在交通安全与事故仿真实验中,可以再现事故现场。

(3)节省经费。仿真实验对实验对象要求较低,所花费的成本远比实物实验低。而且对于实验数据获取较难的问题,仿真实验可以在计算机上快速得到实验结果,大幅提高实验效率。

(4)避免实验的危险性。某些实验危险性大,进行实地实验困难且很危险。如新型武器研制实验,进行实物实验危险性较大,而在计算机上进行仿真实验能够避免这种危险。

(5)提高预测精度(非交通参数预测)。仿真可以预测系统的性能,也可以预测外部作用对系统的影响。仿真实验可以在一定程度上帮助研究者考虑其忽略的影响因素,确认不同因素对系统的影响效果,进而根据实验结果调整参数,使其贴合实际情况,提高预测精度。

(6)帮助训练系统操作人员。可利用仿真器对操作人员进行操作训练,如飞行驾驶训练、汽车驾驶训练等。实地飞行驾驶训练或汽车驾驶训练可能造成不必要的人员或财产损失,而在计算机上进行仿真实验能够避免这类损失,保证操作人员熟悉系统操作,协助其更快适应实地工作环境与工作内容。

(7)为管理决策和技术决策提供依据。系统仿真可以深化人们对系统内在规律和外部联系及相互作用的了解,以采取相应的控制和决策,使系统处于科学化的管控之下,并为管理决策和技术决策提供相关的依据,提高决策制定和执行的效率。

系统仿真的实质主要体现在以下几个方面:仿真可以比较真实地描述系统的运行、演变及其发展过程;系统仿真的实质还体现在系统仿真的求解思路,对系统问题求数值解的计算技术上,尤其当系统无法通过建立数学模型求解时,能有效进行处理;除此之外,系统仿真与现实系统还存在一定的差异,差别在于系统仿真实验是通过模拟现实系统的映像来建立模型以及建立相应的接近现实的模拟环境。

2. 交通系统的主要研究方法

交通系统是一个由人、车、路、环境组成的复杂系统。在对这样一个复杂的系统进行研究时,不同的研究方法会因为不同的使用条件以及侧重点不同导致不同的分析结论。研究交通系统问题主要有以下三种方法。

(1)经验实测法:该法基本的数据来自观测现场,可信度高,不需要假设条件,但对个别因素的影响情况很难确定,且受环境等外界条件和因素的影响和干扰较大,某些特定条件下的数据难以获取,如灾害数据。

(2)理论分析法:该法对个别因素的影响可以用明确的数量关系来表示,但通常需要采取一些基本假设,这些假设受研究者的理论水平限制,可能不正确,且或多或少地与实际情况存在某些偏差。

(3)计算机仿真方法:该法使用的模型是理论推演、抽象出来的,能够利用现场实测的基本数据生成实验者所需的交通仿真数据。

3. 交通系统仿真的目的与意义

交通系统仿真是利用计算机对交通系统的结构、功能、行为以及交通系统参与者——人的思维过程和行为特征进行较为真实的模仿,采用计算机数字和图像模型来再现复杂道路交通现象,揭示交通流状态变量随时间与空间变化的分布规律及其与交通管控变量间的关系,已成为交通参数分析、道路组织优化、交通管控优化的有力工具,并广泛应用于道路交通系统(道路系统、交通流系统及交通管理系统)研究、设计、评价和训练等各个方面。简言之,交通系统仿真就是在计算机上进行交通实验的技术,推断系统现在或者未来的状态。

与传统的交通分析技术相比,交通仿真技术具有以下优点:

(1)模型机制的灵活性。数学解析方法重结果、轻过程,仿真模型是对系统运行全过程的描述,可以做到模型机制与实际系统运行机制吻合,保证仿真实验数据和结果与现实情况高度重合,确保了研究内容的准确性与适用性。

(2)模型描述的准确性和灵活性。以单个车辆、车道、信号灯为建模单元,能灵活、准确地反映各种道路和交通条件的影响,是对实际行为的直接描述。通过对模型参数的调整以及模型结构的优化,分别对现实中不同的情况进行分析,根据不同的参数组合来进行仿真实验,提高了仿真模型的适用性。

(3)交通分析的开放性。模型的运算结果可以方便地与用户交互,可以进行动画演示,直观性强。方便不同目标人群进行相关操作。

(4)强大的路网动态交通状态描述功能。仿真能够体现交通流的随机因素,并按设想要求实现交通状况重现。

(5)交通系统仿真更加直观化、过程化,能够为非专业人士所接受。

交通仿真技术也有以下不足:

(1)通常情况下,仿真实验得到的结果并不是最优结果,需要研究人员对其进行参数的调整,并需要专业人员评价仿真技术与模型的优劣。

(2)仿真模型不能自己产生决策和方案。仿真实验只能够向交通研究人员提供一定的现实情况以及不同影响因素下的某种状态,而不能直接向其提供一个决策,帮助道路交通网络等实现优化布局等。

(3)在仿真过程中,需要不断使用随机抽样等操作。而随机抽样等容易造成"失真"现象,对现实情况的描述可能存在偏差。

二、交通系统仿真的分类

1. 宏观仿真

宏观仿真的重点在于交通特性的宏观表现,其理论基础是宏观交通流模型,通过描述车队或车流的宏观运动规律来反映交通流特性上的变化。宏观模型对交通系统的要素、实体、行为及其相互作用的细节描述非常粗糙,例如通过流密度等关系来描述交通流的一些集聚性的宏观模型,对车道变换之类的细节行为可能根本不予以描述。

宏观模型的重要参数是车辆平均速度、密度和流量,而对于交通流细节参数考虑则较少,例如单个车辆的速度、单个车辆的加速度,甚至车道上的车辆分布、速度、车辆之间的车头间距等。由于考虑问题范围较为宽泛,忽略了次要问题,宏观交通仿真模型对计算机资源要求较低,它的仿真速度很快。

基于宏观交通仿真模型的特性,该类模型主要应用于交通基础设施的新建与扩建以及宏观交通管理,能够为管理者与研究人员提供想法与思路,在路网规划等工作为交通管理者提供实验机会,提高工作效率。根据目前计算机硬件的发展水平,可以在大规模的路网范围内进行交通宏观仿真。目前宏观交通仿真模型发展较为完善,该领域代表仿真软件有 TransCAD(图 4-1)、CUBE、EMME、VISUM 等。

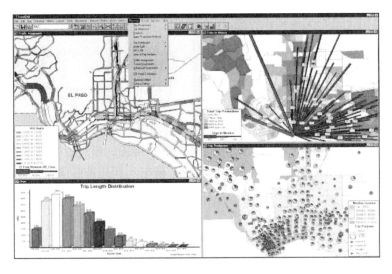

图 4-1 宏观交通仿真软件 TransCAD 界面示意

2. 中观仿真

相对于宏观模型来说,中观模型对交通系统要素、实体运动和相互作用的细节描述程度要高得多。例如,中观模型对交通流的描述往往以若干辆车构成的队列为单元,能够描述队列在路段和节点的流入和流出行为,就每辆车而言,车道变换被描述成建立在相关车道的实体基础上的瞬时决策事件,而非细致的车辆间相互作用。其常用软件包括 TransModeller、TranSims、INTEGRATION(图 4-2)等。

图 4-2　中观交通仿真软件 INTERGRATION 界面示意

3. 微观仿真

微观交通仿真既需要考虑道路环境上的细节化设计,包括车道划分、渠化设计、交叉口车道设计等,还包括信号交叉口配时设计等路网环境的精确表达,还需要考虑每一个主体(机动车、非机动车、行人等,后续重点以车辆为主进行介绍)的准确体现。每个车辆在道路或者交叉口上的行为在微观仿真中是各不相同的,因此微观交通仿真模型是以单个车辆为对象,通过一些相对简单但真实的仿真模型来模拟车辆在不同道路和交通条件下的路网上运行,并尽量以动态图像的形式显示出来。

微观模型的重要参数是每辆车的当前速度和位置。微观仿真模型基本上由两大部分组成:一部分是路网几何形状的精确描述,包括信号灯、检测器、可变信号标志等交通设施;另一部分是每辆车动态交通行为的精确模拟,这种模拟要考虑驾驶员行为,并要根据车型加以区分。微观交通仿真模型能够描述交通网络中单个车辆运行状态,描述不同车型构成、不同驾驶员驾驶特性等交通运行影响因素;能够分别对单个车辆进行延误、停车次数、尾气排放、燃油消耗等指标进行评价;能够对特种车辆的运行进行单独控制。常用的微观交通仿真软件有 Paramics、TSIS、Trip、VISSIM(图 4-3)、Motion 等。

1) 微观仿真的功能

(1) 观察功能。微观仿真模型可根据实际情况中驾驶员的视觉范围观察周围的道路交通情况,这将影响驾驶员的驾驶行为选择,主要包括其他车辆的运行情况、道路几何情况、交通信号灯及交通标志等,以及不能为驾驶员视觉观察到的但可通过其他途径知晓的交通信息情况。

(2) 判断和分析功能。实际路网中的道路交通情况复杂多变,如何对所观察到的道路交通情况进行分析并做出判断,是交通仿真模型必须具备的核心功能。

(3) 行为功能。将判断和分析的结果付诸实施，通过这一功能来实现路网交通状态更新。

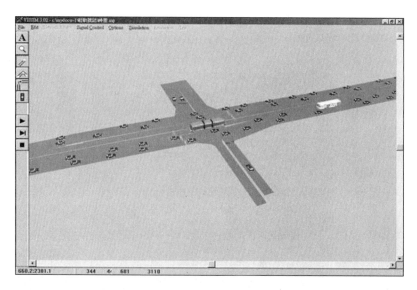

图 4-3　微观交通仿真软件 VISSIM 界面示意

2) 微观仿真的优点

(1) 便于模拟分析节点交通流运行情况，特别是各种拓宽和渠化设计方案。在宏观和中观仿真过程中，由于对微观车辆以及道路系统细节的忽略，往往不能够完全展示道路与车辆个体之间的差异。

(2) 对各种信号控制方案提供预先仿真评价工作平台。在微观仿真系统中，能够对交叉口的信号控制进行仿真，通过对比不同信号控制下的交通运行结果来反映不同信号控制参数配比的效果优劣，以此作为信号控制方案评估的依据。

(3) 易于模拟公交专用车道和公交车辆的运行，同时可设计公交线路、发车间距、公共汽车停靠站位置和公共汽车停站时间。在宏观与中观仿真过程中，难以还原公共交通车道与公交车辆的运行，而在微观仿真中，可以精细化道路上车辆种类的分布，完成公交相关内容的仿真工作。

(4) 具有与交通环境有关的可变仿真参数和功能。由于微观仿真模型可以对微观交通环境进行准确描述，因此，可以通过改变相关参数来控制不同交通环境影响下的交通运行，进而可以以此作为交通环境变化影响分析的依据。

(5) 可以作为交通管理系统和道路几何设计方案的评价分析依据。通过微观仿真模型得到的道路交通运行数据，结合相关参数的设置与不同参数的影响结果可以为交通管理提供相关的帮助。

(6) 可以分析道路交通安全性和进行交通工程理论研究。微观交通仿真对道路交通安全的管理与分析提供一定的辅助作用，可以获取不同交通条件下的交通运行风险较高地点并加以解决，来提高交通系统的安全性。

(7) 可以对城市交通污染状况进行评价。利用微观交通仿真对道路细节的准确反映，可通过相关模型来反映交通系统运行下的污染状况。

3）微观仿真的不足

（1）非机动交通流仿真的研究有待进一步发展。目前大多数微观交通仿真模型对机动车以及道路系统的仿真较为完善，但对于非机动车和行人的仿真仍存在不足。

（2）系统开发功能强大，对专业能力要求高。由于微观系统仿真的模型一般较为复杂，加之系统开发功能一般较为强大，所以通常需要具有较高软件编程能力的交通系统相关专业人员进行开发与维护。

三、交通系统仿真的发展

1. 交通系统仿真技术发展历史

目前，国外在交通仿真研究方面已经进行了有效的、比较成熟的工作，并开发了众多的交通仿真软件，其中一些软件已经实现了产品化和商业化。从20世纪60年代交通仿真开始出现以来，其发展过程可分为三个阶段。

发展阶段：20世纪60年代初至80年代初。这一时期的交通仿真系统主要以优化城市道路的信号设计为目的，因而宏观交通仿真模型被广泛使用，但模型的灵活性和描述能力均较为有限，加上当时计算机性能较低，所以仿真结果的表达也就不够理想。

该阶段最具代表性的成果有：英国道路与交通研究所（TRRL）于1967年开发的道路交通流仿真软件TRANSYT；Gerlough在1963年建立的用于道路网络信号配置的TRANS模型；美国联邦公路局（FHWA）于1956—1966年研制的SIGOP仿真系统；德国Wideman道路交通流的计算机仿真；美国研制的信号交叉口仿真软件NETSIM、SIGSIM等。

成熟阶段：20世纪80年代至90年代。受民航客机驾驶员、军用飞机飞行员模拟技术的影响，道路交通仿真技术也快速发展，并出现了专门化公司，如美国的GSE公司、E&S公司、ABB公司等。

在成熟阶段，交通系统仿真获得了很大的进步，仿真突破了宏观与微观的界限，出现了混合模型，如DYNEMO模型；紧接着，仿真软件开始向大型化发展，如TransCAD、Paramics；新的计算机技术应用于交通仿真，人机交互更加友好，如1994年推出的VISSIM 2.2版本。与此同时，仿真软件的研究重点从软件开发转向了软件升级，旨在提供更多、更好的交通仿真功能与更准确的模型设计等。

高级阶段：20世纪90年代至今，仿真系统日益复杂，仿真规模越来越大。20世纪90年代，以美国为代表的发达国家在分布式交互仿真、并行式交互仿真等技术上取得了较快的发展。

这一阶段智能交通系统（ITS）迅猛发展，对交通出行、交通流运行产生了很大影响，开始出现以ITS应用为背景的软件开发与升级工作；出行者行为仿真、动态交通分配技术、网络状态估计与预测技术是研究的重点和难点；复杂建模理论与方法、仿真优化、可视化多媒体仿真技术、虚拟仿真技术成为交通仿真领域研究的热点。

2. 国外交通系统仿真发展现状

国外交通仿真软件发展较早，同时恰逢计算机发展热潮，计算机软件应用也获得了迅猛的发展。国外研究人员开发了宏观、中观、微观各种交通仿真软件，对道路交通运行情况进行实验，并解决了诸多实际问题。国外交通仿真软件发展现状具体见表4-1。

国外交通仿真发展现状　　　　　　　　　　　　　　　　　表 4-1

应用领域	定量化评价和分析 ITS 系统的效益，尤其是 ATMS/AITS 系统中各种方案的效益评价
典型交通仿真软件及模型	美国：CORSIM、MITSIMU、PHAROS、SHIVA、TRANSIMS、THOREAU、INTEGRATION、DYNASMART、MITSIM、VATSIM、KRONOS、MITSIM、DYNAMIT、AVENUE； 英国：EACULA、PADSIM、PARAMICS、SIGSIM； 德国：VISSIM、UTOBAHN、MICROSIM、PLANSIM-T、SIMNET、ARTIST； 法国：EMIS、SIMDAC、SITRA-B+、ANATOLL； 西班牙：GETRAM/AIMSUN2； 瑞典：MIMIC； 芬兰：HUTSIM； 荷兰：FLEXYT Ⅱ； 日本：ELROSE、MICTSRAN、NETSTREAM、STREAM
描述的交通现象和对象	车队排队及溢出、车辆交织、交通事故、公交运行、行人冲突、停泊车辆、天气状况、寻找停车场、自行车/摩托车交通特性等
描述的交通控制和管理方式	固定信号控制、自适应控制、匝道会人控制、静态路径引导、动态路径诱导、事故处理、公交车优先控制、可变标志控制、收费口、自动道路系统、无人驾驶车辆、停车场诱导等
评价指标	运行效益指标：行驶速度、行驶时间、拥挤程度、行程时间变化性、公交运行正常率等； 安全性指标：车头时距、超车、车辆冲突次数、车辆与行人冲突等； 环境指标：尾气排放量、路旁污染程度、噪声水平、空气质量等； 舒适性指标：乘坐舒适性等； 技术性指标：油耗等
软件的输入输出界面	大部分软件采用文本输入格式来描述诸如节点、路段、交通信号、路径、车辆到达率等，但也有少数几个软件提供了路网拓扑结构和几何数据的图形输入界面；大部分软件具有动画演示输出功能，但也有少数模型只提供数据库格式的输出形式
硬件条件	大部分软件可在 PC 机或 UNIX 系统上运行，个别在 VAX 和 RE6000 机以及 SUN 机上运行
路网大小	路网大小从 50 个节点、1000 辆车到 200 个节点、上万辆车，有的甚至可处理 3000 个节点、100 万辆车，但采用的是并行处理机制
运行速度	取决于路网大小和计算机性能。一般来说，仿真软件的运行速度为实际时间的 1~5 倍，更快一些可达到 15~20 倍，但也有慢于实际时间的
基本的仿真技术	几乎所有的仿真软件均采用面向对象的编程技术，绝大部分采用了时间扫描的描述方式，且多为微观仿真

3. 国内交通系统仿真发展现状

上海交通大学隽志才教授(曾就职于吉林大学)开发了分布式并行微观仿真系统 TPSS；同济大学李克平教授参与开发了 VISSIM 微观仿真系统；东南大学王炜教授团队开发了"交运之星"TranStar；北京工业大学开发了能够仿真行人、自行车的交通流系统 Trafficss；北京九州联宇信息技术有限公司是 Q Paramics 中国代理商；霹图卫软件科技(上海)有限公司是 VISSIM 中国代理商。

应用方面，以 VISSIM、TransCAD、CUBE 居多。

4. 交通系统仿真发展趋势

(1)应用规模和范围扩大。道路交通仿真研究对象从局部或一种设施发展为综合多种设施的网络系统。

(2)新的仿真方法涌现。用户图形界面和综合利用 GIS 和 CAD 系统,可视化仿真、多媒体仿真、虚拟现实仿真及网络系统采用并行计算机系统等均对计算机仿真产生了深远的影响。

(3)计算能力增强。从单独的交叉口和路段转向城市局部路网,甚至城市整体路网,从粗略转向微观、细部。

(4)编程方法改进。面向对象的编程方法更适用于描述车辆并行的相互作用,使其能够非常接近实际情况,开发模拟交通流行为的精确模型。计算机仿真朝着面向对象的程序设计发展使得设计、维护和更新更加容易,用户使用、操作更加方便、快捷。

(5)表现手法丰富。仿真系统正朝着三维、动画、多媒体方面转变。

(6)模糊理论应用。目前,仿真模型多是基于交通流理论的原则和方法建立的,如 HUTSIM 和 TRANSIMS 模型,在这种框架下很容易运用模糊逻辑来描述人的感觉,已有研究者应用模糊理论建立了几种跟驰模型。

(7)控制系统仿真的需要。新的控制系统与交通流相互作用,需要对控制系统和驾驶员的反应重新进行描述。

(8)虚拟现实(Virtual Reality,VR)技术的应用。虚拟现实是一种由计算机全部或部分生成的多维感觉环境,给参与者产生各种感光信号,如视觉、听觉、触觉等,使参与者有身临其境的感觉,有助于参与者体验、接受和认识客观世界中的客观事物。其在交通安全方面具有广阔的应用空间。

四、交通系统仿真的应用

1. 交通工程理论研究

集中在交通流理论研究方面,通过可重复性、可延续性模拟交通运行状况,进行交通流特性和通行能力研究。

代表性成果:美国交通运输研究委员会(TRB)研制开发的 HCS(Highway Capacity Software)软件与美国《道路通行能力手册》配套使用,该软件由交叉口、干道、公路网等模块组成。数据输入包括交通设施几何参数(车道数和车道宽度等)、交通和道路条件(交通流量、自由流速度、地形条件、道路等级、横向干扰、重车混入率等);输出结果为各种交通设施通行能力及其相应服务水平和相关图表。HCS 软件为美国道路运输与交通工程设计、规划与控制提供了良好的服务,发挥了巨大的效用。

2. 道路设计方案评价分析

仿真软件提供了一个可视化平台,可以供设计者在计算机中观看、检查所设计道路的实际效果,能够协助交通研究人员分析与发现系统运行时的特征,及时发现设计方案的缺陷和局限性,并进行修改或调整。利用仿真软件与平台帮助交通管理者进行系统实际运行状态的评估与分析,保证了交通系统以最佳状态投入运行。

3. 交通管理方案评价分析

最新的交通仿真软件提供了一个将道路和交通设计有机结合在一起的灵活的实验平台,可以直观地呈现各种交通设计的实施效果,并可以计算方案中的各种交通流参数。如德国的 VISSIM 仿真软件,可提供延误、行程车速、地点车速、流量、密度等一系列可用于定量评价交通设计效果的指标。交通仿真软件中的这些功能,为交通研究者提供了更多的交通管理系统设计考虑的因素,协助其对这些因素进行测试并寻找最优结果,同时允许其对设计方案进行评价与分析,通过仿真实验结果来分析最佳的参数分配,以保证系统最优化。

4. 道路交通安全分析

随着汽车保有量的急剧增加,交通事故数与事故率每年也在快速增长,因此发现道路交通安全隐患与道路交通安全分析越来越需要得到重视。交通系统仿真帮助交通工作者进行道路交通安全分析,通过运行仿真软件能够检查道路各部分存在的交通安全隐患,避免道路系统运行过程中发生现实交通事故之后再分析其原因。

另外,利用仿真软件可以再现交通事故发生的全过程,帮助交通研究者快速分析与发现交通事故的成因。一方面可以为交通事故的定责等工作提供保障,提出令人信服的证据,确保法律的公平公正;另一方面可以帮助交通研究人员对道路运行情况进行分析,找到事故的成因与道路交通系统的潜在隐患,避免事故再次发生。

交通系统仿真实验对于检测交叉口交通冲突也具有相当的能力。仿真实验能够帮助交通研究人员与管理者分析交叉口内的潜在冲突点,制定合理的信号交叉口配时方案与交通安全保障措施,从而提高交叉口运行安全。

5. 交通新技术和新设想测试

交通仿真软件提供了有效、直观的仿真平台,能够克服费用高昂、实地观测和采集数据困难、不能全面考察和评价等问题,帮助交通相关研究人员进行有关交通新技术与新设想的测试验证,加快新技术在交通领域的投入使用,推动交通行业的快速发展。

第二节 交通系统仿真建模原理

一、仿真建模基本原理

仿真是一种用数值方法求解动态系统模型的过程,是面向具体问题而不是面向整个实际系统的。运用仿真技术分析系统问题,首先要明确解决的问题和实现的目标,然后通过建立仿真模型、收集建模数据信息、完成模型确认、编程实验和验证,在仿真实验设计的基础上,重复运行仿真模型,并对仿真结果进行统计分析和推断,直到为决策者提供满意的方案,是一个辩证与反复迭代的过程(图4-4)。

仿真是运用系统模型描述系统从初始时间状态开始在整个时间过程中的动态变化过程,从而确定系统模型的动态性能。仿真模型是研究复杂大系统行为的重要工具,当仿真模型能够有效表达系统时,研究人员就可以推断出系统的动态性能。

仿真研究的问题或项目,如交通系统项目,一般是十分复杂的,对这类复杂大系统建模极为困难。这是因为几乎基本没有定律是可用的;系统包括许多难以描述和表达的要素;需要难以量化的政策输入;一些重要因素具有随机成分;参与者的决策是系统的一部分等。因此,这样的复杂系统难以建立形式化的模型。

模型是系统的描述,也是系统的抽象。为了对系统进行抽象,建模者必须确定模型中包括哪些要素。进行这样的决策必须明确建模的目的,依据目的来确定系统的边界和建模细节。特别地,在对模型进行有效性评价过程中,可能需要对问题重新定义和对模型重新设计,又要重复整体建模过程。

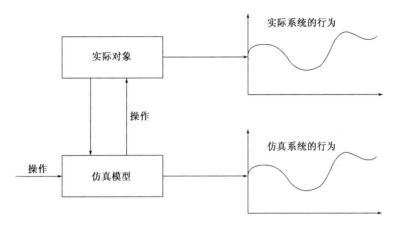

图 4-4　建模与仿真的概念图示

仿真模型是适合复杂问题求解的理想方法。与其他解决系统问题的方法相比,仿真方法为建立整体化和详细的模型提供了灵活性,它支持通过简单和条件判断的迭代过程来实现模型的构建。

1. 实际对象

实际仿真对象往往具有一定的复杂性。通常来讲,一个系统的运行会受到各方面因素的影响,其中一些可以通过模型来表示,而很大部分可能难以甚至无法用模型进行描述。在精密系统中,例如在精密电子仪器或者武器的研究过程中,任何微小的扰动均有可能干扰系统的正常运行;在大型系统中,系统在运行过程中又会受到各种预期之外的因素影响,例如一个生态系统中各种生物之间的关系错综复杂,很难以简单的模型准确描述。

交通系统仿真同样面临着这样的问题。例如,对一个城市路网交通流进行仿真模型的设计与实验,需要考虑到其运行会受到以下几个方面因素的影响。

(1)人的因素。作为交通系统的四要素之一,人的活动是道路系统运行时必不可少的一个参与项,同时也是最难以模拟的一项。人的行为具有十分强烈的主观性,无法通过简单的模型进行准确描述,而参与交通行为的人又分为不同的类别,如老人、儿童,男性、女性等。不同类别的人的行为特征也具有较大差异,例如老人的行为效率可能相对较低,且其决策通常较为保守,而儿童的行为随机性较大,可能做出很多无法预测甚至违反常理的行为。同样,男性和女性交通参与者在瞬时生理反应或进行交通决策等时也具有一定不同。因此,在进行交通系统仿真时,需要充分考虑人在交通系统中起到的作用。

(2)车的因素。车辆作为道路交通系统运行中的直接参与者,一般是研究者最常考虑也是最应该考虑的因素之一。而与人的因素一样,道路交通系统中运行的车也分为不同的类别,如机动车、非机动车,大型车、中型车、小型车等。不同类别的机动车在道路系统中的运行行为特征以及其自身的功能特性等均具有一定特点,如小型客车的制动加速度一般较大,能够快速加减速,具有行驶平均速度高、车道占用较小的特点;而大型客车则基本相反,由于质量较大,故惯性较大,加减速缓慢,行驶平均速度不高,且车道占有率较大。而非机动车由于其灵活性则需要考虑更多方面。因此,在进行道路交通系统仿真时,车的因素是需要着重研究的方面。

(3)路的因素。道路交通系统仿真中,道路是最基本的元素,同时也是人和车在道路交通系统中的载体。在仿真过程中,需要对路进行一定的考虑,否则会丢失很多必要信息,例如不同的车道设置对车辆的运行具有较大的影响;机动车道与非机动车道之间的布设关系可以影响不同机动车与非机动车参与比例情况下道路的运行效率,充分考虑车道类型的因素可以较好模拟该种情况;另外,平面道路与高架道路在运行的过程中也会产生不同的效果,因为高架道路一般冲突点较少或者没有冲突点,可以较大程度避免交通事故的发生,且运行效率一般较高。因此,路的因素也应该被考虑在道路系统仿真之中。

(4)环境因素。相比于前三种交通的直接参与者,环境因素总是在侧面影响着整个交通系统的运行。例如在不同的天气因素下,道路上的运行情况会出现明显的差异。雨天情况下,由于道路路面摩擦系数降低,导致车辆控制性能出现下滑,会一定程度提升交通事故的可能性,但这种情况下驾驶员的驾驶行为趋于更加保守,驾驶速度降低,注意力更加集中,显然其对道路交通系统的运行影响较为复杂。另外,相关的交通管理措施、道路周边设施等因素对道路交通系统的运行也会产生一定影响。例如某个交叉口对"车让人"行为的把控力度较大,驾驶员在经过时会更加集中精神,放缓车速;或某个路段绿化设施较多,对视距造成一定干扰,均会对驾驶员的驾驶行为产生影响。因此,环境因素对道路交通系统仿真的影响不应当被忽略。

2. 系统建模的推理方法

系统建模常用的推理方法有归纳推理和演绎推理两种。

归纳推理是一种由个别到一般的推理,由一定程度的关于个别事物的观点过渡到范围较大的观点,由特殊具体的事例推导出一般原理、原则的解释方法。自然界和社会中的一般,均存在于个别、特殊之中,并通过个别而存在。一般均存在于具体的对象和现象之中,因此,只有通过认识个别,才能认识一般。人们在解释一个较大的事物时,从个别、特殊的事物总结、概括出各种各样的带有一般性的原理或原则,然后才可能从这些原理、原则出发,再得出关于个别事物的结论。这种认识秩序贯串于人们的解释活动中,不断从个别上升到一般,即从对个别事物的认识上升到对事物的一般规律性的认识。例如,根据各个地区、各个历史时期生产力不发展所导致的社会生活面貌落后,可以得出结论,即生产力发展是社会进步的动力,这正是从对于个别事物的研究得出一般性结论的推理过程,即归纳推理。

显然,归纳推理是从认识研究个别事物到总结、概括一般性规律的推断过程。在进行归纳和概括的时候,解释者不单纯运用归纳推理,同时也运用演绎法。在人们的解释思维中,归纳和演绎是互相联系、互相补充、不可分割的。

演绎推理是由一般到特殊的推理方法,与归纳推理相对。推论前提与结论之间的联系是必然的,是一种确实性推理。运用此法研究问题,首先要正确掌握作为指导思想或依据的一般原理、原则;其次要全面了解所要研究的课题、问题的实际情况和特殊性;然后才能推导出一般原理用于特定事物的结论。所谓演绎推理,就是从一般性的前提出发,通过推导,即"演绎",得出具体陈述或个别结论的过程。关于演绎推理,还存在以下几种定义:演绎推理是从一般到特殊的推理;它是前提蕴涵结论的推理;它是前提和结论之间具有必然联系的推理。演绎推理就是前提与结论之间具有充分条件或充分必要条件联系的必然性推理。演绎推理的逻辑形式对于理性的重要意义在于,它对人的思维保持严密性、一贯性有着不可替代的校正作用。这是因为演绎推理保证推理有效的根据并不在于它的内容,而在于它的形式。演绎推理的最典型、最重要的应用,通常存在于逻辑和数学证明中。

归纳推理和演绎推理既有区别,又有联系。区别在于以下几个方面:

(1)思维进程不同。归纳推理的思维进程是从个别到一般,而演绎推理的思维进程是一个必然地得出的思维进程。演绎推理不是从个别到一般的推理,但也不仅仅是从一般到个别的推理:演绎推理可以从一般到一般,比如从"一切非正义战争均是不得人心的"推出"一切非正义战争均不是得人心的";可以从个别到个别,比如从"罗吉尔·培根不是那个建立新的归纳逻辑学说的培根"推出"那个建立新的归纳逻辑学说的培根不是罗吉尔·培根";可以从个别和一般到个别,比如从"这个物体不导电"和"所有的金属均导电"推出"这个物体不是金属";还可以从个别和一般到一般,比如从"你能够胜任这项工作"推出"有志者事竟成"。在这里,应当特别注意的是,归纳推理中的完全归纳推理其思维进程既是从个别到一般,又是必然地得出。

(2)对前提真实性的要求不同。归纳推理要求前提必须为真,演绎推理则没有这个要求。

(3)结论所断定的知识范围不同。演绎推理的结论没有超出前提所断定的知识范围。归纳推理除了完全归纳推理,结论均超出了前提所断定的知识范围。

(4)前提与结论间的联系程度不同。演绎推理的前提与结论间的联系是必然的,也就是说,前提真实,推理形式正确,结论就必然是真的。归纳推理除了完全归纳推理,前提和结论间的联系均是或然的,也就是说,前提真实,推理形式也正确,但不能必然推出真实的结论。

归纳推理与演绎推理又有着不可分割的联系:

(1)演绎推理如果要以一般性知识为前提(演绎推理未必均要以一般性知识为前提),则通常要依赖归纳推理来提供一般性知识。

(2)归纳推理离不开演绎推理。其一,为了提高归纳推理的可靠程度,需要运用已有的理论知识,对归纳推理的个别性前提进行分析,把握其中的因果性、必然性,这就要用到演绎推理。其二,归纳推理依靠演绎推理来验证自己的结论。例如,俄国化学家门捷列夫通过归纳发现元素周期律,指出元素的性质随元素原子量的增加而呈周期性变化;后用演绎推理发现,原来测量的一些元素的原子量是错的。于是,他重新安排了它们在周期表中的位置,并预言了一些尚未发现的元素,指出周期表中应留出空白位置给未发现的新元素。

逻辑史上曾出现两个相互对立的派别——全归纳派和全演绎派。全归纳派把归纳说成唯一科学的思维方法,否认演绎在认识中的作用;全演绎派把演绎说成是唯一科学的思维方法,否认归纳的意义。这两种观点均是片面的。正如恩格斯所说:"归纳和演绎,正如分析和综合一样,是必然相互联系着的。不应当牺牲一个而把另一个捧到天上去,应当把每一个均用到该用的地方,而要做到这一点,就只有注意它们的相互联系,它们的相互补充。"

3. 系统及系统模型的分类

根据输入与输出关系不同,可以将系统分为确定性系统、随机系统、连续系统和离散系统,它们对应不同的系统模型。

(1)确定性系统。系统的输入、输出以及输入与输出的转换关系是确定的,系统的诸因素中不含有不能用确定的量进行描述,且所呈现的信息均为确定性信息的系统称为确定性系统。比如非饱和信号交叉口,进口车道到达流量与驶离流量的关系是确定的。

(2)随机系统。在既定的系统输入情况下,系统的输出是非确定的,带有随机的性质,系统的诸因素中含有不能用确定的量进行描述,或呈现有不确定性信息的系统称为随机系统。

比如道路断面的流量、路网中的行程时间是非确定的。

(3)连续系统。系统的状态变量随时间变化而发生连续变化,系统状态随时间作平滑连续变化的动态系统称为连续系统。包括由于数据采集是在离散时间点上进行而导致的非连续变化。连续系统可用一组微分方程来描述,当微分方程的系数为常数时称为定常系统,当系数随时间而变化时则称为时变系统。这类系统的数学模型包括连续模型(微分方程等)、离散时间模型(差分方程等)及连续-离散混合模型。比如高速道路上的交通流,以车辆位移作为状态变量,该系统为连续系统。

(4)离散系统。系统的全部或关键组成部分的变量具有离散信号形式,系统的状态在离散点作突变的系统称为离散系统。在离散时刻上取值的变量称为离散信号,通常是时间间隔相等的数字序列,例如按一定的采样时刻进行的数据收集。离散系统需用差分方程描述。离散系统理论广泛应用于社会、经济及工程系统领域,如自动机、脉冲控制、采样调节、数字控制等。离散事件动态系统是由触发事件驱动状态演化的动态系统。这种系统的状态通常只取有限个离散值,对应于系统部件的好坏、忙闲等可能状况。系统的行为可用它产生的状态或事件序列来描述。系统状态的改变是由某些环境条件的出现或消失、某些运算、操作的启动或结束等随机事件驱动而引起的。由于其状态空间缺乏可运算的结构,难以用传统的基于微分或差分方程的方法来研究,利用计算机仿真进行实验研究常常是主要的方法。比如收费站,以等待缴费的车辆数作为状态变量,该系统为离散系统。

4. 仿真模型

系统在已知初始时刻 t_0、初始输入 $U(t)$ 的条件下,为了确定 $t \geq t_0$ 时的所有行为所需的足够变量 $x_1(t_0), x_2(t_0), x_3(t_0), \cdots, x_n(t_0)$ 的最小集合称为系统的状态。对于任意确定性系统,在不同时刻的状态值之间,可以找出函数关系:

$$X(t) = \delta(X(t_0), U(t)) \tag{4-1}$$

这样根据 $U(t)$ 及 t_0 时刻的状态 $X(t_0)$ 计算出时刻 t 的状态 $X(t)$,进而可得到系统输出 $Y(t)$:

$$Y(t) = \lambda(X(t), U(t)) \tag{4-2}$$

式中:$\delta(*)$——状态转移函数;
$\lambda(*)$——输出函数。

5. 系统仿真建模的要素及活动

系统仿真建模的三个基本要素分别是系统、模型、计算机。联系这三个要素的三项基本活动分别是模型建立、仿真模型建立(又称二次建模)、仿真实验(图4-5)。

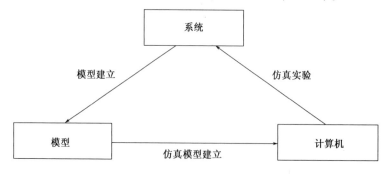

图 4-5 系统仿真建模要素间关系

系统仿真建模主要包括三个步骤：第一次抽象、第一次建模、第二次建模。建模过程（图4-6）中需要注意切题性、清晰性、精确性、集合性。

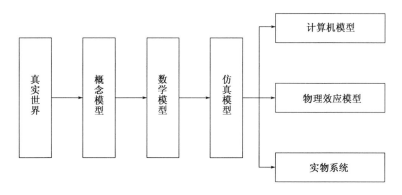

图4-6　建模过程图示

系统仿真建模的第一步是对真实事件进行抽象，将系统的实际运行规律与情况以及其影响因素抽象到概念模型中。概念模型是一种或多或少的形式化描述，描述的内容包括建立软件组件时所用到的算法、架构、假设与底层约束。这通常是对实际的简化描述，包括一定程度的抽象，显式或隐式地按照头脑中的确切使用方式进行构建。对概念模型的验证包括确保所用的理论和假设是正确的；当考虑模型的特征时，确保所规划的用途是合理的。为了把现实世界中的具体事物抽象、组织为某一数据库管理系统支持的数据模型，人们常常首先将现实世界抽象为信息世界，然后将信息世界转换为机器世界。也就是说，首先把现实世界中的客观对象抽象为某一种信息结构，这种信息结构并不依赖于具体的计算机系统。系统建模结构如图4-7所示。

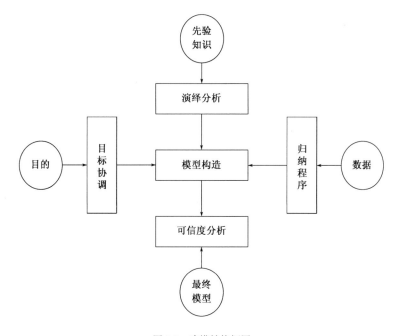

图4-7　建模结构框图

系统仿真建模的第二步是对概念模型进行建模,通过数学模型将概念模型展现出来。数学模型是针对参照某种事物系统的特征或数量依存关系,采用数学语言概括地或近似地表述出来的一种数学结构,这种数学结构是借助于数学符号刻画出来的某种系统的纯关系结构。从广义上理解,数学模型包括数学中的各种概念、各种公式和各种理论,因为它们均是由现实世界的原型抽象出来的。从这个意义上讲,整个数学也可以说是一门关于数学模型的科学。从狭义上理解,数学模型只指那些反映了特定问题或特定的具体事物系统的数学关系结构。从这个意义上讲,也可理解为联系一个系统中各变量间内在关系的数学表达。数学模型所表达的内容可以是定量的,也可以是定性的,但必须以定量的方式体现出来。因此,数学模型法的操作方式偏向于定量形式。

系统仿真建模的第三步是将系统由数学模型转换到仿真模型,即第二次建模。仿真模型包括研究仿真对象而制成的各种模型,如被仿真对象的物理模型或适于计算处理的数学模型。物理模型用于物理仿真,数学模型用于数学仿真(计算机仿真),二者的结合用于半实物仿真。在数学仿真(计算机仿真)中,系统的数学模型必须改写成仿真模型后,才能编写相应的计算机程序上机运行。此外,并不是所有对象均能建立物理模型。例如,为了研究飞行器的动力学特性,在地面上只能用计算机来仿真。为此,首先要建立对象的数学模型,然后将它转换成适于计算机处理的形式,即仿真模型。具体地说,对于模拟计算机应将数学模型转换成模拟程序图,对于数字计算机应转换成源程序。

6. 系统仿真建模常用方法

(1)白盒系统:用已知的基本定律,经过分析和演绎推导出系统模型,此法称为演绎法。该系统多见于理论较为充分且严谨的自然科学或工程科学中,例如在电子电路或动力科学中,由于理论较为完备,系统内的运行状态几乎全部可以推断得出,因此可以用严谨的演绎推导得到准确的系统模型,进而进行仿真建模。

(2)黑盒系统:允许直接进行实验观测,则可假设模型,并通过实验或辨识的方法来建立模型;不允许直接实验测试,则采用数据收集和统计归纳方法。该类系统多见于社会、经济、人文等学科领域。这种系统没有准确的描述系统运行的理论公式,大多为通过历史数据或经验获得的经验公式,通过这些理论可以一定程度地对系统进行模拟或预测,但无法精确判断系统的运行情况。

(3)灰盒系统:系统的表现形式介于白盒系统与黑盒系统之间,因此可采用前面两种相结合的方法。

白盒系统倾向于先验信息,是从一般到特殊的过程。由于白盒系统的系统理论较为完备,因此通常可以通过一般化的理论对系统仿真行为进行推导,以获得特殊情况下系统运行状态;而黑盒系统倾向于观测数据,是从特殊到一般的过程。各领域各种系统模型的形式分布如图4-8所示。

二、离散系统仿真

离散系统的状态只在离散时间点上发生变化,而且这些离散时间点一般是随机的。离散系统仿真是指对那些系统状态只在某些时间点上由于某种随机事件的驱动而发生变化的系统建立数学模型,并将它放在计算机上进行实验。这类系统的状态在两个事件之间保持不变,其数学模型一般很难用数学方程来描述,通常是用流程图或网络图来描述。在这类系统的研究、规划、设计、开发和改造等工作中,人们经常需要了解哪些变量是系统可控因素以及它们对系统稳定性和发展进程等方面的影响。与连续系统不同,离散系统模型为直接用于仿真创造了条件,在进行离散系统仿真时,一般是先选择仿真算法,再用仿真算法来描述仿真模型,实现其仿真策略。

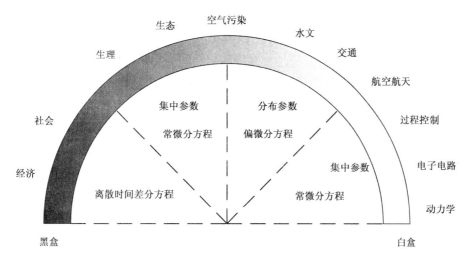

图 4-8 各领域各种系统模型形式分布

离散系统一般具有以下特点。

(1)优越性:数字校正的效果好于连续校正。
(2)灵活性:软件实现的控制规律更加灵活。
(3)抗干扰:使用采样信号或数字信号的形式,易于抑制噪声。
(4)精度高:可以采用高敏感度的控制元件提高控制精度。
(5)高效性:计算机可分时控制多个系统,效率更高。
(6)经济性:数字控制系统的复现性更好,收益更高,成本更低。
(7)抗延迟:对于高延迟系统,可通过采样减轻延迟的扰动。

1. 离散系统仿真中的一些基本概念

1)实体

一个系统内部的客观对象,包括临时实体和永久实体。临时实体又称主动实体、活动实体,是指先进入系统并经过相应的环节以后再离开系统,在系统中的数量经常变化的实体,如物流系统中的货物、道路系统中的车辆等。永久实体是指经常处于系统内,并保持数量稳定的实体。永久实体又称为资源,能够在同一时间为一个或多个系统提供服务。临时实体在永久实体的作用下在系统内部流动,最后离开系统。一个临时实体同时可以要求永久实体的一个或多个单元。实体在要求资源而被拒绝的情况下,可以进入队列等待或者进行其他活动。如果实体获得资源,实体通常会保持一段时间,然后释放资源。资源有许多可能的状态,至少是繁忙和空闲,或许也有可能是故障。道路交通系统既包括永久实体,如道路设施、交通管理设施等,也包括临时实体,如行人、非机动车、机动车等。

2)属性

属性是实体特征的描述,用来反映实体的某些性质。例如在收费站服务系统中,到达车辆是一个实体,车辆类型、到达时间和服务时间等是它的属性。属性一般是实体所拥有的全部特征的一个子集,用特征参数变量表示。特征参数的选用与建模目的有关,可以参照下列原则进行选取:

(1)便于实体的分类。如将道路交通系统车辆的类型(客车、货车、大车、小车等)作为属性考虑,可根据仿真建模需要将车辆分成若干类,每类具有不同的特性。

(2)便于实体行为的描述。如将道路系统中的车辆空间坐标、速度作为属性考虑,便于对车辆实体的行为(如起讫点间的出行时间)进行描述。

(3)便于排队规则的确定。如交叉口或收费站的排队规则。

3)系统状态

在某一确定时间点,系统状态是系统中所有实体的属性的集合。当一个系统所有实体处于状态协调并有定义状态的属性时,称系统处于特定状态。在收费站系统模型中(图 4-9),"车辆"有"等待服务"和"接受服务"等状态,"收费窗口"有"繁忙"和"空闲"等状态。

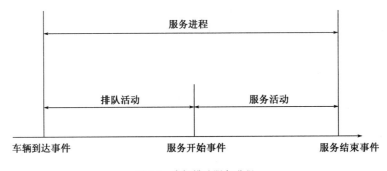

图 4-9 车辆排队服务进程

4)仿真时钟

离散时间仿真中所研究的系统是动态的。系统状态、活动的实体数和实体属性以及正在处理的活动等均是时间的函数,时间是自变量,称为时钟。时钟用于表示仿真时间的变化,是仿真模型运行时序的控制机构。仿真时钟推进的时间间隔称为仿真步长。仿真时钟是指所模拟的实际系统运行所需的时间,而不是指计算机执行仿真程序所需的时间。因为引起系统状态变化的事件具有随机性,仿真时钟的步长完全可以是随机的;而且相邻两个事件之间,系统状态不会发生任何改变,因此仿真时钟可以跨过这些时间。

5)事件

事件是引起系统状态发生变化的行为,它是在某一时间点上的瞬间行为。离散事件系统可以看作是由事件驱动的。在收费系统模型中,车辆的到达或离去、对车辆收费服务的开始或结束能引起系统状态的"繁忙"和"空闲"的变化,可定义为事件。

6)活动

活动是指实体在两个事件之间保持某一状态的持续过程。活动的开始与结束均是由事件引起的,活动的开始或结束的瞬间则是一个事件。在收费系统模型中,车辆的到达或离去的事件引起了收费站服务活动的开始或结束。

7）进程

进程由和某类实体相关的事件及若干活动组成。一个进程描述了它所包括的事件及活动间的相互逻辑关系和时序关系。在收费系统模型中，车辆到达、排队、服务员为其服务、服务完毕、车辆离开的过程，可称为一个进程。

8）统计计数器

统计计数器用于统计系统中相关变量的变化过程。仿真需要获取系统状态的变化过程，但瞬间的变量值具有不确定性，而统计值能够较好地表达系统特征。如在收费系统模型中，车辆到达收费站系统的时间间隔具有随机性，收费站为每个车辆服务的时间长度也是随机的，因而在某一时刻，车辆的排队长度和收费站的"空闲""繁忙"情况完全是不确定的。而仿真模拟的目的可能在于系统的平均队长、车辆的平均等待时间或收费站的平均利用率等，因此需要统计计数器协助仿真的进行。

2. 仿真时钟推进机制

对任何动态系统进行仿真时，均需要知道仿真时间的当前值。因此，必须要有一种随着仿真的进程将仿真从一个时刻推进到另一个时刻的机制，即时钟推进机制。离散事件仿真有两种基本的时钟推进机制：事件驱动法（图4-10）和时间驱动法（图4-11）。

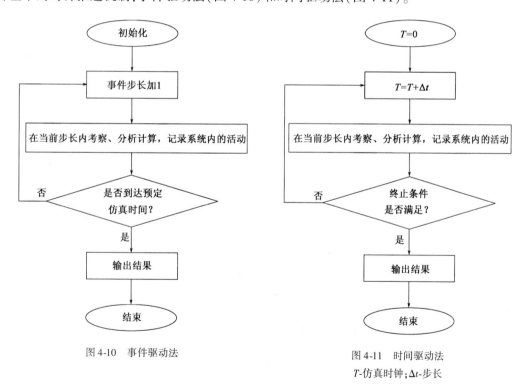

图4-10　事件驱动法

图4-11　时间驱动法

T-仿真时钟；Δt-步长

事件驱动法是以事件发生的时间为增量，按照事件的进展进行仿真。其主要思路是将系统仿真过程看成一个事件点序列，根据事件出现的时序，用事件表的表格来调度事件执行的顺序。仿真时钟不断地从一个发生事件推进到下一最早发生的事件，直到终止仿真的条件或程序事件发生时停止仿真。由于仿真始终是以不等距的时间间隔向前推进的，即仿真时钟每次均跳跃性地推进到下一事件发生的时刻上去，因此仿真时钟的增量可长可短，完全取决于被仿真系统。为此,必须将各事件按发生时间的先后次序进行排列,时钟时间则按照事件顺序发生的时刻推进,每当某一事件发生时,需要立刻计算出下一事件发生的时刻以便推进仿真时钟。

时间驱动法是一种固定步长时间推进方式,就是在仿真过程中仿真时钟每次递增一个固定的步长,该步长一般在仿真开始之前根据模型特点确定。每次步长的推进均需要扫描所有的活动,来检查在此时间区间内是否有事件发生,若有事件发生则记录此事件区间,从而可以得到有关事件的时间参数。时间驱动法有如下缺点:无事件发生时也需要扫描,占用计算机资源,尤其在 Δt 较小时;把每个步长内发生的事件看作同一个时刻发生,影响仿真精度。

下面介绍一个离散系统仿真案例:交叉口排队长度仿真。如图 4-12 所示,一个干道与支路相交的路口,共包括 8 条进口车道,采用三信号相位控制,周期时长 80s,初始状态下交叉口无任何机动车,仿真从 0s 至 160s 内进口车道 2(车辆到达为 450pcu/h)的排队长度变化情况。

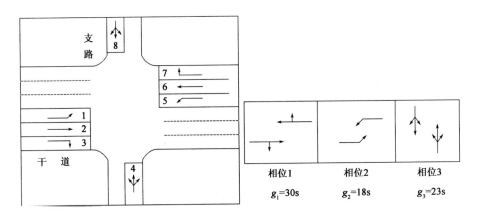

图 4-12 交叉口及相位示意

首先,不难判断该系统为离散系统,因为车辆的到达是离散事件。系统的状态变量简单考虑,包括排队、信号等。

该系统的实体及其属性可以包括以下几个方面:道路设施实体,其属性有道路长度、宽度、坡度等;车辆实体,其属性有车辆长度、性能等;驾驶员实体,其属性有驾驶年龄、驾驶技术等;环境实体,其属性有天气、信号控制方案、车道流向等(表 4-2)。

实 体 属 性 表　　　　　表 4-2

实体类型	属　　性
道路设施	道路长度、宽度、坡度
车辆	车辆长度、性能
驾驶员	驾驶年龄、驾驶技术
环境	天气、信号控制方案、车道流向

通过以上定义,可以列出系统状态转移方程:

$$x_t = \{l_t, s_t\}, l_t = [l_t(1), \cdots, l_t(N)]^T, S_t = [s_t(1), \cdots, s_t(N)]^T \quad (4\text{-}3)$$

式中：x——交叉口状态变量；

t——步长编号,满足 $t \in [1, 160/\tau]$, τ 为步长(s)；

N——进口车道数,本案例中为 8；

l_t——排队长度,m；

s_t——信号灯色。

$$s_t(n) = \begin{cases} 1, & 车道\ n\ 对应信号显示绿色 \\ 0, & 车道\ n\ 对应信号显示红色 \end{cases} \quad (4\text{-}4)$$

交叉口到达车辆数表示为

$$w_t = [w_t(1), \cdots, w_t(N)]^T \quad (4\text{-}5)$$

交叉口驶出车辆数表示为

$$y_t = [y_t(1), \cdots, y_t(N)]^T \quad (4\text{-}6)$$

经历步长 t,到步长 $t+1$ 开始时,交叉口车道 n 剩余车辆数为

$$l_{t+1}(n) = l_t(n) - y_t(n) \cdot s_t(n) + w_t(n) \quad (4\text{-}7)$$

其中,系统开始时刻进口车道 2 无排队车辆,即

$$l_1(2) = 0 \quad (4\text{-}8)$$

进口车道 2 各个步长到达车辆数 $w_t(2)$ 见表 4-3。

车 辆 到 达 数 表   表 4-3

序号	1	2	3	4	5	6	7	8
$w_t(2)$	0	1	2	1	0	1	1	0
序号	9	10	11	12	13	14	15	16
$w_t(2)$	1	0	1	2	0	0	1	0
序号	17	18	19	20	21	22	23	24
$w_t(2)$	1	1	1	0	0	1	0	1
序号	25	26	27	28	29	30	31	32
$w_t(2)$	1	0	0	1	0	2	0	1

进口车道 2 步长 t 驶离的车辆数为(2s 通过 1 辆车)

$$y_t(2) = \begin{cases} \Delta t/2, & l_t(2) + w_t(2) \geqslant \Delta t/2 \\ l_t(2) + w_t(2), & l_t(2) + w_t(2) < \Delta t/2 \end{cases} \quad (4\text{-}9)$$

进口车道 2 步长 $t+1$ 开始时刻(步长 t 结束时刻)的排队长度为(图 4-13)

$$l_{t+1}(2) = l_t(2) - y_t(2) \cdot s_t(2) + w_t(2) \quad (4\text{-}10)$$

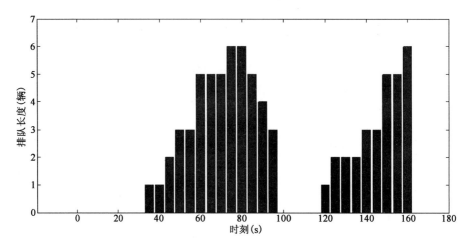

图 4-13 仿真结果

3. 离散系统仿真策略

在一个较复杂的离散事件系统中,一般存在多个实体,这些实体之间相互联系,相互影响,然而其活动的发生却统一在同一时间基准上。采用何种方法推进仿真时钟,建立起各类实体之间的逻辑关系,是离散事件系统仿真建模的重要内容,有时也称为仿真算法或者仿真策略。

从事件、活动、进程三个层次来组织事件,即构成了处理离散事件模型的三种典型处理方法:事件调度法、活动扫描法、进程交互法。

1) 事件调度法

事件调度(Event Scheduling,ES)法(图 4-14)的基本思想是将事件例程作为仿真模型的基本模型单元,按照事件发生的先后顺序不断执行相应的事件例程。每一可预知其发生时间的确定事件均有一个事件例程,用于处理事件发生后对实体状态所产生的影响,并安排后续事件。算法流程如下:

(1)初始化。

①设置仿真开始时间 t_0 和结束时间 t_f。

②设置实体的初始状态。

③事件表初始化。

(2)仿真时钟 TIME = t_0。

(3)确定在当前时钟 TIME 下发生的事件类型 $E_i(i=1,2,\cdots,n)$,并按结构排序。

(4)如果 TIME < t_f,执行:

E_1:执行 E_1 的事件例程,产生后续事件类型及发生时间;

……

E_n:执行 E_n 的事件例程,产生后续事件类型及发生时间;

直到执行。

否则执行(6)。

(5)将仿真时钟推进到下一最早事件发生时刻,转到(3)。

(6)仿真结束。

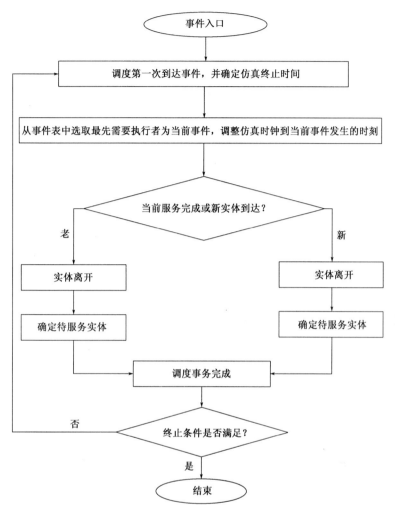

图4-14 事件调度法流程

2)活动扫描法

每个活动均可以由开始和结束两个事件表示,每个事件均有相应的活动例程。确定事件的发生时间可以事先确定,而条件事件的发生时间与系统状态有关。在活动扫描法中,除设置系统仿真时钟外,每个实体均带有标志自身时钟值的时间元(Time-cell)。时间元的取值由该实体的下一确定事件刷新。

活动扫描(Activity Scanning, AS)法(图4-15)的基本思想是用各实体时间元的最小值推进仿真时钟,将时钟推进到下一个新的时刻点后,按优先次序执行被激活实体的活动例程,使测试通过的事件得以发生并改变系统的状态和安排相关确定事件的发生时间。其算法流程如下:

(1)初始化。

①设置仿真开始时间 t_0 和结束时间 t_f。

②设置实体的初始状态。

③设置实体时间单元 time-cell[i]初始,$i=1,2,\cdots,m$,m 是实体个数。

(2)仿真时钟 TIME = t_0。

(3)如果 TIME < t_f,转到(4),否则转到(6)。

(4)活动例程扫描:

for $j=1,n$(优先顺序从高到低)

例程 A_i 属于实体 E_i

If(time-cell[i] < = TIME)then

执行活动例程 A_i

若 A_i 中安排 E_i 的下一事件则刷新 time-cell[i]

endif

若例程 A_j 的测试条件 D[j] = True,则

{退出当前循环、重新开始扫描}

endfor

(5)推进仿真时钟 TIME = min{time-cell[i]|time-cell[i] > TIME}。

(6)仿真结束。

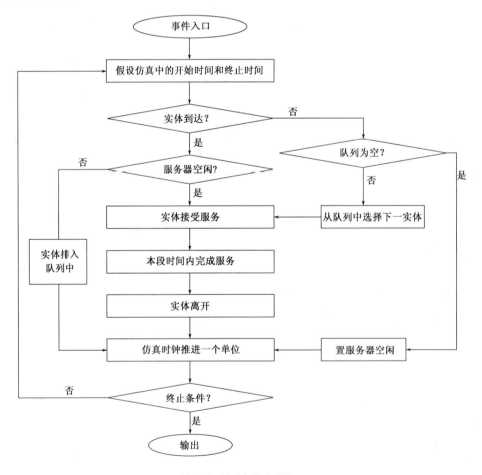

图 4-15 活动扫描法流程

3)进程交互法

进程交互法(图4-16)的基本单元是进程。进程是针对某类实体的生命周期而建立的,因此一个进程中要处理实体流动中发生的所有事件(包括确定事件和条件事件)。例如,一名顾客在排队系统中的生命周期描述为:

(1)顾客到达。

(2)排队等待,直到位于队首。

(3)进入服务通道。

(4)停留于通道之中,直至接收服务完毕离去。

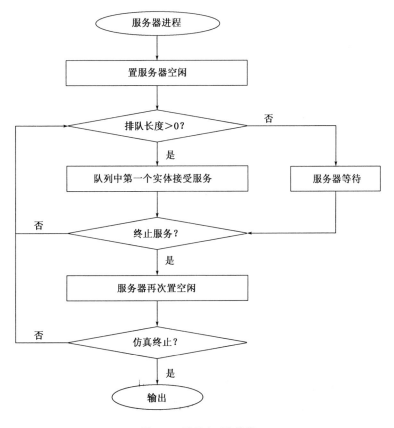

图4-16　进程交互法流程

4. 基于 Agent 的建模方法及案例

Agent 是指一定环境下能独立自主地运行,作用于自身生长的环境,并受到外部环境的影响,能从环境中提高自己的能力,将推理与知识结合的智能体。1995 年 Wooldrige 给出了 Agent 的两种定义:(弱定义)Agent 用以最一般地说明一个软硬件系统,具有自主性、交互性、反应性及主动性等特性;(强定义)Agent 除了具备弱定义中的所有特性外,还应具备一些人类才具有的特性,如知识、信念、义务及意图等。通常把在系统中持续自主发挥作用的、活着的计算实体称为 Agent。Agent 的基本结构与决策型的 Agent 结构分别如图4-17 和图4-18 所示。

1) Agent 特征

(1)自主性。Agent 具有属于其自身的计算资源和行为控制机制,能够在没有外界直接操纵的情况下,根据其内部状态和感知到的环境信息,决定和控制自身的行为。例如,简单网络管理协议 SNMP 中的 Agent 就是独立运行在被管理单元上的自主进程。

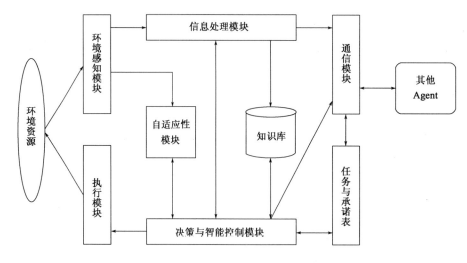

图 4-17　Agent 的基本结构

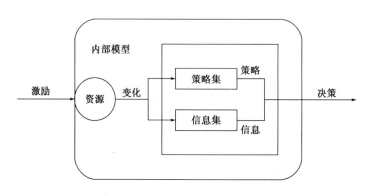

图 4-18　决策型的 Agent 结构

(2)交互性。Agent 能够与其他 Agent(包括人),用 Agent 通信语言实施灵活多样的交互,能够有效地与其他 Agent 协同工作。例如,一个 Internet 上的用户需要使用 Agent 通信语言向主动服务 Agent 陈述信息需求。

(3)反应性。Agent 能够感知所处的环境(可能是物理世界、操纵图形界面的用户,或其他 Agent 等),并对相关事件作出适时反应。例如,一个模拟飞机的 Agent 能够对用户的操纵做出适时反应。

(4)主动性。Agent 能够遵循承诺采取主动行动,表现出面向目标的行为。例如,一个 Internet 上的主动服务 Agent,在获得新信息之后能够按照约定主动将其提交给需要的用户;一个工作流管理 Agent,能够按照约定将最新的工作进展情况主动通报给有关的工作站。

2) Agent 技术应用场景

(1)利用 Agent 技术改善 Internet 应用。例如,研制"信息找人"的 Agent。它具有"需求"与"服务"的集散能力,它接收信息发布者有关信息要点的注册,以及信息查询者有关信息需求要点的注册。该 Agent 根据这些信息,主动通知用户谁能够提供其所需信息,或主动通知信息提供者谁需要其所能提供的信息。

(2) 利用 Agent 技术实现并行工程的思想。例如,利用 Agent 技术开发工作流管理者。它能够向各工作站下达工作流程和进度计划,主动引导各工作站按照工作流程和进度计划推进工作,受理并评价各工作站工作进展情况的报告,以及集中管理各类数据等。

(3) 利用 Agent 技术开发分布式交互仿真环境。例如,将飞行训练仿真器与计算机网络上的若干工作站连接起来,在工作站上实现多个模拟飞机的 Agent,与仿真器构成可交互的空战仿真环境。受训人员操纵这种置于交互仿真环境中的仿真器,不仅能够体验各种操纵飞机的技能,而且能够通过与智能化的自主模拟战机的交互,实践各种空战战术行为(单一飞行训练仿真器能支持前者,但不能支持后者)。

3) Agent 建模的基本思想及步骤

人们采用基于 Agent 建模的思想主要由于以下两个原因。第一,在许多应用领域中,多 Agent 系统(Multi Agent System, MAS)可以描述系统中日益增长的复杂性。为了处理注入分布式计算、合作工作、智能处理等复杂的应用,以一种基于不同形式的单体 Agent 的方法,即采用多个 Agent 的方式来工作,比较符合系统的特点。第二,在建立、分析人类社会中的交互模型和理论方面,MAS 可以扮演重要的角色。在人类社会中,人们以各种方式在各个层次上进行交互。将 Agent 作为系统的基本抽象单元,在必要的时候赋予 Agent 一定智能,然后在多 Agent 之间设置具体的交互方式,最终得到相应的系统模型。

Agent 技术发展和应用具有较强推动力,因为无论是现在还是将来,计算机科学及其应用领域内,由 Agent 组成的 MAS 有能力扮演重要角色。因为现在的计算机平台和信息环境均是分布的、开放和异构的,计算机不再是一个独立的系统,而是越来越多地与其他的计算机及它们的用户紧密联系在一起。

Agent 在建模中的角色包括三个方面:Agent 是一个自治的计算实体;智能性是指 Agent 在变化的环境中灵活而有理性地运作,具有感知和效应的能力;交互能力是指 Agent 可以被其他为追求自己的子目标而执行相应任务的 Agent 所影响。

一般情况下,建立系统模型是由一群 Agent 组成 MAS,它可以用三个层次结构(图 4-19)来描述:Agent 层,系统中所有反映问题域和系统责任的 Agent;特征模型层,即 Agent 的结构与特征,包括内部状态(数据、变量)和行为规则(函数、方法等);MAS 层,即组成系统的 Agent 群体所采用的体系结构,主要解决的是 Agent 之间的通信与协调等问题。

图 4-19 基于 Agent 的系统模型的层次

基于 Agent 建模主要包括对系统进行 Agent 抽象、对 Agent 个体建模、建立 MAS 体系结构 3 个步骤,其主要过程如下。

(1) 对系统进行 Agent 抽象。对系统进行 Agent 抽象是指判断将系统中的哪些部分映射作为 Agent。Agent 抽象的基本原则是从系统的物理结构出发,围绕着系统的目标来对系统进行抽象。以系统的物理结构作为抽象的基本点,意味着可根据物理世界的实际构成来划分 Agent。

一般的处理原则是将组成系统的每个实体均抽象为一个 Agent,成为实体 Agent。过程中需要注意以下两个问题:

①对异质 Agent 和同质 Agent 的处理。通常,系统是由多个实体构成的,实体之间可能是异质的,存在本质上的区别,如交通系统中的人、车辆、道路等;而有些是同质的,在本质上是相同的,如交通系统中道路上行驶的不同车辆。处理方法是将异质 Agent 分别形成相应的 Agent 类,而将同质的多个 Agent 抽象归结为一个 Agent 类。

②进行抽象时的粒度选择。根据研究与应用的需要,要给系统确定一个抽象的层次,需要有所取舍。在确定了实体 Agent 后,有时为了实现系统的目标,还要设计一些其他的辅助 Agent,称为集中服务 Agent。

(2) 对 Agent 个体建模。在建立系统的类图后,接着要建立每个 Agent 的模型。在这方面主要处理两个问题:

①每个 Agent 如何建立事件模型。

②构筑 Agent 的内部结构。一个系统中不同的 Agent 可以是同质的、异质的或共享某些共同的模块,或在其他的模块中不同。它们也许会、也许不会记得过去的状态;在系统生命周期内,它们的代码可以改变,也可以不改变。

目前主要有三种 Agent 结构模型:一是基于逻辑的 Agent 模型,在该模型中,Agent 决策的制定过程是通过逻辑演绎的方式来实现的,类似于专家系统;二是反映式 Agent 模型,在该模型中,Agent 决策的制定过程是通过环境与行为的直接映射来实现的,如一般的控制系统;三是信念-愿望-意图 Agent 模型,在该模型中,Agent 决策的制定过程是依赖于表达 Agent 的信念、愿望和意图的数据结构之间的操作来实现的,它更接近于人类的思维方式。

(3) 建立 MAS 体系结构。为了建立由多个 Agent 组成的完整的系统模型,确定 MAS 体系结构,就要处理好以下 5 个问题:

①确定系统应该有多少个 Agent。需要根据系统的目标要求,确定各种 Agent 的总数以及系统运行时 Agent 的数目是否可以改变。

②Agent 之间的通信管道。通常在传输介质(共享物理环境于数字网络)、访问(广播、面向目标、Agent 到 Agent)等方面可能有所不同。

③Agent 之间采用什么通信协议。通常采用的通信方式有共享全局存储器(如黑板机制)、消息传递以及两者的结合。通信协议决定了被建立的 Agent 之间如何交流。

④建立 Agent 与其相关的其他 Agent 之间的结构。

⑤如何协调 Agent 之间的行动。

下面介绍一个基于 Agent 的智能交通控制结构案例(图4-20)。该系统结构主要包括三层 Agent 实体——主控 Agent、区域控制 Agent 和路口 Agent,分别进行三个不同等级的协调控制。路口 Agent 下又包含各自的信号灯、传感器、摄像头等实体。同时,区域控制 Agent 又可以与信息发布 Agent 进行交互,通过信息发布 Agent 进行可变信息标志或电台上的交通系统信息的及时发布。

在该系统中,交通 Agent 的结构主要如图 4-21 所示。其中,与 Agent 结构模型中的通信器、控制头、控制体分别对应的车辆 Agent 中的不同结构为车辆的通信器,包括车辆上的不同通信设备,如 GPS、车载计算机的通信等;驾驶员与控制器,即对车辆产生直接控制的驾驶员和车辆辅助驾驶或自动驾驶功能设备等;以及车辆的功能特性,代表了 Agent 的控制器,即车辆本身及其性能等。

在该系统中,系统不同 Agent 包括车辆 Agent、交通信号灯 Agent、街道 Agent、交叉路口 Agent 等。这些交通 Agent 之间的交互如图 4-22 所示。

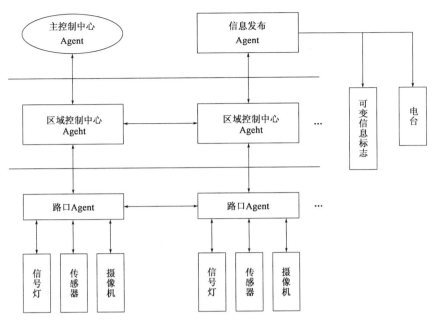

图 4-20 基于 Agent 的智能交通控制结构

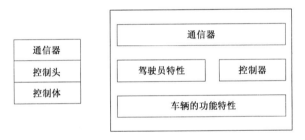

Agent结构模型　　　　车辆Agent结构

图 4-21 交通 Agent 的结构

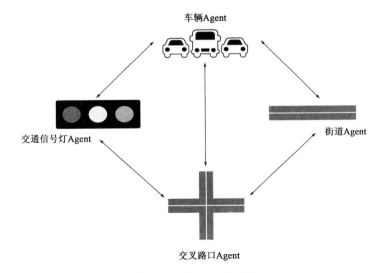

图 4-22 交通 Agent 的交互

4) Agent 的实现

有了系统的特征模型后,其次的任务是设计与编程。在实现系统模型之前,一个重要任务是开发平台的选择。一个好的面向 Agent 的开发工具将会对开发者或研究人员的工作产生巨大影响,尤其是方便、快捷、实用对基于 Agent 建模和开发工具更显得重要。由于开发工具的不同,在开发工具选定后,结合开发工具调整系统的特性模型是必不可少的,所以选择开发工具和建立系统模型相结合,反复调整直至比较完善。

三、连续系统仿真

连续系统仿真是指那些系统状态随时间连续变化的系统建立数学模型并将它放在计算机上进行实验。连续系统仿真的结果为系统变量随时间的变化历程。因此,连续系统的计算机仿真就是通过一定的仿真算法将数学模型转变为离散时间的仿真模型(即离散时间模型)。连续系统常用的数学模型包括微分方程、传递函数、状态方程等。微分方程指描述未知函数的导数与自变量之间的关系的方程。如果一个微分方程中出现的未知函数只含一个自变量,这个方程叫作常微分方程,也简称微分方程;如果一个微分方程中出现多元函数的偏导数,或者说如果未知函数和几个变量有关,而且方程中出现未知函数对应几个变量的导数,那么这种微分方程就是偏微分方程。

1. 概述

连续系统的动态模型,一般用常微分方程(也可能用偏微分方程)、状态方程或传递函数来描述。研究这类系统的性质,实际上就是解描述这类系统动态行为的数学模型,即求解微分方程。

但是在数字计算机中,机器变量被表现为离散形式。因此,对任何一个连续系统模型进行数字仿真时,均必须首先选择一个近似的数值计算公式(仿真算法),实现对系统模型的离散化。对一个连续系统进行仿真,从本质上讲,是要找出一个与该系统等价的离散模型。一般常用的数学方法有常微分方程的数值积分法和连续系统离散化方法。

数值计算方法是对微分方程、常微分方程、线性方程(组)的求解,是一种研究并解决数学问题的数值近似解方法。在计算机上使用的解数学问题的方法,简称计算方法。数值积分法包括欧拉法、龙格-库塔法、亚当姆斯法等,其中欧拉法和龙格-库塔法适用于非线性系统;离散相似法包括吐斯丁法、状态转换法、根匹配法等,其中吐斯丁法和状态转换法适用于线性系统。

泰勒级数展开是连续函数离散化的方式之一,泰勒公式应用于数学、物理领域,是一个用函数在某点的信息描述其附近取值的公式。如果函数足够平滑,在已知函数在某一点各阶导数值的情况下,泰勒公式可以用这些导数值作系数构建一个多项式来近似函数在这一点的邻域中的值。泰勒公式还给出了这个多项式和实际函数值之间的偏差。泰勒公式是将一个在 $x = x_0$ 处具有 n 阶导数的函数 $f(x)$ 利用关于 $x - x_0$ 的 n 次多项式来逼近函数的方法。

连续函数离散化:

$$f(x) = \frac{f(x_0)}{0!} + \frac{f'(x_0)}{1!}(x - x_0) + \frac{f(x_0)}{0!}(x - x_0)^2 + \cdots + \frac{f^{(n)}(x_0)}{n!}(x - x_0)^n + R_n(x)$$

(4-11)

当 $1 \leqslant x \leqslant 10$ 时：

$$e^x = 1 + \frac{1}{1!}x + \frac{1}{2!}x^2 + \frac{1}{3!}x^3 + o(x^3) \tag{4-12}$$

$$\ln(1+x) = x - \frac{1}{2}x^2 + \frac{1}{3}x^3 + o(x^3) \tag{4-13}$$

$$\sin x = x - \frac{1}{3!}x^3 + \frac{1}{5!}x^5 + o(x^5) \tag{4-14}$$

离散系统模型-状态变量只在个别点变化，通过将连续函数离散化，可以得到任一点的输出值。

当 $x = 2$ 时：

$$e^x = 1 + \frac{1}{1!} \times 2 + \frac{1}{2!} \times 4 + \frac{1}{3!} \times 8 \tag{4-15}$$

2. 数值积分法

数值积分法是对常微分方程（组）建立离散形式的数学模型——差分方程，并求出其数值解（也称数值解法）。

例如，已知某系统的一阶向量微分方程如下：

$$y = f(y,t), y(t_0) = y_0 \tag{4-16}$$

数值解法就是寻求式（4-16）中 $t_1, t_2, \cdots, t_n$ 的近似解 $y_1, y_2, \cdots, y_n$。

计算步长或步距为相邻两个点之间的差值 $h = t_n - t_{n-1}$。根据已知初始条件 y_0，采用不同的递推算法（即不同的数值积分法）可逐步递推计算出各时刻的数值。常用的方法有欧拉法（图4-23）、梯形法、四阶龙格-库塔法、亚当姆斯法。

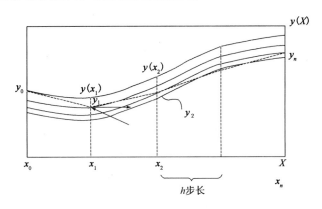

图 4-23　欧拉方法的几何意义

对上述系统一阶向量微分方程，数值积分法可写成如下统一公式：

$$y_{n+1} = \sum_{i=0}^{m} \alpha_i y_{n-i} + h \sum_{i=-1}^{m} \beta_i f_{n-i} \tag{4-17}$$

1）几个基本概念

（1）单步法。只由前一时刻的数值 y_n 就可以求得后一时刻的数值 y_{n+1}，常用算法为龙格-库塔法。

（2）多步法。计算 y_{n+1} 需要用到 t_n、t_{n-1}、t_{n-2} 时刻的 y 数据，常用算法为亚当姆斯法。

（3）显式公式。数值积分法统一公式中 $\beta_{-1} = 0$ 时，数值积分法统一公式等号右侧不含

y_{n+1}。

(4)隐式公式。数值积分法统一公式中 $\beta_{-1} \neq 0$ 时,数值积分法统一公式等号右侧含 y_{n+1}。

(5)截断误差。分析数值积分的精度,常用泰勒级数作为工具。假设前一步得到的结果是精确的,则用泰勒级数求得 t_{n+1} 处的精确解为

$$y(t_n + h) = y(t_n) + h\dot{y}(t_n) + \frac{1}{2}h^2\ddot{y}(t_n) + \cdots + \frac{1}{r!}h^r y^{(r)}(t_n) + o(h^{r+1}) \quad (4\text{-}18)$$

若差分公式局部截断误差为 $o(h^{r+1})$,则称它有 r 阶精度,即方法是 r 阶的。

(6)舍入误差。计算机的字长有限,数字不能表示得完全精确,舍入误差与 h 成反比,若计算步长小,计算次数多,则舍入误差大。

2)单步数值积分法——龙格-库塔法

$$y_{单} = f(y,t), y(t_0) = y_0 \quad (4\text{-}19)$$

在 t_0 点展开成泰勒级数:

$$y_{单}(t_n + h) = y(t_n) + h\dot{y}(t_n) + \frac{1}{2}h^2\ddot{y}(t_n) + \cdots + \frac{1}{r!}h^r y^{(r)}(t_n) + o(h^{r+1}) \quad (4\text{-}20)$$

若要得到精度更高的近似解,必须计算式中高阶导数,但是这项工作很困难。德国数学家 Runge 和 M. W. Kutta 两人先后提出了间接利用泰勒展开式的方法,即用几个点上函数 f 值的线性组合来确定其中的系数,基于这一思想,得到龙格-库塔法的一般形式:

$$y_{n+1} = y_n + h\sum_{i=1}^{r} w_i k_i \quad (4\text{-}21)$$

$$k_1 = f(y_n, t_n) \quad (4\text{-}22)$$

$$k_i = f\left(y_n + h\sum_{j=1}^{i-1}\beta_{ij}k_j, t_n + \alpha_i h\right) \quad (i = 2,3,\cdots,r) \quad (4\text{-}23)$$

$$\alpha_i = \sum_{j=1}^{i-1}\beta_{ij} \quad (4\text{-}24)$$

式中:α_i、β_{ij}、w_i——待定系数;

r——使用 k 值的个数(即阶数)。

当 $r = 4$ 时,四阶龙格-库塔法递推公式为

$$y_{n+1} = y_n + \frac{h}{6}(k_1 + 2k_2 + 2k_3 + k_4) \quad (4\text{-}25)$$

$$k_1 = f(y_n, t_n) \quad (4\text{-}26)$$

$$k_2 = f\left(y_n + \frac{h}{2}k_1, t_n + \frac{h}{2}\right) \quad (4\text{-}27)$$

$$k_3 = f\left(y_n + \frac{h}{2}k_2, t_n + \frac{h}{2}\right) \quad (4\text{-}28)$$

$$k_4 = f(y_n + hk_3, t_n + h) \quad (4\text{-}29)$$

龙格-库塔法属于单步法,只要给定方程初值 y_0 就可以一步步求出 $y_1, y_2, \cdots, y_n$ 的值。

例如,用一阶和四阶龙格-库塔方法求解下列初值问题,$h = 0.1$。

$$\begin{cases} \dfrac{\mathrm{d}y}{\mathrm{d}x} = y - \dfrac{2x}{y}, & x \in (0,1) \\ y(0) = 1 \end{cases} \quad (4\text{-}30)$$

代入经典四阶龙格-库塔公式：

$$y_{n+1} = y_n + \frac{h}{6}(k_1 + 2k_2 + 2k_3 + k_4) \qquad (4\text{-}31)$$

$$k_1 = y_n - \frac{2x_n}{y_n} \qquad (4\text{-}32)$$

$$k_2 = y_n + \frac{h}{2}k_1 - \frac{2\left(x_n + \frac{h}{2}\right)}{y_n + \frac{h}{2}k_1} \qquad (4\text{-}33)$$

$$k_3 = y_n + \frac{h}{2}k_2 - \frac{2\left(x_n + \frac{h}{2}\right)}{y_n + \frac{h}{2}k_2} \qquad (4\text{-}34)$$

$$k_4 = y_n + hk_3 - \frac{2(x_n + h)}{y_n + hk_3} \qquad (4\text{-}35)$$

计算结果见表4-4。

四阶龙格-库塔计算结果　　　　　　　　　　　表4-4

x_n	0.1	0.2	0.3	0.4	0.5
y_n	1.0954	1.1832	1.2649	1.3416	1.4142
x_n	0.6	0.7	0.8	0.9	1.0
y_n	1.4832	1.5492	1.6125	1.6733	1.7321

其结果与原方程 $y = \sqrt{2x+1}$ 计算结果保留5位精确值完全一致。其他各种方法计算结果对比如图4-24所示。

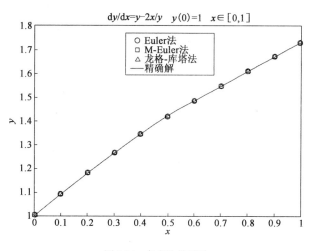

图4-24　各方法结果图

为增加四阶龙格-库塔法求解速度，可用编写计算机程序的方式来实现。如Python程序：

四阶龙格-库塔法求解 Python 程序

```
def fun(x,y):
    f = y-(2·x/y)
    return f
def rf4(x_0,y_0,h,N):
    n = 1
    while(n != N):
        x_1 = x_0 + h
        k_1 = fun(x_0,y_0)
        k_2 = fun(x_0+h/2,y_0+h·k_{1/2})
        k_3 = fun(x_0+h/2,y_0+h·k_{2/2})
        k_4 = fun(x_1, y_0+h·k_3)
        y_1 = y_0 + h ·(k_1+2·k_2+2·k_3+k_4)/6
        print('%.2f,%.6f' %(x_1,y_1))
        n += 1
        x_0 = x_1
        y_0 = y_1
def main():
    rf4(0,1,0,1,11)
```

3)多步数值积分法——亚当姆斯法

亚当姆斯法是一种线性多步法。在利用多步法计算 y_{n+1} 的值时,必须先已知 y_{n+1} 之前 k 步的值。因此,线性多步法不能够自启动,必须给予一定的初始值。

线性多步法的递推计算公式(数值积分法统一公式)为

$$y_{n+1} = \sum_{i=0}^{k-1}\alpha_i y_{n-i} + h\sum_{i=-1}^{k-1}\beta_i f_{n-i} \tag{4-36}$$

$$f_i = f(y_i,t_i) \tag{4-37}$$

其中,α_i 和 β_i 分别为待定系数。当 $\beta_{-1}=0$ 时,式(4-36)中等号右端不含有 y_{n+1},公式称为显式;当 $\beta_{-1}\neq 0$ 时,式(4-37)中等号右端含有 y_{n+1},公式称为隐式。

亚当姆斯法是利用一个插值多项式来近似代替 $f(y,t)$。在 t_{n-k+1} 到 t_n 区间内取等间距的 k 个点 $t_{n-k+1},t_{n-k+2},\cdots,t_n$,并计算它们的右端函数值 $f_{n-k+1},f_{n-k+2},\cdots,f_n$,然后由这 k 个值根据牛顿后插值公式进行插值,得到一个 $k-1$ 次多项式逼近 $f(y,t)$,即

$$f(y,t) = f_n P_n(t) + f_{n-1} P_{n-1}(t) + \cdots + f_{n-k+1} P_{n-k+1}(t) \tag{4-38}$$

这里 $P_{n-j}(t)$ 是插值的基函数,即在节点 t_{n-j} 取 1,在其他节点取 0,在外插区间 $[t_n,t_{n+1}]$ 上积分,如图 4-25 所示。

由此可得亚当姆斯法的显式公式:

$$\begin{cases} y_{n+1} = y_n + h(\beta_0 f_n + \beta_1 f_{n-1} + \cdots + \beta_{k-1} f_{n-k+1}) \\ \beta_j = \dfrac{1}{h}\int_{t_n}^{t_{n+1}} P_{n-j+1}(t)\mathrm{d}t, \quad j=0,1,\cdots,k-1 \end{cases} \tag{4-39}$$

若用牛顿内插公式 $f(y,t)\approx f_{n+1}P_{n+1}(t)+f_n P_n(t)+\cdots+f_{n-k+2}P_{n-k+2}(t)$,$P_{n+1-j}(t)$ 在节

点 t_{n+1-j} 取 1,在其他节点取 0。则可求得亚当姆斯法隐式公式:

$$\begin{cases} y_{n+1} = y_n + h(\beta_{-1}f_{n+1} + \beta_0 f_n + \cdots + \beta_{k-2}f_{n-k+2}) \\ \beta_j = \frac{1}{h}\int_{t_n}^{t_{n+1}} P_{n-j+1}(t)\,\mathrm{d}t, \quad j = -1,0,\cdots,k-2 \end{cases} \quad (4\text{-}40)$$

常用的四阶亚当姆斯法显式公式为

$$y_{n+1} = y_n + \frac{h}{24}(55f_n - 59f_{n-1} + 37f_{n-2} - 9f_{n-3}) \quad (4\text{-}41)$$

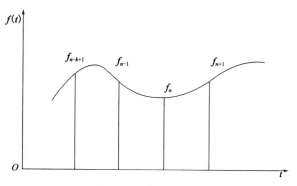

图 4-25 函数的插值

由于隐式公式的稳定域大于显式公式,而且对于同阶亚当姆斯法而言,隐式公式精度一般相比显式公式较高,因此采用一种折中的方式,先由显式公式求出 y_{n+1} 的预估值 y_{n+1}^P,再由隐式公式求出 y_{n+1} 的值,这种方法被称为预估-校正法。常用的四阶亚当姆斯法预估-校正公式为

$$y_{n+1}^P = y_n + \frac{h}{12}(23f_n - 16f_{n-1} + 5f_{n-2}) \quad (4\text{-}42)$$

$$y_{n+1} = y_n + \frac{h}{24}(9f_{n+1}^P + 19f_n - f_{n-1} + f_{n-2}) \quad (4\text{-}43)$$

4) 积分步长的选择与控制

在进行数字仿真时,如果本来是稳定的系统,但仿真结果却得出不稳定的结论,这种现象通常是由计算步长选得太大而造成的。且由于初值不一定很准,加上计算机字长有限,在计算中会有舍入误差。另外,在计算机数值计算的近似过程中,还会产生截断误差。这些误差会逐步传播下去,对以后的计算结果产生影响。如果计算结果对初始误差或计算误差不敏感,则说明该算法是稳定的、收敛的;如果计算结果对初始误差或计算误差较敏感,则说明该算法是不稳定的、发散的。

一般来说,积分步长 h 的选择包含以下原则:

(1) 要求保证计算稳定。例如,在采用龙格-库塔法进行数值计算时,通常要保证步长 h 小与系统中最小时间常数的 2.78 倍。

(2) 要求保证一定的计算精度。数值计算的结果需要满足实际工程需要,因此需要满足一定精度才能够完成。

在保证计算稳定性及保证计算精度的要求下,选最大步长。在满足稳定性以及计算精度的要求后,选取较大的步长能够减小计算机计算压力并提高计算速度。

对于一般工程系统的仿真,若采用四阶龙格-库塔方法,为保证计算精度在 0.5% 左右,可采用以下经验公式:

$$h \leqslant \frac{t_n}{40} \left(\vec{\mathbb{R}} \frac{1}{50 \, w_c} \right) \tag{4-44}$$

式中：t_n——系统在阶跃函数作用下的过渡过程时间，s；

w_c——系统开环频率特性的剪切频率。

这两个参数很难估计，若系统为非线性，根本无法估计。最为可靠的方法是通过对截断误差的估计来自动改变步长。即每积分一步，均设法估计出计算误差，判断实际误差是否大于允许误差，若不大，则计算结果有效，下一步长将略放大；若实际误差大于允许误差，则计算结果无效，减小步长，重新积分一次。

第三节 交通系统仿真方法与步骤

一、交通仿真的特点

1. 交通仿真对象

交通系统是由人、车、路和环境等组成的复合系统，交通系统仿真包含的因素错综复杂，不仅包括车辆与环境，更包含人这一不稳定因素。针对不同的系统进行仿真，需要考虑的情况也不尽相同。由于交通系统中往往更加开放，相比于对其他系统进行仿真，交通系统具有随机性、开放性和复杂度更高的特点，且由于交通系统内容更为复杂，仿真过程中需要更加注意。

交通的产生由人们的出行愿望决定。一方面，由于交通系统中包含人这一因素，且道路系统中的车辆也需要人作为驾驶员进行操控；另一方面，在宏观交通仿真中，交通的产生主要是因为人的出行意愿而产生的。因此，进行交通仿真需要充分考虑人的思维方式。交通系统的主要特点如下：

（1）为动态过程。交通系统的运行是一个动态过程，各个时刻之间具有紧密的联系，对一个时刻进行分析时，离不开前一时刻的系统状态，无法对一个时刻单独进行考虑。

（2）影响因素很多。上文说到，交通系统由于具有错综复杂的实体内容，因此对交通系统运行的影响因素很多。例如，在实际交通系统中，任何细节的影响因素均可能对交通系统的运行产生影响。

（3）受外部因素影响很大。除了参与到交通系统中的实体，系统之外的因素也会对交通系统产生一定影响。例如，在仿真系统之外的部分所产生的交通行为，需要在该系统中运行才能够完成，因此交通系统仿真过程中不应当忽略外部因素的影响。

2. 仿真建模

交通系统仿真模型建立在大量严格的边界条件约束下，对系统进行线性或近似处理，所以，往往只能做符合条件而不是符合实际的描述。由于交通系统具有上述随机、动态、复杂、影响因素多等特点，因此仿真系统的构建往往无法准确描述实际情况。为尽可能还原实际交通系统的运行情况，常常将仿真模型建立在大量严格的边界条件的约束之下，使其能够在一定程度上符合实际交通系统的运行规律，做到符合条件的仿真运行，而对实际情况的描述无法完全准确。通常这一部分误差无法避免，但只要设定好约束条件，可以将误差控制在研究所能接受的范围之内。交通系统仿真建模框架建议如图4-26所示。

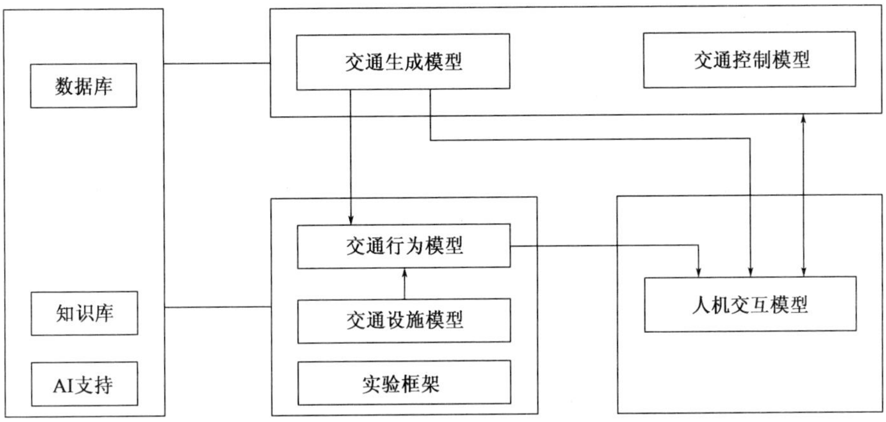

图4-26 交通系统仿真建模框架

3. 仿真编程

仿真程序的编制通常采用两种类型的语言：一种是高级编程语言，如 FORTRAN、PASCAL、C等；另一种是专用仿真语言，如 SIMSCRIPT、SLAM、SIMULA 等。通用仿真语言更多用于仿真程序的开发。

SIMULA 是在 1967 年由挪威科学家 Ole-Johan Dahl 和 Kristen Nygaard 发布的一种仿真语言，被认为是世界上最早的面向对象编程语言。SIMULA 是为模拟而设计的，并且其在该领域的需求为当今面向对象语言的许多功能的产生提供了借鉴。SIMULA 被广泛用于模拟 VLSI 设计、过程建模、协议、算法、排版、计算机图形和教育等。SIMULA 的影响常常被低估，并且 SIMULA 类型的对象在 C++、Object Pascal、Java、C#和其他几种语言中被重新实现。计算机领域诸多科学家，例如 C++的创造者 Bjarne Stroustrup 和 Java 的创造者 James Gosling 承认 SIMULA 在仿真领域产生了重大的影响。

4. 仿真结果

在实际交通系统的仿真实验过程中，仿真结果常会出现失真的情况，其主要是由于以下两个方面产生的：一是由于交通系统的复杂性，建立仿真系统时对许多因素进行了简化或者抽象，容易造成仿真模型失真。在对实际交通系统进行仿真时，由于系统的复杂性、随机性等特点，往往无法利用理论或公式对现实系统进行准确描述，因此通常在采取一定的简化手段之后再进行仿真，而当简化效果不理想或简化程度过高时，系统的仿真就会出现失真，即无法对系统进行正确的描述。二是因为交通系统的开放性与随机性等问题，对交通系统运行产生影响的因素往往不止在系统之内。因此难以保证不会出现意料之外的情况对系统的运行产生影响。例如对一个交叉口的运行进行仿真时，由于在实际交通系统中另一个交叉口的运行状态间接影响到该交叉口，而这种情况在仿真系统中难以模拟，则会造成系统仿真产生失真。

针对上述问题，人们主要有以下几种解决方法：一是在建模阶段对模型进行更精确的标定，当出现仿真失真情况时，如果判定为模型本身有一定错误，或认为模型对实际情况的描述存在一定偏差，则需要进一步对模型进行更精确的标定，或是考虑更全面的因素对模型进行修订；二是仿真实验完成后对仿真结果进行有效性检验，经常对仿真结果进行有效性检验有助于提升模型迭代速率并保证模型运行的准确性。

二、交通系统仿真步骤

1. 交通系统仿真步骤(图 4-27)

1)明确问题

与系统仿真的步骤一样,在进行交通系统仿真模型的构建时,首先需要对研究的问题进行详细的了解和描述,明确研究目的,划定系统范围和边界。

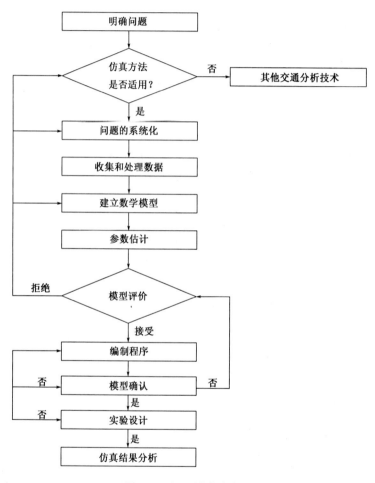

图 4-27 交通系统仿真步骤

(1)明确输出结果。明确仿真研究的目的与问题时,首先要明确该研究所需要的输出结果。针对不同的研究问题与内容,人们需要研究的对象不同,所产生的结果也不尽相同。例如对交叉口入口道车辆排队长度进行仿真时,需要考虑的输出应该是入口道车辆排队长度,着重研究其他输出则会与研究目的相悖。

(2)明确输入的影响。在确认好输出结果后,需要考虑系统中的各项输入条件对输出会产生影响的有哪些,以及产生影响的类别,即输出与输入为正相关或负相关、相关系数的大小等。明确了输入输出因素,就明确了整个仿真系统的整体框架。

(3)考虑重要的随机因素。由于交通系统存在随机性等特点,因此在进行交通系统仿真时就不可避免地需要考虑随机性的影响。例如,当对交叉口运行情况进行仿真时,需要按照一定规则随机产生进入交叉口的车辆,以及确定车辆在交叉口所进行的决策等。

(4)排队问题。在进行交通系统仿真时,一个重要的问题是系统中是否涉及排队以及是否存在着相互影响的排队。当对排队问题进行处理时需要考虑关于栈的处理内容,而当存在互相影响的排队时对系统模型的复杂度以及描述的准确性要求也会进一步提高。

(5)交通条件与时间的变化关系。由于交通系统是一个动态系统,因此,不可忽略的是交通系统中时间的作用。比如,在工作日中,高峰时间与平峰时间下的交通系统运行状态有着非常大的不同。

(6)车辆到达和离去是否服从经典的数学分布。通常情况下,认为车辆的到达与离去符合泊松分布,但实际情况并非总是如此。因此,在进行交通系统仿真时,需要确认系统中车辆运行所服从的数学分布模型,以保证模型的准确性。

2)确定仿真方法的适用性

在进行交通系统仿真的过程中,需要尽早地确定仿真方法的适用性,以免造成对交通系统的研究事倍功半。当仿真无法准确描述研究问题或存在其他更优选择时,应该避免使用交通仿真方式进行研究。

应考虑以下几个问题:

各种交通分析技术中,系统仿真是否是最适宜的方法?当采用模型分析等传统交通分析技术能够较轻松且准确地完成研究任务时,交通系统仿真未必是最适宜的方法。因为交通仿真实验所需的时间与研究成本相对于传统分析技术较高,故进行交通研究时应考虑具体情况进行具体分析。

是否可以用其他方法解决该问题?当可以采用模型分析等传统交通分析技术时,应当首先比较各种交通分析技术之间的优缺点,针对特定的交通研究内容与目的,选择合适的分析手段进行研究。

仿真方法是否可以很好地解决该问题?有时,交通仿真无法准确描述系统,或不能够很好地解决所需研究的问题,则不宜采用仿真方法进行交通研究。

是否有仿真研究所需要的时间和物质支持?由于交通仿真需要较高的时间成本以及物质成本,因此,在考虑采用交通仿真分析方法之前,应当考虑该项目是否支持采用仿真实验的分析方式。

是否真的可以解决该问题?最根本的一点是,需要考虑该问题是否真的存在解决方式。当对无解的问题进行求解时,任何方式均不是最优的。

3)问题的系统化

构建仿真模型的第一级流程图,它包括输入、处理和输出三个组成部分。当明确了待仿真系统的输入输出之后,将模型的处理部分作为处理框架,可以建立仿真模型的第一级流程图,即从模型的输入到在模型中进行处理,再到最后的模型输出。

4)数据收集与处理

根据输入、输出需求收集和处理所需数据,数据的收集与处理包含两个方面的内容。首先,对模型中输入数据进行收集与处理。要能够在实际交通系统中采集模型的输入数据,并处理成为可以在模型中使用的数据类型。其次,对输出数据进行收集与处理。输出的数据主要应用于交通系统研究的后续内容,因此,需要对输出数据进行收集,并处理成为满足后续研究需要的形式。

另外,需要制定一定的采集方案,确定满足需要的最小样本量,以便于模型进行标定和有效性检验。

5) 构建数学模型

在第一级流程图的基础上,构建第二级流程图,确定构成处理过程的主要模块及其相互关系、每一模块的输入输出。当仿真模型的第一级流程图建立完毕后,系统就有了一个主要的框架。之前模块化的模型处理部分,需要进一步展开进行详细标定与描述,即详细数学模型的构建。在该部分中,可能又会将不同的功能划分为不同的模块,因此需要进行第三级流程图的构建与详细描述。建立第三级流程图时,对每一个模块的功能进行详细描述。当对仿真系统中不同的功能进行准确划分之后,需要对完成不同功能的相应模块分别进行详细描述,使其能够完成所对应的功能。

6) 模型确认

模型确认(图4-28)包含两个方面,分别为模型标定与模型有效性检验。模型标定是指以现场数据作为输入,检验输出结果与实际的观测结果是否相吻合。模型标定的对象是模型本身,重点是输入变量,当将现场数据作为模型的输入参数后,如果模型能够较为准确地描述现实情况,则说明模型的构建没有出现问题,否则需要对模型进行一定的修正或重新构建。

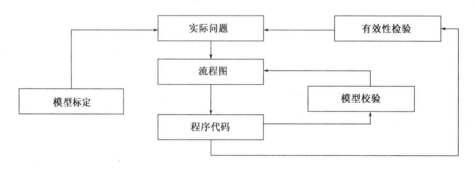

图4-28 模型确认流程图

模型有效性检验是指利用其余未使用的现场数据输入仿真程序,将计算结果与相应的观测结果进行比较,检验仿真程序的仿真效果与实际结果是否吻合。如果仿真系统通过了模型标定,说明模型本身没有问题。如果有效性检验出现问题,则说明仿真系统没有很好地反映与表达模型,不需要更改模型,但需要重新修订仿真程序。

7) 实验设计

当仿真系统的模型与程序通过了相应的确认之后,就可以进行针对具体研究的实验设计了。因为交通仿真作为一种交通分析技术,其目的是提供交通研究服务。进行相关实验设计时,需要注意以下方面:

(1) 选择控制变量。根据具体的研究需要,明确控制变量,以方便针对不同的输入情况分别分析输出数据所代表的意义,并进行相关分析。

(2) 确定每个控制变量的限制条件或边界条件。明确每个控制变量的限制条件可以优化仿真过程中的运行效果,使得仿真系统能够更加准确地对实际交通系统运行情况进行描述。

(3) 确定每个控制变量的步长。在仿真系统运行过程中,步长是一个关键的参数,因此,明确每个控制变量的步长可以保证系统能够按照最高效与准确的方式运行。

另外,进行仿真实验的设计还需要进行控制变量的层次结构的确定,通过程序的循环语句自动改变初级控制变量的取值,以及通过搜索子程序自动确定最佳条件等步骤。

8) 仿真结果分析

当进行到这里,仿真实验已经完成了绝大部分内容,只需要运行仿真程序,得到相应的结果之后,对结果进行分析,讨论输出产生的原因以及影响等,并形成完善的文档,以供后续研究或其他工作的进行。

2. 仿真开发过程中应注意的问题

1) 对整个模型中能够独立测试的子集要注意进行测试

在模型的建立过程中,第三级流程图下的各个功能化模块是仿真系统开发过程中能够独立进行测试的最小单位。对能够独立测试的子模块单独进行测试,可以提升故障排除的效率,并降低系统开发过程中失真产生的风险。

2) 灵敏度分析的开展

灵敏度分析是指稍微改变输入变量的数值以观测输出变量的响应,从而确定系统各组成部分对整个系统特性的影响。灵敏度分析是测试仿真系统性能非常有效的一种手段,进行灵敏度分析来确定系统内各部分的稳定性,可以保证系统在控制之下正常运行。

3) 变量的删除

通常,一种仿真实验的进行方式是,在开始建立仿真模型时考虑较多的输入变量以及参数,然后根据问题的明确与影响因素的分析逐步精简。但应注意在没有确认某些变量对研究问题有无意义之前,不要轻易从模型中删除任何变量,以免造成模型运行的不稳定,丢失关键信息。

4) 仿真优化算法的使用

由于交通系统仿真是一个复杂的大系统,需要处理的数据量较大,所以在选用仿真方法进行交通分析之前应当首先考虑研究问题是否适合使用仿真方法。若仿真模型是最适合的方式或唯一方式时,一般要合理选用优化仿真算法来解决仿真系统对时间成本与物质成本的占用,以达到最佳的使用效果。

5) 仿真和实际交通现象的对比分析

因为仿真要解决实际交通问题,因此能否准确反映实际交通现象是仿真效果优劣非常重要的一个评判标准。当仿真结果无法正确描述实际交通现状时,需要考虑模型建立是否准确,是否需要完善或修正;另外,还要考虑研究问题是否适合采用仿真方式。

三、典型的计算机交通仿真技术

1. 串行计算

串行计算(Sequential Computing)或称串行运算,是把一个字由低位到高位按位运送。由于串行计算机运算速度和传送速度均特别慢,做计算用的通用计算机均不采用,只有作控制或计算比较简单又不要求速度的专用计算机,才采用串行计算。

2. 并行计算

并行计算(Parallel Computing)或称平行计算,是相对于串行计算来说的,是指同时使用多种计算资源解决计算问题的过程,是提高计算机系统计算速度和处理能力的一种有效手段。

它的基本思想是用多个处理器来协同求解同一问题,即将被求解的问题分解成若干个部分,各部分均由一个独立的处理机来并行计算。并行计算系统既可以是专门设计的、含有多个处理器的超级计算机,也可以是以某种方式互联的若干台独立计算机构成的集群。

3. 分布式计算

分布式计算(Distributed Computing)是一门计算机科学,它研究如何把一个需要非常巨大的计算能力才能解决的问题分成许多小的部分,然后再把这些部分分配给许多计算机进行处理,最后再把这些计算结果综合起来得到最终的结果。

分布式计算是利用互联网上中央处理器的闲置处理能力来解决大型计算问题的一种计算科学。

4. 云计算

云计算由 Google 公司于 2006 年提出,是一种新型的计算模式。它以服务的形式为用户提供各种计算资源,如服务器、存储资源和应用程序等。用户可以使用各种不同的客户端(如个人电脑、手机等)通过网络来访问云计算平台。

通过这种方式,用户无须在本机上安装需要的应用,而是通过如浏览器之类的工具来访问和使用位于云端的应用。云计算能即时响应用户需要的计算资源,即根据用户的需求供给或者回收相应的资源。

用户可以在开始时只申请一部分资源,当需求增加时,再向云服务供应商申请更多的计算资源。而当应用对资源的需求降低时,相应的资源将被回收。用户根据得到的计算资源和服务来付费,这种模式有效节约了系统计算资源和用户支出成本。

按照云计算提供的服务类型,可以将其分为三类。

(1)软件服务:即将应用软件提供给用户使用。用户根据自己的定制运行特定的应用程序,而无须管理或控制应用程序之下的平台或基础设施。这种服务具有很强的针对性,得到了广泛的应用。

(2)平台服务:即为用户提供计算平台。这个平台通常包括操作系统、程序执行环境、数据库和网络服务器等,相当于提供了一个应用程序的运行环境。用户可以在其中开发或者运行相应的应用程序,而资源的动态扩展和容错处理等则由此服务来负责。

(3)基础设施服务:即为用户提供底层硬件设备等基础资源,如存储、网络等。用户可以在其上安装自己需要的操作系统,进而部署应用程序。在此种服务中,用户负责对操作系统和其中的应用程序进行维护和管理。

按照云计算平台的部署方式,可以将其分为四类。

(1)公有云:在公有云中,云计算的各种服务面向普通用户、公司或各种组织。也就是说,它对服务对象没有特定限制,服务于所有外部用户,因此也被称作外部云。

(2)私有云:在私有云中,云计算仅为某个特定组织提供服务。它通常由该组织自己建立,并且不向外部提供服务,因此也被称作内部云。

(3)社区云:在社区云中,云计算为具有共同需求的多个组织提供服务。社区云介于公有云和私有云之间,例如,它可以应用在公司下属的所有分公司之间,或者某个企业的相关合作企业之间。

(4)混合云:混合云是以上至少两种云类型的组合形式。

智能交通有以下特点和需求：海量数据信息、应用负载波动大、高要求的信息实时处理性能、数据共享需求、高可用性及高稳定性要求。云计算可以动态地满足整体方案中各个应用系统针对交通行业的需求，如为基础设施建设、交通信息发布、交通企业增值服务、交通指挥提供决策支持，能够更好满足开发系统资源平台的需求，还能够快速满足突发系统的需求。

云计算在智慧交通中的应用具有明显优势：
(1) 超强计算能力；
(2) 通用性和易扩展性；
(3) 高可靠性；
(4) 按需提供服务；
(5) 节能减排。

四、交通系统仿真程序开发实例

1. 高速公路单向交通流仿真程序开发实例

1) 明确问题

首先，明确该仿真程序研究的目的与问题。一是该仿真程序主要针对高速公路上单向交通的高峰期所存在的交通问题进行分析，因此需要选取足够长的路段，满足仿真运行与实际情况的需要。二是只需输入单方向道路和出入口匝道的设计参数，由于是单向交通流的仿真，因此不需要考虑对向方向之间的影响，但需要考虑匝道的情况。三是由于是对高速公路系统进行仿真，因此宏观的系统模型复杂度较低，有研究较为成熟的宏观模型，方便仿真的进行。四是该问题是划分多时段研究不同情况下的高速公路实际运行情况，由于高速公路中单向交通流在运行过程中会出现不同车道之间的相互影响，产生排队现象，因此模型应对其进行描述。

2) 确定仿真方法适用性

在研究高速公路单向交通流问题时，确定一定的理论分析方法，如交通流理论等，在情况较为简单时，交通流理论的分析足以满足需要，但若要对系统进行长期模拟等操作，仿真的方式将更加适合。但仿真方法耗费时间和资金，因此需要着重对仿真程序进行运行效率的优化以及资金消耗的节约。故考虑进行分阶段开发，对不同的子问题分别采用合适的方式进行分析。

3) 问题系统化

对研究问题进行系统化，将其划分为系统的输入、输出，以及中间的处理环节三个部分，可以得到系统的一级流程图（图4-29）。

4) 数据收集和处理

为方便进行后续模型构建过程中的参数标定以及有效性检验等步骤，需要首先对仿真系统输入输出数据进行采集。针对本仿真系统，数据的收集和处理需要观测路段、入口匝道及出口匝道。具体的实施过程中，观测时将高速公路划分为若干路段，对不同路段分别进行观测有助于提高准确度与自检验过程。观测采用流动车法，并将观测时间选在下午高峰时段，作为具有一定特点的输入形式。具体需要注意观测以下内容：一是需要计算出基本路段和匝道的通行能力，进行现场观测，检验瓶颈处通行能力，作为仿真系统的重要参考依据；二是以15min为间隔对进入高速公路的车辆进行起讫点调查，这样可以明确系统外因素对系统产生的影响，作为系统的参数或输入对仿真进行模拟；三是根据观测绘制车速与负荷的关系图，进一步明确系统内各影响参数之间的关系;四是用浮动车法观测高速公路行程时间,这样可以最大限度地采集运行中车队的特征信息且不会对系统的正常运行产生较大影响;五是观测和获取那些已经产生排队的匝道的排队时间,通过排队长度和消散时间来推算,对排队匝道的观测可以帮助提高系统的稳定性。

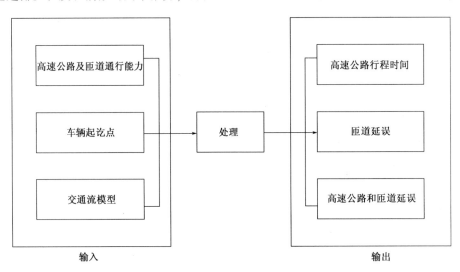

图 4-29 一级流程图

5) 建立数学模型

建立数学模型的过程就是建立第二级流程图,需要对系统的数据处理部分进行相关功能的细化,不同功能划分到不同的模块中。在本仿真系统中,主要包括入口匝道排队分析模块、入口匝道合流分析模块、行程状态计算模块、出口匝道排队分析模块等,这同样也是仿真系统运行流程。

仿真系统第二级流程如下:

数据读入模块输入数据;
进入一个新的分析时段,初始化计算数组;
入口匝道排队分析子程序;
计算高速公路每一路段的交通需求;
入口匝道合流分析子程序;
计算交织路段通行能力折减值;
对各路段交通需求与通行能力进行比较,并将交通需求限制在通行能力内;
根据上游主路排队情况,进一步限制路段交通量;
计算行程时间与距离;
出口匝道排队分析;
打印输出仿真分析结果;
判断所有时段是否均完成,否则返回初始化;
建立第三级流程图。

6) 参数估计

数学模型建立完成后,需要对模型中的参数进行估计,以保证系统能够以较为接近实际情况的输入条件运行。例如在本仿真中,对系统内的高速公路每一路段的交通需求进行估计、每一路段的服务能力进行估计等。

7) 模型评价

参数估计完成后,应对模型进行评价。

8) 编制程序

对已建立好且经过评价可以使用的数学模型进行编制,编写成应用程序以便后续实验的进行。

9) 模型确认

在进行模型确认之前首先进行模型校核。模型校核是指数据采用现场观测值,点样本检验仿真计算结果与手工计算结果是否吻合。如果计算出的交通拥挤开始和结束的时间与现场观测相差在±15min之内,则判定为高速公路的一个瓶颈路段。

(1) 模型标定。数据采用现场观测值,标定指标有瓶颈路段判定、行程时间和系统行为。模型标定依靠下列两个标准进行:一是对于每一时段高速公路上的行程时间,如果计算值与观测值相差±10%,则通过检验;二是如果高速公路交通流高峰值计算值与现场观测值相差±2%,则通过检验。

(2) 有效性检验。数据采用第二天高峰观测值,然后将计算数据与观测数据进行比较。如果三项指标均符合标定模型标定时的允许误差,则通过检验。

10) 仿真设计

设计仿真实验进行仿真。

11) 仿真结果分析

根据实际需要对仿真的结果进行分析。

2. 交通网络数据交通流仿真程序开发实例

1) 交通网络数据模型

所谓数据模型,是指一组实体和实体之间的关系。网络数据模型是真实世界中的网络系统(如交通网络、通信网络、煤气管网等)的抽象表示。构成网络的最基本元素是上述实体以及这些实体的连接交会点、网线或弧。

(1) 弧。弧构成网络的骨架,是资源传输通道或实体间连接的纽带,可以代表街道、河流、水管等,其状态属性包括阻力和需求、时间耗费、成本、速度等,人流量、物流量、信息量等则是需求的一些例子。

(2) 节点。节点是弧的端点或者交会点,可以表示交通运输枢纽、交叉口、中转站等,其状态属性同样包括阻力和需求等。节点中包括障碍、拐点、中心和站点等。障碍是禁止网络中弧上流动的点,对资源传输起阻断作用,不带状态属性数据;拐点出现在弧的交会点上,状态属性有阻力,如拐弯的时间和限制,这些数据可以细致地模拟资源流动时的转向特性;中心是接受或分配资源的位置,如仓库、火车站、商业中心等,其状态属性包括资源容量、阻力限额等;站点是在路径选择中资源增减的节点,如库房、车站等,其状态属性有需求和阻力。

2) 城市道路网络

城市道路网络由街道和交叉口构成,属于有形的物理结构,从图论的角度看,道路网络本身只是个无向图,街道只是起着连接交叉路口的作用,没有规定街道方向。交通网络是有方向的,有流向规则。在不引起混淆的情况下,一般不严格区分交通网络、道路交通网络、道路网络和路网这些概念。

节点-弧模型:该模型通常把一个交通系统分为若干分离的特定模式(方式)的子网。例如,一个城市交通系统一般可以分为个体交通网络(即道路网络)和一些公共交通网络(如巴士系统、地铁系统、通勤铁路系统等)。各个子网之间由换乘弧连接,这些弧代表交通模式之间的转换。

一个典型十字交叉口的表示方法主要包括单节点表示法、部分扩展法和完全扩展法等。

(1)单节点表示法(图4-30)。单节点表示形式简单,但它不能准确表达交叉口的一个重要属性,即不能表达以不同方向穿过交叉口时对应的转向信息。例如,交叉口左转可能花费的时间均要比右转或直行多;在交叉口还可能有转向限制,例如禁止左转。然而,这些信息均无法体现在单节点表示法中。

(2)部分扩展法(图4-31)。用4个虚拟节点来表示十字交叉口,每个节点表示交叉口的一个方向,并以连接各个节点的虚拟弧表示特定转向,弧长则对应转向延误。这种方法可以表示交叉口转向信息,但网络中增加了大量的节点和弧,导致计算时间和存储空间剧增,降低了系统运行效率。另外,这种方法还生成了一些实际上不存在的非法路径。

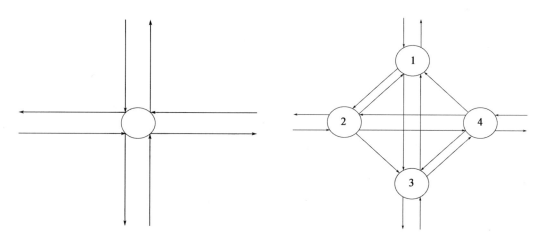

图4-30 单节点表示法　　　　　　图4-31 部分扩展法

(3)完全扩展法(图4-32)。通过将部分扩展法中的节点替换为虚拟节点,利用虚拟节点对交叉口的进出口方向进行标识,每个虚拟节点对应交叉口的一个进口或出口方向,并以连接各个节点的虚拟弧表示特定转向,弧长则对应转向延误。这种方法同样可以表示交叉口转向信息,同时克服了部分扩展法存在非法路径的弊端,但是需要增加更多的虚拟节点,导致计算时间和存储空间的进一步增加,降低了系统运行效率。

3)节点-弧模型表示公共交通网络

图4-33a)中节点代表公交站点,弧代表公交站点之间的线路区段;图4-33b)表示公交线路之间的换乘以及公交网络与其他网络之间的衔接,包含接入弧、离去弧和换乘弧。

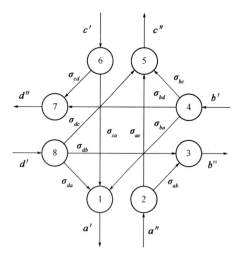

图4-32 完全扩展法

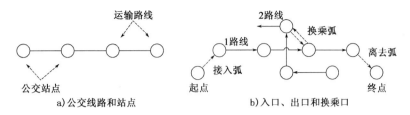

图 4-33 节点-弧模型

4) 节点-弧关系数据模型

支持节点-弧表示法(图 4-34)最常用的逻辑数据模型就是关系模型,包括弧表(表 4-5)、节点表(表 4-6)和转向表(表 4-7)。

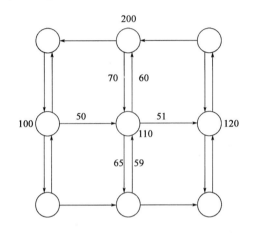

图 4-34 节点-弧关系数据模型

弧　表　　　　　　　　　　　　　　表 4-5

弧 ID	起 始 节 点	终 止 节 点	其 他 属 性
50	100	110	
51	110	120	
59	300	110	
60	110	200	
69	110	300	
70	200	110	

节　点　表　　　　　　　　　　　　表 4-6

节点 ID	属　　性
100	
110	
120	
200	
300	

转 向 表　　　　　　　　　　　　　　　表 4-7

起 始 弧	终 止 弧	阻 抗
50	60	-1
50	51	1
50	69	2
70	69	1
70	51	3
59	60	1
59	51	2

5) 支持关系结构组成部分

(1) 弧关系。包括网络中弧本身的信息以及它们相关的属性信息。必需的字段有弧 ID (关键字)、起始节点、终止节点等。起始节点和终止节点标识出弧的通行方向。可选字段通常有弧长度、自由流行程时间、基本流量、预测流量和费用函数等。

(2) 节点关系。通常包括节点 ID 和一些其他属性。

(3) 扩展关系。为了表达以不同方向穿过交叉口时的不同运行成本,需要对交叉点的表达进行扩展。这在关系数据模型中可以用转向表实现,转向表中每一条记录表示一个转向,还可以附加字段表示每个转向费用或者指向费用函数的指针,其中某些预定义的费用值(如负值)可用于表示转向限制。

6) 节点-弧模型的不足

图论以及离散数学结构表达网络的易操作性使得节点-弧网络模型得到广泛应用,用它表达的网络可以轻易地用传统的结构化编码方法实现存储和操作。但是,这种方法也有本质上的缺陷:

(1) 由平面嵌入所引起的表达困难,虽然可以通过放宽网络的拓扑关系或增加转向表来解决,但是前者会破坏数据库的完整性,后者会降低数据库的运行效率。

(2) 传统的网络模型假定弧均是同质的,也就是说,弧特性在它的两个端点之间是不发生变化的,这与交通应用中许多实际情况不符。如在路面管理中,一段给定的道路,其路面性质可以发生很大的变化。

(3) 对交通系统中实体之间的一对多的关系的表达存在困难。在交通系统中,现实/物理实体(如公路、交叉口、立交桥)与现实/逻辑实体(如国道、省道)之间往往是一对多的关系。

7) 交通网络流模型

网络流问题关注网络中物质和信息如何能够高效地流动和转移,通常分非拥挤网络和拥挤网络两种情形。

(1) 非拥挤网络意味着各个单位的流并不影响其他流,无须考虑流量之间的交互作用和拥挤效应,比较适合抽象网络。非拥挤网络流问题主要讨论在网络承载能力下流量最大和流动消耗最小两方面内容,也就是最大流和最小费用问题。

(2) 拥挤网络会达到饱和程度使得流量之间通过产生延误和其他与拥挤相关的费用以至于相互影响,通常对应物理网络,特别是交通网络。拥挤网络流问题主要讨论平衡交通分配。

本章思考题

1. 简要叙述交通系统仿真的作用。
2. 简要叙述常见的系统建模方法。
3. 简要叙述离散系统仿真的特点。
4. 简要叙述连续系统仿真的特点。
5. 简要叙述交通系统仿真的步骤。

第五章
交通系统仿真模型

第一节 道路设施模型

　　从建模的目的出发,根据模型对交通系统刻画的精细程度不同,我们可以将交通系统仿真模型划分为宏观交通仿真、中观交通仿真和微观交通仿真。由于微观交通仿真的研究对象精细到每个车辆的位置、速度、加速度等具体参数,更能真实的反映道路上车辆变道、跟驰、超车等微观行为,可以更为精细地在计算机上反映道路上的实际交通状况,因此,国内外均更侧重研究微观交通仿真技术在交通领域的应用。微观交通仿真模型基本上由两大部分组成:一部分是路网几何形状的精确描述,包括信号灯、检测器、可变标志等交通设施;另一部分是每辆车动态交通行为的精确模拟,这种模拟要考虑驾驶员的行为并根据车型加以区分。

　　以信号交叉口为例,一个完善的微观仿真模型,应该从两方面加以考虑。一方面是构成信号交叉口的各种要素,如构造各种信号交叉口几何线形、道路条件(包括车道数、车道宽度)、管制措施、车辆类型、车辆速度等。另一方面,如果想精确地描述信号交叉口处的车辆运动,应对车辆在信号交叉口处的运行特性进行仔细分析,根据这些运行特性建立精确的仿真模型,最大限度地通过仿真手段再现交叉口处的实际情况。其中,构成信号交叉口的各种要素就是属于道路设施模型的一部分。

道路设施模型主要用来描述道路的几何特征、车道划分、隔离带、路肩宽度、路面类型,以及固定交通设施的位置等。仿真系统的模型可划分为临时实体和永久实体。临时实体是只在仿真系统中存在一段时间,最终离开系统;永久实体则是在仿真系统中永久存在。道路设施模型中的车道、路肩、信号灯以及其他的道路附属设施便是永久实体。该模型以路段为对象描述道路设施及相关的物理参数。在路段模拟研究中对道路模型作了符合路段情况的简化。我们根据仿真过程中对象的参数是否发生变化可将道路设施模型划分为静态模型和动态模型。在系统模拟过程中,道路设施模型是最重要的静态模型,它给出模拟实验的基本框架,在道路信息数据库的帮助下,道路模型的建立十分简单、直观、灵活,加之与人车模型分离,为多次模拟、对比模拟提供了可能。当一次模拟运行启动后,道路模型不再发生变化。

一、道路设施模型的功能

(1)确定系统约束。交通仿真系统中提供的道路设施模型对系统起到边界约束、通行能力约束以及行为约束的功能。设置机动车车道、中央分隔带、路肩等模型将整个仿真作用的边界进行约束,动态模型只能在指定范围内模拟运行。车道几何尺寸以及功能划分等物理参数同样对车道的通行能力进行了限定。对于不同类型的驾驶员以及行人,其交通行为存在不同特征,因此仿真系统所实现的功能也会不同。

(2)定义被仿真道路系统的空间参照系——仿真元素位置。一般仿真实体在空间位置的参照系是地理坐标系,我们通过经纬度坐标可以确定仿真实体的位置。但地理坐标系是一种球面坐标,较难计算距离、方向角等参数,需将坐标系转换为笛卡尔平面直角坐标系。通过获得的坐标方便人们在仿真系统中确定道路的位置。

(3)根据道路几何线形、控制器作用范围、交叉口冲突规则等定义模型车辆运行拓扑轨迹等逻辑模型、逻辑规则。道路设施模型可以协调各种算法模型、动态模型、动态模型实例间逻辑操作,提高系统仿真效率,实现车辆运动行为的动画表现。

(4)记录和存储仿真系统所需的各种算法模型(车辆到达模型、信号灯控制模型、车辆跟驰模型等)。道路设施模型是系统中所有模型存在和协作推进的容器。

(5)道路设施模型可作为仿真系统运行的程序指令、信息、控制载体,是各种开放性编程空间、外部函数、算法的调度器。

(6)道路设施模型可存储并记录交叉口、控制器、检测器等各种动、静态计算参数信息、状态信息、统计信息等。

二、道路设施模型的构建

1.车道微观连续仿真模型

车道根据其功能和使用类型又可分为直行车道、左转车道、右转车道、非机动车道、可变道车道、人行道、混行车道以及出口车道。

连续系统的状态变量随时间变化而发生连续变化。比如一条路段,将其坡度作为状态变量,那么该路段组成的系统为连续系统。车道模型属于微观的连续仿真模型,在仿真系统中确定一个车道需要知道车道的位置、车道的宽度、车道的坡度、车道的类型、交通的流向,以及车道的最高速度等。车道元素相关函数见式(5-1):

$$L = f(C,K,P,A,D,V) \tag{5-1}$$

式中:L——车道元素;

C——车道位置,坐标表示,m;

K——车道宽度,m;

P——车道坡度,°;

A——允许通行的交通流类型;

D——交通流流向;

V——车道限速,km/h。

1) 车道位置

车道的位置可以根据笛卡尔直角坐标系来确定,通过 $a(x_1,y_1)$、$b(x_1,y_2)$、$c(x_2,y_2)$、$d(x_2,y_1)$ 四个点的坐标确定一条车道的位置(图 5-1)。一个车道组具有同样的交通特性(车道功能),具有一条共同的停止线,其通行能力由各种交通工具的通行能力组成。在 VISSM 仿真软件中车道是以车道组的形式存在的,软件通过使用连接器可以对车道组生成一条路段,从而完成对整个路段的描述。因此,车道位置的确定是通过定义整个车道组来确定的。

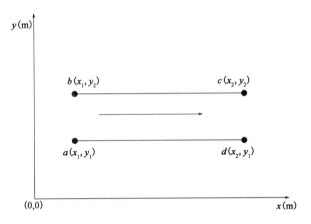

图 5-1 车道位置示意图

2) 车道宽度

根据《城市道路工程设计规范(2016 版)》(CJJ 37—2012)中对车道宽度做出的规定,一条机动车道最小宽度应符合表 5-1 的规定。

一条机动车道的最小宽度　　　　　　　表 5-1

车型及车道类型	设计速度(km/h)	
	> 60	≤ 60
大型车或混行车道(m)	3.75	3.50
小客车专用车道(m)	3.50	3.25

对于非机动车道的最小宽度,自行车道最小为 1m,三轮车最小为 2m。与机动车道合并设置的非机动车道,车道数单向不应小于 2 条,宽度不应小于 2.5m。非机动车专用道路面宽度应包括车道宽度及两侧路缘带宽度,单向不宜小于 3.5m,双向不宜小于 4.5m。

3) 车道坡度

车道的坡度为车道的起终点的高度差与水平距离的比值。在平面坐标系中加入 z 轴可以反映车道在空间中的高程变化。车道的坡度要满足城市道路的纵坡要求,对于机动车道的纵坡应符合表 5-2 的规定。

机动车道最大纵坡　　　　　　　　表 5-2

设计速度(km/h)		100	80	60	50	40	30	20
最大纵坡（%）	一般值	3	4	5	5.5	6	7	8
	极限值	4	5	6		7	8	

同时也应注意,新建道路应采用小于或等于最大纵坡一般值;改建道路、受地形条件或其他特殊情况限制时,可采用最大纵坡极限值。除快速路外的其他等级道路,受地形条件或其他特殊情况限制时,经技术经济论证后,最大纵坡极限值可增加 1.0%。积雪或冰冻地区的快速路最大纵坡不应大于 3.5%,其他等级道路最大纵坡不应大于 6.0%。道路最小纵坡不应小于 0.3%;当遇特殊困难纵坡小于 0.3% 时,应设置锯齿形边沟或采取其他排水设施。

4）允许通过的交通流类型和交通流向

为了达到预期的仿真效果,有时我们需要对某种类型的交通流进行限制。比如,公交车专用道只允许公交车行驶,限制小客车、货车等行驶。建立车道模型,要确定交通流的行驶方向,同时要避免车辆逆行等现象的出现。

5）车道限速

不同等级的城市道路对应的设计速度是不同的,限速的要求自然不同。车道速度设计值与道路等级对照表见表 5-3。

各级道路设计速度　　　　　　　　表 5-3

道路等级	快速路			主干路			次干路			支路		
设计速度（km/h）	100	80	60	60	50	40	50	40	30	40	30	20

同时,对于不同的路面情况,也有不同的限速规定。在道路上有限速标志的按限速标志行驶;没有限速标志,不同的情况有不同的限速要求。没有道路中心线的道路,城市道路限速为 30km/h,公路限速为 40km/h。同方向只有一条机动车道的道路,城市道路限速为 50km/h,公路限速为 70km/h。高速公路小型载客汽车最高车速不得超过 120km/h,最低不得低于 60km/h,同向有两条车道的,左侧车道的最低车速为 100km/h,同向有三条车道的,最左侧车道的最低车速为 110km/h,中间车道的最低车速为 90km/h。没有限速标志、标线的城市道路上最高车速不得高于 70km/h。乡村道路最高不得超过 60km/h。同方向划有两条以上机动车道的道路,没有限速标志、标线的,城市道路最高速度为 70km/h,封闭的机动车专用道和公路最高速度为 80km/h。在建模的过程中要针对不同道路条件对车道的速度进行限制。

2. 车道宏观连续仿真模型

宏观交通仿真系统对交通要素、实体、行为等细节描述要求较低,仿真过程通过速度-流量曲线来控制交通流的运行,以矩阵为主要研究对象,不考虑单个车辆的移动,它的主要参数是路段速度和交通流量。宏观交通仿真模型主要用于研究分析交通基础设施的新建与扩建、宏观管理措施及交通发展政策等。典型的宏观仿真问题有出行路径选择问题、交通流量分配问题等。宏观仿真模型一般用交通流流量、速度、密度等表达,主要用来描述整个路网的交通情况。对于车道,不再进行细节的刻画,而是对车道的通行能力以及交通流类型有要求。相对于微观仿真少了对车道宽度以及车道坡度的描述。其主要要素的表达式为

$$L = f(C, A, D, R, V) \tag{5-2}$$

式中：L——车道元素；
C——车道位置，坐标表示，m；
R——通行能力，pcu/h；
A——允许通行的交通流类型；
D——交通流流向；
V——车道限速，km/h。

交通规划关系到城市的未来发展，而宏观交通仿真是设计和评价交通规划方案的基本技术手段。其中，"四阶段"模型是宏观仿真系统最核心的理论，是国内仿真系统建立的最佳选择之一。所谓"四阶段"模型，实质上是将城市交通规划中需要完成的交通需求预测任务划分为4个子任务来依次完成，即出行生成预测、出行分布预测、交通方式分担率预测和交通量分配预测。在交通分配中，确定路径分配的一个重要的参数是路阻函数，较为广泛使用的是美国公路局提出的 BPR 函数，它反映了路段行驶时间和路段流量之间的关系，是宏观交通仿真的一个重要的参数。其表达式为

$$T = \frac{L_e}{V_f} \cdot \left[1 + \delta \left(\frac{q}{c}\right)^{\mu}\right] \tag{5-3}$$

式中：T——机动车在路段上的平均行程时间，s；
L_e——路段的长度，m；
q——路段机动车流量，pcu/h；
c——路段机动车通行能力，pcu/h；
V_f——自由流速度，m/s；
δ、μ——待定参数。

BPR 阻抗函数在使用上的一个缺点是无法确定 q 是否大于或等于 c 值。在网络模拟过程的某一时刻，很可能会出现某一路段被分配的交通流量超过了其通行能力。许多路段在接近通行能力下运营时，最有可能出现上述情况。但 BPR 函数之所以运用比较广泛，正是因为路段流量不受路段通行能力限制，这一特点使得流量分配时不需要检测即可解决，从而使分配算法大大简化。

3. 交通标志仿真模型

道路交通标志是向道路使用者提供有关道路交通系统信息的装置，它是现代道路上最基本最重要的安全设施之一，是无声的"道路语言"，它利用不同的图形、符号和文字传递给道路使用者确切的道路交通信息，使道路交通达到安全、畅通、节能和低公害的目的。城市道路交通标志具有三个基本的作用：一是在城市道路中起引导交通安全的作用，通过一系列的警示警告标志来提醒道路使用者在参与交通行为过程中应该遵守或注意的交通行为，进而达到防止和减少交通事故的目的；二是在城市道路中起限制和分配车流的作用，其作用突出在通过"限时""限速""限车型""禁左""禁右"等指路信息来实行道路交通管制，这些信息作为实施管制措施的工具能起到有效的分配和均衡车流的作用，使道路保持畅通，并达到最大通行能力；三是在城市道路中为交通参与者提供最直接准确的向导服务，引导人们合理选择出行时间和出行路线，从而减少出行延误时间和避免增加行驶里程。

在宏观离散仿真中，不存在交通标志元素设置，交通标志所表达的信息通过调整车道属性或者连线拓扑结构实现。对于在微观仿真系统中，确定一个交通标志，需要知道该交通标志的类型，支撑方式以及放置的位置。交通标志元素的表达式为

$$B = f(\alpha, \beta, \gamma) \tag{5-4}$$

式中：B——交通标志元素；
α——交通标志类型；
β——交通标志支撑方式；
γ——交通标志设置位置，坐标表示，m。

1）交通标志

道路设施模型中就包括设置路旁的交通标志牌，可以通过3D建模形成固定的交通标志，根据仿真环境的需求放置在合适的位置。交通标志标线仿真是在交通仿真系统中针对不同种类标志标线的位置、尺寸、形状和功能等方面进行仿真。其模型按生成方式可划分为两种：一种是在路段和交叉口的生成过程中，相关的交通标志标线模型会自动生成，即系统默认产生；另一种是人工添加。

道路交通标志分为主标志和辅助标志两大类。主标志又分为警告标志、禁令标志、指示标志、指路标志、旅游区标志、作业区标志和告示标志七种。

（1）警告标志。用以警告车辆、行人注意危险地点的标志。颜色为黄底、黑边、黑图案，形状为顶角朝上的等边三角形。

（2）禁令标志。用以禁止或限制车辆、行人交通行为的标志。除个别标志外，颜色为白底，红圈、红杠、黑图案、图案压杠，形状为圆形、八角形、顶角朝下的等边三角形；设置在需要禁止或限制车辆、行人交通行为的路段或交叉口附近。

（3）指示标志。用以指示车辆、行人应遵守的标志。颜色为蓝底、白图案，形状分为圆形、长方形和正方形；设置在需要指示车辆、行人行进的路段或交叉口附近。

（4）指路标志。用以传递道路方向、地点、距离信息的标志。颜色除里程碑、百米桩外，一般为蓝底、白图案；高速公路一般为绿底、白图案；形状除地点识别标志、里程碑、分合流标志外，一般为长方形和正方形；设置在需要传递道路方向、地点、距离信息的路段或交叉口附近。

（5）旅游区标志。用以提供旅游景点方向、距离的标志。颜色为棕色底、白色字符图案，形状为长方形和正方形。旅游区标志又可分为指引标志和旅游符号两大类，设置在需要指示旅游景点方向、距离的路段或交叉口附近。

（6）作业区标志。用以通告道路交通阻断、绕行等情况，一般应和其他作业区交通安全设施配合使用。

（7）告示标志。用以解释、指引道路设施、路外设施，或者告示有关道路交通安全法和道路交通安全法实施条例的内容。一般为白底、黑字、黑图形、黑边框，版面中的图形标志如果需要可采用彩色图案。

辅助标志设置在主标志下，对其进行辅助说明。辅助标志是在主标志无法完整表达或指示其内容时，为维护行车安全与交通畅通而设置的标志，为白底、黑字、黑边框，形状为长方形，附设在主标志下，起辅助说明作用。

2）交通标志的支撑方式

交通标志支撑方式可分为柱式、悬臂式、门架式、附着式四种。交通标志支撑方式应根据交通量、车型构成、车道数、沿线构造物分布、风荷载大小，以及路侧条件等因素综合确定。

（1）警告、禁令、指示标志和小尺寸指路标志宜采用单柱式支撑方式，中、大型指路标志可采用双柱或多柱式支撑方式。

（2）当符合下列条件时，根据需要可采用悬臂式或门架式等悬空支撑方式（版面内容少时,宜采用悬臂式)。

①交通量达到或接近设计通行能力时;
②互通式立交的设计很复杂时;
③单向有 3 条或 3 条以上车道时;
④互通式立体交叉间距较近时;
⑤出口为多车道时;
⑥大型车辆所占比例很大时;
⑦穿越多个互通式立体交叉、为保持标志信息设置位置的一致性时;
⑧路侧安装空间不足或受遮挡时;
⑨连接两条高速公路之间的枢纽互通时;
⑩出口匝道为左向出口时;
⑪平面交叉口标志或位于互通式立体交叉减速车道起点处的出口预告标志。

(3)公路沿线设置有上跨天桥等构造物,路侧设置有高挡土墙、照明灯杆等时,交通标志在满足公路建筑限界要求的前提下,可以采用附着式支撑方式。

三、道路设施的计算机图形模型

当采用图形动画演示仿真运算时,要求道路设施能够在计算机屏幕上显示,因此,就需要建立道路图形模型。早期受计算机硬件及操作系统的限制,人们广泛使用视频图形阵列(Video Graphics Array, VGA)图形适配器,当设置图形模型为 640dpi×480dpi 的显示方式时,水平像素为 640dpi,垂直像素为 480dpi。假设水平方向一个像素代表 0.5m,垂直方向一个像素代表 0.2m,那么在屏幕上只能显示 320m 长的路段。为延长屏幕显示的路段长度,我们一般采用如下两种方法。

1)改变比例尺

普通小汽车长度约为 5m,为了保证能够显示出小汽车的运行,我们一般将小型车用 2 个像素描述,即每个像素代表 2.5m,那么屏幕最多可显示道路长度极限能力是 1660m。

2)分段显示

当仿真较长的路段时,为了延长屏幕上的道路长度,我们可以采用分段显示的方式,即将一条道路分为若干条首尾相连接的小路段,由上至下,同时显示在屏幕上。

四、信号交叉口图形模型示例

道路模型是整个仿真研究的基础,交叉口的几何模型通常用矢量图方式直观描述。表 5-4 列出了交叉口仿真模型的子模型、作用和属性。

交叉口仿真模型　　　　　　　　　　　　　表 5-4

几何子模型	作用及属性信息功能
交叉口几何参数	记录入口道路宽度、方向、纵坡等几何参数
车道几何参数	车道方向、宽度;限制速度、距离
控制器、检测器作用几何参数	控制器、检测器位置及作用对象
交叉口周边环境综合模型	其他相关道路信息
仿真运行参数存储模型	记录仿真实验过程中与道路几何模型相关的参数与结果

只有几何模型不能完整描述交叉口,还需建立有关道路模型的逻辑模型,用以定义动态模型运行的方向、路径连通、选择和关系等车辆模型在仿真空间发展的逻辑。车辆正常运行形成的轨迹受到道路条件、控制器作用、车辆相互作用等因素的影响,具有特定的流体网络逻辑关系。

第二节 车辆生成模型

一、交通流统计模型

车辆的到达在某种程度上具有随机性,描述这种随机性的统计规律有两种方法:一种是以概率论中的离散型分布为工具,考虑在一段固定长度的时间内到达某场所的交通数量的波动性,如使用泊松分布、二项分布、负二项分布等来描述车辆的到达;另一种方法是以概率论中的连续型分布为工具,研究上述事件发生的时间间隔的统计特性,如使用负指数分布、移位的负指数分布、韦布尔分布、埃尔朗分布等来描述车头时距的统计特性。

1. 离散型分布

描述一定时间间隔内到达车辆、人员等的统计规律。在每个时间区间内到达某地车辆数的概率分布,又称到达分布。车流密度不大,且不受其他干扰因素的影响时,计数分布符合泊松分布;交通拥挤、车辆连续行驶时,计数分布符合二项分布或广义泊松分布;交通受周期性干扰(如受交通信号的干扰)时,计数分布则符合负二项分布。

1) 泊松分布

泊松分布的适用条件为车流密度不大、车辆间相互影响。其他外界干扰因素基本上不存在,即车流是随机的。其基本公式为

$$P(k) = \frac{(\lambda \cdot t)^k \cdot e^{-\lambda \cdot t}}{k!} = \frac{m^k e^{-m}}{k!}, \lambda \cdot t = m \quad (k = 0,1,2,\cdots,n) \tag{5-5}$$

式中:$P(k)$——在计数间隔 t 内到达 k 辆车或 k 个人的概率;

λ——单位时间间隔的平均到达率,辆/s 或人/s;

t——每个计数间隔持续的时间(距离),s(m)。

令 $m = \lambda \cdot t$ 为分布参数,表示在计数间隔 t 内平均到达的车辆数,泊松分布的均值和差均为 $\lambda \cdot t$。判断条件为观测数据的均值($E = m$)和方差($D = m$)比值显著不等于 1.0 时,就是泊松分布不适合的表征。由此可得递推式:

$$P(0) = e^{-m} \tag{5-6}$$

$$P(k+1) = \frac{m}{k+1} P(k) \tag{5-7}$$

则到达数小于 k 辆车(人)的概率:

$$P(<k) = \sum_{i=0}^{k-1} \frac{m^i \cdot e^{-m}}{i!} \tag{5-8}$$

到达数小于或等于 k 的概率:

$$P(\leq k) = \sum_{i=0}^{k} \frac{m^i \cdot e^{-m}}{i!} \tag{5-9}$$

到达数大于 k 的概率：

$$P(>k) = 1 - P(\leq k) = 1 - \sum_{i=0}^{k} \frac{m^i \cdot e^{-m}}{i!} \tag{5-10}$$

到达数大于或等于 k 的概率：

$$P(\geq k) = 1 - P(<k) = 1 - \sum_{i=0}^{k-1} \frac{m^i \cdot e^{-m}}{i!} \tag{5-11}$$

2) 二项分布

二项分布的适用条件是车流比较拥挤、自由行驶机会不多的车流。其基本公式为

$$P(k) = C_n^k \left(\frac{\lambda \cdot t}{n}\right)^k \left(1 - \frac{\lambda \cdot t}{n}\right)^{n-k} \quad (k = 0, 1, 2, \cdots, n) \tag{5-12}$$

令 $p = \frac{\lambda \cdot t}{n}$ 为分布参数，二项分布的均值和方差分别为

$$M = n \cdot p, D = n \cdot p(1 - P) \quad (M > D) \tag{5-13}$$

判断条件为观测数据的方差和均值比值显著大于 1.0 时，就是二项分布不适合的表征。递推公式：

$$P(0) = (1 - p)^n \tag{5-14}$$

$$P(k+1) = \frac{n-k}{k+1} \frac{p}{1-p} P(k) \tag{5-15}$$

$$p = \frac{\lambda \cdot t}{n} \tag{5-16}$$

3) 负二项分布

负二项分布的适用条件是到达量波动大的车流，当到达的车流波动性很大或以一定的计算间隔观测到达的车辆数（人数）其间隔长度一直延续到高峰期间与非高峰期间两个时段时，所得数据可能具有较大的方差。基本公式为

$$P(k) = C_{k+\beta-1}^{\beta-1} \cdot p^\beta \cdot (1-p)^k \quad (k = 0, 1, 2, \cdots, n) \tag{5-17}$$

式中：p, β——负二项分布参数，$p = \frac{\lambda t}{n}$；$0 < p < 1$，β 为正整数。

负二项分布的均值和方差分别为 $E = \frac{\beta \cdot (1-p)}{p}$，$D = \frac{\beta \cdot (1-p)}{p^2}$。判断条件为观测数据的方差和均值比值显著小于 1.0 时，就是负二项分布不适合的表征。推导式为

$$P(0) = p^\beta \tag{5-18}$$

$$P(k) = \frac{k+\beta-1}{k}(1-p) \cdot P(k-1) \tag{5-19}$$

2. 连续型分布

交通流中一般描述事件之间时间间隔的分布常用连续型分布，如描述车头时距、穿越空档、速度等交通流特性的分布特征。

1) 负指数分布

当描述有充分超车机会的单列车流和密度不大的多列车流的车头时距分布时，常选用负指数分布。当车辆到达符合泊松分布，则车头时距就是负指数分布，计数间隔 t 内没有车辆到达（$k = 0$）的概率为：

$$p(0) = e^{-\lambda \cdot t} \tag{5-20}$$

式(5-20)表明,在具体的时间间隔 t 内,如无车辆到达,则上次车到达和下次车到达之间,车头时距至少有 ts。换句话说,$p(0)$ 也是车头时距等于或大于 ts 的概率,于是得:

$$p(h > t) = e^{-\lambda \cdot t} \tag{5-21}$$

式中:$p(h > t)$ ——车头时距 h 大于 t 的概率;
　　　　λ ——车流的平均到达率,辆/s。

负指数分布适用于车辆到达是随机的、有充分超车机会的单列车流和密度不大的多列车流情况,通常认为当每小时每车道的不间断交通流量在 500 辆时是适合的。同时,车头时距越小,出现的概率越大。但在限制超车的情况下是不能出现的,这也是其局限性,因为车头间距至少应为一个车身长,车头时距必须有一个大于零的最小值,所以负指数局限于研究多车道的车流。

2) 移位负指数分布

在描述不能超车的单列车流的车头时距分布和车流量低的车流的车头时距分布时,常选用移位的负指数分布,其基本公式为

$$P(h \geq t) = e^{-\lambda \cdot (t-\tau)} \quad (t \geq \tau) \tag{5-22}$$

$$P(h < t) = 1 - e^{-\lambda \cdot (t-\tau)} \quad (t \geq \tau) \tag{5-23}$$

其概率分布函数为

$$f(t) = \begin{cases} \lambda' \cdot e^{-\lambda' \cdot (t-\tau)}, & t \geq \tau \\ 0, & t < \tau \end{cases} \tag{5-24}$$

式中:$\lambda' = \dfrac{1}{\bar{t} - \tau}$,其中 $\bar{t}$ 为平均车头时距,单位为 s。

服从移位负指数分布的车头时距,越接近 τ,其出现的可能性越大,这在一般情况下是不符合驾驶员的心理习惯和行为特点的。从统计的角度看,具有中等反应灵敏度的驾驶员占大多数,他们行车时是在安全条件下保持较短的车头时距,只有少部分反应特别灵敏或较冒失的驾驶员才会不顾安全地去追求较小的车间距离。因此,车头时距的概率密度曲线一般是先升后降的。为了克服移位负指数分布的这种局限性,我们可采用更通用的连续型分布,如埃尔朗分布、皮尔逊Ⅲ分布、对数正态分布、韦布尔分布等。

二、均匀分布随机数的产生及检验

1. 均匀分布随机数性质

1) 基本概念与定理

定义:设随机变量 $\eta \sim F(x)$,则称随机变量 η 的随机抽样序列 $\{\eta_i\}$ 为分布 $F(x)$ 的随机数。若 $\eta \sim [a,b]$ 为该区间的均匀分布,则称 $\eta_1,\eta_2,\cdots$ 为区间 $[a,b]$ 上的均匀分布随机数。$U(0,1)$ 性质如下:

(1) 均匀性。若将区间 $(0,1)$ 分成 n 个等长子区间,则在每一个子区间内得到的观察期望值应是 N/n,N 是观察总数。

(2) 独立性。每个观察值落入某一个子区间的概率和前一个观察值无关。

2) 产生随机数的方法

随机数产生方法的研究已经有很长的历史,至今仍有统计学者继续研究随机数产生的方

法和理论。

（1）手工方法。这是随机数产生的最早方法,即采用抽签、掷骰子、抽牌、摇号或从搅乱的罐子中取带数字的球等方法。

（2）随机数表方法。该方法需要大量的随机数,显然用手工的方法不能满足模拟计算的需要。兰德(RAND)公司利用电子装置产生了含有一百万个数字的随机数表,制作这样大的表目的是适应在用实验概率程序解决问题的过程中,对随机数日益增长的需要。在电子计算机产生之前人们就是利用这些随机数表进行统计模拟计算。

（3）物理方法。随着计算机和模拟方法的广泛应用,用计算机产生随机数成为新的课题。在计算机上安装一台物理随机数发生器,把具有随机性质的物理过程变换为随机数,使用物理随机数发生器在计算机上可以得到真正的随机数,随机性和均匀性均俱佳,而且是取之不尽用之不竭的。但是此方法也有一些缺点,其中最重要的是我们不能产生同原来完全相同的随机数,对计算结果不能进行复算检查。加上物理随机数发生器的稳定性经常需要进行检查和维修,因而大大降低了这种方法的使用价值。计算机程序法生成随机数的要求:产生随机数的速度足够快,节省仿真时间和机时费用产生的随机数可以复现,应有足够长的周期占用计算机内存尽可能的少。

（4）数学方法。它是利用数学递推公式来产生随机数的。它是目前使用广泛、发展很快的一类方法。它的特点是占用内存少、速度快又便于计算。

2. 线性同余发生器

线性同余方法(Linear Congruential Method),是莱默于 1951 年提出来的,是一种能产生具有不连续的伪随机序列的分段线性方程的算法,它属于最古老和最知名的伪随机序列生成器算法之一,其理论相对容易理解,是利用数论中的同余运算来产生随机数,其递推公式为

$$x_{i+1} = (ax_i + c)(\mathrm{mod}\, m) \tag{5-25}$$

$$r_i = \frac{x_i}{m} \tag{5-26}$$

式中：mod——求余数；

x_i——种子；

a——常量；

c——增量；

m——模。

r_i 为归一化处理,得到 0 到 1 之间的随机数。

线性同余法的特点有 $0 \leq x_i \leq m+1$；适当选取 m、a、c 可使 x 循环,无论 x_i 取何值,其循环顺序相同,其循环周期称为发生器周期。记为 p。若 $p = m$,则称之为满周期。适当选取 m、a、c 可保证 x_i 在 [0,1] 区间上一个周期内每个整数正好出现一次,从而保证了均匀性；为提高 r_i 的均匀性,要求加大 m 的值。

1）混合线性同余发生器

当式(5-25)中的参数 $c > 0$ 时,称之为混合线性同余发生器。适当选取 m、a、c,可以达到满周期。下面是经检验认为满意的混合线性同余发生器公式：

$$x_{i+1} = (5^{15}x_i + 1)(\mathrm{mod}\, 2^{35}) \tag{5-27}$$

$$r_i = \frac{x_i}{2^{35}} \tag{5-28}$$

2）乘法线性同余发生器

当 $c = 0$ 时，称之为乘法线性同余发生器，乘法线性同余发生器达不到满周期，但是适当选取 m、a、c，可以达到四分之一的满周期。下面是经检验认为满意的乘法线性同余发生器公式：

$$x_{i+1} = (30517578125 x_i)(\mathrm{mod}\, 2^{35}) \tag{5-29}$$

$$r_i = \frac{x_i}{2^{35}} \tag{5-30}$$

3. 非线性同余发生器

20 世纪 80 年代末开始，许多学者已经开始讨论非线性同余发生器，其递推公式的一般形式为

$$x_{i+1} = f(x_i)(\mathrm{mod}\, m) \tag{5-31}$$

$$r_i = \frac{x_i}{m} \tag{5-32}$$

$x_i \in Z_m = \{0, 1, \cdots, m-1\}$，而 f 是 Z_m 上的一个整数函数。若 $f(x_i) = ax_i + c$，则为线性同余发生器。在非线性同余发生器中 f 通常是 Z_m 上的一个排列多项式，这时有 $\{f(0), f(1), \cdots, f(m-1)\} = Z_m$。

1）逆同余发生器

逆同余发生器，是非线性同余发生器中用途最广的一种随机数发生器。其递推公式为

$$x_{i+1} = (\bar{a}x_i + b)(\mathrm{mod}\, m) \tag{5-33}$$

$$r_i = \frac{x_i}{m} \tag{5-34}$$

其中，对于 $c \in Z_m$（m 为素数），定义 $c\bar{c} = 1\,\mathrm{mod}\, m$ 且 $\bar{c} \in Z_m$（若 $c = 0$，定义 $\bar{c} = 0$），这时 $\bar{c}$ 为 c 关于模 m 的乘法逆。

2）二次同余发生器

其递推公式为

$$x_i = (ax_{i-1} + bx_{i-1} + c)\,\mathrm{mod}\, m \tag{5-35}$$

$$r_i = \frac{x_i}{m} \tag{5-36}$$

式中：b——非负常量。

3）三次同余发生器

其递推公式为

$$x_i = (ax_{i-1}^3 + bx_{i-1}^2 + cx_{i-1} + d)\,\mathrm{mod}\, m \tag{5-37}$$

$$r_i = \frac{x_i}{m} \tag{5-38}$$

式中：d——非负常量。

4. 组合发生器

组合发生器是采用两个或多个随机数发生器以某种方式进行组合而形成的发生器,其产生的随机数有更好的随机性,更长的周期,统计性质更优。最著名的组合发生器是由 MacLaren 和 Marsaglia 设计的组合线性同余发生器,其原理是通过第二个线性同余发生器来扰乱第一个线性同余发生器产生的随机数,从而得到最终的结果。Gebhardt 也证明了这种组合发生器的随机性增强,周期增大的性质。组合发生器有以下 2 种方法实现。

(1)方法一。首先,从第一个发生器产生 k 个 $Z_i(U_i)$,得到数组 $U = (U_1, U_2, \cdots, U_k)$ 或 $Z = (Z_1, Z_2, \cdots, Z_k)$;然后,用第二个随机数发生器产生在 $[1, k]$ 区间上均匀分布的随机整数 I;然后,以 I 作为数组 U(或 Z)的元素下标,将 U_I 或 Z_I 作为组合发生器产生的随机数,然后从第一个发生器再产生一个随机数来取代 U_I 或 Z_I,依次下去。

(2)方法二。设 $Z_i^{(1)}$ 与 $Z_i^{(2)}$ 分别是由第一个与第二个线性同余发生器产生的随机数,则令 $Z_i^{(2)}$ 的二进制表示的数循环移位 $Z_i^{(1)}$ 次,得到一个新的位于 0 到 $m-1$ 间的整数 $Z_i'^{(2)}$;然后将 $Z_i^{(1)}$ 与 $Z_i'^{(2)}$ 的相应二进制位"异或"相加得到组合发生器的随机变量 Z_i,且令 $U_i = Z_i/m$。

5. 统计检验常用方法

随机数的好坏如何,即其性质究竟与 $[0,1]$ 区间上均匀分布的随机变量的简单随机样本性质有无显著差异,是一个很重要的问题。如果有显著差异,则以这种随机数发生器产生的随机数为基础的随机变量所抽得的样本,实际上这样不能反映该随机变量的性质,从而所得随机模拟的最后结果将是不可靠的。因此,对随机数进行检验,将是很重要的工作。检验主要有以下 3 个方面。

(1)参数检验。均匀随机数的参数检验是检验由某个发生器产生的随机数序列 $\{r_i\}$ 的均值、方差和各阶矩等与均匀分布的理论值是否有显著的差异。

(2)均匀性检验。随机数的均匀性检验又称频率检验,它是来检验由某个发生器产生的随机数序列 $\{r_i\}$ 是否均匀地分布在 $[0,1]$ 区间上。也就是检验经验频率与理论频率的差异是否显著。

(3)独立性检验。主要检验随机数序列 $r_1, r_2, \cdots, r_n$ 之间统计相关性是否显著。

6. 参数检验

设有 N 个随机数 $u_1, u_2, \cdots, u_N$,$\bar{u} = \frac{1}{N}\sum_{i=1}^{N} u_i$,$s^2 = \frac{1}{N-1}\sum_{i=1}^{N}(u_i - \bar{u})^2$,若 u_i 为 $[0,1]$ 上均匀分布随机数列,可假设 $E(\bar{u}) = \frac{1}{2}$,$V(\bar{u}) = \frac{1}{12}$。

$$V_1 = \frac{\bar{u} - E(\bar{u})}{\sqrt{V(\bar{u})}} = \sqrt{12}\left(\bar{u} - \frac{1}{2}\right) \sim N(0,1) \tag{5-39}$$

$$V_2 = \frac{S^2 - E(S^2)}{\sqrt{V(S^2)}} = \sqrt{180}\left(S^2 - \frac{1}{12}\right) \sim N(0,1) \tag{5-40}$$

当 N 足够大时 V_1、V_2 近似服从正态分布,取显著性水平 $\alpha = 0.05$,从 N 个观察值算 $|V_1|$ 和 $|V_2|$ 的值。当 $|V_1| < 1.96$ 时,接受 $E(\bar{u}) = \frac{1}{2}$ 及 $V(\bar{u}) = \frac{1}{12}$ 的假设,否则拒绝以上假设。

当 $|V_2| < 1.96$ 时,接受原假设,否则拒绝以上假设。

7. 均匀性检验

随机数的均匀性检验又称频率检验,均匀性检验是校验所产生的随机数落在各子区间的频率和理论频率之间的差异是否显著。

1)χ^2 检验

卡方检验就是统计样本的实际观测值与理论推断值之间的偏离程度,实际观测值与理论推断值之间的偏离程度就决定卡方值的大小。如果卡方值越大,二者偏差程度越大;反之,二者偏差越小;若两个值完全相等时,卡方值就为0,表明理论值完全符合。

χ^2 检验法首先将[0,1]区间分成 k 个相等的子区间,然后产生总数为 N 的随机数作为样本,设落在第 i 个子区间的随机数的实际频数为 n_i。根据均匀分布的假设,所产生的随机数落在每个子区间的理论频率皆为 $\frac{1}{k}$,即落在第 i 个子区间的理论频数为 $m_i = \frac{N}{k}$,由此可求得 χ^2 统计量:

$$\chi^2 = \sum_{i=1}^{k} \frac{(n_i - m_i)^2}{m_i} = \frac{k}{N} \sum_{i=1}^{k} \left(n_i - \frac{N}{k}\right)^2 \tag{5-41}$$

当样本量足够大时,χ^2 值近似服从 $k-1$ 自由度的 χ^2 分布。查 $\chi^2_{k-1,1-\alpha}$,$\chi^2 > \chi^2_{k-1,1-\alpha}$ 时拒绝均匀分布的假设,显著性水平 α 一般取 $0.01 \sim 0.05$。检验步骤为

(1)原假设 H_0:给定随机数发生器产生的 U_i 是独立同分 $U(0,1)$ 的随机变量。

(2)将[0,1]分成 k 个等长的子区间。

(3)由该随机数发生器产生 N 个随机数 U_i。

(4)统计计算在每个子区间上的随机数的个数 $n_j(j=1,2,\cdots,k)$。

(5)计算 $\chi^2 = \sum_{i=1}^{k}(n_i - N/k)^2/(N/k)$。

(6)在原假设条件下,χ^2 接近 $k-1$ 自由度的 χ^2 分布。规定显著性水平 α,若 $\chi^2 > \chi^2_{k-1,1-\alpha}$ 则拒绝 H_0;否则不拒绝 H_0。

2)科尔莫戈罗夫-斯朱尔诺夫检验(K-S 检验)

科尔莫戈罗夫-斯朱尔诺夫检验(K-S 检验),是将拟合的分布函数 $\hat{F}(x)$ 与由观测数据定义的实验分布函数 $\tilde{F}(x)$ 进行比较。在 K-S 检验中,观测数据的实验分布函数采用如下定义。

设观测数据为 $x_1, x_2, \cdots, x_n$,其实验分布函数为

$$\tilde{F}_n(x) = \frac{(x_i \leq x) \text{数据的个数}}{n} \quad (\text{对所有 } x) \tag{5-42}$$

式中:$\tilde{F}(x)$——右连续的阶跃函数。

K-S 检验是根据 $\tilde{F}(x)$ 与 $\hat{F}(x)$ 的接近程度来决定原假设 H_0,评价接近程度的指标是采用 $\tilde{F}(x)$ 与 $\hat{F}(x)$ 之间的最大距离 $D_n = \sup_x \{|\tilde{F}(x) - \hat{F}(x)|\}$,若 D_n 超过规定的临界值 $d_{n,1-\alpha}$(其中 α 是要求的检验水平),则拒绝 H_0,否则不拒绝 H_0。临界值 $d_{n,1-\alpha}$ 依赖于所假设的分布 $\hat{F}(x)$。

8. 独立性检验

独立性检验是检查一个序列的随机数是否存在相关性。独立性检验中常用的方法有相关系数检验Ⅰ、相关系数检验Ⅱ、列联表检验和游程检验。下面只介绍相关系数检验Ⅰ。

两个随机变量的相关系数反映它们之间线性相关程度,若两个随机变量独立,则它们的相关系数必为0,反之不一定。故可以利用相关系数来检验随机数的独立性。

设给定随机数列 $u_1,u_2,\cdots,u_N$,前后相距为 k 的样本的相关系数的估计值为 $\hat{\rho}_k$,则有:

$$\hat{\rho}_k = \frac{\frac{1}{N-K}\sum_{i=1}^{N-K}u_i \cdot u_{i+k} - (\bar{u})^2}{\frac{1}{N}\sum_{i=1}^{N}(u_i - \bar{u})^2} \quad (K=1,2,\cdots,m) \tag{5-43}$$

若 k 阶自相关系数为0,则 $\rho_k = 0$,则统计量 $V_k = \hat{\rho}_k\sqrt{N-k} \sim N(0,1)$,在 N 充分大时服从 $N(0,1)$ 分布,因此,给定显著性水平 $\alpha = 0.05$,按式(5-43)可以计算前后相距为 $k = 1,2,\cdots$ 的各阶相关系数的估计值 $\hat{\rho}_1,\hat{\rho}_2,\cdots,\hat{\rho}_m$。若统计量 $|V_k| > 1.96$,则拒绝相关系数 $\rho_k = 0$ 的假设。($K = 1,2,\cdots,m$;在实际检验中,m 一般取10到20)

检验步骤为:

(1)原假设 H_0:给定随机数发生器产生的 u_i 是独立同分布 $u(0,1)$ 随机变量,即 $\rho = 0$。

(2)由该随机数发生器产生 N 个 u_i,并计算 $\hat{\rho}_k$。

(3)若 $N-K$ 充分大(一般要求 >50),取统计量 $\mu = \hat{\rho}_k\sqrt{N-K}$ 渐近服从标准正态分布 $N(0,1)$。

(4)给定显著性水平 α,记 $Z_{1-\alpha}$ 为 $N(0,1)$ 的上 $1-\alpha$ 的临界点,则当 $|\mu| > Z_{1-\alpha}$,拒绝 H_0;当 $|\mu| \leq Z_{1-\alpha}$,不拒绝 H_0。

二、随机变量的产生原理

仿真对产生随机变量方法的要求:准确性,即由这种方法产生随机变量应准确地具有所要求的分布;快速性,即离散事件仿真一次运行往往需要产生几万甚至几十万个随机变量。

下面介绍4类最常用的产生随机变量的方法:反变换法,组合法,卷积法和舍选法。

1. 反变换法

反变换法是最常用且最直观的使用方法,它以概率积分变换定理为基础。

1)连续随机变量的反变换法(图5-2)

定理:设 $F(x)$ 是连续且严格单调上升的分布函数,它的反函数存在,且记为 $F^{-1}(x)$,即 $F(F^{-1}(x)) = x$。若随机变量 ξ 的分布函数为 $F(x)$,则 $F(\xi) \sim U(0,1)$;若随机变量 $R \sim U(0,1)$,则 $F^{-1}(R)$ 的分布函数为 $F(x)$。

上述定理中给出的构造分布函数为 $F(x)$ 的随机数的方法:取 $U(0,1)$ 随机数 $\eta_i(i=1,2,\cdots,n)$,令 $\xi_i = F^{-1}(\eta_i)$,$\xi_i(i=1,2,\cdots)$ 就是 $F(x)$ 的随机数。如果 $\eta_1,\eta_2,\cdots$ 相互独立,则 $\xi_1,\xi_2,\cdots$ 也相互独立。

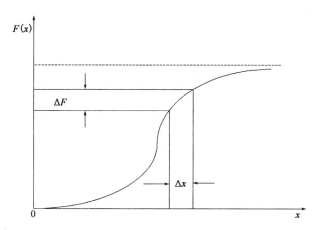

图 5-2　连续分布函数的反变换法

随机变量概率分布函数 $F(x)$ 的取值范围为 $[0,1]$，现以在 $[0,1]$ 上均匀分布的独立随机变量作为 $F(x)$ 的取值规律，则落在 Δx 内的样本个数的概率就是 ΔF；从而随机变量 x 在区间 Δx 内出现的概率密度函数的平均值为 $\Delta F/\Delta x$。当 Δx 趋于 0 时，其概率密度函数就等于 $\mathrm{d}F/\mathrm{d}x$，即符合原来给定的密度分布函数，满足正确性要求。

2）离散随机变量的反变换法（图 5-3）

设离散随机变量 x 分别以概率 $p(x_1)$，$p(x_2)$，$\cdots$，$p(x_n)$ 取值 $x_1,x_2,\cdots,x_n$，其中 $0 < p(x_i) < 1$，且 $\sum_{i=1}^{n} p(x_i) = 1$。

将 $[0,1]$ 区间按 $p(x_1)$，$p(x_2)$，$\cdots$，$p(x_n)$ 的值分成 n 个子区间，产生在 $[0,1]$ 区间上均匀分布的独立的随机数 u，根据 u 的值落在何区间，相应区间对应的随机变量就是所需要的随机变量 x_i。

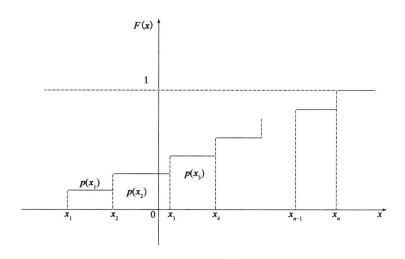

图 5-3　离散分布的反变换法

实现办法：

(1) 先要将 x_i 按从小到大的顺序进行排序，即 $x_1 < x_2 < \cdots < x_n$。

(2)得到分布函数子区间的分界点,$(0,p(x_1)]$,$(p(x_1),p(x_1)+p(x_2)]$,$\cdots$,$\left[\sum_{i=1}^{n-1}p(x_i),\sum_{i=1}^{n}p(x_i)\right]$。

(3)由随机数发生器产生的 $u \sim U(0,1)$,若 $u \leqslant p(x_1)$,则令 $x = x_1$,若 $p(x_1) < u \leqslant p(x_1) + p(x_2)$,则令 $x = x_2$,$\cdots$,依次下去。写成一般形式:

$$\sum_{j=0}^{l-1}p(x_j) < u \leqslant \sum_{j=0}^{l}p(x_j) \text{ 令 } x = x_l \tag{5-44}$$

其速度主要决定于区间搜索方法。

2. 组合法

反变换法是直观的方法,但却不一定是最有效的方法。当一个分布函数可以表示成若干个其他分布函数之和,而这些分布函数较原来的分布函数更易于取样时,则宜采用组合法。

设随机变量 x 的分布函数 $F(x)$ 可写成如下形式:

$$F(x) = \sum_{j=1}^{\infty}p_j F_j(x) \tag{5-45}$$

其中,$p_j \geqslant 0$,$\sum_{j=1}^{\infty}p_j = 1$,$F_j(x)$ 是其他类型的分布函数,或将随机变量 x 的密度函数写成如下形式:

$$f(x) = \sum_{j=1}^{\infty}p_j f_j(x) \tag{5-46}$$

其中,$f_j(x)$ 是某种类型的密度函数,与它相应的分布函数为 $F_j(x)$。则组合法产生随机变量的步骤如下:

(1)计算累积分布函数 $L_j = \sum_{i=1}^{j}p_i$,$1 \leqslant j \leqslant M$,并令 $L_0 = 0$。

(2)产生两个独立的 $[0,1]$ 均匀分布随机数 u_1 和 u_2。

(3)若 $L_{j-1} < u_1 \leqslant L_j$,则 $F(x)$ 的随机数从概率密度函数 $f_j(x)$ 中产生,即根据 u_2 获得服从 $f_j(x)$ 的随机数 x_i,并取 $x = x_j$。

(4)若不需要新的随机数,则停止 j,否则返回(2)。

3. 卷积法

设随机变量 x 可表示为若干个独立同分布的随机变量 $Y_1, Y_2, \cdots, Y_m$ 之和:

$$x = Y_1 + Y_2 + \cdots + Y_m \tag{5-47}$$

则 x 的分布函数与 $\sum_{i=1}^{m}Y_i$ 的分布函数相同,此时称 x 的分布为 Y_i 分布的 m 重卷积。

卷积法产生 x,可先独立地从相应分布函数产生随机变量 $Y_1, Y_2, \cdots, Y_m$,然后求和得到 x。采用卷积法产生 x,其步骤如下:

(1)独立地产生 m 个 $U(0,1)$ 随机数 u_i。

(2)用反变换法分别产生 Y_i,$Y_i = -\dfrac{\beta}{m}\ln u_i (i = 1,2,\cdots,m)$。

(3)令 $x = \sum_{i=1}^{m}Y_i = Y_1 + Y_2 + \cdots + Y_m$。

考虑到对数运算速度较慢,将上述(2)、(3)两步改进为

(4) 计算 $\prod_{i=1}^{m} u_i = u_1 u_2 \cdots u_m$。

(5) 令 $x = -\dfrac{\beta}{m} \ln \prod_{i=1}^{m} u_i$。

4. 舍选法(图5-4)

当反变换法难于使用时(例如随机变量的分布函数不存在封闭形式),我们常使用舍选法。

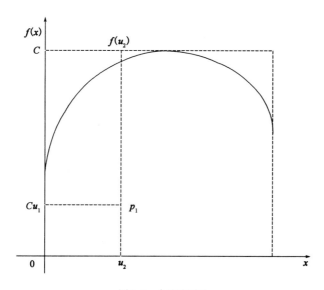

图5-4 舍选法图示

(1) 基本思想。设随机变量 x 的密度函数为 $f(x)$,$f(x)$ 的最大值为 C,x 的取值范围为 $[0,1]$。

若独立地产生两个 $[0,1]$ 区间内均匀分布的随机变量 u_1、u_2,则 $C \cdot u_1$ 是在 $[0,C]$ 区间内均匀分布的随机变量,若以 u_2 求 $f(u_2)$ 的值,若:

$$C \cdot u_1 \leq f(u_2) \tag{5-48}$$

成立,则选取 u_2 为所需要的随机变量 x,即 $x = u_2$,否则舍弃 u_2。

(2) 舍选法的解释。在 $1 \times C$ 这块矩形面积上任投一点 p_1,p_1 的纵坐标为 Cu_1,横坐标为 u_2。若该点位于 $f(x)$ 曲线下面,则认为抽样成功。

$f(x)$ 下的面积可视为在 $(0,1)$ 区间对 $f(x)$ 的积分,若 x 取值仅在 $(0,1)$ 区间,则该积分值可视为分布函数值,在该区间的成功抽样可视为对 $f(x)$ 对应的分布函数抽样,u_2 就是所需产生的随机变量。

显然,满足 $Cu_1 \leq f(u_2)$ 的概率为

$$P\{Cu_1 \leq f(u_2)\} = \int_0^1 dx \int_0^{f(x)} dy / (1 \times C) = \frac{1}{C} \tag{5-49}$$

其中,$f(x)$ 下的面积值为1,总面积的值为 C,那么成功的概率就是 $f(x)$ 下的面积除以总面积 C,即等于 $1/C$。

如果随机变量 x 的取值不在 [0,1] 区间,而是在 [a,b] 区间,则可令 $u_2' = a + u_2(b-a)$。一般情形下,根据 $f(x)$ 的特征规定一个函数 $t(x)$(前面实际上是一个常量 C),对 $t(x)$ 的要求是:

(1) $t(x) \geq f(x)$。

(2) $\int_{-\infty}^{\infty} t(x)\mathrm{d}x = C < \infty$。

(3) 易于从 $t(x)$ 进行反变换。

令 $r(x) = \frac{1}{C}t(x)$,则 $\int_{-\infty}^{\infty} r(x)\mathrm{d}x = \int_{-\infty}^{\infty} \frac{1}{C}t(x)\mathrm{d}x = 1$,将 $r(x)$ 看作一个密度函数,并用 $r(x)$ 替代 $f(x)$ 取样,以得到所需要的随机变量。

由于 $r(x)$ 并不是要求的 $f(x)$,这就是产生选取与舍弃问题,一般算法是:

(1) 产生 $u_1 \sim U(0,1)$。
(2) 由 $r(x)$ 独立地产生随机变量 u_2。
(3) 检验如下不等式:$u_1 \leq f(u_2)/t(u_2)$。
(4) 若不等式成立,则令 $x = u_2$。
(5) 否则返回(1)。

四、典型随机变量的产生

1. 连续随机变量的产生

1) 正态分布

转换法:若将其转换到极坐标系,则可以得到其封闭形式,再采用反变换法。设 x_1、x_2 是两个独立的 $N(0,1)$ 随机变量,则其联合密度函数是:$f(x_1,x_2) = \frac{1}{2\pi}\mathrm{e}^{-(x_1^2+x_2^2)/2}$,将其转换成极坐标形式: $\begin{cases} x_1 = \rho\cos\phi \\ x_2 = \rho\sin\phi \end{cases}$,则 $f(\rho,\phi) = f(x_1,x_2) \cdot |J|$。其中 $|J|$ 为雅可比行列式,即

$$|J| = \begin{vmatrix} \frac{\partial x_1}{\partial \rho} & \frac{\partial x_1}{\partial \phi} \\ \frac{\partial x_2}{\partial \rho} & \frac{\partial x_2}{\partial \phi} \end{vmatrix} = \begin{vmatrix} \cos\phi & -\rho\sin\phi \\ \sin\phi & \rho\cos\phi \end{vmatrix} = \rho \tag{5-50}$$

从而可得:

$$f(\rho,\phi) = \rho\mathrm{e}^{-\frac{\rho^2}{2}} \cdot \frac{1}{2\pi} = f(\rho) \cdot f(\phi) \tag{5-51}$$

其中,$f(\rho)$、$f(\phi)$ 分别为随机变量 ρ,ϕ 的密度函数:

$$\begin{cases} f(\rho) = \rho\mathrm{e}^{-\frac{\rho^2}{2}} \\ f(\phi) = \frac{1}{2\pi} \end{cases} \tag{5-52}$$

它们相应的分布函数为

$$\begin{cases} F(\rho) = \int_0^\rho \rho'\mathrm{e}^{-\frac{\rho'^2}{2}}\mathrm{d}\rho' = 1 - \mathrm{e}^{-\frac{\rho^2}{2}} \\ F(\phi) = \int_0^\phi \frac{1}{2\pi}\mathrm{d}\phi' = \frac{1}{2\pi}\phi \end{cases} \tag{5-53}$$

采用反变换法:
(1) 独立地产生两个 $[0,1]$ 区间上均匀分布的随机数 u_1、u_2。
(2) 分别对 $F(\rho)$ 及 $F(\phi)$ 进行反变换,可得:

$$\begin{cases} \phi = 2\pi u_1 \\ \rho = \sqrt{-2\ln(1-u_2)} \end{cases} \rightarrow \begin{cases} \phi = 2\pi u_1 \\ \rho = \sqrt{-2\ln u_2} \end{cases}$$

(3) 根据 x_1、x_2 与 ρ、ϕ 之间的变换关系,可得 $\begin{cases} x_1 = \sqrt{-2\ln u_2}\cos 2\pi u_1 \\ x_2 = \sqrt{-2\ln u_2}\sin 2\pi u_1 \end{cases}$。

上述反变换法,方法直观、易于理解,但要进行三角函数及对数函数运算,因而计算速度较慢。
采取舍选法:
(1) 独立产生两个 $U(0,1)$ 随机变量 u_1、u_2。
(2) 令 $V_1 = 2u_1 - 1$,$V_2 = 2u_2 - 1$,$W = V_1^2 + V_2^2$。
(3) 若 $W > 1$,舍弃,返回(1)。
(4) 否则,令 $\begin{cases} x_1 = V_1\sqrt{(-2\ln W)/W} \\ x_2 = V_2\sqrt{(-2\ln W)/W} \end{cases}$,舍弃概率为 $1 - \dfrac{\pi}{4} \approx 0.2146$。

如果要求产生一般 $N(\mu,\sigma^2)$ 随机变量 x,可先产生 $N(0,1)$ 随机变量 x,然后进行如下线性变换:$x' = \mu + \sigma x$。

2) γ 分布
密度函数为

$$f(x) = \begin{cases} \dfrac{\beta^{-\alpha} \cdot x^{\alpha-1} \cdot e^{-x/\beta}}{\Gamma(\alpha)}, & x > 0 \\ 0, & 其他 \end{cases}$$

其中,$\Gamma(\alpha) = \int_0^\infty t^{\alpha-1} e^{-t} dt$。

充分利用 γ 分布的特性:若 $x \sim \gamma(\alpha,1)$,则当 $x' = \beta x (\beta > 0)$ 时,$x' \sim \gamma(\alpha,\beta)$,所以,只需讨论如何产生 $\gamma(\alpha,1)$。$\gamma(1,1)$ 为指数分布 $f(x) = e^{-x}$,可以直接用反变换法产生 x。对 $\gamma(\alpha,1)$ 可分如下两种情况,即 $0 < a < 1$ 及 $a > 1$。

(1) $0 < a < 1$ 时的舍选法。可选择 $t(x)$ 为如下形式:

$$t(x) = \begin{cases} 0, & x \leq 0 \\ \dfrac{x^{\alpha-1}}{\Gamma(\alpha)}, & 0 < x \leq 1 \\ \dfrac{e^{-x}}{\Gamma(\alpha)}, & x > 1 \end{cases} \tag{5-54}$$

可得到:

$$C = \int_0^\infty t(x) dx = \int_0^1 \dfrac{x^{\alpha-1}}{\Gamma(\alpha)} dx + \int_1^\infty \dfrac{e^{-x}}{\Gamma(\alpha)} dx = b/[\alpha\Gamma(\alpha)] \tag{5-55}$$

其中,$b = (e + \alpha)/e$,则:

$$r(x) = \begin{cases} 0, & x \leq 0 \\ \dfrac{a \cdot x^{\alpha-1}}{b}, & 0 < x \leq 1 \\ \dfrac{a \cdot e^{-x}}{b}, & x > 1 \end{cases} \tag{5-56}$$

$$R(x) = \begin{cases} \dfrac{x^a}{b}, & 0 \leq x \leq 1 \\ 1 - \dfrac{a \cdot e^{-x}}{b}, & x > 1 \end{cases} \tag{5-57}$$

$$x = R^{-1}(u) = \begin{cases} (b \cdot u)^{1/a}, & u \leq x \leq 1/b \\ -\ln \dfrac{b \cdot (1-u)}{a}, & 其他 \end{cases} \tag{5-58}$$

算法如下：

① 产生 $u_1 \sim U(0,1)$。

② 独立产生 $u_2 \sim U(0,1)$，令 $P = bu_2$，若 $P > 1$，则执行④。

③ 令 $Y = P^{1/a}$，若 $u_1 < e^{-Y}$，则选取，且令 $x = Y$，否则舍弃，返回①。

④ 令 $Y = -\ln[(b-P)/\alpha]$，若 $u_1 < Y^{\alpha-1}$，则选取且令 $x = Y$，否则舍弃，返回①。

(2) $a > 1$ 时的舍选法。设 $\lambda = \sqrt{(2a-1)}$，$\mu = a^\lambda$，且 $C = 4a^a \cdot e^{-a}/[\lambda \cdot \Gamma(a)]$，则：$t(x) = Cr(x)$，其中：

$$r(x) = \begin{cases} \dfrac{\lambda \cdot \mu \cdot x^{\lambda-1}}{(\mu + x^\lambda)^2}, & x > 0 \\ 0, & 其他 \end{cases} \tag{5-59}$$

$$R(x) = \begin{cases} \dfrac{x^2}{\mu + x^2}, & x > 0 \\ 0, & 其他 \end{cases} \tag{5-60}$$

$$R^{-1}(u) = \left(\dfrac{\mu \cdot u}{1-u}\right)^{1/\lambda} \tag{5-61}$$

算法如下：

① 独立产生 $u_1 \sim U(0,1)$，$u_2 \sim U(0,1)$。

② 令 $V = \sqrt{2\alpha-1}\ln[u_2/(1-u_2)]$。

③ 若 $\ln(u_1, u_2^2) < \alpha - \ln 4 + \sqrt{2\alpha-1}V - \alpha e^V$，则选取，令 $x = \alpha e^V$。

④ 否则，舍弃，返回①。

3) $\beta(a_2, a_1)$ 分布

密度函数为

$$f(x) = \begin{cases} \dfrac{x^{\alpha_1-1}(1-x)^{\alpha_2-1}}{B(\alpha_1, \alpha_2)}, & 0 \leq x \leq 1 \\ 0, & 其他 \end{cases}$$

其中，$B(\alpha_1, \alpha_2) = \int_0^1 t^{\alpha_1-1}(1-t)^{\alpha_2-1}dt$。

利用该分布的特征，若 x 是 $\beta(\alpha_1, \alpha_2)$ 随机变量，则 $1-x$ 就是 $\beta(\alpha_2, \alpha_1)$ 随机变量；对于任意 $\alpha_1 > 0$，$\alpha_2 > 0$，若 $Y_1 \sim \gamma(\alpha_1, 1)$，$Y_2 \sim \gamma(\alpha_2, 1)$，且 Y_1 与 Y_2 是独立的，则：

$$Y_1/(Y_1 + Y_2) \sim \beta(\alpha_1, \alpha_2) \tag{5-62}$$

4) 负指数分布

当到达是完全随机的时候,负指数分布用来对到达时间间隔进行建模,负指数分布也用于对高度变化的服务时间进行建模。

若随机变量 x 是具有参数 $\lambda > 0$ 的指数分布,其密度函数为

$$f(x) = \begin{cases} \lambda e^{-\lambda x}, & x \geq 0 \\ 0, & x < 0 \end{cases} \tag{5-63}$$

其分布函数为

$$F(x) = \int_{-\infty}^{x} f(t) dt = \begin{cases} 1 - e^{-\lambda x}, & x \geq 0 \\ 0, & x < 0 \end{cases} \tag{5-64}$$

设 u 为均匀分布随机数,则由反变换法:

$$u = F(x) = 1 - e^{-\lambda x} \tag{5-65}$$

由此得:

$$x = F^{-1}(u) = -\frac{1}{\lambda}\ln(1 - u) \tag{5-66}$$

由于 u 和 $1-u$ 均服从 $[0,1]$ 上的均匀分布,式(5-66)可以简化为

$$x = -\frac{1}{\lambda}\ln u \tag{5-67}$$

5) 韦布尔分布

韦布尔分布在工程实践中有着广泛的应用。最初,这种分布是在解释疲劳数据时提出的,但现在它的应用已经扩展到许多其他工程问题中。特别地,在有关生存现象的领域中,它有广泛的应用。例如,当某个对象适合"最弱链"模型时,此对象的寿命就服从韦布尔分布。也就是说,考虑一个有许多部分组成的对象,并假定当它的任何一部分毁坏时此对象的寿命就终止。在这样的条件下,已经证明韦布尔分布为这个对象的寿命分布提供了一个很好的近似。

设随机变量 x 服从韦布尔分布,则其密度函数如下:

$$f(x) = \begin{cases} \dfrac{\beta}{\alpha}\left(\dfrac{x-v}{\alpha}\right)^{\beta-1}\exp\left[-\left(\dfrac{x-v}{\alpha}\right)^{\beta}\right], & x \geq v \\ 0, & x < v \end{cases} \tag{5-68}$$

韦布尔分布的三个参数是位置参数 $v(-\infty < v < \infty)$、比例参数 $\alpha(\alpha > 0)$ 和形状参数 $\beta(\beta > 0)$。

当时 $v = 0$,韦布尔分布的密度函数如下:

$$f(x) = \begin{cases} \dfrac{\beta}{\alpha}\left(\dfrac{x}{\alpha}\right)^{\beta-1}\exp\left[-\left(\dfrac{x}{\alpha}\right)^{\beta}\right], & x \geq 0 \\ 0, & x < 0 \end{cases} \tag{5-69}$$

韦布尔分布的分布函数为

$$F(x) = \begin{cases} 1 - \exp\left[-\left(\dfrac{x-v}{\alpha}\right)^{\beta}\right], & x \geq v \\ 0, & x < v \end{cases} \tag{5-70}$$

设 u 为均匀分布随机数,则由反变换法:

$$u = F(x) = 1 - \exp\left[-\left(\dfrac{x-v}{\alpha}\right)^{\beta}\right] \tag{5-71}$$

由此可得，$x = F^{-1}(x) = v + \alpha[-\ln(1-u)]^{1/\beta}$。

2. 离散随机变量的产生

1）离散均匀分布 $DU(i,j)$

随机变量 x 取值为 $[i,j]$ 区间上的整数值：

$$p(x) = \begin{cases} \dfrac{1}{j-i+1}, & x \in \{i, i+1, \cdots, j\} \\ 0, & \text{其他} \end{cases} \tag{5-72}$$

$$F(x) = \begin{cases} 0, & x < i \\ \dfrac{\lfloor x \rfloor - i + 1}{j - i + 1}, & i \leq x \leq j \\ 1, & x > j \end{cases} \tag{5-73}$$

式中：$\lfloor x \rfloor$——小于或等于 x 的最大整数。

首先，产生 $u \sim U(0,1)$；然后，令 $x = i + \lfloor (j-i+1)u \rfloor$。

2）几何分布

(1) 反变换法。由分布函数 $F(x) = 1 - (1-p)^{\lfloor x+1 \rfloor}$ 对 $F(x)$ 进行反变换，产生 $u \sim U(0,1)$，$x = \lfloor \ln(1-u)/\ln(1-p) \rfloor$。

反变换法的缺点：当 p 接近 0 时，$\ln(1-p)$ 也接近 0；若 p 接近 1，则 $\ln(1-p)$ 是一个很大的负数，精度不易保证，一般要采用双精度运算。

(2) 基于几何分布的定义。在独立的伯努利实验序列中，每次实验成功的概率为 p，则第一次成功之前失败的次数为几何分布。

设 $Y_1, Y_2, \cdots$ 是独立进行伯努利实验的随机变量序列，且令 $x = \min\{i: Y_i = 1\} - 1$，则 x 服从几何分布，算法为：第一步，令 $i = 1$；第二步，独立产生 $u \sim U(0,1)$；第三步，若 $u \leq p$，则 $x = i - 1$，否则 $i = i + 1$，返回第二步。

产生伯努利随机变量的算法是：第一步，独立产生 $u \sim U(0,1)$；第二步，若 $u \leq p$，则 $Y = 1$，否则 $Y = 0$。

3）二项分布

设每次伯努利实验成功的概率为 p，在 t 次独立的实验中成功的总次数服从二项分布，其质量及分布函数为

$$p(x) = \begin{cases} \binom{t}{x} p^x (1-p)^{t-x}, & x \in \{0, 1, \cdots, t\} \\ 0, & \text{其他} \end{cases} \tag{5-74}$$

$$F(x) = \begin{cases} 0, & x < 0 \\ \sum_{i=1}^{\lfloor x \rfloor} \binom{t}{i} p^i (1-p)^{t-i}, & 0 \leq x \leq t \\ 1, & \text{其他} \end{cases} \tag{5-75}$$

其中，$\binom{t}{x} = t!/[x!(t-x)!]$。

反变换比较麻烦，我们可由二项分布的定义找到该分布与伯努利分布的关系，即可用卷积

法产生该分布的随机变量:首先,独立产生 t 个伯努利随机变量 $Y_1, Y_2, \cdots, Y_t$;然后,令 $x = \sum_{i=1}^{t} Y_i$。

4)泊松分布

泊松分布的密度函数为

$$p(x) = \begin{cases} \dfrac{e^{-\lambda} \lambda^x}{x!}, & x \in \{0, 1, \cdots\} \\ 0, & 其他 \end{cases} \tag{5-76}$$

$$p(i) = \frac{e^{-\lambda} \lambda^i}{i!} = \frac{\lambda}{i} \frac{e^{-\lambda} \lambda^{i-1}}{(i-1)!} = \frac{\lambda}{i} p(i-1) \tag{5-77}$$

其分布函数 F_i 可表示成:$F_i = F_{i-1} + p_i$。

算法如下:

(1)令 $i = 0$,$p_i = e^{-\lambda}$,$F_i = 0$。
(2)产生 $u_{i+1} \sim U(0,1)$。
(3)令 $p_{i+1} = \dfrac{\lambda}{i+1} p_i$,$F_{i+1} = F_i + p_{i+1}$。
(4)若 $F_i < u_{i+1} < F_{i+1}$,则 $x = i + 1$,否则,$i = i + 1$,并返回(3)。

第三节 车辆跟驰模型

一、概述

自 20 世纪 50 年代开始,车辆跟驰模型已经经历了近 70 年的研究,取得了大量和系统的研究成果,并吸引着来自交通工程学、心理学、物理学、系统工程、自动控制、车辆工程等诸多领域的学者的深入研究。在对国内外众多研究结果系统梳理的基础上,王殿海等在 2012 年对跟驰理论研究进展进行的综述,将跟驰模型从交通工程学和统计物理学两类,其中从交通工程角度研究的跟驰模型包括刺激-反应类、安全距离类、生理-心理类及人工智能类;从统计物理角度研究的跟驰模型包括优化速度模型、智能驾驶模型和元胞自动机模型。其中人工智能类跟驰模型包括模糊逻辑跟驰模型与人工神经网络跟驰模型。杨龙海等在 2019 年根据建模方法的不同分为了理论驱动类和数据驱动类两类;并从人类因素、基础设施、交通信息、异质交通流、新建模型理论 5 个方面对理论驱动类跟驰模型的研究进行了综述;根据所用机器学习算法的不同,从模糊逻辑、人工神经网络、实例学习、支持向量回归、深度学习五个方面对数据驱动类跟驰模型的研究进行了综述。

车辆跟驰(Car-Following, CF)行为是最基本的微观驾驶行为,描述了在限制超车的单车道上行驶车队中相邻两车之间的相互作用。跟驰模型是运用动力学方法,是一种探究在无法超车的单一车道上车辆列队行驶时车辆跟驰状态的理论。车辆跟驰模型应满足两个基本的条件,一个是行驶在道路上车队的车辆无法进行超车,另一个是为单车道。车辆跟驰模型是交通系统仿真中最重要的动态模型之一,用以描述微观交通行为,即人-车单元行为。驾驶员的驾驶行为是由车辆和驾驶员两个因素共同作用的结果,把其主体称为"驾驶员-车辆"行为体,也叫"人车单元"。通过求解跟驰方程,不仅可以得到任意时刻车队中各车辆的速度、加速度和位置等参数,描述交通流的微观特性,还可以通过进一步推导,得到平均速度、密度、流率等参数,描述交通流的宏观特性。

1. 跟驰状态的判定

跟驰状态临界值的判定是车辆跟驰研究中的一个关键,在以往的研究中,人们对于跟驰行驶提出了多种不同的定义。《美国道路通行能力手册》中,判定双车道公路延误时,认为当车头时距 $<5s$ 时,车辆处于跟驰状态;Paker 在研究货车对通行能力影响时也采用了 $5s$ 车头时距作为判定车辆跟驰的标准;北京工业大学常成利研究双车道公路延误时,提出以 $6s$ 作为划分跟驰状态的界限;这本书认为跟驰行为发生在两车车头间距为 $0\sim100m$ 或 $0\sim125m$ 的范围内;Weidman 的研究则认为车头间距小于或等于 $150m$ 时,车辆处于跟驰状态。

在跟驰理论中,目前常用的判定跟驰状态的方法有两种:一种是基于期望速度的判定方法,它是通过判断前车速度是否小于后随车的期望车速来判定车辆是否处于跟驰状态,另一种是基于相对速度绝对值的判定方法,它是利用前后车速度差的绝对值随车头时距变化规律定量地判定车辆行驶的状态。

2. 车辆跟驰特性

1) 制约性

在后车跟随前车运行的车队中,出于对旅行时间的考虑,后车驾驶员总不愿意落后很多,而是紧随前车前进,这就是紧随要求。从安全的角度考虑,跟驶车辆要满足两个条件:一是后车的车速不能长时间大于前车的车速,而只有在前车速度附近摆动,否则也会发生碰撞,这是车速条件;二是车与车之间必须保持一个安全距离,即前车制动时,两车之间有足够的距离,从而有足够的时间供后车驾驶员做出反应,采取制动措施,这是间距条件。显然,车速越高,制动距离越长,安全距离也相应加大。车速条件和间距条件构成了一对汽车跟驰行驶的制约性,即前车的车速制约着后车的车速和车头间距。

2) 延迟性

从跟驰车队的制约性可知,前车改变运行状态后,后车也要改变。但两车运行状态的改变并不同步,而是后车运行状态滞后于前车,这是由于驾驶员对于前车运行状态的改变要有一个反应的过程。首先,前车运动状态发生变化,比如减速;然后,后车驾驶员反应,对车辆进行操作;最后,后车运动状态发生变化。其中,最核心的是后车驾驶员反应,它一般包括三个步骤,第一个是感知,即判断前车是加速还是减速;然后是决策,即根据前车状态的变化,决定后车是加速、减速或者换道;最后是操纵阶段,通过制动、加速踏板、转向盘的配合对车辆进行操控,实现后车运动状态的变化。我们也可以将这三阶段细致划分为四个阶段,即将第一阶段细分为感觉和认识阶段。

这几个阶段所需要的时间称为反应时间。假设反应时间为 T,前车在 t 时刻的动作,后车要经过 $t+T$ 时刻才能做出相应的动作,这就是延迟性。

3) 传递性

由制约性可知,第 1 辆车的运行状态制约着第 2 辆车的运行状态,第 2 辆车又制约着第

3 辆车,…,第 n 辆车制约着第 $n+1$ 辆车。一旦第一辆车改变运行状态,它的效应将会一辆接一辆地向后传递,直至车队的最后一辆,这就是传递性。而这种运行状态改变的传递又具有延迟性。这种具有延迟性的向后传递的信息不是平滑连续的,而是像脉冲波一样间断连续。

制约性、延迟性及传递性构成了车辆跟驰行驶的基本特征,同时也是车辆跟驰模型建立的理论基础。

二、线性跟驰模型

线性跟驰模型(图 5-5)是一种刺激-反应的表达式。驾驶员所接受的刺激是指其前车的加速或减速以及随之而发生的这两车之间的速度差和车间距离的变化;驾驶员对刺激的反应是指其为了紧密而安全地跟踪前车的加速或减速动作及其实际效果。其表达式为

$$反应 = \lambda \cdot 刺激 \tag{5-78}$$

式中:λ——灵敏度系数。

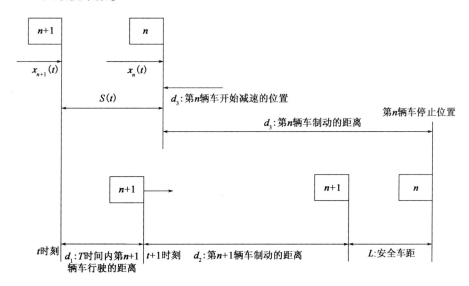

图 5-5 线性跟驰模型示意图

假定驾驶员保持所驾驶车辆与前车的距离为 $S(t) = x_n(t) - x_{n+1}(t)$,以便在前车制动时能使车停下而不至于和前车相撞。设驾驶员的反应时间为 T,在反应时间内车速不变,即 $\dot{x}_{n+1}(t) = \dot{x}_{n+1}(t+T)$,这两辆车在 t 时刻的相对位置如图 5-5 所示,图中 n 为前车,$n+1$ 为后车。为了简化问题令 n 车与 $n+1$ 制动距离相等,即 $d_2 = d_3$。

由图可知:

$$S(t) = x_n(t) - x_{n+1}(t) = d_1 + d_2 + L - d_3 \tag{5-79}$$

$$d_1 = \dot{x}_{n+1}(t) \cdot T = \dot{x}_{n+1}(t+T) \cdot T \tag{5-80}$$

为了简化问题令 n 车与 $n+1$ 制动距离相等,即 $d_2 = d_3$,则:

$$x_n(t) - x_{n+1}(t) = d_1 + L \tag{5-81}$$

整理得:

$$x_n(t) - x_{n+1}(t) = \dot{x}_{n+1}(t+T) \cdot T + L \tag{5-82}$$

等式两边对时间 t 求微分得：

$$\dot{x}_n(t) - \dot{x}_{n+1}(t) = \ddot{x}_{n+1}(t+T) \cdot T \tag{5-83}$$

将其改写成：

$$\ddot{x}_{n+1}(t+T) = \frac{1}{T}[\dot{x}_n(t) - \dot{x}_{n+1}(t)] = \lambda[\dot{x}_n(t) - \dot{x}_{n+1}(t)] \quad (n=1,2,3,\cdots) \tag{5-84}$$

式中：λ——灵敏度，$\lambda = \frac{1}{T}$；

$\dot{x}_n(t) - \dot{x}_{n+1}(t)$ —— 对 t 时刻的刺激；

$\ddot{x}_{n+1}(t+T)$ —— 该刺激下的反应。

因此，式(5-84)可以写成 反应 = 灵敏度 × 刺激。

式(5-84)是在前车制动、两车的减速距离相等，以及后车在反应时间 T 内速度不变等假定下推导出来的。实际的情况要比这些假定复杂得多，比如刺激可能是由前车加速引起的，而两车在变速行驶过程中驶过的距离也可能不相等。为了考虑一般的情况，通常把 $\ddot{x}_{n+1}(t+T) = \lambda[\dot{x}_n(t) - \dot{x}_{n+1}(t)]$ $(n=1,2,3,\cdots)$ 作为线性跟驰模型的形式，其中 λ 不一定取值为 $\frac{1}{T}$，也不再理解为灵敏度或灵敏系数，而看成与驾驶员动作强度相关的量，称为反应强度系数，量纲为 s^{-1}。

三、非线性跟驰模型

线性跟驰模型是假定驾驶员的反应强度与车间距离无关；不管车间距离小（如 5m 或 10m）还是大（如几百米），反应强度均是相同的。但实际上，反应强度除和车头间距有关外，还应与车辆速度有关，速度高时驾驶员的紧张程度也高。驾驶员的反应强度正比于车辆运行速度，反比于车头间距。针对线性跟驰模型的局限，为了更加合理地描述驾驶员的驾驶行为，将敏感度系数 λ 表示为车头间距和速度的函数关系，从而将线性跟驰模型转换为非线性跟驰模型。

非线性车辆跟驰模型的研究起源于对线性车辆跟驰模型稳态流特性的分析。线性车辆跟驰模型提出之后，一些学者研究了模型的稳态流特性，并由此推导稳态流条件下的流量-密度和速度-密度之间的关系。

为了克服线性跟驰模型的局限性，总结已有的线性跟驰模型和非线性跟驰模型，考虑灵敏度系数与车头间距和速度的函数关系，我们可以得到非线性跟驰模型的一般形式：

$$\ddot{x}_{n+1}(t+T) = \lambda[\dot{x}_n(t) - \dot{x}_{n+1}(t)] = \alpha \frac{[\dot{x}_{n+1}(t+T)]^m}{[x_n(t) - x_{n+1}(t)]^l}[\dot{x}_n(t) - \dot{x}_{n+1}(t)] \tag{5-85}$$

式中：α——常量，可以通过实验来确定；

m、l——非负参数，设置不同的 m 和 l 可以得到线性车辆跟驰模型和各种非线性车辆跟驰模型。

1. 车辆间距倒数模型

当 $m=0$ 和 $l=1$ 时，灵敏度系数 λ 与车辆间距成反比，即

$$\lambda = \frac{\lambda_1}{x_n(t) - x_{n+1}(t)} \tag{5-86}$$

式中：λ_1——新常量参数。

将式(5-86)代入式(5-85)中，可以得到如下非线性跟驰模型：

$$\ddot{x}_{n+1}(t+T) = \frac{\lambda_1}{x_n(t) - x_{n+1}(t)}[\dot{x}_n(t) - \dot{x}_{n+1}(t)] \tag{5-87}$$

以下推导均在假设上述参数均为稳态流的情况下进行的。设车辆间的平均密度为 $k(t)$ 并且是关于时间 t 的函数，车辆间的平均车头间距 $S(t) = x_n(t) - x_{n+1}(t) = \frac{1}{k(t)}$，其中车辆平均密度为 $k(t) = \frac{1}{S(t)}$。为了求解方程，我们需要确定定积分常量 c，将上述公式代入式(5-87)得：

$$\ddot{x}_{n+1}(t+T) = \frac{\lambda_1}{\frac{1}{k(t)}}\left\{\left[\frac{1}{k(t)}\right]'\right\} = -\lambda_1 k(t)\frac{\dot{k}(t)}{k^2(t)} = -\lambda_1\frac{\dot{k}(t)}{k(t)} \tag{5-88}$$

两边对时间 t 积分得：

$$\dot{x}_{n+1}(t+T) = -\lambda_1 \ln k(t) + c \tag{5-89}$$

对于停止的交通流，车流的速度此时为零，相应的车头间距为车辆的长度和车辆间的间距组成，此时称为车辆的有效长度，对应的停止车流的密度 k_j 为阻塞密度，当 $v = 0$ 时，$k = k_j$ 代入式(5-89)得：

$$-\lambda_1 \ln k_j + c = 0 \tag{5-90}$$

整理式(5-90)得：

$$c = \lambda_1 \ln k_j \tag{5-91}$$

将式(5-91)代入式(5-89)中得：

$$\dot{x}_{n+1}(t+T) = \lambda_1 \ln k_j - \lambda_1 \ln k(t) = \lambda_1 \ln \frac{k_j}{k(t)} \tag{5-92}$$

根据三参数的基本关系式 $q = kv$，可得：

$$q = k(t) \cdot \lambda_1 \ln \frac{k_j}{k(t)} = \lambda_1 k(t) \ln \frac{k_j}{k(t)} \tag{5-93}$$

式(5-93)得到的是流量与时间的关系式，当达到最大流量时，此时 $\frac{dq}{dt} = 0$，即

$$\dot{k}(t)\lambda_1 \ln \frac{k_j}{k(t)} + \lambda_1 k(t)\frac{k(t)}{k_j} \cdot \left[-\frac{k_j}{k^2(t)}\dot{k}(t)\right] = \lambda_1 \dot{k}(t)\left[\ln \frac{k_j}{k(t)} - 1\right] = 0 \tag{5-94}$$

解式(5-94)的方程得：

$$k = \frac{k_j}{e} \tag{5-95}$$

此时，最佳密度 $k_m = \frac{k_j}{e}$，将其代入式(5-92)可得最佳速度：

$$v_m = \lambda_1 \ln \frac{k_j}{k_m} = \lambda_1 \tag{5-96}$$

将式(5-96)其代入式(5-92)可得格林伯模型：

$$\dot{x}_{n+1}(t+T) = v = v_m \ln \frac{k_j}{k} \tag{5-97}$$

该模型在 $k = 0$ 时,速度是趋向无穷大的,在实际情况中,这显然是不合理的。实际上,低密度情况下车头间距很大,此时的车辆跟驰现象就已经很不明显了。因此,格林伯模型不适用于低密度的交通流情形。

2. 车辆间距的平方倒数模型

当 $m = 0$ 和 $l = 2$ 时,此时灵敏度系数 λ 与车辆间距的平方成反比,即

$$\lambda = \frac{\lambda_2}{[x_n(t) - x_{n+1}(t)]^2} \tag{5-98}$$

式中:λ_2 ——常量参数。

将式(5-98)代入式(5-85)中,可以得到如下非线性跟驰模型:

$$\ddot{x}_{n+1}(t+T) = \frac{\lambda_2}{[x_n(t) - x_{n+1}(t)]^2}[\dot{x}_n(t) - \dot{x}_{n+1}(t)] \tag{5-99}$$

按照与车辆间距倒数模型中的条件,可得:

$$\ddot{x}_{n+1}(t+T) = \frac{\lambda_2}{\left[\frac{1}{k(t)}\right]^2}\left\{\left[\frac{1}{k(t)}\right]'\right\} = -\lambda_2 k^2(t)\frac{\dot{k}(t)}{k^2(t)} = -\lambda_2 \dot{k}(t) \tag{5-100}$$

两边对时间 t 积分得:

$$\dot{x}_{n+1}(t+T) = -\lambda_2 k(t) + C \tag{5-101}$$

式中:C ——定积分常量。

当车辆间平均密度 $k = 0$ 时,交通流以自由流速度 v_f 运行,将 $k = 0$、$v = v_f$,代入式(5-101):

$$\dot{x}_{n+1}(t+T) = -a \cdot 0 + C = v_f \tag{5-102}$$

整理得:

$$C = v_f \tag{5-103}$$

当交通流密度为阻塞密度时,即 $k = k_j$ 时,此时的交通流速度为 $v = 0$,将其代入式(5-101),可得:

$$\dot{x}_{n+1}(t+T) = -\lambda_2 k_j + v_f = 0 \tag{5-104}$$

整理得:

$$\lambda_2 = \frac{v_f}{k_j} \tag{5-105}$$

将式(5-103)和式(5-105)代入式(5-101),可得格林希尔治模型:

$$v = v_f\left(1 - \frac{k}{k_j}\right) \tag{5-106}$$

3. 正比于速度和间距倒数模型

除了以上的情形之外,我们认为反应强度除和车头间距有关外,还与车速有关,高速时反应强度应该比低速时大,这同样是由于速度高时驾驶员的紧张程度高,反应强度自然也大。为此,可认为反应强度系数 λ 不仅与车头间距成反比,还与车辆速度成正比。此时 $m = 1$ 和 $l = 1$ 时,此时灵敏度系数 λ 与车辆间距的成反比,与车辆速度成反比,即

$$\lambda = \frac{\lambda_3 \dot{x}_{n+1}(t+T)}{x_n(t) - x_{n+1}(t)} \tag{5-107}$$

式中：λ_3 ——常量参数。

将式(5-107)代入式(5-85)得：

$$\ddot{x}_{n+1}(t+T) = \frac{\lambda_3 \dot{x}_{n+1}(t+T)}{[x_n(t) - x_{n+1}(t)]}[\dot{x}_n(t) - \dot{x}_{n+1}(t)] \tag{5-108}$$

利用车头间距和密度的倒数关系进行积分，最大流量时的最佳速度为 $v_f \mathrm{e}^{-1}$，其系数 $\lambda_3 = k_m^{-1}$，相应我们可以得到安德伍德模型：

$$v = v_f \mathrm{e}^{\frac{-k}{k_m}} \tag{5-109}$$

为了更加完整地说明交通流速度与车辆密度无关，速度-密度的关系可以写成：

$$v = v_f \quad (0 \leq k \leq k_f) \tag{5-110}$$

$$v = v_f \mathrm{e}^{-\left(\frac{k-k_f}{k_m}\right)} \quad (k \geq k_f) \tag{5-111}$$

式中：k_f ——车辆间刚要产生影响时密度，超过此值交通流速度将随着密度增大而减少。

四、稳定性分析

交通流稳定性是考察当处于平衡状态的车辆受到扰动后交通流状态最终是否会演化到初始的平衡状态。如果系统是不稳定的，小扰动会沿着车流向上游传播，逐渐使畅行车流演化为交通阻塞。如果系统是稳定的，小扰动在传播过程中会逐渐缩小并消失或最终控制在一定小范围内，使得系统中车辆仍然能够畅行。显然，交通阻塞现象可以视为交通流的失稳现象。

从微观的角度来说，交通流稳定性研究就是要弄清楚当一个"干扰信号"从一辆车传递到另一辆车时将引起什么后果。如果交通流系统是不稳定的，干扰信号将会引起道路上的车辆车速的波动，随后这种波动的幅度会逐渐增加，直至最后演化为交通拥堵。反之干扰在初期会引起一些波动，随着时间的推移，这种波动会逐渐变小，而在一定时间后波动完全消失，系统会恢复到平衡态。

车辆跟驰模型稳定性有两种基本类型：一方面是指前后两车的速度大致相等，车间距离大体保持某一常量值，这称为局部稳定性。局部稳定性关注的是跟驰车辆对它前面车辆运行波动的反应，即关注车辆间配合的局部行为；另一方面是指在车队中某车的速度变化向其后各车传播的特性，如果速度变化的振幅在传播过程中扩大了，叫作不稳定，如果振幅逐渐衰弱，则称为渐进稳定。

1. 局部稳定性

对于式(5-78)的线性跟驰模型，令 $C_0 = \lambda T$（λ 和 T 参数的含义同前），对于 C_0 取值的不同，跟驰行驶的两辆车的运动情况可以分为以下4类：

(1) 当 $0 \leq C_0 \leq \mathrm{e}^{-1}$，车头间距不发生波动；
(2) 当 $\mathrm{e}^{-1} < C_0 \leq \pi/2$ 时，车头间距发生波动，但振幅呈指数衰减；
(3) 当 $C_0 = \pi/2$ 时，车头间距发生波动，振幅不变；
(4) 当 $C_0 > \pi/2$ 时，车头间距发生波动，振幅增大。

根据局部稳定性条件，随着 C_0 值的增加，跟随车辆逐渐由稳定状态转变为不稳定状态，即车辆之间车头间距由稳定状态转变为振幅逐渐增加的状态。图 5-6 给出了 4 种不同 C_0 下车头间距的变化过程,分别对应不振荡、减幅振荡、等幅振荡和增幅振荡的情况。从图中可以看出参数 C_0 对车辆状态的影响。当 C_0 取 0.5 和 0.8 时,属第 2 种情况,间距发生波动,振幅急剧衰减;C_0 取 1.57($\pi/2$)时,属第 3 种情况,间距发生波动,振幅不变;当 C_0 取 1.60 时,属第 4 种情况,间距发生波动,振幅增大。

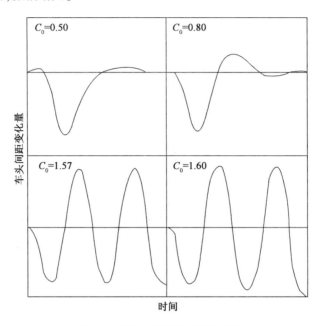

图 5-6 不同 C 值随车头时距的变化

对于常见的车辆跟驰现象,假定跟驰车辆的初始速度和最终的速度为 u_1 和 u_2,则有:

$$\int_0^\infty \ddot{x}_f(t+T)\mathrm{d}t = u_2 - u_1 \tag{5-112}$$

式中:$\ddot{x}_f(t+T)$ ——跟驰车辆在 $t+T$ 时刻的加速度。

根据式(5-85)对两边进行积分:

$$\int_0^\infty \ddot{x}_{n+1}(t+T)\mathrm{d}t = \lambda \int_0^\infty [\dot{x}_1(t) - \dot{x}_f(t)]\mathrm{d}t = \lambda \Delta s \tag{5-113}$$

式中:$\dot{x}_1(t)$、$\dot{x}_f(t)$ ——分别表示前车和跟驰车辆的速度,m/s;
　　　Δs ——车头间距的变化量,m。

整理式(5-112)和式(5-113)得:

$$\Delta s = \int_0^\infty [\dot{x}_1(t) - \dot{x}_f(t)]\mathrm{d}t = \frac{u_2 - u_1}{\lambda} \tag{5-114}$$

当 $0 \leq C_0 \leq \mathrm{e}^{-1}$,车头间距以非波动的形式变化。可知,车速从 u_1 变化到 u_2,车头间距的变化量为 Δs。如果前车停止,则最终速度 $u_2 = 0$,车头间距的变化量 $\Delta s = \dfrac{-u_1}{\lambda}$。因此,为了避免碰撞,车辆之间的最小间距应为 $\dfrac{u_1}{\lambda}$。为了使车辆间距尽可能小,λ 应取尽可能大的值。理想状态一下,λ 的最佳取值为 $(\mathrm{e}T)^{-1}$。

2. 渐进稳定性

我们仍以线性跟驰模型来介绍渐进稳定性的具体内容。渐进稳定性关注车队中每一辆车的波动特性在车队中的表现,即车队的整体波动特性。对于稳定性的研究有助于解释引起追尾事故和交通阻塞的原因,同时,也可用于对隧道和瓶颈路段车流特性的分析。

在讨论了线性跟驰模型的局部稳定性之后,下面我们通过一列行驶的车队来讨论渐进稳定性。渐进稳定性是在研究一列车队速度波动的傅里叶系数时得到的。一列长度为 N 的车队的跟驰模型为

$$\ddot{x}_{n+1}(t+T) = \lambda[\dot{x}_n(t) - \dot{x}_{n+1}(t)] \quad (n = 0,1,2,3,\cdots,N) \tag{5-115}$$

模型的求解依赖于一列车队中头车车速 $u(t)$ 和参数 λ 和 T。无论车头间距为何初始值,如果发生振幅波动,那么车队后部的某一位置必定发生碰撞。在此过程中,车头间距扰动的振幅可能增大、也可能减小,或者保持不变。渐近稳定性分析的目的就是判断振幅变化趋势的参数条件。

当 $C_0 = \lambda T = 0.50 \sim 0.52$(一般取 0.5)时,可保证车辆的渐进稳定性,即车队中车头间距波动的振幅是逐渐减小的。渐进稳定性(图 5-7)的标准将两个参数确定的区域分成了稳定和不稳定两部分。对比局部稳定性和渐近稳定性的条件可知,满足局部稳定性的条件 $C_0 = \lambda T = e^{-1}$ 的同时也保证了模型的渐近稳定性。

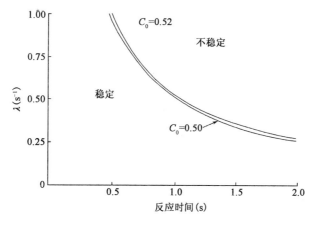

图 5-7 渐进稳定性区域

图 5-8 给出了一列 8 辆车组成的车队中相邻车辆车头间距与时间的关系,分别取 C_0 为 0.368、0.5、0.75。从中可以看出头车的速度是逐渐减小的,然后是逐渐加速至起始的速度值。初始时,车头间距均为 21m,首先,当 $C_0 = 0.368$ 时,车流处于稳定状态,车头间距振荡的幅度逐渐减小。其次,当 $C_0 = 0.5$ 时,此时出现高阻尼波动,车流处于渐近稳定的临界状态,即使如此,车头间距振荡的幅度也逐渐减小。最后,当 $C_0 = 0.75$ 时,车流处于不稳定状态,车头间距振荡的幅度逐渐增大。

图 5-9 给出了 9 辆车组成车队中每辆车的运动轨迹。采用移动坐标系坐标原点的速度与车队的初始速度 u 一致。$t = 0$ 时,所有的车辆均以速度 u 行驶,车头间距均为 12m。头车在 $t = 0$ 时开始以 1.11km/h 的减速度减速 2s,之后又加速至原速度 u。头车这种速度波动将在

车队中不稳定地传播。从图中可以看到,在头车发生第一次波动后约24s时,第7辆与第8辆车之间的车间距离为零,即车头间距等于车辆长度,此时即发生碰撞。

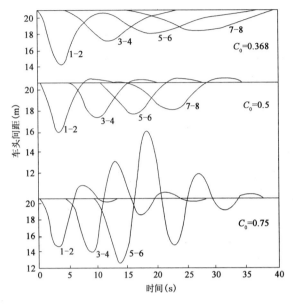

图5-8 线性跟驰模型中车头间距随时间的变化关系

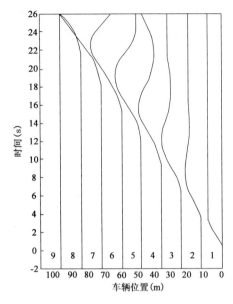

图5-9 车辆轨迹图

五、跟驰模型研究进展

1. 刺激-反应类模型

刺激-反应框架是最基本的跟驰行为建模框架之一,它将前车对驾驶员的作用表示为一种刺激,将驾驶员的感知能力作为其对刺激的一种敏感系数 λ,将驾驶员的反应表示为跟驰车的运动行为。在线性跟驰模型 节已经对其详细的介绍。

GM模型是最重要的刺激-反应类模型,20世纪50年代后期到60年代初期,通用汽车(General Motors,GM)实验室在跟驰理论研究方面做了大量工作,极大地推动了跟驰模型的基础性研究,其影响力持续至今。由于Gazis、Herman和Rothery等为GM模型的发展做出了极大的贡献,因此GM模型也称GHR模型。

1958年,Chandler等基于刺激-反应的模式提出了GM模型的原型,建立了跟驰车加速度与前后车相对速度之间的关系模型:

$$\ddot{x}_{n+1}(t+T) = \lambda [\Delta x_{n+1,n}(t) - l_e - T_1 \Delta \dot{x}_{n+1,n}(t)] \tag{5-116}$$

式中: l_e——车辆长度,m;

T_1——法定车头时距,m;

$\Delta x_{n+1,n}(t)$——前车n和跟随车$n+1$之间的车头间距,m;

$\Delta \dot{x}_{n+1,n}(t)$——前车和跟随车的速度差,m/s。

通过在GM试车场获取的跟驰行为数据来标定和验证理论模型,其对跟驰数据获取方法的实验,开创了微观驾驶行为数据获取的先河。为了克服线性跟驰模型的局限性,敏感系数与车头间距成反比。1961年Newell指出加速度不应该与车头间距倒数的某次幂成正比,而应与车辆间距的某次幂成正比。因此提出了如下模型:

$$\ddot{x}_{n+1}(t+T) = \lambda \Delta \dot{x}_{n+1,n}^{l}(t) \tag{5-117}$$

1959 年，Herman 等提出了驾驶员不仅考虑最邻近的前车，而通常同时考虑两辆乃至两辆以上前车运行状态的变化。这就是著名的多车跟随假设。因此，提出了如下跟驰模型：

$$\ddot{x}_{n+1}(t+T) = \sum_i \xi_i [\dot{x}_{n-i}(t) - \dot{x}_{n+1}(t)] \tag{5-118}$$

式中：ξ_i——前方第 i 辆车对跟驰车刺激的敏感系数。

一般来说，随着与跟驰车距离的变大，前车对驾驶员的刺激也越小。相关研究表明，前方第 3 辆前车对跟驰车的影响就已经很小了，在实际建模中可以仅考虑前 3 辆前车的影响。

Helly 考虑车头间距也会对驾驶员产生刺激，在线性 GM 模型基础上，提出了综合考虑相对速度和车头间距刺激的模型。由于采用线性形式，Helly 模型也称为线性模型，即

$$\ddot{x}_{n+1}(t+T) = C_1 \Delta \dot{x}_{n+1,n}(t) + C_2[\Delta x_{n+1,n}(t) - D_n(t+T)] \tag{5-119}$$

式中：C_1、C_2——相对速度与相对距离的敏感系数；

$D_n(t+T)$——期望跟驰距离。通过将相对速度与相对距离加权，人们可以综合考虑两者对跟驰行为的影响。

记忆效应是驾驶员的一个重要特性，驾驶员依靠一段时间的刺激（而不是某一时刻的刺激）来做出驾驶决策。Lee 首先提出了考虑驾驶员记忆效应 GM 模型，具体模型为

$$\ddot{x}_{n+1}(t+T) = \int_{t-\Delta t}^{t} M(t-s) \Delta \dot{x}_{n+1,n}(s) \mathrm{d}s \tag{5-120}$$

式中：$M(\cdot)$——记忆函数表示驾驶员对信息的处理方式；

Δt——时间间隔，s；

s——驾驶员对前一阶段行为的记忆时间，s。

采用记忆函数虽然能够较为准确地描述驾驶员特性，但是，在模型计算中需要记录车辆过去一段时间内的运行状态，需要占用很大的内存，因而在交通仿真应用中具有较大局限性。

随着研究的更加深入，又出现了 Leutzbach 模型、OV 模型、IDM 模型、FVD 模型、马尔可夫模型，以及考虑人类因素的模型。其中，考虑人类因素的跟驰模型可分为考虑感知阈值的模型，考虑驾驶员视觉角度的模型，考虑风险感知、分心及失误的跟驰模型。近年来，越来越多的学者开始考虑驾驶员风险感知、分心及失误对跟驰行为的影响。驾驶员在感知到风险时，认知过程包括感知、判断和执行决策（制动或变道）。这个过程可看作是一个驾驶员的决策问题，周围交通状况、环境和驾驶员特性（年龄、性别、驾驶经验和对于风险的态度）均可能会影响驾驶员的决策。分心及失误是导致碰撞事故的主要原因，而传统跟驰模型设置了各种规则以防止出现碰撞，这与现实有较大差距。

2. 安全距离类模型

安全距离模型基于这样的假设：驾驶员期望与前车保持安全车头间距，当前车突然制动时，驾驶员能够有时间做出反应并减速停车，以避免发生碰撞。这类模型大多是基于牛顿运动学公式建立，由于模型形式简单、能够避免车辆碰撞，因而在交通仿真软件中广泛应用。

安全距离模型最早是由 Kometani 和 Sasaki 提出的。他们通过前车和跟驰车的速度来计算安全的跟驰距离，其模型方程为

$$\Delta x(t-T) = a \dot{x}_n(t-T) + \beta_1 \dot{x}_{n+1}^2(t) + \beta_2 \dot{x}_{n+1}^2(t) + b_0 \tag{5-121}$$

式中：a、β_1、β_2、b_0——待定参数。

在此模型的基础上，Gipps 考虑了车辆的加速度约束和安全距离约束，提出了一个新的安

全距离模型。该模型假定车辆速度由当前理想速度、所允许的最大加/减速度和安全制动距离共同决定,在 $[t,t+T]$ 时间段内,车辆速度是达到理想速度的加速度和维持安全距离的减速度中的较小者。模型的基本表达式为

$$\dot{x}_n(t+T) \leq \ddot{x}_n(t)T + \sqrt{\ddot{x}_n^2(t)T^2 - \ddot{x}_n(t)\{2[\Delta x_n(t) - L_{n-1}] - \dot{x}_n(t)T - [\dot{x}_{n-1}(t)]^2 / \hat{\ddot{x}}(t)\}}$$
(5-122)

式中:$\hat{\ddot{x}}(t)$——跟驰车估计的前车的加速度,m/s²,认为其值等于前车的加速度 $\ddot{x}_{n-1}(t)$;

L_{n-1}——车辆 $n-1$ 的有效长度,m,一般认为等于车身长度加停车间距。

该模型基于牛顿运动学公式推导,具有明确的物理意义,能更真实地模拟高速公路上的跟驰行为,并提供在拥挤状态下反复停车—起步过程的模拟功能,可以用一些对驾驶行为一般感性假设来标定模型。不过避免碰撞的假设在模型的建立过程是合乎情理的,但与实际情况存在着差距;在实际的交通运行中,驾驶员在很多情况下并没有保持安全距离行驶。因此,当利用基于安全间距的车辆跟驰模型进行通行能力分析时,很难与实际最大交通量相吻合。

另外,还有一些更为复杂的安全车距模型,其中比较有代表性的模型有 PITT 模型、INTRAS模型和 FRESIM 模型。其基本思想是让后车与前车保持有一定的间距,模型为

$$\Delta x(t) \geq l_c + \eta \dot{x}_n(t) + 10 + b\eta \Delta \dot{x}_{n,n-1}(t)$$
(5-123)

式中: η——驾驶员敏感系数;

b——待定系数;

$\Delta \dot{x}_{n,n-1}(t)$——前后两辆车的速度差,当 $\Delta \dot{x}_{n,n-1}(t) \leq 10\text{m/s}$ 时,常取 0.1;$\Delta \dot{x}_{n,n-1}(t) > 10\text{m/s}$,一般取0;这是考虑了前车运动的安全距离模型。

而作为一体化交通仿真软件系统 TSIS 中微观交通流仿真的组成部分而受到广泛关注的 NETSIM,其跟驰模型将跟驰距离要求放宽为"仅考虑紧急制动时能够有效地防止碰撞"。在此基础上建立的 CARSIM 模型则进一步考虑了拥挤和非拥挤条件下驾驶员反应时间的不同和采用的最大减速度的差异。

3. 心理-生理类模型

驾驶员是人-车-路交通系统的核心,虽然跟驰行为是描述前后两车之间的运动关系,但其本质是描述跟驰车驾驶员在特定状态下的行为。随着认知心理学的发展,许多学者试图在跟驰行为建模中引入更多人的因素,心理-生理类模型即是以驾驶员的感知与反应特性为基础来建立模型。生理-心理模型也称反应点模型,简称 AP 模型。这类模型用一系列阈值和期望距离体现人的感觉和反应,这些界限值划定了不同的值域,在不同的值域,后车与前车存在不同的影响关系。生理-心理模型是一种跟驰决策模型。

1963 年,Todosiv 在研究 $\Delta a - \Delta v$ 相位图时,发现相对加速度只是在被称为作用点的地方才改变。他认为驾驶员的速度感知阈值是这些作用点产生的根源。速度感知阈值被定义为在一定的视觉样本时间和一定的车头时距下,驾驶员以一定的概率所能感知到的临界相对速度。通过对速度感知阈值的研究,人们发现在同样的车头时距下,正的临界相对速度大于负的临界相对速度,这样就导致了车头时距向大的方向漂移。驾驶员为了解决这个问题,会采用一个负的相对速度,直至两车的车头时距达到一个较小值以后,再降低车速。Todosiv 通过假设驾驶员随即采取不同的视觉样本时间,由相应的临界曲线,确定了到驾驶员的作用点。

Michaels 通过分析驾驶员生理和心理的一些潜在因素,认为驾驶员通过分析视野中前车

尺寸大小的改变,即前车在驾驶员视觉中投影夹角的变化,感知前后车相对速度,具体推导如下。在小的视角下:

$$w = R\theta \tag{5-124}$$

式中:w——观察目标的宽度,m;
R——观察者与目标之间的距离,m;
θ——视角(°)。

式(5-124)对时间 t,$\theta \dfrac{dR}{dt} + R \dfrac{d\theta}{dt} = 0$,将 $\dfrac{dR}{dt} = \Delta v$,$\theta = \dfrac{w}{R}$ 代入式(5-124)得:$\dfrac{d\theta}{dt} = -w\dfrac{\Delta v}{R^2}$。

根据 $\dfrac{d\theta}{dt}$ 的感知界限值($\dfrac{d\theta}{dt}$ 的感知界限值介于 $3 \sim 10 \times 10^{-4}$ rad/s,其平均值约为 6×10^{-4} rad/s)判断是否正在与前车接近。一旦超过这个速度感知阈值,驾驶员将选择减速,使相对速度的感知不超过这个阈值,是否感知到前车的变化是驾驶员进行操作的基础。当两车的速度差低于速度感知阈值时,驾驶员感受到的只是距离的变化。对于距离的任何变化,只有超过 JND(刚好值得注意的距离)值,才可能被驾驶员感知,此值可以根据 Webers 定律确定。Webers 定律指出:视角是按一定的百分比变化的,一般为 10%;但是当后车与前车的距离摆动不定时,这个阈值将发生较大的漂移,此环境下的距离感知阈值为 12%,并且逼近过程较开放过程小;在非常近的跟驰距离内,由于对驾驶动作的要求精确,驾驶员可能不能完全控制车辆的加(减)速,因此,需要最小值来控制汽车的加(减)速。

Michaels 将车辆跟驰状态划分为三个阶段:第一阶段,两车的速度差低于速度感知阈值,驾驶员仅仅通过对距离变化的感知来确定他是否处于逼近状态;第二阶段,速度差超过阈值,驾驶员降低速度,从而使视角变化率维持在阈值或其附近;第三阶段,驾驶员在一个确保车辆驾驶和速度控制的车头时距下,尽量将相对速度保持为零。

如何来最终确定这些阈值是非常重要的,因为驾驶员将根据它来决定是加速、减速还是保持原速,直至突破某个阈值为止,否则,驾驶员感觉到状态没有发生变化或至少变化率没有改变。Lee 和 Jones 推导出具体公式,Evans 和 Rothery 进行了一系列基于知觉的实验进一步发展该模型,实验的目的在量化 Michaels 提出的阈值。实验要求试车内的乘客判断与前车的距离是在变大还是在变小,并且只允许在一个时间间隔内观察目标并做出判断。在所有的实验数据中,1923 个数据的反应时间为 1s,247 个数据为 2s。分析表明是否能正确判断车头间距的变化与 $v/\Delta x$ 和观测时间间隔有关。同时也注意到,当 Δx 增加时,驾驶员可能会出现错觉,即他们认为正在接近前车,而事实上并非如此。

Wiedemann 于 1974 年提出了著名的心理-物理车辆跟驰模型。模型的基本思想是:一旦跟驰车驾驶员认为他与前车之间的距离小于其心理安全距离时,跟驰车驾驶员就开始减速;由于跟驰车驾驶员无法准确判断前车的车速,跟驰车车速会在一段时间内低于前车速,直到两车之间的距离达到另一个心理安全距离时,跟驰车驾驶员就开始缓慢加速。由此周而复始,形成一个加速、减速的迭代过程。Wiedemann 在前人研究和调查的基础上,定义了跟驰过程中人的相关感知及反应阈值,通过这些阈值将驾驶行为分为自由行驶状态、接近过程、跟驰过程和紧急制动状态这 4 种情形。每种情形下分别对应于不同的加速度计算方法。其模型为

$$\ddot{x}_{n+1}(t+T) = \frac{[\Delta \dot{x}_{n+1,n}(t)]^2}{2[S - \Delta x_{n+1,n}(t)]} + \ddot{x}_n(t) \tag{5-125}$$

式中：S——期望的最小的安全跟随距离，m。

早期心理模型采用固定的阈值。其缺点在于各种阈值均可能随交通环境的不同而不同，难以调查确定；而且早期心理模型根据人对视野中物体的角速度变化的最小可感知值来确定阈值，而实测数据中大量存在超过阈值而未反应的事例。

为了描述不同驾驶者的不同驾驶特性，现在流行的心理模型常按一定的统计分布规律随机产生划分各种驾驶状态的阈值，以期得到更符合实际的交通流随机特性。但是，驾驶员的驾驶特性包括很多方面，如驾驶稳定性、驾驶的倾向性、对于驾驶安全感的需求、感知交通环境变化的能力、对刺激的反应灵敏度和反应时间（延迟时间）、最大加/减速度的耐受值等。目前的心理模型尚无法对所有特性进行分析建模，常见的模型主要集中在感知阈值、制动过程到驾驶员行为及驾驶员对于安全车头间距的选择等几个关键问题上。仿真实验表明心理学跟驰模型能更好地区分驾驶员在不同状态下的驾驶行为，从而提高了仿真的精度。

4. 人工智能类模型

人工智能（AI）是研究、开发用于模拟、延伸和扩展人的智能的理论、方法、技术及应用系统的一门新的技术科学。人工智能的许多理论方法可以应用于包括跟驰行为建模在内的诸多领域。人工智能方法可以有效描述难以用精确数学模型表达的驾驶行为特性，因而人工智能类模型是近年来进行跟驰行为建模研究的热点之一。

近年来在车辆跟驰的发展过程中，值得注意的是模糊推理理论在车辆跟驰模型研究中的应用。该类模型主要通过驾驶员未来的逻辑推理来研究驾驶行为。这类模型最具有特色的是把模型的输入项分为几个相互部分重叠的"模糊集"，每个模糊集用来描述各项的隶属度。例如，一个模糊集可以用来描述或量化车头时距"太近"，若车头时距小于0.5s，则"太近"这个模糊集的隶属度或真实度就为1；若车头时距大于2s，则"太近"这个模糊集的隶属度或真实度就为0；中间的数值表示了真实度或隶属度的等级。一旦定义清楚隶属度的等级，就可以通过逻辑推理得到输出模糊集，如果"近"而且"继续近"那么就"制动"。人们根据实际运行过程来估计输出集的状态值，将此作为所有计算结果的总和。

最初，Kikuchi 和 Chakroborty 用模糊推理方法来研究车辆跟驰模型是将传统 GM 模型中的 Δx、Δv 和 a_{n-1} 模糊化。该方法把 Δx、Δv 和 a_{n-1} 作为输入模糊集，并把每个模糊集分为6个等级，3个模糊集之间彼此相关。首先，根据 v_{n-1} 结合车头时距的大小来设定 Δx 集的等级，然后，假设模糊推理机制的运行规则，即第 n 辆车与 $n-1$ 辆车保持相同的加速度，同时加上一个 Δx 项，模糊推理模型的具体表达如下：

$$\ddot{x}_{n+1}(t) = [\Delta \dot{x}_{n+1,n}(t) + \ddot{x}_n(t)T]/\gamma \tag{5-126}$$

式中：T——反应时间，s，取 1s；

γ——后车驾驶员希望在 γ 时间内能够跟上前车，s，取 2.5s。

从输入输出映射的角度来看，基于模糊推理的车辆跟驰模型同样实现了从各种刺激信号到控制动作的非线性映射。实验表明，模糊推理既能以统一的语言规则描述驾驶员的驾驶共性，又能设置不同参数较好地拟合驾驶员的驾驶行为差异。

人工神经网络（ANN）是由大量简单地称之为神经元的处理单元以某种拓扑结构广泛地相互连接而构成的复杂的非线性动力系统，近年来被越来越多地应用到交通研究领域，如交通预测、交通控制等。由于驾驶员对跟驰状态的感知和控制是一个非常复杂的过程，目前的研究还很难确定地给出影响驾驶员感知判断的因素。因此，已有的模型中一般仅以车头间距、速度、速度差及这些量的变化率等信息作为前馈神经网络的输入。实验表明,经过训练的神经网络能够较好地拟合驾驶员的非线性驾驶特性。

第四节　车道变换模型

作为微观交通仿真的两大重要模型之一,车道变换模型较为复杂且难以用数学模型描述。其中困扰车道变换模型发展的一个重要原因是微观数据难以获得。现代交通仿真认为,车道变换行为是驾驶员根据自身驾驶特性,针对周围车辆的车速、空档等周边环境信息的刺激,调整并完成自身驾驶目标策略的包括信息判断和操作执行的综合行为过程,车道变换模型描述车辆由于速度改变或道路行驶条件的限制而采取的变更车道的行为,是微观交通仿真的重要模型。

作为构建模型的基础,分析车道变换行为并了解车道变换的原因非常重要。一般来说,车道变换行为是驾驶员在行车过程中的决策,是通过车辆所表现出来的一种行为。因此,分析车道变换的行为首先需要了解驾驶员在什么样的条件下产生车道变换的需求,即车道变换的决策在什么样的情况下形成。本节主要对车道变换行为进行简单概括,主要包括车道变换分类、强制性换道模型、判断性变道模型。

一、车道变换分类

换道行为是驾驶员由自身驾驶特征,针对周围车辆车速、间隙等周边环境信息刺激,调整并完成自身驾驶目标策略的综合过程,包括信息判断和操作执行。智能车辆中对换道的定义是:换道是一种驾驶行为,当行为前后车身航向角不变,而车身航向线不是同一条线,均称为换道。道路交通发生排队、拥堵、消散、事故等过程往往伴随有换道过程,用计算机模拟实现换道过程,就需要建立换道模型。

目前,最常用的换道模型是 Gipps 于 1986 年提出的。换道的计算主要以换道概率、换道加速度、可接受间隙等指标反映。根据需求和类型不同,换道行为可分为强制性变道与判断性变道两种类型。

1. 强制性变道

强制性变道是指在一定区间范围内强制完成换道的行为(如交织区的交织车辆、路段向交叉口过渡段)。车辆在实际行驶过程中,可能由于交叉口转弯、车道障碍或者车辆进站停靠等原因必须变换车道,这样就存在着一个最迟车道变换位置,在最迟车道变换位置之前,车辆一直在寻求各种合适的机会变换车道,包括减速、加速等。如果不能在此位置之前使车道变换成功,则车道变换车辆将停在该位置等待,一直到出现合适的车道变换情况才能进行车道变换,通常包括以下的情形:

(1)通往下一目的地路径所需要的换道;

(2)避免进入下一堵塞/封锁车道所需要的换道;

(3)避免进入某一限制车道所需要的换道;如公交专用道、高占有率 HOV 车道;

(4)响应可变信息板(VMS)所需要的换道;

(5)在高速道路上由主线分离进入减速车道,从而进入出口匝道;

(6)在高速公路入口匝道加速段会入主线的情形。

2. 判断性变道

判断性换道行为是指驾驶员为追求更高的速度、绕过大型车辆、避免驶入与匝道相连的车道等情况的发生而采取的换道行为。在不符合强制性换道条件的换道行为,如提高车速、超过慢车或者重型车、躲避交织车辆。判断性车道变换是指车辆在遇到前方速度较慢的车辆时为了追求更快的车速、更自由的驾驶空间而发生的变道行为。它主要考虑期望车道(由驾驶员对速度的喜好等因素决定)、可接受空隙、安全等因素。

强制性换道与判断性换道在驾驶方式上有很大区别。区别在换道需求产生环节是否有明确的目标车道。

二、强制性换道模型

强制性换道过程缺少需求产生环节,其核心内容是间隙接受模型。根据间隙接受算法的不同,强制性换道行为分为强制请求和判断请求两种。强制请求:车辆初始化时就具有换道需求并不停地检测目标车道的车辆接受间隙,从而尝试完成换道。若此时刻接受间隙不满足条件,那么下一时刻继续发送这样的请求,直至条件满足完成换道。判断请求:换道车辆在每一仿真步长对相邻的数个间隙同时进行检测,选择满意度最大的间隙作为目标间隙,并调整自身的驾驶行为方式。

1. 车辆换道意图的判断

判断强制性车道变换意图产生的方法主要有两种:固定值法和概率法。

1)固定值法

固定值法即当车辆与必须进行车道变换点的距离小于某一值时或车辆达到某一区域时执行强制性车道变换。

2)概率法

概率法即车辆是否产生强制性车道变换意图是某些参数的概率函数。当产生的随机数落在概率区间时,就产生强制性车道变换意图,其概率数为

$$f_n = \begin{cases} e^{-\frac{(x_n-x_0)^2}{\sigma_n^2}}, & x_n > x_0 \\ 1, & x_n \leq x_0 \end{cases} \tag{5-127}$$

式中:f_n——车辆 n 在 x_n 点被标记为强制性车道变换的概率;

x_n——车辆 n 的位置;

x_0——临界点的位置。

可以看出车辆 n 离临界点越近概率越大,所需穿过的车道数概率越大。当到达临界点时必须进行车道变换,所以概率为1。

$$\alpha_n = \alpha_0 + \alpha_1 m_n + \alpha_2 k \tag{5-128}$$

式中:m_n——到达目标车道 n 要穿过的车道数量;

k——交通拥挤程度指标,该值为路段密度除以堵塞密度;

α_0、α_1、α_2——模型参数。

2. 间隙检测

当车辆接近交叉口时需要重新进行路径选择(或者路径已经事先确定),若需要在交叉

口转弯,则可能需要变换车道,此时的变更车道行为是强制性的,否则,车辆将无法到达目的地。若在车辆行驶的前方发生了交通事故或其他事件而影响车辆通过时,将产生强制变更车道意图,否则车速将降为零。这一情况也适用于交通堵塞情形,此时的车速降为零。

图5-10中假设车辆n以速度$\dot{x}_n$行驶,其距离事故地点距离为l_n产生强制车道变换意图,并以减速度减速,或者车辆在无法变更车道的情况下应能保证在事故地点前停下。则:

$$\ddot{x}_n = -\frac{\dot{x}_n^2}{2(l_n - \sigma)} \tag{5-129}$$

式中:$\ddot{x}_n$——车辆n的减速度,m/s^2;

σ——安全裕量,表明车辆在事故地点前σ_m处停下。一般来说,车辆距离事故点越近,其变更车道的意图越加强烈,则有式(5-130)。

$$p_n(t) = 1 - \frac{r[l_n(t) - \sigma]}{l_n} \tag{5-130}$$

式中:$p_n(t)$——车辆变道的概率;

$l_n(t)$——t时刻车辆n距离事故地点的距离,m;

r——冒险系数θ的函数,与驾驶员类型有关,θ的取值范围为$[0.5, 1.5]$,r为θ的减函数,具体为$r = 0.1\theta^2 - 0.45\theta + 0.95$,取值范围为$[0,1]$。

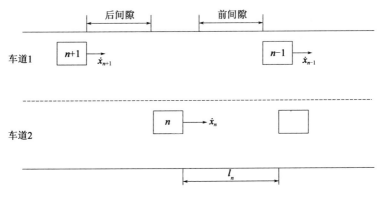

图5-10 强制性变道模型

当车辆n产生变更车道的意图后,它将以减速度减速,并检查它与前车$n-1$的前间隙(gap lead)是否满足其变更车道的要求,即前间隙是否大于或等于跟驰模型所要求的车间距。所要求的车间距的确定依据为:由于车辆n要变换车道到车道1,它应将自己当作行驶在车道1上,并以车辆$n-1$为头车,满足跟驰模型。

若它与前车$n-1$的距离已经满足跟驰模型所要求的车间距,车辆n不会加速行驶,转而判断它与后车$n+1$的距离后间隙(gap leg)是否满足其变更车道到车道1的要求。若后间隙也满足跟驰模型的要求,则车辆n变换车道,否则,车辆n发出车道变换信号给车辆$n+1$,并等待车辆$n+1$的回应。而车辆$n+1$以概率决定是否减慢车速以给车辆n让出足够的空间,若车辆n在到达事故地点时仍无法变换车道,其速度降为零。此时它停车等待,并不断地发出车道变换请求,其$p_n(t) = 1$。

在车辆的加速度$\ddot{x}_n$和相对速度已知的条件下,前间隙及后间隙的取值可由跟驰模型推

出,如 Herman 跟驰模型:

$$\ddot{x}_n = -\frac{\ddot{x}_0 \dot{x}_n^\alpha (\dot{x}_n - \dot{x}_{n-1})}{(\text{gap lead needed})^\beta} \tag{5-131}$$

$$\ddot{x}_{n-1} = -\frac{\ddot{x}_0 \dot{x}_{n+1}^\alpha (\dot{x}_n - \dot{x}_{n+1})}{(\text{gap lead needed})^\beta} \tag{5-132}$$

式中:α、β——系统函数。

综上,当车辆产生强制车道变换意图后,它首先减速,并选择目标车道,确定目标车道后,再判断它在目标车道的前后间隙。前后间隙均满足,则实施车道变换。否则,若前间隙 gap lead 不满足,它将继续减速;若后间隙 gap lag 不满足,就向后车 $n+1$ 发出车换道请求,后车以概率 $p_n(t)$ 决定是否减速以让出足够间隙。$p_n(t)$ 是一个递增的变量,随着车辆 n 距离事故地点越近,取值越大。若因为堵车或其他特殊情况 $p_n(t) = 1$ 时,车辆 n 仍无法进行车道变换,此时的速度已经降为零,即停车等待。

3. 可行性分析

强制性车道变换的可行性分析过程主要有以下几种方法:可接受间隙模型、基于效用函数标定模型、可接受风险评价模型法和模糊逻辑法等。最具有代表性的可接受间隙模型是基于 Gipps 的可接受间隙模型,如图 5-11 所示。

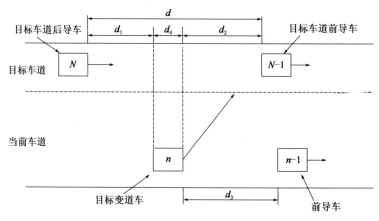

图 5-11 可接受间隙模型

图中:d——目标车道前车和后车之间的总距离,m;
　　　d_1——目标车与目标车道后车之间的临界距离,m;
　　　d_2——目标车与目标车道前车之间的临界距离,m;
　　　d_3——目标车与当前车道前车之间的临界距离,m;
　　　d_4——目标车的长度。

目标车 n 与目标车道后车 N 之间的临界距离 d_1 和目标车 n 与目标前车 $N-1$ 之间的临界距离 d_2 是另两个模拟车道变换行为的重要参数,在研究中一般用目标车速度 V_n、目标车道前车速度 V_{N-1}、目标车道后车速度 V_N 来构造这两个距离参数。这两个间隙必须保证在换道过程中不会引起事故或者紧急的制动行为。

在强制性的车道变换中,系统中所用的目标车 n 与目标车道前车 $N-1$、后车 N 之间的临

界距离 d_1、d_2 模型如下：

$$d_2 = \max\{d_{N-1}^1, d_{N-1}^1 + [\beta_{11}^1 V_n + \beta_{12}^1 (V_n - V_{N-1})][1 - \exp(-\gamma x_n)]\} \quad (5\text{-}133)$$

$$d_1 = \max\{d_N^1, d_N^1 + [\beta_{11}^1 V_n + \beta_{11}^1 (V_N - V_n)][1 - \exp(-\gamma x_n)]\} \quad (5\text{-}134)$$

式中：d_{N-1}^1——目标车 n 与目标车道前车 $N-1$ 之间的最小间距，m；

d_N^1——目标车 n 与目标车道后车 N 之间的最小间距，m；

x_n——目标车 n 距离发生车道变换位置的距离，m；

β、γ——模型参数。

三、判断性变道模型

与强制性换车道行为相比，判断性变换车道中需求产生是一个重要组成部分，也就是说，什么时刻驾驶员要换车道，什么时刻驾驶员不换，这一过程的发生是比较难以把握的，在国外成熟模型中通常用不同选择下驾驶员所具有的驾驶满意度来衡量。需求产生后，由普通的间隙接受理论检测间隙是否接受，如果间隙不接受，此次需求结束，如果间隙接受，换车道行为执行。由此可见，判断性换道过程由需求、检测、执行3个步骤组成，如图5-12所示。

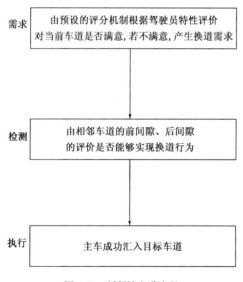

图 5-12 判断性变道流程

1. 需求产生

1）换道概率法

换道概率（Probability of Lane-changing，PLC）是应用的最简单的驾驶满意状态的评判指标，对处于不满意状态的车辆，由概率分布的方式初始化哪些车辆有换道需求。在 WEAVSIM 模型中，对于所有非交织车辆，以 PLC = 0.04 来决定谁产生主动性车道变换的需求。

早期的仿真模型中 PLC 方法应用很广泛，直至现在，在很多模型中依然沿袭这种方法，只是在 PLC 的应用范围上加上限制条件，力求使模型的适应性得到增强。INTRAS 模型家族中只有车速低于期望速度、会入时加速会入的车辆才进行 PLC 分布。在 MRS 模型中，需求产生更是需要满足多种条件下进行 PLC 分布：

$$\begin{cases} \text{gap}(i) < l \\ \text{gap}(i) > l_0 \\ \text{gap}_{0,\text{back}} > l_{0,\text{back}} \\ \vec{v}_{\text{目标车道前车}} > \vec{v}_{\text{当前车道前车}} \\ \vec{v}_{\text{目标车道前车}} > \vec{v}_{\text{目标车}} \end{cases} \quad (5\text{-}135)$$

式中：l ——预定义的车头间隙，m；

l_0 ——临界间隙，m；

$l_{0,\text{back}}$ ——临界后的间隙，m；

$\vec{v}$ ——车速，m/s。

2）速度判断法

速度判断法认为，当满足式(5-136)的条件时车辆将产生自由变道意图：

$$V_{\text{跟车}} < \gamma \cdot V_{\text{期望}} \quad (5\text{-}136)$$

式中：$V_{\text{跟车}}$ ——当前车辆在受到正前方车辆约束时而采取的行驶速度，m/s；

$V_{\text{期望}}$ ——当前车辆的期望速度，m/s；

γ ——折减率，通过实际观测统计后取值为 $0.75 \sim 0.85$。

3）效用函数法

"效用"一词源于经济学，用来描述顾客消费商品时获得的满足程度，可间接地用商品的价值来度量。随机效用理论基础为个人对于一个可以选择的、选择分支是相互独立的集合，会选择认为对自己来说效用最大的分子。效用是随机的，观测者不可能精确地观测出所有影响因素，其表达式为

$$U_{in} = V_{in} + \varepsilon_{in} \quad (5\text{-}137)$$

式中：U_{in} ——个人 n 对方案 i 的效用值；

V_{in} ——个人 n 对方案 i 效用的固定项(效用函数)；

ε_{in} ——个人 n 对选择肢 i 效用的随机项。

ε_{in} 和 V_{in} 相互独立，服从某种概率分布。如果 ε_{in} 各分量服从相互独立的二重指数分布，则为分对数(Logit)模型，如果服从多元正态分布，则为概率型(Probit)模型。Probit 模型理论上更严密，但是比较复杂，不如 Logit 模型应用广泛。

效用函数 V_{in} 通常用来表示消费者在消费中所获得的效用与所消费的商品组合之间数量关系的函数。效用函数通常用线性函数形式：

$$V_{in} = \sum_{k=1}^{K} \theta_k \cdot X_{ink} \quad (5\text{-}138)$$

式中：X_{ink} ——个人 n 的第 i 个选择方案中第 k 个特性变量；

θ_k ——第 k 个特性变量所对应的系数，可以采用似然估计法；

k ——特性变量的个数。

假设每个个体应用效用最大化进行二项选择，效用函数为线性形式，ε_{in} 服从二重指数分布(Gumbel 分布)，Logit 模型将以如下数学形式描述随机效用选择行为

$$P_{in} = \text{Prob}(U_{in} > U_{jn}; i \neq j, i, j \in A_n) = \text{Prob}(V_{in} + \varepsilon_{in} > V_{jn} + \varepsilon_{jn}) \quad (5\text{-}139)$$

式中：P_{in}——个人 n 选择第 i 个方案的概率；

A_n——个人 n 的方案选择集；且 $0 \leq P_{in} \leq 1$，$\sum P_{in} = 1$。

整理式(5-139)得：

$$P_{in} = \text{Prob}(\varepsilon_{jn} < V_{in} - V_{jn} + \varepsilon_{in}) \tag{5-140}$$

设随机项 ε 的概率密度为 $f(\varepsilon_{in}, \varepsilon_{jn})$，则表达式为

$$P_{in} = \int_{\varepsilon_{in}=-\infty}^{+\infty} \int_{\varepsilon_{jn}=-\infty}^{V_{in}-V_{jn}+\varepsilon_{in}} f(\varepsilon_{in}, \varepsilon_{jn}) \, \mathrm{d}\varepsilon_{jn} \mathrm{d}\varepsilon_{in} \tag{5-141}$$

假设 ε_{in} 和 ε_{jn} 服从参数为 $(0,1)$ 的 Gumbel 分布，则：

$$f(\varepsilon) = \mathrm{e}^{-\varepsilon} \mathrm{e}^{\mathrm{e}^{-\varepsilon}} \tag{5-142}$$

$$P_{in} = \frac{1}{1 + \mathrm{e}^{V_{in}-V_{jn}}} \tag{5-143}$$

$$P_{jn} = 1 - P_{in} \tag{5-144}$$

模型需要满足的基本假设为机动车对相邻车道的选择均有效用最大化的趋势，追求舒适性、较高自由度等，即效用最大化假设。机动车换道选择集（保持原有车道、进入左侧车道、进入右侧车道）为了模型应用方便，压缩为（保持原有车道、进入相邻车道），相应的三项选择过程变为二项选择，即二项选择假设。

速度、位置、加速度等相互联系，并非独立，直观上可以反映驾驶行为的满意度。效用函数法以加速度作为效用函数的自变量，是因为追求高车速的时候必有加速度，而且加速度在一定程度上可以反映速度和位置。假设车辆分别在不同的车道上行驶，在哪个车道可获得的加速度越大，对驾驶员来说，哪个车道的效用就越大。当相邻车道的效用大于本车道时，车辆会选择车道而产生车道变换的需求。因为加速度只有一个特征变量，所以 $K = 1$，则表达式为

$$V_{in} = \theta_1 \cdot a_{in} \tag{5-145}$$

式中：a_{in}——车辆在第 i 条车道行驶时的加速度，$\mathrm{m/s^2}$；

$i = 1$——本车道行驶；

$i = 2$——相邻车道行驶。

由于现有条件下车辆在行驶状态中的加速度很难测量，因此可以采用跟驰模型与自由行驶模型计算得到的加速度作为实际加速度值。车辆的换道需求产生后，对于当前的状态能否安全实施换道行为需要有安全核查，以避免不切实际的换道行为发生。

2. 间隙检测

若车辆 n 的实际行驶速度小于其期望速度，则车辆将产生选择性车道变换的意图，和强制性车道变换不同的是，车辆 n 只会以较低的速度继续在原车道行驶。

当车辆 n 产生车道变换意图后，它将判断其前、后间隙 gap lead、gap lag 是否满足要求，如满足则开始车道变换行为，前、后间隙的取值与强制性车道变换中讨论的一样，即满足强制性变道的公式。若前间隙小于期望的前间隙，则车辆将减速，减速度取车辆的正常减速度（正常减速度为一系统参数，与车辆类型、驾驶员类型等因素有关），一直将速度减到能满足期望的前间隙要求为止。此时相当于车辆 n 在车道 1 上跟着车辆 $n - 1$ 行驶，虽然它仍在本车道上。

若前间隙不小于期望的前间隙,车辆再判断后间隙是否大于期望的后间隙,若不满足,车辆将以现有速度继续行驶,并给车辆 $n+1$ 发出请求变换车道信号,车辆 $n+1$ 以一定的概率 p_{n+1} 选择是否减速以给车辆 n 让出足够的空档。p_{n+1} 定义为

$$p_{n+1} = \min[0.75, \alpha(V_n - V_n^0)(1.5 - \theta)] \tag{5-146}$$

式中: α——系统参数,取 0.2。

在判断性的车道变换中,驾驶员不但注意周围车道的交通情况,而且也会注意到车辆所在车道的交通状况,如果他想超越前车,他的速度应该比前车速度快,而且一般换道行为发生在目标车离前车很近的地方。在此用前后车之间的速度差函数来表示目标车与当前车道车之间的临界距离。目标车 n 大于当前车道前车 $n-1$ 之间的临界距离 d_3 可看作后车与前车的最小期望距离,在目标车 n 与当前车道前车 $n-1$ 距离恰好相等时,驾驶员不能进行车道变换。当目标车 n 大于当前车道前车 $n-1$ 之间的距离时驾驶员可以进行换道,这时,还要同时考虑目标车 n 与目标车道后车 N 之间的临界距离 d_1 以及目标车 n 与目标车道前车 $N-1$ 之间的临界距离 d_2。

3. 可行性分析

判断性车道变换的可行性分析过程主要有以下几种方法:可接受间隙模型法、安全系数评价法、可接受风险评价法和模糊逻辑法。

可接受间隙模型法,主要是评价目标车 n 与当前车道前车 $n-1$ 之间,目标车 n 与目标车道前车 $N-1$、后车 N 之间是否有合适的间隙。

目标车 n 与当前车道前车 $n-1$ 之间的临界距离 d_3 被构造为速度差的函数,模型如式(5-147)所示,常量 K 和偏移量 D 在不同的速度差下变化不大:

$$d_3 = K \cdot (V_n - V_{N-1}) + D \tag{5-147}$$

由于采集此类数据比较困难,因此参数 K 和 D 的确定,一般是根据不同的车型和驾驶员类型通过产生随机数仿真产生。

目标车 n 与目标车道前车 $N-1$、后车 N 之间的临界距离 d_2 及 d_1 的模型为

$$d_2 = \max\{d_{N-1}^2, d_{N-1}^2 + [\beta_{11}^2 V_n + \beta_{12}^2(V_n - V_{N-1})]\} \tag{5-148}$$

$$d_1 = \max\{d_N^2, d_N^2 + [\beta_{11}^2 V_N + \beta_{12}^2(V_N - V_n)]\} \tag{5-149}$$

式中: d_{N-1}^2——目标车 n 与目标车道前车 $N-1$ 之间的最小间距, m;

d_N^2——目标车 n 与目标车道后车 N 之间的最小间距, m;

β——模型参数。

第五节 行人与非机动车模型

行人和非机动车是城市道路交通系统中的重要组成部分。行人和非机动车与机动车在交叉口争夺道路空间,所以,如果对行人和非机动车的交通特性缺乏了解,就不能够妥善解决行人和非机动车交通问题,势必严重干扰机动车运行,导致交通秩序混乱。对行人和非机动车交通进行仿真可以研究大型集散场地的行人特性、行人过街时与机动车的相互作用机理以及非机动车的一些交通特性,从而成为解决上述交通问题的一种有效手段。

一、行人仿真模型

1. 行人仿真模型的分类

行人交通仿真的困难主要体现在行人运动随意性大、步行行为复杂、影响因素多等方面,常见的微观交通仿真软件如 CORSIM 不适合模拟行人交通。行人交通仿真模型分为三类:第一类为宏观模型,把行人模拟为连续流动介质;第二类为中观模型,介于微观和宏观之间;第三类为微观模型,将行人视为具有一定行为的个体。宏观模型将行人交通流近似为气体或流体,将流体力学的理论和方法应用于行人交通流的建模仿真中。Fruin 给出了由统计得出的人群平均行进速度与人群密度的关系曲线,并且将道路交通理论中的"服务水平"概念引入到了人群运动的研究中。宏观模型植根于流体力学模型,采用的评价指标多为流量、密度和速度,难以描述实际观测到的行人复杂交通行为,也难以直观和定量揭示局部细节的信息,行人交通系统的非线性也限制了该方法的适用范围。

中观模型以格气模型(Lattice Gas Model,LG 模型)为代表,日本学者 Muramatsu、Irie 和 Nagatani 率先将其用于行人交通仿真,后来不断有研究者建立改进的 LG 模型。LG 模型融合了宏观模型和微观模型,将平面划分为小格子或者三角形,行人位于交点处,其运动方向为向前、向左、向右 3 个方向,并依照这 3 个方向的确定值来决定下一步运动方向。LG 模型从个体行人的角度建模,不过多考虑行人间的相互作用,比微观模型显得粗略。

微观仿真模型出现了元胞自动机模型、社会力模型等微观模型。在微观仿真中,每位行人被当作独立个体进行描述和计算,这样不仅能够从宏观和整体上把握行人交通流,而且能够从局部和细节上刻画行人交通的复杂行为。微观模型包括元胞自动机模型、社会力模型、磁力模型、移动效益模型、排队论模型等,前两种模型应用最多,近年还出现了一些组合模型,如组合格子模型和社会力的模型。

2. 社会力模型

Helbing 等提出的社会力模型(SF 模型)是连续型微观仿真模型,认为行人共受到三种作用力的影响:一是驱动力,主观意识对个体行为的影响可化为个体所受自己施加的"社会力",体现了行人以渴望的速度移动到目的地的动机;二是人与人之间的作用力,试图与其他行人保持一定距离的所施加的"力";三是人与边界之间的作用力,边界和障碍对人的影响类似于人与人之间的作用。模型用如下方程组表示:

$$m_i \frac{\mathrm{d}\vec{v}_i}{\mathrm{d}t} = \vec{f}_i^0 + \sum_{j(\neq i)} f_{ij} + \sum_w \vec{f}_{iw} + \xi_i(t) \tag{5-150}$$

式中:m_i——行人 i 的身体的质量,kg;

$\vec{f}_i^0$——自驱力,N;

f_{ij}——行人 j 对行人 i 的作用力(也叫排斥力),N;

$\vec{f}_{iw}$——行人 w 对行人 i 的作用力,N;

$\xi_i(t)$——波动项。

1)自驱力

主观意识对个体行为的影响可化为个体所受自己施加的"社会力",体现了行人以渴望的速度移动到目的地的动机。记为 f_i^0：

$$f_i^0 = m_i \frac{v_i^0 e_i^0(t) - v_i(t)}{\tau_i} \tag{5-151}$$

式中：v_i^0 ——行人 i 的期望的速度，m/s；

$e_i^0(t)$ ——行人 i 的期望的运动方向；

$v_i(t)$ ——行人 i 的当前的行走速度，m/s，计算公式为 $v_i(t) = \mathrm{d}r_i/\mathrm{d}t$；

r_i ——行人 i 的位置；

τ_i ——行人 i 适应时间，也叫即兴加速时间，s。

期望的运动方向可由行人此刻的位置 $\vec{r}_i$ 和目标位置 $\vec{p}$ 算出：

$$e_i^0(t) = \frac{\vec{p} - \vec{r}_i}{\|\vec{p} - \vec{r}_i\|} \tag{5-152}$$

2）人与人之间作用力

试图与其他行人保持一定距离的所施加的"力"，包括"社会心理力" $\vec{f}_{ij}^s(t)$ 和身体接触力 $\vec{f}_{ij}^p(t)$。设行人 j 对行人 i 的影响力 $\vec{f}_{ij}(t)$：

$$\vec{f}_{ij}(t) = \vec{f}_{ij}^s(t) + \vec{f}_{ij}^p(t) \tag{5-153}$$

行人在运动过程中，需要与其他人保持一定的距离。在社会力模型中，人们用排斥力来描述这种行为。排斥力取决于行人间的距离，在某一微小距离内有一个最大值（即力不会超过最大极限），并会随着距离增大减小到零。社会心理力 $\vec{f}_{ij}^s(t)$ 可用一个指数形式的表达式：

$$\vec{f}_{ij}^s(t) = A_i \exp\left(\frac{r_{ij} - d_{ij}}{B_j}\right) n_{ij} \tag{5-154}$$

式中：A_i ——行人之间的非接触排斥作用力强度，N；

B_j ——排斥力的作业范围，m；

$d_{ij} = \|x_i(t) - x_j(t)\|$ ——两个行人中心的距离，m；

$r_{ij} = (r_i + r_j)$ ——两个行人半径之和，m；

$n_{ij} = (n_{ij}^1, n_{ij}^2) = [r_i(t) - r_j(t)]/d_{ij}(t)$ ——行人 j 到 i 的单位化矢量。

身体接触力，只有当人与人之间有相互的身体接触即两行人的半径之和大于两者之间的距离时，即 $r_{ij} \geq d_{ij}$，才会产生。身体接触力，由身体压力和滑动摩擦力两个力组成。身体压力是行人阻止挤压身体的力，即避免二人相撞，力在两个人的连线方向；滑动摩擦力是行人切线方向上的阻力：

$$\vec{f}_{ij}^p(t) = K\Theta(r_{ij} - d_{ij})\vec{n}_{ij} + k\Theta(r_{ij} - d_{ij})\Delta v_{ji}^t \vec{t}_{ij} \tag{5-155}$$

式中：$K\Theta(r_{ij} - d_{ij})\vec{n}_{ij}$ ——身体压力，N；

K ——行人身体接触排斥作用力强度；

$k\Theta(r_{ij} - d_{ij})\Delta v_{ji}^t \vec{t}_{ij}$ ——滑动摩擦力，N；

k ——行人身体接触摩擦作用力强度；

$\vec{t}_{ij} = (-n_{ij}^2, n_{ij}^1)$ ——滑动摩擦力的切线的方向；

$\Delta \vec{v}_{ji}^{t} = (\vec{v}_{j} - \vec{v}_{i}) \cdot \vec{t}_{ij}$ ——两人在切线方向的速度差。

3）人与边界之间作用力

边界和障碍对人的影响类似于人与人之间的作用。设边界 b 对个体的 i 影响力为 $\vec{f}_{ib}(t)$，表达式如下：

$$\vec{f}_{ib}(t) = \vec{f}_{ib}^{s}(t) + \vec{f}_{ib}^{p}(t) \tag{5-156}$$

$$\vec{f}_{ib}^{s}(t) = A_{i}\exp\left(\frac{r_{ib} - d_{ib}}{B_{i}}\right)n_{ib} \tag{5-157}$$

$$\vec{f}_{ib}^{p}(t) = K\Theta(r_{ib} - d_{ib})\vec{n}_{ib} + k\Theta(r_{ib} - d_{ib})\Delta \vec{v}_{bi}^{t}\vec{t}_{ib} \tag{5-158}$$

模型的优点明确了行人交通行为的产生源于自身的主观行动力，模型中的参数均有实际意义，能够解释行人交通行为的本质；若行人模型抽象为椭圆体，较基于网格的模型精确。其存在的缺点有，在行人碰撞和一些复杂行为状态下，例如对大量行人占用很小空间的现象，还有待于完善；由于社会力体现了行人之间的交互影响，随着行人数量的增加，运算速度会几何级数下降。这点虽然已经提出了改进算法，但仍需完善；行人与障碍物对行人的反作用力计算方法尚不成熟，无法适用于复杂环境下的建模。

3. 元胞自动机模型

元胞自动机（图5-13）是人工智能领域的模拟算法，后来被应用于机动车交通流模拟，直到1998年，才由 Victor J. Blue 等应用于行人交通流的模拟。其基本原理是将行人行走的道路或建筑物用网格抽象，将行人看作在网格之间移动的元胞，把行人的移动过程与车辆的行进相对比，分为换道和变速两个过程。根据行人周围网格状态变化的组合来设定行人移动规则，进而完成整个模拟过程。规则是元胞自动机的核心。

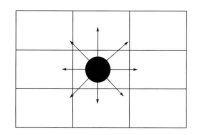

图5-13 元胞自动机模型

元胞自动机是一种空间、时间和状态变量（如速度）均离散的动力学模型，模型将行人行走空间划分为单元格阵列，单元格尺寸按照行人身体的垂直投影面积确定，通常取值 0.4m × 0.4m。在仿真过程中，每一单元格的行人按照自身和与其相邻单元格的状态，按照一定的算法更新自身的状态。其运动规则为：所有元胞的状态是同时发生变化的，在时刻 $t+1$ 的元胞 i 的状态是由时刻 t 的元胞 i 以及相邻元胞的状态决定的；每个单元格为空或被一个人员占据（取0或1），在每一个离散的时间步长 $t \to t+1$，每个人员根据一定的移动概率 M_{ij} 移到相邻的一个未被占据的格子中，或者停留在原来的格子中。

一般我们设定人员运动方向为前、后、左、右4个方向，但有的模型为了追求和实际情况的相似设定人员的运动方向为前、后、左、右、左前、右前、左后、右后8个方向。到目前为止，几乎所有的模型均设定人员的速度为定值,这个值一般采用统计得到的值,也就是规定人员一个时间步长只能前进一个格子。只有在双向通道的元胞自动机模型中设定人员速度为可变的,但也只是在前进的一个方向上可以实现变速。

二、非机动车仿真模型

非机动车由自行车和畜力车组成。对于城市交通来说,自行车为非机动车交通的主要组成部分。自行车的类型、行驶性能、交通技术特性等是非机动车交通仿真的基础。只有在充分掌握这些原理后才能建立合理的交通仿真模型,研究与非机动车相关的交通问题。

1. 自行车的基本特性

1)直行稳定性

自行车静态时直立不稳,必须用脚夹支撑,否则无法立稳。当人们用左手扶住车把,右手推坐垫向前推进时,车可一直前进而不致倾倒,即使受一点障碍或外力干扰也会继续前进。

2)动态平衡性

自行车一般重约 180kN,人体重平均为 550kN 大致为自行车的 3 倍。骑上自行车,重心较高,人车合成系统的重心也在上升,如不及时自我平衡就会失去稳定。因自行车的轮胎接触地面的面积很小,当气压为 $35N/cm^3$、$28N/cm^3$、$21N/cm^3$ 和 $14N/cm^3$ 时,轮胎与地面的接触面积分别为 $23cm^2$、$26cm^2$、$30cm^2$ 和 $38cm^2$,所以骑车人必须随时调整重心,以维持运动中的平衡。对于自行车来说,一般有两种平衡,即中心平衡、外倾平衡与内倾平衡。自行车在曲线段运行时,人体和车身的中心线相一致,同时向曲线内侧倾斜,这种情况属于中心平衡。自行车即将离开曲线段时,自行车的向外倾斜角度大于人体向外倾斜角度,此时的运行状态即为内倾平衡。自行车刚进入曲线段时,人体倾斜角大于车体的倾斜角,此种运行状态即为外倾平衡。

3)自行车动力

自行车运动时的动力是人体通过双脚传递的蹬力,常以 10min 以上所发挥出来的功率称为平均付出马力(1 马力约合 785.5W,下同)成年男子约为 0.3 马力,儿童约为 0.1 马力;若持续 30min 以上,成年男子只能发出 0.2 马力,成年女子平均付出的功率约为男子的 70%。骑行时间越长,骑车人所能发挥出的马力越小,车速就越慢,所以不宜作远程交通之用。

4)自行车交通的制动性能

据实际实验,自行车行驶速度为 15km/h 时制动的反应时间为 1s,此时段内行驶距离为 4.2m,制动距离为 2m(相应附着系数为 0.3),合计为 6.2m,一般采 7m;车速为 30km/h 时,反应时间 1s 内行驶距离为 8.3m,制动距离为 4.0m,合计 12.3m,采用 12m。

2. 自行车交通特性

1)自行车行车速度特性

自行车的行车速度直接受骑车人的体力、心情和意志控制,同路线纵坡度、平面线形、车道宽度、车道划分、气候条件,以及交通状况有直接关系。城市街道上自行车的速度变化不大,主要是交叉口处要减速停车,但时间不长。在交叉口受阻之前或绿灯开放之后骑车人立即加速或减速并能很快获得稳定车速,因骑车人反应较快,加力与制动、加速与减速均能很快实现而且是在强烈的自我保护意识下完成的,无论路段上或交叉口引道上均能较快地完成自我调节,因此，自行车交通流具有较大的灵活性与可压缩性。

2) 自行车爬坡性能

影响自行车爬坡能力的主要因素是骑车人的体力和耐力，除此以外与车辆的性能，如齿轮比、质量、轴承等也有关系。日本资料认为，无变速功能的普通自行车上坡时可爬 7% ~ 8% 坡度（极短），有三个变速挡的自行车可爬 12% 的坡度，赛车可爬 25% 的坡度。我国学术界认为，自行车道的最大纵坡不宜超过 5%，在极限坡内每增减 ±1% 坡度其速度修正系数应为 ±2%，如原速度为 15km/h，坡度 ±1%，则速度为 13km/h 和 17km/h。纵坡小于 2.5% 对骑车者影响甚微，超过 2.5% 时上坡困难，下坡危险，故有必要在坡长方面予以限制。据观测，纵坡度为 1% 时，男女青年上坡速度为 10 ~ 15km/h；在纵坡度为 2% 时，男女青年上坡速度为 7 ~ 12km/h；在纵坡度为 3% 时，男女青年上坡骑行约为 5km/h。此速度同坡长有关，坡道长则速度下降。

3) 自行车交通密度特性

自行车的外廓最大尺寸为：长 1.9m，宽 0.6m，骑车时高 2.25m。自行车静态停车面积为 1.2 ~ 1.8m²，则横向净空（$B_净$）应为横向安全间距（0.6m）加上车辆运行时两侧摆动值（各为 0.2m），$B_净 = 1m$。纵向净空（$L_净$）应为纵向车头之间的最小净空加上车长，即

$$L_净 = 1.9 + 0.14v_{max} + 0.0092v_{min}^2 \tag{5-159}$$

式中：v_{max}——行驶的最大车速，m/s；

v_{min}——制动前减速后的车速，m/s。

利用式（5-159）可求得自行车行驶时的净空同车速的关系，也可以求出最大通行能力时的行车速度。根据理论计算求得通行能力最大时的车速范围为 14.36 ~ 28.74km/h，在城市一般为 15 ~ 20km/h，可以得到较理想的行车密度。此时一般车道的理论通行能力为 2200 ~ 2400 辆/h，在规划设计时采用 1000 ~ 1200 辆/h，相应地占用路面应为 10m²/辆。

在交叉口停车线前密度最大时，观测的自行车密度平均值为 0.63 辆/m²。在不同速度下所需道路面积 10km/h 时占用道路面积 5.2m²，12km/h 时占用道路面积 6.2m²，15km/h 时占用道路面积 10.3m²，20km/h 时占用道路面积 12.1m²。同公交车运行时人均所占道路面积相比，约为公交车占用道路面积的 7 ~ 12 倍。自行车占用道路面积一般按公交车的 10 倍计。

4) 自行车平面转弯运行

自行车机动性强，转向灵活，随车速增高要求的转弯半径增大。据"日本道路构造令"的规定，当设计自行车速度 $V_设 = 15km/h$ 时，平曲线半径 $R_平 \geq 10m$，曲线长度 $L_曲 \geq 5m$，视距长度 $S_平 \geq 7m$；当设计自行车速度 $V_设 = 30km/h$ 时，平曲线半径 $R_平 \geq 7m$，曲线长度 $L_曲 \geq 10m$，平面视距 $S_平 \geq 15m$。

自行车由于两轮接触地面很窄，几乎为一条线，骑车人随时可以调整自行车与地面的倾斜度，故超高的作用不大。不过"日本道路构造令"还是规定在小半径曲线路段可设置 5% 的超高。

根据对自行车实际运行状态的观测，一般弯道和大半径环岛对自行车行驶速度没有什么大的影响，速度也无明显降低。但半径小而速度高时，骑车人常适当减速，如 $R_平 = 10m$，车速为 30km/h 时，为适应此半径常降速至 15km/h，故速度折减系数为 0.5。对于车速为 20km/h，其折减系数为 0.75。

3. 自行车微观行为建模

1) 自行车骑行行为过程

对于自行车骑行者而言,每个个体均具有独特的思维方式,而不是具有整齐划一的行为模式。在具体的行为过程中需要根据个体感知到的外界环境和内部状态,结合骑车者自身的目的、经验进行决策判断,进而操纵自行车完成一系列的活动。由此可见,骑行者驾驶自行车完成骑行过程的行为与建立在物质与能量关系基础上的非生命、物理系统的运动输入输出关系之间具有较大的差异。这主要是由于人的行为是高级生物复杂心理的表现,且该心理过程属于开环的、不断需要外界环境进行信息反馈的过程。这种不同主体的心理过程表面上看十分复杂,似乎存在着偶然、随机的因素,但我们可以通过适当的分类处理,对心理过程进行归纳总结,使其简化。

人们通常将骑行者驾驶自行车行驶的感知行为过程描述为骑行者通过自身的感受器官,获取外部环境信息,再将获得的信息通过神经系统传递到大脑,经过大脑中枢神经系统对信息进行处理后,做出一定的判断,并选取最合适的行动方式,然后由效益器,即骑行者的手、脚等部位控制自行车的车把、车闸、踏板等实现自行车的运动(如前进、转弯、加速、减速等基本活动)。

2) 行为建模基础

由于自行车道无车道划分且车辆尺寸小巧、动作灵活,因而自行车流并不存在明显的跟驰现象,穿插、交织、超越行为明显多于机动车交通流。因此,机动车微观交通流理论并不适合直接应用于描述自行车流。

从微观行为上分析自行车交通流与行人交通流的行为更加类似,因此,可以考虑对现有行人微观行为模型的分析,给出自行车微观交通流建模的依据。通过借鉴社会力学的建模思路,我们可以对自行车微观行为进行建模,这是由于社会力学在描述自行车微观行为方面具有较为明显的优势。该模型的基础源于心理学中的个人领域和社会力理论,个体将周围事物对其心理上产生的影响外化为影响其运行的力;考虑了个体向目的地运动的动机、避让障碍物的安全动机以及特殊事物对其产生吸引的心理动机;行为建模过程直观合理,且建模空间为连续二维空间,更符合自行车微观行为的特性。

不过,社会力模型用于描述自行车行为时,也存在一些不足。首先,经典社会力模型是对紧急状况下行人疏散状况的描述,着重对有推挤情况下行人的相互作用进行分析。实际中,自行车的运行过程较少发生挤压的状况,仅在密度较大时才存在相互挤压的现象。其次,社会力模型在处理一些特殊情况的行人运动时与实际情况存在一些差异。例如,在社会力模型中,当目标行人的正前方有其他慢速行人且两者之间的期望速度方向一致时,则该行人仅能紧跟前方行人,直至目标行人和前方行人发生碰撞后,后方行人才可能改变运动方向。当两者之间的速度和位置恰好符合不相撞的情况,后方行人将不停地减速和加速,直至相撞后才有超越行为。较为特殊的情况是,当行人运行的正前方有障碍物且行人的期望速度指向障碍物时,行人将会一直朝向障碍物前进,直至发生碰撞才会改变运行方向。这与实际情况并不吻合,通常情况下,行人很少跟从前方个体,当遇到障碍物时,行人首先考虑是否有其他的空隙可供穿行,若没有足够的空隙才会选择减速避撞。当前方存在障碍时,目标骑行者总是先考虑障碍物附近是否有足够的空隙可供穿越;若无空隙,才考虑减速跟从前方个体,避免碰撞。另外,经典社会力模型中不同的行人均被赋予了相同的规则,采取的策略较为单一,很难体现出个体的差异性。最后一个难点是社会力模型涉及的参数较多,参数标定的难度较大。

3) 自行车微观行为模型

分析自行车的运动特征,指出对自行车微观行为进行建模的关键问题是如何描述自行车横向和纵向的运动关系。人们将自行车交通系统视作具有自主性的多粒子系统,提出多主体的自行车微观动力学模型,自行车骑行者个体被视作是在二维空间中运动的、受心理力和生理力作用的基本粒子。该动力学模型由心理生理力模型和轨迹选择模型构成。

自行车微观行为动力学模型将自行车运动归结于心理力和生理力在个体上驱动的结果。心理和生理作用表达了自行车骑行者个体的动机和受到其他障碍物的影响。上述效应均等效为力在个体上的作用,设个体受到合力的作用,我们可以建立以牛顿动力学为基础的自行车微观行为动力学模型:

$$m_i \frac{\mathrm{d}\vec{v}_i(t)}{\mathrm{d}t} = \vec{F}_i(t) = \vec{F}_{\mathrm{psy}\,i}(t) + \vec{F}_{\mathrm{phy}\,i}(t)$$

$$= \vec{F}_{\mathrm{drv}\,i}(t) + \sum \vec{F}_{\mathrm{ca}\,i}(t) + \sum \vec{F}_{\mathrm{att}\,i}(t) + \sum \vec{F}_{\mathrm{cont}\,i}(t) + \sum \vec{F}_{\mathrm{frc}\,i}(t) \quad (5\text{-}160)$$

式中:$\vec{F}_{\mathrm{psy}\,i}(t)$ ——自行车骑行者所受到的心理力,N;

$\vec{F}_{\mathrm{phy}\,i}(t)$ ——长程力,N;

$\vec{F}_{\mathrm{drv}\,i}(t)$,$\vec{F}_{\mathrm{ca}\,i}(t)$,$\vec{F}_{\mathrm{att}\,i}(t)$ ——分别为构成心理力的驱动力、碰撞避让力和吸引力,其中碰撞避让力 $\vec{F}_{\mathrm{ca}\,i}(t)$ 中的切线方向 $\vec{t}_{ij}$ 由轨迹选择模型确定,N;

$\vec{F}_{\mathrm{cont}\,i}(t)$,$\vec{F}_{\mathrm{frc}\,i}(t)$ ——分别为构成生理力的个体接触力和滑动摩擦力,N。

人们在生物力学模型层面引入心理力(Psychological Force)和生理力(Physical Force)的概念,分别表述个体与个体、个体与环境之间的心理作用和产生相互挤压后个体所受物理力的情况。心理生理力模型为连续模型,描述了个体之间、个体与环境之间的心理作用和产生相互挤压后个体所受物理力的情况,直接体现了个体所处的交通环境,同时表征了个体执行某种动作的内在动机测度。

人们在行为模型层面引入个体运动的轨迹选择行为,构建不同类型个体的轨迹选择模型。通过预定义个体面对不同交通状况时的行为库,描述组成自行车群体中的个体独立思考和对周围环境变化做出反应的能力。模型构建考虑了个体运动中驱动自身运动的作用力、反应个体与障碍物及边界等保持一定距离的条件、事物对个体产生吸引力的效应,以及个体发生挤压后的交互运动情况,将个体对轨迹选择行为归结为对避让方向的选择。

4. 电动自行车特性

1) 不同国家对电动自行车的定义

(1) 中国。我国对于电动自行车的定义争论已久,各方立场、说辞存在较大差异。我国《电动自行车通用技术条件》(GB 17761—2018)中对电动自行车的定义为:以车载蓄电池作为辅助能源,具有脚踏骑行能力,能实现电助动或/和电驱动功能的两轮自行车,同时要求最高设计车速不高于25km/h,整车质量小于或等于55kg,蓄电池标称电压小于或等于48V,电动机额定连续输出功率小于或等于400W。

(2) 欧盟。欧盟将电动车分为电动辅助自行车与电动自行车,其中电动辅助自行车无须取得牌照即可上路行驶,其电机最大输出功率为250W,最高车速不超过25km/h,当电动自行车最高持续输出功率达到250W，最高车速不超过25km/h时，电动自行车会自动断电。

（3）美国。在美国，电动自行车在不同州有不同的定义，其规范也不尽相同。美国消费者残品安全委员会（CPSC）规定，电动自行车必须配有脚踏装置，电机输出功率小于或等于750W，最高设计速度小于或等于32km/h，整车质量小于或等于50kg。总体来说，美国对电动自行车的规范和技术要求，相比其他国家，是比较宽松的。

2）一般技术特征

电动自行车是以电力为主要驱动力，辅以人工踩踏的一种交通工具，具有能耗低、速度快、驾驶灵活的特征。我国对电动自行车的速度、整车质量、续航里程等有明确规定（表5-5），为从事研发、生产的单位提供技术参考。

我国国标规定的电动自行车参数一览表　　　　表5-5

项　目	指　标	备　注
车速	≤25km/h	—
整车质量	≤55kg	—
脚踏行驶能力	≥5km/30min	脚踏行驶距离
骑行噪声	≤62dB(A)	匀速(15~18km/h)
电动机功率	≤400W	额定连续输出功率
蓄电池电压	≤48V	—
制动性能	≤7m(湿态≤9m)	25km/h时制动(湿态16km/h)

3）总体交通特性

（1）行驶轨迹较为随意。与自行车相似，电动自行车的行驶轨迹也呈现蛇形，行驶过程中左右摇摆，稳定性较差，安全问题比较突出。

（2）灵活性。电动自行车尺寸小，由电力驱动并具备一定的机动性能，能够适应不同的道路、交通条件，非常便捷、机动灵活。

（3）启动快。相对于自行车，电动车采用电力驱动，其加速度大、启动迅速；对比机动车，电动车操作简单，启动反应时间小。

（4）向前行。电动自行车在拥挤路段的行为特征属于"见缝插针"型，尤其是交叉口红灯等候期间更为明显。

（5）集群特征。信号交叉口红灯期间，候车区域聚集着较多的电动自行车，并在绿灯放行初期以群体形式短时间内进入交叉口。

（6）违章率高。根据相关报告，电动自行车违章率明显高于其他交通方式，尤其是交叉口，不按规则停车、闯红灯、随意穿越道路以及逆向行驶等违法行为屡禁不止。

本章思考题

1. 简要叙述道路设施模型的功能。
2. 简要叙述典型随机变量产生方法。
3. 简要叙述车辆跟驰模型的分类及特点。
4. 简要叙述车道变换模型的分类及特点。
5. 简要叙述行人及自行车模型的特点。

PART3 | 第三篇

案例篇

第六章 宏观交通系统建模与仿真

第一节 宏观交通系统仿真软件

一、宏观交通系统仿真软件概述

目前,国内外开发的宏观交通仿真软件已经达到一百余个,宏观交通仿真软件的技术特点和使用特征,结合可查阅的文献资料可以归纳为以下几点:

(1)支持大众化的软件和硬件平台,支持多类操作系统,如 Windows、UNIX 等。对于硬件平台,支持 PC 机或 SUN 工作站等。

(2)配置图形化的操作界面,人机互动效果友好。基本所有的宏观交通仿真软件,其最终的仿真结果均支持以图像的方式进行输出。

(3)软件可以得到开发部门良好的技术支持,提供详细的使用文档和培训教程。

(4)提供各类接口,可以接收多种格式的数据。

二、宏观交通系统仿真软件介绍

1. TransCAD

TransCAD 软件(图6-1)是由美国 Caliper 公司开发的一款用于交通规划和仿真的软件,是一个为满足交通专业人员设计规划需要的地理信息系统(GIS)软件,可以用于存储、显示、处理和分析交通数据。该软件结合了地理信息系统和交通预测模型等,目前是世界上运用最多、推广最成功的交通规划软件。

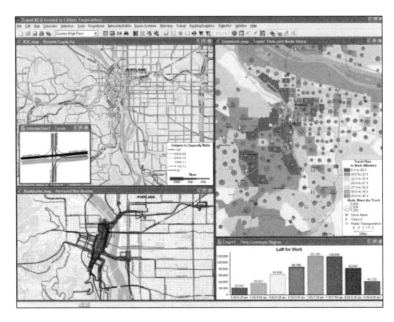

图 6-1 TransCAD 软件界面

TransCAD 包括 GIS 和用于交通规划和交通需求预测的各个功能模块,可以实现的功能如下:

(1)TransCAD 以 GIS 为平台,将地图数据与要素相关的属性数据相连接,将道路网络的编辑、数据输入与处理、数据分析与管理、分析结果的输出整合于一套系统,提供可由菜单驱动、便于使用的视窗用户界面。

(2)TransCAD 具有很好的集成能力和数据交换能力,可接收绝大多数数据库格式数据和 GIS、CAD 格式数据。

(3)TransCAD 的数据压缩技术可以在非解压条件下执行数据分析和管理从而能处理大范围的交通数据。

(4)TransCAD 具有 OD 矩阵分析、网络分析、路径优选、区位分析、交通规划与出行分析、GPS 跟踪和数据导入等模型和程序,可以根据路段观测流量对高速公路和公交线路的 OD 出行矩阵进行反推估算。

(5)TransCAD 具有功能扩张和二次开发功能,提供 GISDK 宏语言程序开发环境,允许用户对界面进行扩充和重新定制,并添加自己开发的功能模块。

(6)TransCAD 不受节点(交叉口)数量限制。效率只与计算机的计算能力有关。

(7)TransCAD 各功能集成为一个整体而不是划分为独立模块(例如二次开发语言模块),操作方便。

2. CUBE

CUBE(图 6-2)是由美国 Citilabs 公司开发的一款用于交通仿真和规划设计的软件,拥有一套完整的用于交通规划的软件模块。通过 CUBE 软件,用户能统计分析各类数据,从而输出各种类型的图表,快速生成相应的决策信息。CUBE 软件为帮助用户完成相应的规划工程任务,提供了两种 CUBE 软件所特有的工作模式,即开发模式和应用模式。其中开发模式允许用户进行设计以及开发相应的交通模型,应用模式允许用户应用已有的模型建立、测试和评估项目方案。

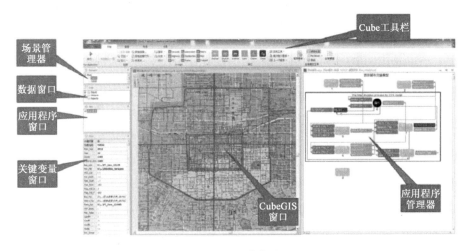

图 6-2　CUBE 软件界面

CUBE 作为一个成熟的交通规划和仿真软件,在世界各地均广泛应用,尤其是在北美、欧洲和亚洲,其能够实现的功能如下:

(1) CUBE 能够提供基础的交通规划和仿真功能,可以满足各种用户的需要,其内部的各个模块互为补充。

(2) CUBE 与 GIS 可以相互结合,为用户提供了强大的图形界面。它能够直接应用 ArcGIS 的数据文件,从而将交通规划和 GIS 融为一体。

(3) CUBE 允许用户使用 CUBE 的程序语言编写模型,也可以用流程图直观构造模型,便于用户理解和使用。

(4) CUBE 具有开放式的结构,很容易与用其他语言编写的应用程序连接。

(5) CUBE 不仅能够用于传统四阶段规划、改进的四阶段规划,还可以用于新研究的模型。

(6) CUBE 能够满足大规模的城市交通规划需要,它所允许的小区数目、节点数目和道路数目均能够满足最大的城市地区的交通规划需求。

3. EMME

EMME 软件(图 6-3)是由加拿大的 Montreal 大学交通研究中心开发的,目前属于 INRO 公司。该系统能为用户提供一套满足需求分析、运行评估的完整工具。

EMME 具有非常强大的功能,具体表现在如下方面:

(1) EMME 具有数据库建立功能,能够直接从地图上数字化网络,对网络和模型进行方便的转换,还提供交互式的图形编辑器,方便对数据库进行修改和更新。

(2) EMME 提供了集成城市信息的平台,能够集成各种网络及区域数据,包括交通调查、事故统计等各个方面内容,同时具有强大的信息查询功能。

(3) EMME 支持多种交通方式,包括小汽车、公共交通等多达 30 多种不同的交通方式,每种交通方式可包括各种车辆类型。

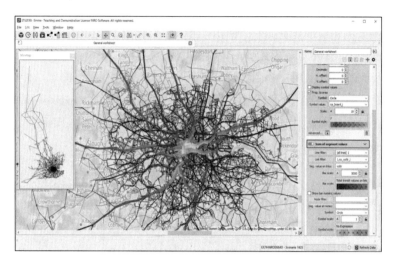

图6-3 EMME 软件界面

(4) EMME 具有方便的数据处理功能,能够在显示图形的同时列出相关数据,包括截取地理和数字属性。

(5) EMME 提供了强大的内部函数功能,函数形式不受限制,同时还提供流量时间、转弯罚函数以及公交行程时间和需求函数集。

(6) EMME 能实现交通分配和需求预测等常用的交通规划功能,其中交通分配包括步行路线分析、公交模型和网络分配、参数标定和调整;在需求预测方面,软件对模型形式没有固定的限制,并且提供将需求模型组合成一个宏过程的功能。

4. VISUM

VISUM 软件(图6-4)是由德国 PTV 公司开发的一款用于交通规划的软件。该软件提供了适用于各种交通运输分析的分析工具。VISUM 软件的优点在于如下几个方面:

(1) VISUM 提供了一个简便的操作界面,可以直观地对路网元素进行选择和编辑。其中,它所提供的路网元素工具栏可以帮助用户进行图层筛选和过滤器设置,使用户选择任意的路网元素进行编辑。

(2) VISUM 可以帮助用户更快地完成交通规划分析流程。其中的路网元素列表可以像扩展页程序一样运行,这样可以帮助用户快速高效地编辑模型数据。

(3) VISUM 提供设计地图功能,包括可编辑的图例,不需要借助其他的 GIS 软件进行加工或者演示,通过简单的步骤就可以实现许多可视化操作。同时,它允许用户导入所有标准的矢量格式文件。

(4) VISUM 能够把 GIS 数据以及交通数据统一到一个具有多个层级的共同数据库中,即提供了强大的 GIS 互动功能,使路网可以通过地理系统更准确地进行编号。

(5) VISUM 提供了一个基于 Windows 的 COM 界面,通过 COM 界面可以和其他符合 COM 界面的产品如 MS Office、ArcGIS 结合在一起使用。

(6) VISUM 是一个开放的系统,允许用户开发和运行自定义的预处理和后处理程序,也允许用户控制高级多阶段的模型运行。用户可以使用 Python、Visual Basic 或者是其他编程语言来编写应用程序。

图 6-4 VISUM 软件界面

三、宏观交通系统仿真软件对比

1. 道路网仿真功能

在 TransCAD 中,对于地理信息数据,一般用地理文件来存储。地理文件根据其表现的地理现象的不同,可以分为三类:表现点状分布的地理模型(如交通枢纽、公交车站和交叉口等)的点地理文件、表现线状分布地理模型(如道路、公交线路等)的线地理文件以及表现面状分布地理模型(如分区、影响范围等)的地理文件。TransCAD 通过地图文件将各类地理文件中的信息进行组合,当打开一个或者多个地理文件时,可以生成一个新的地图文件窗口来表现其中的地理信息。通过应用地理文件中的线层和点层,TransCAD 对道路网络进行表达,其中点层表达的是交叉口信息,线层表达的是路段的信息。在表达时,TransCAD 对道路网的属性没有特定的要求,用户可以自己添加或删除属性字段。

在 CUBE 中,存储道路网的文件有路网数据文件(一种固定格式的文本文件)、二进制路网文件、坐标文件、交叉口数据文件(也是固定格式文本文件)、转弯延误文件(也是固定格式的文本文件)。所有的文本文件均可以通过文本编辑器直接编辑,但是由于格式规定比较严,直接编辑较为不便。路网数据文件不能直接运算,要通过模块生成对应的二进制路网才能运算。二进制路网文件是通过 CUBE 的图形编辑器或者模块生成的,主要用于模型运算和图形显示。坐标文件是固定格式的文本文件,存储路网中节点的对应坐标。交叉口数据文件用来存储交叉口的类型及参数设置,如信号交叉口的信号参数等。

EMME 将全部数据均存储在名为 EMME2ban 的数据库文件中,路网数据也存储在其中,没有应用专门的路网文件来存储。另外,EMME 可以通过导入满足固定格式的路网文本文件到数据库中形成路网,也可以将数据库中的数据导出为文本。EMME 中的道路网主要由模式(Mode)、节点和路段(Nodes and links)、转弯(Tums)几部分组成。

在 VISUM 中,对于节点属性,能够预设属性,用户可以根据需要添加,确定交叉口控制类型。对于路段属性,则提供了种类丰富的路段类型供编辑,路段属性的设置只需要选择路段类型。

2. 软件接口功能

(1) 在这些仿真软件所提供的与交通规划软件的接口方面,TransCAD 可以直接打开 EMME、TranPLAN 等交通规划软件的文件,实现数据共享与转换;CUBE 与其他规划软件没有接口;EMME 在提供的接口方面表现较差,需要编辑程序进行实现;VISUM 与常用的交通规划软件如 TransCAD、EMME 以及 CUBE 有接口。

(2) 对于微观仿真软件的接口,由于 CUBE 和 VISUM 均有同系列的微观仿真软件,因此均可以较为方便地直接输入相应的仿真软件。VISUM 还可以和 SYNCHRO 软件结合在一起,而 TransCAD 无法与微观仿真软件直接衔接。EMME 需要编程实现。

(3) 软件与 GIS 系统的接口功能方面,TransCAD、CUBE 和 VISUM 均具有 GIS 接口,其中 TransCAD 基本可以和各种 GIS 软件直接衔接。TransCAD 可以直接输入输出 DXF 文件,并且和数据库完美结合;VISUM 同样可与数据库结合在一起;EMME 与 GIS 接口在新版中进步明显。

3. 模型功能

(1) 出行生成模型。TransCAD 可以快速反应模型,直接应用 ITE 数据,同时可以标定回归模型的参数;CUBE 应用 MV-MODL 模块,不能标定参数;EMME 提供了人口、经济以及土地利用等属性,让用户拥有较大的灵活性定义交通出行和土地利用关系,同时提供标定参数的功能;VISUM 可提供分时段的出行生成模型和日常活动时间表,同时也提供了标定参数的功能。

(2) 出行分布模型。TransCAD 可以建立三维平衡模型,可以对出行分布模型参数进行标定;CUBE 在构建出行分布模型时提供了重力模型参数的工具;EMME 提供了多种分布模型,例如福莱特法和重力模型法等;VISUM 可以由日常活动时间表得到出行链模型,同时也提供了标定参数的功能。

(3) 方式划分模型。TransCAD 对于方式划分模型提供了多项式 Logit 模型,同时也具有标定参数的功能;CUBE 能通过命令语言实现各种 Logit 模型;EMME 允许用户可以定义方式划分的函数,同时可以对模型进行标定;VISUM 可以通过组件自定义出行方式,同时也提供了标定参数的功能。

(4) 交通分配模型。TransCAD 可以基于用户自定义阻抗函数进行分配,同时可以方便地设置变量;CUBE 通过 MVHWAY 模块实现交通分配,可以控制变量;EMME 中考虑到私人汽车和公共交通的特点不同,引入了多种分配模型;VISUM 可用于道路收费分析的双层迭代均衡分配,同时对于变量的设置也有较大的自由度。

综上所述,4 个软件具有不同的特点,具体如下:

1) TransCAD 软件特点

TransCAD 的界面组织形式简便,提供菜单栏供用户使用。同时,TransCAD 基于 GIS 系统表征各类的地理模型,允许用户自己结合需求定义模型属性,软件的仿真能力较强,对应的运算支持能力也很强。TransCAD 提供了强大的数据接口能力,能够直接打开 AutoCAD、Mapinfo 等图形文件,还能打开 Excel、数据库文件等,并支持关系数据库。由于 TransCAD 本身也是一个 GIS 软件,因此具有 GIS 的图形分析能力,其图形分析功能不仅仅可以应用于交通规划领域,在其他交通领域也可以应用。在交通规划方面,TransCAD 提供了几乎所有的四阶段模型分析功能,基本囊括了常用的规划模型,并且提供了基于 GISDK 的软件二次开发功能,能够嵌入其他编程语言从而方便地扩展 TransCAD 功能。对于 TransCAD,其比较明显的缺点是在建模系统性方面不强。每个模块均是孤立的,模块每次运行前均要重复设置,在建立复杂的模型系统时不是很方便,重复操作较多。同时软件需要借助 GISDK 开发应用界面,不能进行一些用户所需的交通分析。在使用方面,TransCAD 编辑路网时缺少撤销命令,增加了软件操作的烦琐程度。

2) CUBE 软件特点

CUBE 的系统集成性较高,将各种单元功能集成在各个模块中,通过在管理器中组合不同的单元模块可以实现单个模块无法满足的功能,从而满足用户预定的一些复杂功能。在具体的软件功能方面,CUBE 提供了功能更加强大的公交拥挤模型。值得提出的是,CUBE 在数据抽象方面也有其特殊的地方,它提供了更加具体的交叉口类型抽象方法,提高了模型的仿真效率。但 CUBE 也存在一些缺点,虽然它提供了一些与 GIS 结合的方法,但是局限性较大,缺少二次开发功能,限制了软件功能的扩展。在图形分析上不如 TransCAD,图例编辑后不能插入图中,作图操作不方便。路阻函数采用数据表的形式,属于一种离散数据,不能像数学函数那样表达连续的交通状况。数据接口能力不强,不能直接读取 AutoCAD、MapInfo 等图形文件,不直接支持关系数据库。

3) EMME 软件特点

与其他交通仿真软件相比,EMME 的函数编辑能力很强,用户能够根据需要编辑各种数学函数。EMME 提供了控制分配迭代过程,以及分配变量的方法,用户可以实现复杂的分析。在软件的功能扩展方面,用户可通过 EMME 提供的宏功能更便捷地实现自定义目标功能,这也是 EMME 能够应用到现在的一个重要原因。但 EMME 较其他仿真软件也存在一定的不足,EMME 的操作界面友好性不高,对于新手友好度比较低。EMME 在路网抽象功能方面与 CUBE 相似,路网属性相对比较固定,软件的仿真能力不如 TransCAD,但是 EMME 允许用户自定义路网字段,并且这些字段可以参与软件的运算,因此在路网仿真功能方面强于 CUBE。EMME 所提供的接口功能较为薄弱,不能直接读取 AutoCAD、Mapinfo 等图形文件,也不能直接支持关系数据库,同时 EMME 将全部数据存储在一个文件中,管理数据较为随意。

4) VISUM 软件特点

VISUM 提供了友好的软件操作界面,人机互动效果较好,可以在 Windows 环境中与行业标准数据实现数据与图像交换。尤其值得一提的是,VISUM 采用的是开放的、面向目标的编程概念,因而它允许用户运用 Visual Basic 或其他编程语言在 VISUM 平台上编写特定的模块。VISUM 所提供的路径选择和调度的数据模型比较完整,是它一个显著的优点。但 VISUM 软件也存在不足之处,例如不支持 OD 调查数据的地理数字化等。

第二节 宏观交通系统仿真案例分析

为了更好地体征各个交通仿真软件的特性,本节内容通过 4 个案例对 TransCAD、CUBE、EMME 和 VISUM 软件特征进行展示。

一、TransCAD 应用案例

1. 项目背景

大连市金港区由经济技术开发区、金石滩旅游度假区和城市拓展区(得胜、大李家镇)三个区域组成。作为城市新区,金港区是未来大连市向北发展的主要区域,在城市功能、规模、布局形态等多方面均将发生一定的变化,交通基础设施的优先规划与建设是保证新区健康、科学发展的重要条件,因此必须开展综合交通规划(2008—2030)的编制工作。此处以其中客运交通需求为例进行仿真分析。

2. 预测模型及参数标定

1)现状出行路网分配结果

根据现状居民及流动人口出行 OD 调查及查核线机动车流量调查,将居民出行转化为客运机动车数据进行路段流量分配,并与调查数据进行对比,从而检验数据和模型的可靠性。根据调查居民及流动人口的出行 OD、相应的出行方式及实载率等数据,转换得到客运机动车出行 OD 数据。结合建立的现状道路网络系统,进行道路网路段机动车交通量分配。

2)误差分析

在得到分配路段交通量的基础上,进行调查和分配断面客运机动车流量对比,查核线客运机动车流量对比及误差见表6-1。

查核线客运机动车交通量检验　　　　　表 6-1

路段		由东(南)向西(北)交通量			由西(北)向东(南)交通量		
		调查(pcu)	分配(pcu)	误差(%)	调查(pcu)	分配(pcu)	误差(%)
查核线 A	铁山中路	4416	4370	1.04	4639	4574	1.40
	淮河中路	10393	10184	2.01	9041	10090	11.60
	辽河中路	12880	11414	11.38	12740	11697	8.19
	合计	27689	25968	6.22	26420	26361	0.22
查核线 B	海滨路	10490	9714	7.40	11090	9845	11.23
	长春路	6560	6633	1.11	6870	7034	2.39
	疏港路	7613	8028	5.45	7412	8078	8.99
	合计	24663	24375	1.17	25372	24957	1.64

根据调查和分配交通量结果可知,查核线 A 东西向交通量相对误差为 6.22%、西东向为 0.22%,查核线 B 南北向交通量相对误差为 1.17%、北南向为 1.64%。由此可知,调查数据较为可靠,可以用于未来的各项分析与预测。

3)模型选择与参数标定

通过对最短路法、容量限制法、多路径-容量限制法、系统最优法及随机用户平衡法分配结果与调查数据的对比及相互之间的对比,发现随机用户平衡及系统最优两种方法分配效果较好、误差较小。因此,本规划路段及交叉口机动车流量分配采用随机用户平衡法。

路阻函数是交通分配的基础,是路段上行驶时间与路段交通量之间的函数关系,本规划取以下模型:

$$t = t_0 [1 + \alpha (V/C)^\beta] \qquad (6-1)$$

式中：α、β——待标定参数。

根据现状调查路段道路等级及道路车道数、路段交通量及运营速度,道路设计速度及通行能力取值参考《城市道路工程设计规范》(CJJ 37—2012),利用最小二乘法进行参数的标定,参数标定结果见表6-2。

路阻函数参数标定结果　　　　　表6-2

道路分类	参数	
	α	β
快速路、主干路	0.146	3.92
次干路、支路	0.146	3.98

3. 常住人口出行需求预测

1) 出行生成量预测

出行生成预测是对城市各交通小区内的出行发生量和吸引量进行预测。通过对大量资料进行的统计分析可知,可能影响居民出行产生的主要因素包括社会经济发展水平,居民的职业、年龄、性别、收入及上班(学)时间制度等,其中社会经济发展水平是指城市政治、经济、文化等各方面的综合水平。根据预测,规划年常住人口出行产生量如图6-5所示。

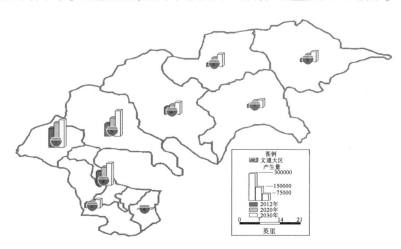

图6-5　规划年常住人口出行产生量

本规划出行吸引量预测将根据现状调查资料,经统计计算出各交通小区的出行吸引量,然后通过回归分析,求得各类用地对出行吸引量的权重值。根据各类用地的权重值及其规划年规划面积,计算规划年各交通小区的吸引量。通过多次回归分析,发现常住人口的出行吸引量与交通区的居住用地、公共设施用地、工业用地及道路广场用地相关性较强。通过统计规划年各交通区各类型土地面积,计算规划年各交通区常住人口的出行吸引量。

2) 出行分布预测

通过分析居民出行时间分布曲线,可知居民出行分布预测采用伽马函数作为阻抗函数是适宜的。阻抗函数为

$$f(t_{ij}) = a \cdot t_{ij}^{-b} \cdot \exp(-c \cdot t_{ij}) \tag{6-2}$$

为了科学、准确地标定交通分布模型,需对标定模型的分布量 OD 及其相应阻抗 OD 样本进行选择。优先选择城市中经济、道路交通等各项指标变化较为稳定的交通小区,作为标定模型的样本。本规划选择 30 个交通小区的调查 OD 量及阻抗 OD 数据作为标定模型的样本。最后,利用 TransCAD 软件对上述双约束重力模型进行标定,参数标定结果见表 6-3。

常住人口出行分布重力模型标定结果　　　　　　　　　　　　表 6-3

参数	a	b	c
标定结果	7.9713	-0.0820	0.0402

模型精度检验采用相对误差理论进行检验,检验公式为

$$h_{ij} = \frac{\hat{T}_{ij} - T_{ij}}{T_{ij}} \times 100\% \tag{6-3}$$

式中:T_{ij}——现状调查的交通小区 i 到 j 的出行分布量。

用式(6-3)对双约束重力模型标定结果进行检验,结果表明标定模型的精度较好,平均相对误差小于 5%,90% 以上的 OD 对相对误差小于 10%,最小相对误差为 0,最大相对误差近 100%,但仅限于个别 OD 对,对整个模型影响很小。

将现状和规划路网节点间的距离、交通小区与规划路网节点号的对应关系、交通小区内部现状和规划阻抗值输入计算机,根据各交通小区内常住人口的出行产生量和吸引量预测,利用 TransCAD 软件计算出规划年各交通小区之间的交通分布量,规划年(2030 年)常住人口出行分布如图 6-6 所示。

图 6-6　2030 年常住人口出行分布

3)出行方式预测

现行交通方式预测方法主要分为两大类,分别为定性分析法和模型法,常用模型主要包括转移曲线模型、概率模型、重力模型以及回归模型等。转移曲线模型使用简单、方便,但需要大量的调查资料,其工作量、需要拥有的资料均十分巨大;概率模型通常基于 Logit 分类评定模型进行建立;重力模型的转换型将模型中的阻抗函数转变为各种交通方式的阻抗,可得重力模型转换成交通方式预测的模型;回归模型是通过建立交通方式分担率与其各相关因素之间的回

归公式,作为预测交通方式模型,同样需要大量的现状调查资料才能建立,并且模型的适用范围有限。常住人口规划年出行方式预测结果见表6-4。

规划年常住人口出行方式预测结果　　　　表6-4

出行方式		步行	公共交通	单位班车	出租车	快轨	小汽车	非机动车
比例(%)	2012年	42.3	22.3	7.7	4.5	2.6	12.6	8.0
	2020年	37.7	26.3	7.2	4.4	2.5	14.8	7.1
	2030年	32.8	30.5	6.6	4.4	2.5	16.6	6.6

4. 流动人口出行需求预测

采用同常住人口出行需求预测方法体系,由于篇幅有限,此处略去其中内容。

5. 对外及过境客运交通预测

根据金港区周边地区的发展规模、地区建设性质,计算对金港区的吸引相对权重,结合现状OD分析对过境客运交通进行预测。

1) 对外及过境客运交通发生量预测

本规划对外及过境客运交通发生量预测依据出入口机动车OD调查及轨道交通线路客流调查计算得到,同时与大连市区客运OD进行对比分析,预测结果如图6-7所示。

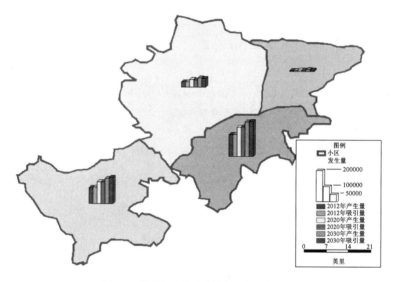

图6-7　规划年对外及过境客运交通发生量

2) 对外及过境客运交通分布预测

依据对外及过境客运交通发展规律,规划年对外及过境客运交通分布预测采用底特律法进行预测。底特律模型假定将来的OD分布量不仅与起讫点区的增长率有关,而且还与所有规划区交通生成总量的增长率有关。2030年对外及过境客运交通分布如图6-8所示。

3) 对外及过境客运交通方式预测

对外及过境客运交通方式划分预测方法选择位定量分析及类比分析法,将其主要分为小汽车、常规公共交通、出租车及快轨4种方式,预测结果见表6-5。

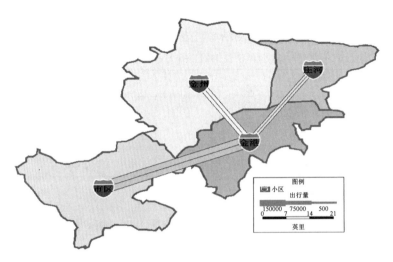

图 6-8　2030 年对外及过境客运交通分布

对外及过境客运交通方式预测结果　　表 6-5

出行方式		公共交通	快轨	出租车	小汽车
比例 （%）	2012 年	6.2	24.8	10.0	59.0
	2020 年	7.6	21.2	9.1	62.1
	2030 年	9.1	18.1	8.8	64.0

6．公交客流及非公交客运机动车 OD 折算

1）公交客流 OD 折算

在得到规划年常住人口和流动人口出行分布量以后，根据相应的出行方式划分预测结果，叠加得到公交客流 OD 量，预测结果如图 6-9 所示。

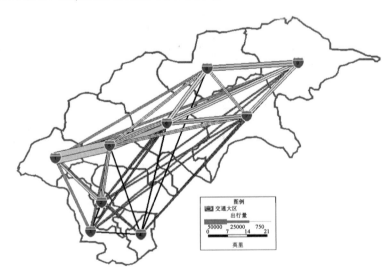

图 6-9　2030 年公交客流分布

2）非公交客运机动车 OD 折算

在得到分目的、分方式居民出行量后，将居民出行量转化为非公交客流机动车出行 OD。

综合考虑各车种的载客人数和满载率得到各车种的平均载客人数,再根据各车种换算系数将其换算为标准车。公车包括小客车、大客车两种类型,现状调查小客车、大客车车型的比例分别为61%和39%,小客车平均载客人数为1.3,大客车为25;车辆换算系数小客车为1、大客车为2。据此,计算出非公交客运机动车OD推算参数值。

综合考虑各车种的载客人数和满载率得到各车种的平均载客人数,再根据各车种换算系数将其换算为标准小汽车,从而完成出行量到机动车出行OD的转换。根据预测得到的非公交客车客流出行量,推算规划年交通区非公交客运机动车出行OD量。

7. 城市客运交通需求预测汇总

金港区区内、对外及过境居民及客运机动车出行预测结果见表6-6。2030年居民区内出行总量约为208万人·次/日,其中常住人口出行总量约占62.9%;居民区内公交出行总量约为63万人·次/日;居民快轨出行总量约为14万人·次/日;对外客流总量约为46万人·次/日。客运机动车出行总量约为63万车·次/日,其中对外客运机动车出行总量约为24万车·次/日。

城市客运交通需求预测结果汇总　　　　　表6-6

分类	年份		
	2012年	2020年	2030年
居民区内出行总量(人·次/日)	1215500	1716500	2076700
居民区内公交出行总量(人·次/日)	280800	459100	631000
对外客流总量(人·次/日)	289500	389600	459300
居民快轨出行总量(人·次/日)	104300	128700	141200
客运机动车出行总量(车·次/日)	349500	509800	631100
对外客运机动车出行总量(车·次/日)	147600	181100	236400

通过预测,可以发现规划年金港区客运交通呈现如下特征:

(1)居民出行总量明显增加,远期居民出行总量较现状提高了近150%。

(2)随着得胜、大李家的开发建设,拓展区和旅游区的交通需求将明显增加,呈现出东西并进的趋势,但西部地区需求仍占主导地位。

(3)区内机动车出行快速增长,东西向需求急剧增加,呈现出明显的交通走廊。

(4)对外客运需求旺盛,金港区与大连市主城区的交通压力急剧上升,在B级服务水平下,至少需要18条车道才能满足需求;金港区与金州区的交通需求也迅速增长,在B级服务水平下,至少需要8条车道才能满足需求。

8. 规划路网条件下的交通量分配

在得到客货运总体交通需求以后,按照前面选定的交通分配模型反复在不同路网条件下进行分配,发现其中的问题并及时提出改善意见。

通过上述4个步骤,使用TransCAD软件对项目进行的交通分析工作基本完成。利用TransCAD进行交通规划分析,便于交通数据的保存与处理,灵活调用参数,减少了人工方法对交通参数选择的主观性,用智能方法代替传统方法,增强了规划工作的科学合理性、简单实用性。

二、CUBE 应用案例

1. 项目背景

浐灞生态区成立于 2004 年 9 月,规划总面积 129km²,其中集中治理区 89km²,地理位置位于西安市主城区东部(图 6-10)。

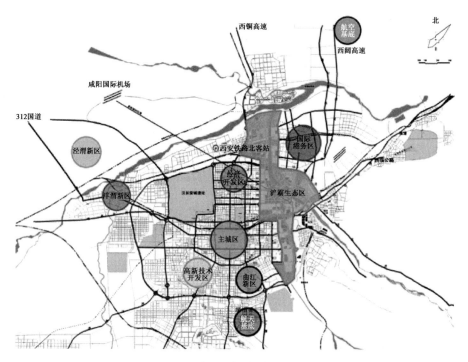

图 6-10 浐灞生态区研究范围示意

2. 出行生成预测

如前文所述,CUBE 软件可以通过组合各个独立的模块实现交通规划的复杂模型。其中对于出行生成模型,CUBE 软件提供了两种途径,第一种是通过其他统计软件如 SPSS 等完成相应回归分析后,利用 CUBE 软件提供的接口直接使用;第二种是通过 CUBE 软件提供的 GENERTATION 模块实现。CUBE 软件所提供的 GENERTATION 模块进行出行生成预测时需要用户提供基础数据文件,包含土地性质、研究范围内的人口小区等信息;同时还需要添加此前用于标定相应变量的文件。

首先,对回归模型进行标定(图 6-11),需要结合模型中的自变量、所确定的因变量以及土地利用性质进行回归分析。

然后结合浐灞区 2010 年数据,得到研究范围内各个交通小区 2010 年的交通发生量(图 6-12)和吸引量(图 6-13)。

3. 出行分布预测

在 CUBE 软件中,出行分布主要通过 DISTRIBUTION 模块(图 6-14)进行预测。在该模块中比较常用的分布模型主要是重力模型等,需要用户提供出行矩阵文件、费用矩阵文件、参数文件以及交通小区出行发生量和吸引量等。

GROUP	VARIABLE	C.CA.HBW	C.CA.HBS	C.CA.HBO	C.CA.NHB	C.CA.EB	C.NCA.HBW	C.NCA.HBS	C.NCA.HBO	C.NC
	100	0	0	0	0	0	0	0	0	
	101 CA.AGR.POP	0	0	0	0	0	0	0	0	
	102 NCA.AGR.PO	0	0	0	0	0	0	0	0	
	103 AGR.POP	0	0	0	0	0	0	0	0	
▶	104 CA.NAGR.PO	0	0	0	0	0	0	0	0	
	105 NCA.NAGR.P	0	0	0	0	0	0	0	0.521	
	106 NAGR.POP	0	0	0	0	0	0	0	0	
	107 TEMP.POP	0	0	0	0	0	0	0	0.517	
	108 CA.POP	0	0	0.795193	0	0	0	0	0	
	109 NCA.POP	0	0	0	0	0	0	0	0	
	110 TOTAL NTEM	0	0	0	0	0	0	0	0	

图 6-11 系数标定结果

Z	P1	P2	P3	P4	P5	P6	P7	P8	P9	P10
▶ 1	938	1835	1606	1337	944	5008	2725	7956	4921	1058
2	619	1456	1060	1561	1200	3306	2017	5252	3972	1358
3	509	361	872	1449	693	2717	712	4317	3411	825
4	633	523	1084	900	400	3381	884	5370	3344	496
5	0	134	0	691	669	0	0	0	609	664
6	823	129	1409	1241	721	4393	728	6979	4354	806
7	0	0	0	478	655	0	0	0	509	710
8	0	428	0	273	1151	0	273	0	241	1143
9	562	100	809	2155	1822	3186	309	3267	2134	1261
10	0	558	0	1927	1537	0	0	0	1912	778
11	0	568	0	1319	1513	0	0	0	1459	595
12	0	0	0	1030	829	0	0	0	1025	181
13	443	659	849	1809	420	3020	1152	5567	4239	580
14	536	84	1027	2497	1251	3654	730	6737	5401	1439
15	304	571	583	971	1104	2073	0	948	3823	2671	1207

图 6-12 2010 年各交通小区交通出行发生量

Z	A1	A2	A3	A4	A5	A6	A7	A8	A9	A10
1	773	349	305	1464	551	5478	1016	6230	4123	1763
2	882	230	299	1784	666	6362	671	4588	3153	2231
3	807	189	293	1519	568	5300	552	4109	2695	1725
4	465	235	186	1099	414	3970	686	4024	2783	1270
5	542	0	196	711	269	3974	0	1401	430	248
▶ 6	742	306	304	1251	471	4834	892	5772	3657	1348
7	290	0	70	705	263	2857	0	347	304	833
8	309	0	78	534	202	3445	0	554	170	426
9	1075	204	281	2056	871	1929	637	6095	3239	2996
10	875	0	162	1740	746	1580	0	1176	1003	2572
11	515	364	90	1263	430	927	248	1033	748	1483
12	424	0	86	866	376	772	0	626	534	1295
13	973	165	360	1796	672	6013	732	5427	3508	1912
14	1467	199	523	2482	928	9115	885	7192	4437	2588
15	570	113	170	1203	449	4462	502	3177	2240	1614

图 6-13 2010 年各交通小区交通出行吸引量

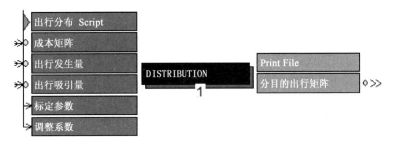

图 6-14 交通分布模块

根据所选择的出行分布模型以及出行成本、交通数据文件，可以得到各个交通小区之间的交通分布量(图 6-15)。

	求和	1	2	3	4	5	6	7	8	9	10	11	12	13
1	911938.42	29656.68	29978.61	25397.58	20447.19	12412.39	26225.51	9426.53	9552.73	35949.25	23997.63	16284.58	11885.27	30091.46
2	35845.12	1338.51	825.33	558.05	379.70	264.74	496.93	104.86	105.73	537.38	249.95	190.82	115.63	259.93
3	27743.05	603.56	983.85	249.37	182.55	140.44	605.72	141.11	143.94	339.70	164.52	265,42	161.98	307.42
4	20108.07	379.59	220.78	583.01	386.61	170.73	186.67	65.81	48.52	474.80	227.38	103.45	53.15	114.55
5	21459.88	328.66	202.08	500.79	489.46	178.68	206.22	81.81	63.56	682.65	306.12	132.96	81.53	115.50
6	3624.12	72.72	67.03	70.47	51.88	24.79	76.88	28.60	13.34	84.71	41.88	31.22	21.33	32.22
7	27322.10	396.30	666.77	228.22	189.23	270.45	733.45	202.81	215.05	409.05	215.07	294.90	226.98	295.78
8	3193.99	35.43	58.86	33.93	31.90	15.15	67.92	36.62	18.51	58.50	32.68	36.00	29.48	34.19
9	4782.16	52.33	86.69	44.85	44.81	14.03	87.45	42.40	32.33	72.31	40.13	70.48	41.80	64.48
10	24777.05	317.74	228.04	411.24	449.99	209.13	297.37	123.38	82.55	922.74	495.31	203.68	117.45	153.52
11	9711.08	104.80	74.87	115.47	130.09	25.08	97.39	27.78	13.88	269.47	171.60	73.23	34.27	54.93
12	7458.81	66.00	77.38	61.93	65.94	20.03	85.85	28.44	15.79	124.75	64.55	102.61	51.14	58.13
13	4555.95	36.34	46.77	28.52	29.36	11.45	54.07	17.50	10.97	51.72	26.96	40.38	35.83	38.74
14	22433.18	159.02	244.51	105.46	103.19	69.70	235.54	68.99	75.60	192.96	100.39	120.91	80.48	783.33
15	28301.10	219.32	335.85	177.59	167.47	121.56	348.23	142.12	182.64	332.32	179.05	211.75	164.33	462.75
16	17510.04	120.52	182.71	86.95	83.33	50.46	181.34	58.24	66.44	152.18	82.18	97.32	65.04	430.34
17	20816.96	126.26	185.07	112.02	105.65	62.33	181.78	84.28	79.23	198.33	111.11	125.28	94.16	335.53
18	15039.12	95.57	185.07	78.64	75.90	52.51	143.27	56.28	58.53	149.75	86.07	111.35	104.61	144.54
19	27589.02	161.31	215.73	132.59	129.99	82.33	241.70	88.97	93.13	244.84	128.37	198.20	149.13	299.96
20	0.00	0.00	0.00	0.00	0.00	0.00	0.00	0.00	0.00	0.00	0.00	0.00	0.00	0.00
21	7720.96	101.42	180.16	49.95	45.69	38.65	126.53	41.43	46.10	95.43	51.62	64.13	49.05	82.80
22	24.27	0.28	0.58	0.21	0.18	0.07	0.38	0.22	0.13	0.31	0.22	0.23	0.22	0.48
23	572.88	5.20	8.66	3.54	3.28	1.56	7.28	2.63	1.83	5.93	3.46	3.91	2.97	11.07

图 6-15　模块运行结果

4. 出行方式划分

在 CUBE 软件中,实现出行方式划分的主要是模块 MATRIX(图 6-16)。该模块的主要功能是处理小区的相关属性数据以及输出报告等。

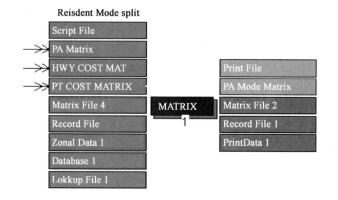

图 6-16　MATRIX 模块

本案例主要选用分层次的 LOGIT 模型进行划分,首先标定模型的出行参数,在完成标定后,导入各个交通小区的出行量,得到软件的计算结果(图 6-17)。

✓ *1 Bike_Pk_PCU | 2 Car_Pk_PCU | 3 Taxi_Pk_PCU | 4 Total_Pk_PCU

	求和	1	2	3	4	5	6	7	8	9	10	11	12	13	14	15	16
	23191.78	103.58	87.15	71.38	68.25	22.21	84.02	19.03	21.60	95.95	49.10	34.85	25.28	78.51	108.47	60.29	77.65
1	106.18	7.84	4.13	2.71	2.08	0.94	2.62	0.37	0.44	2.51	0.78	0.59	0.40	0.59	1.37	0.42	0.48
2	94.55	4.13	5.65	1.17	0.91	0.55	3.70	0.58	0.67	1.28	0.54	0.86	0.57	1.29	2.43	0.93	1.04
3	71.73	2.71	1.17	3.34	2.63	0.65	0.97	0.24	0.19	2.57	0.92	0.31	0.18	0.26	0.56	0.20	0.27
4	68.05	2.08	0.91	2.63	2.96	0.64	1.05	0.33	0.23	3.40	1.22	0.47	0.26	0.27	0.65	0.21	0.30
5	22.24	0.94	0.55	0.65	0.64	0.09	0.96	0.10	0.06	0.79	0.15	0.10	0.07	0.12	0.45	0.13	0.17
6	88.68	2.62	3.70	0.97	1.05	0.96	4.43	0.80	0.89	2.05	0.78	1.06	0.80	1.23	2.81	1.05	1.23
7	19.07	0.36	0.58	0.24	0.33	0.10	0.80	0.20	0.17	0.51	0.14	0.16	0.11	0.20	0.62	0.22	0.33
8	21.99	0.34	0.67	0.18	0.26	0.06	0.89	0.17	0.17	0.41	0.13	0.19	0.13	0.37	0.94	0.36	0.42
9	94.34	2.51	1.17	2.57	3.40	0.79	2.05	0.51	0.36	5.48	2.12	0.89	0.43	0.42	1.21	0.34	0.51
10	47.21	0.78	0.31	0.92	1.22	0.15	0.64	0.12	0.08	2.12	0.82	0.30	0.12	0.18	0.33	0.15	0.20
11	31.67	0.39	0.51	0.31	0.47	0.10	0.91	0.16	0.19	0.89	0.30	0.41	0.21	0.20	0.74	0.19	0.33
12	23.17	0.18	0.42	0.13	0.21	0.06	0.75	0.11	0.13	0.42	0.13	0.21	0.15	0.19	0.68	0.20	0.35
13	79.94	0.59	1.29	0.26	0.27	0.18	1.37	0.27	0.40	0.47	0.22	0.42	0.32	4.59	2.65	2.35	1.89
14	108.65	0.98	2.12	0.52	0.76	0.44	2.81	0.62	0.94	1.40	0.59	0.90	0.68	2.65	7.26	2.88	3.62
15	60.56	0.36	0.82	0.20	0.21	0.14	1.05	0.24	0.36	0.39	0.18	0.35	0.26	2.35	2.88	2.62	2.46
16	76.99	0.43	0.72	0.27	0.30	0.15	1.03	0.33	0.42	0.51	0.23	0.45	0.36	1.89	3.62	2.46	4.01

图 6-17　方式划分结果

5. 交通量分配

在 CUBE 软件中,实现道路交通流量分配的主要是 HIGHWAY 模块(图6-18)。该模块的主要功能有建立路径、分配交通需求等,提供了全有全无分配、平均或者加权分配等算法,同时也允许用户自己定义分配算法。

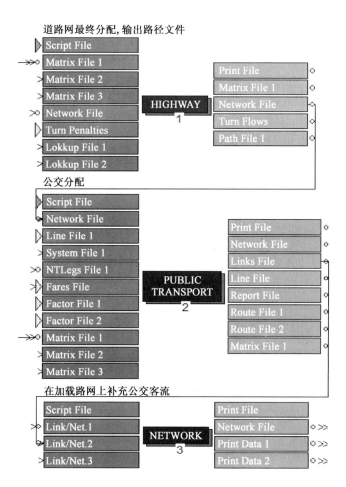

图 6-18 HIGHWAY 模块

在本案例中,道路交通分配采用了多次迭代的平衡分配法,得到交通流量分配结果。

三、EMME 应用案例

EMME 建模包括路网建立、矩阵运算、函数运算和交通分配等过程,具体可参照交通规划中的四步骤。其中路网建立包括普通节点(Node)和形心点(Zone)的建立、普通路段(Link)和连接形心点与普通节点之间辅助路段(Connector)的建立、模式(Mode)的定义、添加公交线网、定义交叉口、定义各种属性等过程。这些既可以采用交互式的输入,也可以采用批处理的方式。交互式的输入为在界面直接添加绘制,是自下而上的过程,先建立节点,再建立路段,然后建立公交线路。删除的过程则为自上而下,先删除公交线路,再删除路段,然后才能删除节点。一般情况下,必须按照 EMME 能识别的语言进行修改,具体的过程可以参考 EMME 的使用手册。

1. 基础路网建模

本节采用的案例是对路网进行交通分配,并获取相应的指标,如路段流量、出行时间等。首先路网的基础文件由 CAD 绘制得到,基础路网为四横四纵的方格式道路网,便于处理。通过 EMME 软件的批处理功能可以将 CAD 导入 EMME 软件中,进一步地添加交通小区形心(图 6-19),并对路段进行属性的定义,包括公交线路,最后定义交叉口,完成基础路网的定义。

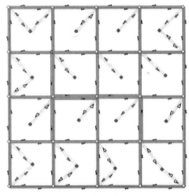

图 6-19　交通小区示意

2. 交通生成和分布

根据用地性质、就业岗位数等因素确定交通小区的发生量,对于吸引量和发生量相等的 OD 矩阵,不需要进行平衡计算,但当吸引量和发生量不相等的时候就需要进行平衡处理。在获得总的交通吸引量和发生量的基础上,对 OD 量进行分布。本案例选用最短路方法,得到最终的 OD 分布矩阵。

3. 方式划分

经过前述操作后得到的 OD 分布矩阵是所有的交通需求量,因此需要进行方式划分,主要为小汽车和公交车的交通需求划分。本案例采用的是 Logit 模型,得到公交车和小汽车的需求矩阵,在此基础上可以进行交通分配。

4. 交通分配

首先对求得到的小汽车需求矩阵进行小汽车分配,采用固定需求的方式,EMME 软件得到的最后的分配结果如图 6-20 所示。

Traffic volume and times (at intersections)

Turn filter: [all movements except u-turns] not(isUTurn)

Intersection node filter: [all intersection nodes] isIntersection 节点: 1

At	From	To	Angle	PenFct	Time	AutoVol	AddlVol	TotVol	AutoHrs	AddlHrs	TotHrs
1	27	2	-137	-	0.00	42	0	42	0.00	0.00	0.00
1	27	14	133	-	0.00	0	0	0	0.00	0.00	0.00
1	2	27	137	-	0.00	43	0	43	0.00	0.00	0.00
1	2	14	90	-	0.00	30	0	30	0.00	0.00	0.00
1	14	27	-133	-	0.00	0	0	0	0.00	0.00	0.00
1	14	2	-90	-	0.00	30	0	30	0.00	0.00	0.00

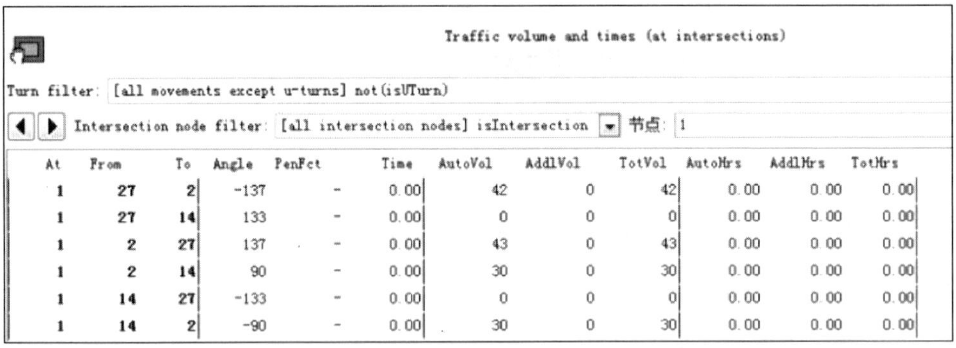

图 6-20　小汽车交叉口流量统计

进行完小汽车分配以后就可以进行公交车分配了。过程和小汽车分配一样,首先要进行公交车准备分配,包括确定上车时长为 2.5min,等待时长因子为 0.5,等待时长权重为 2,辅助公交权重为 2,上车时长权重为 2。

四、VISUM 应用案例

为了能使读者对 VISUM 软件中的交通建模和分析功能有更深刻准确的认识,本节通过一个交通评价项目进行简单介绍。此项目主要是分析在小镇 Oppidum 新建绕城公路对于交通状况的影响。

1. 创建节点和路段

作为整个操作的第一步,用户需要在路网模型中导入规划的绕城公路(图 6-21)。

图 6-21 项目路网模型二维码

其中,红色的虚线是新规划的绕城公路,蓝点表示节点,黑线表示路网中已经存在的路段。接着,为了能够插入绕城公路(图 6-22),需要点击 Node 标识,选择对象类型为 Nodes,插入新建绕城公里的节点,完成节点的插入后,进入 Network objects 工具栏中的 type 项目栏,左击 LINKS 标识,选择对象类型为 links,完成节点直接的线路插入。

完成路段导入后,需要对路段的特征属性进行设置,包括允许通行的交通系统、私人交通的通行能力以及限速和车道信息。

2. 导入交通需求

为了往模型中添加交通需求,需要首先创建小区。小区数据可以在 shape 文件中获取,通过将这些文件导入到 VISUM 软件中,导入过程中需注意激活选项 Read additionally,并在选择框 Read as 中选择 Zones。

接下来对各个小区进行连接(图 6-23),在路网编辑状态下右击,打开快捷菜单,选择 Generate,或者在菜单栏选择 EDIT,点击 Generate,即可进行连接线的设置。在软件界面中查看连接线,需要点击 Connectors 前面的 Graphic Layer 按钮,打开图形显示编辑窗口,在路网编辑器模式下按 F3 键寻找一个小区,点击 AutoZoom,相应小区在路网中就可以显示出来了。

在生成小区连接线的基础上,为了能导入交通需求,需要先创建一个 OD 矩阵(图 6-24)。首先,在菜单栏中选择 DEMAND + TSYS/MODES/DSEGS,点击需求部分切换到子窗口 Demand Segments,点击 Creatf,在新弹出窗口中的 Code 栏中输入 C,Name 栏中输入 Car_24h,在 Mode 选择框中旋转 C_Car。通过以上步骤即可完成创建需求,下一步需要打开包含交通需求的 OD 矩阵。在菜单栏中选择 DEMAND + DEMAND DATA,OD demand data 对话框就会弹出,切换到子窗口 OD matrices,点击 Open from file,打开 OD 矩阵文件即可实现读取。

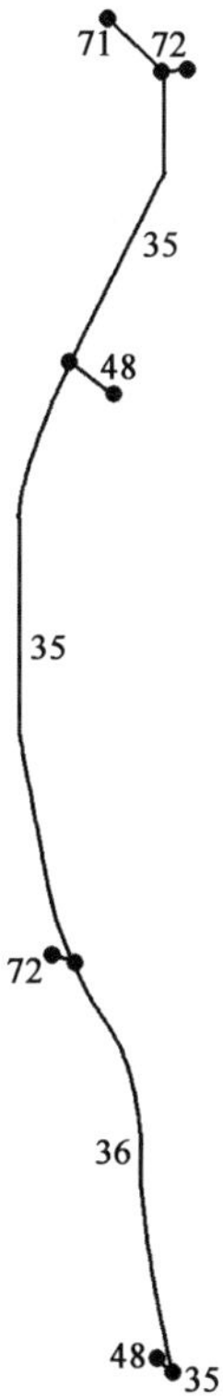

图 6-22 线路插入

3. 交通需求分配

为了将案例中的需求矩阵分配到路网中,应进行如下步骤:

(1)在菜单栏中选择 CALCULATE + PROCEDURES。

(2)点击 Create,打开 Operation 对话框,选择 Assignments-Assignment,点击 OK 确认。

(3)在对话框的下面中点击 SELECTION DSEG,选择需求类型为 C Car_24h,点击 OK 确认。

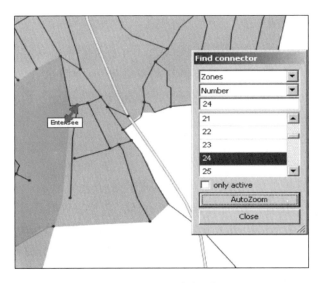

图 6-23　小区连接线示意

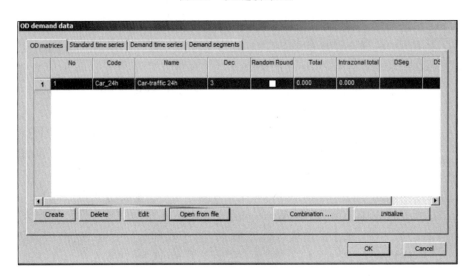

图 6-24　OD 矩阵导入

完成上述操作之后,点击 Execute,运行程序进行计算,此时,分配的流量主要是由绿色的条状图形表示,宽度显示了流量的大小。

本章思考题

1. 简要叙述常用宏观交通系统仿真软件的特点。
2. 简要叙述 TransCAD 软件的应用步骤。
3. 简要叙述 CUBE 软件的应用步骤。
4. 简要叙述 EMME 软件的应用步骤。
5. 简要叙述 VISUM 软件的应用步骤。

第七章
中观交通系统建模与仿真

第一节 中观交通系统仿真软件

一、INTEGRATION

INTEGRATION 软件（图 7-1）于 20 世纪 80 年代中期由加拿大皇后大学的 Michel Van Aerde 教授开发，目前已经发布了 INTEGRATION 2.30 版本。INTEGRATION 软件混合使用了微观和宏观的交通流理论，因而被认为是准微观模型，又称为中观仿真模型。该模型最大的特点是将宏观交通流参数与微观交通流参数结合起来综合再现道路交通状态，其核心理论是车辆跟驰模型和交通流模型。其基本原理是：INTEGRATION 软件中微观层次的参数根据模型中宏观层次的交通参数而确定，即单车的速度是基于路段的自由流速度、通行能力、阻塞密度等宏观交通流参数而确定的。此外，该模型中另一个显著特点是能够进行准动态 OD 模拟，这是由于静态的交通分配无法达到准确性要求，而实时动态交通分配所需数据量相当宏大，且对硬件设备和交通基础环境的要求十分苛刻。可见，基于准动态中观层面交通流分配技术的 IN-TEGRATION 模型能够兼顾这两个方面的需求，更好地再现实际路网交通状况。

INTEGRATION 模型主要由 6 个模块构成，各模块分别承担着不同的功能，下面分别予以简要介绍。

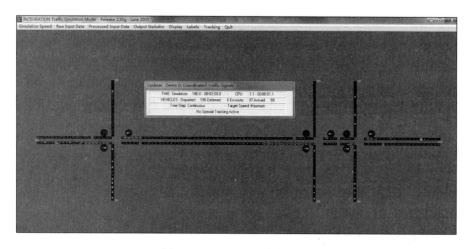

图 7-1 INTEGRATION 软件界面

1. 车流分布模块

1) 车流的启动

在实际进行仿真之前,该模型将根据输入参数生成车流信息,并计算出每辆车的出发时间,系统会在预定出发时间来临时自动生成车辆进入路网。

2) 车流速度的确定

当车辆在某车道行驶时,其速度主要根据同车道下游方向车辆之间的车头时距来确定,且每 1ms 更新一次。

3) 车流的排队

车流排队长度取决于队列中车辆的相关速度。

2. 车辆跟驰模块

车辆根据它与同车道下游方向车辆之间的车头时距来计算速度,车辆的空间位移每 1ms 更新一次;每 1ms 得到的更新地点就作为在下 1ms 中计算新的车辆时间间距和速度的基础。车辆的速度是根据车辆跟驰模型计算得到的,且该路段上的车流运行状态要符合宏观模型标定的速度-流量-密度曲线关系。

3. 车道变换模块

该模型针对每辆车共计算了三种速度:车辆在占用车道中继续行驶的潜在速度、车辆在其占用车道的左边和右边车道中可能的行驶速度。当车辆计划变换车道时,将提前计算这三种速度,并选择三种速度中速度最高的车道行驶。

4. 路径选择与交通分配模块

INTEGRATION 能够进行详细的驾驶员(或车辆)行为模拟。模型提供了 7 种路径选择方法:迭代加权分配法(MSA)、分组反馈分配法(SFA)、个体反馈分配法(IFA)、动态交通流分配法(DTA)、法兰克-沃尔夫算法分配法(FWA)、外部路径选择法(ER)和基于距离路径选择法(DBR)。无论选用哪种交通分配方法,模型的路径选择均是通过使用列中含有从起点到终点所经过的所有路段的排列矩阵来实现的。此外,在路径选择方面,INTEGRATION 软件也充分考虑了路段使用和转弯限制等因素,从而能够真实地反映实际路网特征。

5. 高速公路模块

1) 合流

在仿真过程中,当两股交通流会合时,模型将对会合的交通流进行动态的交通分配。在进入快速路或高速公路的匝道会合处,根据车流的到达率在匝道上游、下游、匝道处形成车辆排队。如果没有加速车道,车队会排队于匝道会合处的上游。

2) 分流

在快速路分流处,当道路流量超过它的通行能力、匝道下游有信号灯或下游主路产生交通阻塞时,也会产生排队现象。模型将把最终排队长度作为匝道超饱和程度的函数参数来计算。模型根据不同车辆在路段上不同的行驶时间来进行分流仿真。

3) 交织

车流交织区域与换道行为有关,车辆换道会降低该区域的平均速度,INTEGRATION 软件能对此进行动态中观仿真。

6. 交通信号仿真

1) 交叉口信号

当交通信号为红灯时,车辆遵循跟驰理论,不同的是红灯在仿真模型中被认为是刚超越停车线的车辆,靠近红灯的车辆减速,车距减小。接下来的车辆将会自动地跟随在首辆车后进行排队,车距由阻塞密度确定。

2) 交通信号的冲击波

当绿灯开始时首辆车加速,将引起两个冲击波同时产生,第一个冲击波从停车线向下游移动,第二个冲击波从停车线向上游移动。

二、Paramics

Paramics(图 7-2)是 PARAllel MICroscopic Simulator 的简称,即并行微观仿真软件。Paramics 最初由英国 SIAS 公司(现被 SYSTRA 公司收购)和爱丁堡大学并行计算中心共同研发。后来爱丁堡大学并行计算中心职员成立了 Quadstone 公司(现被 Pitney Bowes 收购),Paramics 因此由 SIAS 公司和 Quadstone 公司分别开发维护。其中,SIAS 公司开发的 Paramics 为 S-Paramics(后升级为 Paramics Discovery),Quadstone 公司开发的 Paramics 为 Q-Paramics。Q-Paramics 与 S-Paramics 两者原理相近,又各有自己的特色。比如,S-Paramics 建模操作简便;Q-Paramics 则相对复杂,但二次开发功能强大。由 Quadstone 公司于 1993 年和 1994 年与英国工商部合作完成了 Paramics 向商业化软件的初步转型,目前已经发展到 410。Paramics 为交通工程师和研究人员提供了一个全新的仿真工具来理解、模拟和分析实际的道路交通状况。Paramics 具有实时动画的三维可视化用户界面,可以实现单一车辆微观处理,支持多用户并行计算,具有功能强大的应用程序接口。Paramics 能够适应各种规模的路网,从单节点到全国规模的路网,能支持 100 万个节点、400 万个路段、32000 个区域。其应用领域有:①交通管理和控制。可以在设计阶段,确定信息标志的最佳地点;在运营阶段,确定优化战略。②交通控制中心的仿真。可以描述交通事故导致的拥挤情况,提供交通管理策略产生效果的细节描述。③出行前信息服务。能够经由服务提供商为出行者提供交通信息预测和最优路径诱导服务。④智能化的导航功能。Paramics 提供了用户控制的路径-费用扰动来模拟驾驶员选择路径的行为。Paramics 也提供了基于 ITS 的微观交通仿真功能,利用仿真的交通信号、匝道控制、可变速度控制标志和可变信息板(VMS)等仿真设备,可以实现对仿真车辆的智能化交通诱导。另外,通过应用程序接口(API)函数还可以实现特殊的控制策略,给研究新的控制和诱导方法带来了便利。Paramics 由 5 个主要工具模块组成,分别是 Modeller、Processor、Analyser、Programmer 和 Monitor,其中 Modeller 是整个系统的核心。下面详细介绍 Paramics 的 5 个主要工具模块。

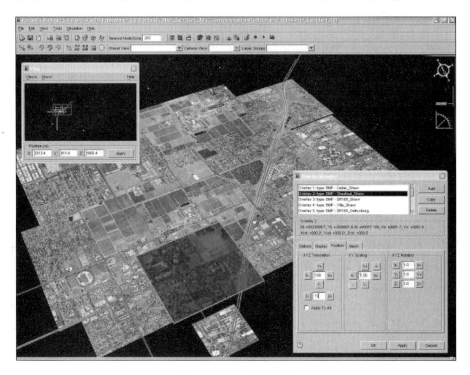

图 7-2　Paramics 软件界面

(1) Modeller。提供建立交通路网、三维交通仿真和统计数据输出三大功能,所有功能均支持直观的图形用户界面。Modeller 的功能囊括了实际交通路网的各个方面,包括:复杂的城市路网和高速公路路网、环形交叉口、各种立交、专用道路、公共交通、停车场、事故以及重型车和 HOV 车道、高效的交通信号控制等。Modeller 既可以精确模拟单个车辆在复杂、拥挤的交通路网中的运行,又能对整体交通状况进行宏观把握。

(2) Processor。允许研究者以批处理的方式进行仿真计算,并得到统计数据输出。Procssor 提供图形用户界面以设定仿真参数、选择输出数据和改变车辆特征。由于用批处理的方式进行仿真计算不显示仿真过程中车辆的位置和路网,因此大大加快了仿真速度。Procssor 输出的仿真结果与 Modeller 的输出结果是相同的。

(3) Analyser。用于显示仿真过程的统计结果,它采用灵活易用的图形用户界面将仿真过程中的各种结果进行可视化的输出,例如车辆行驶路线、路段交通流量、最大车队长度、交通密度、速度和延误以及服务水平等。除了可视化输出,Analyser 也提供直接的数字输出,或将数据存为文本文件以备进一步分析所用。另外,Analyser 还包括了一个 Excel 向导用于过滤大量的数据并直接输出不同仿真过程的比较结果和统计性能,这也为 Matlab 的调用提供了途径。

(4) Programmer。提供了丰富的基于 C 语言的 API。应用程序接口使 Paramics 具备更强的可移植性和扩充性。例如，Paramics 实际上是以英国的驾驶规则和车辆特性为基础，当用于其他国家和地区时，需要研究者编制适当的 API 程序使之适应当地需要。应用者也可以利用 API 扩充 Paramics 的功能，特殊的交通控制和管理策略通过加入 API 程序模块可以设计并加以测试。

（5）Monitor。是利用 Programmer 开发的 API 模块，它可以跟踪计算仿真的交通路网中所有车辆尾气排放的数量，并在交通仿真过程中进行可视化的显示。尾气水平数据每隔一定时间写入指定的统计文件保存。

值得强调的是，利用 Paramics 提供的丰富的 API，用户可以为各种交通网络加入相应的控制策略。这些算法在独立于软件环境的条件下进行编写，具有较好的独立性和通用性。API 函数由四大类构成，即 QPX、QPO、QPS 和 QPG。

（1）QPX，标准扩充代码。QPX 定义了 Paramics 的功能性接口函数，起到建立控制算法整体构架的作用，为具体控制思想的载体。这些函数可以被 network 里的事件触发，如 network 的加载、保存、刷新或是发生在每个 timestep 之中。

（2）QPO，标准强制代码。定义了 Paramics 的强制执行函数，这些函数可以改变 Paramics 内部默认的行为设置，使这些被修改后的仿真模型按照用户的逻辑来进行模拟仿真，如控制车辆行为等。

（3）QPG，获取信息标准代码。定义了 Paramics 中获取信息的函数，通过这些函数用户可以获得 Paramics 仿真时的各种实时更新的内部信息，如相应车道的车流量、车速、延误、排队长度等。

（4）QPS，设置信息标准代码。定义了 Paramics 中设置信息的函数，用户可以通过这些函数来设置、添加、改变 Paramics 可视化界面中的一些相应的值，如相位红绿灯时间、运行相位、各个区域的驶出车辆数等。

三、TransModeler

TransModeler 软件（图 7-3）是美国 Caliper 公司为城市交通规划和仿真开发的多功能交通仿真软件包。该软件可以模拟从高速公路到市中心区路网在内的各类道路交通网络，可以详细逼真地分析大范围多种出行方式的交通流。TransModeler 可以用动画的形式把交通流的状况、信号灯的运作以及网络的综合性能直观地表现出来，一目了然地显示复杂交通系统的行为和因果关系。

通过与当今美国流行的交通需求预测软件 TransCAD 的有机结合，TransModeler 可用于未来城市规划中的交通影响分析，对备选方案进行科学评估。它把复杂的交通仿真模型变得简单实用，是开展出行行为分析和交通管理的对策研究不可或缺的有力工具。同时，TransModeler 提供丰富的制图和仿真工具，让用户很方便地把研究成果以直观易懂的方式表现出来，便于决策者理解和及时决断。

TransModeler 是根据最新的交通理论研究、交通仿真和软件技术而开发的综合交通模型，它把交通仿真推向了一个全新的时代。TransModeler 既可以用出行时间的实测历史资料或模拟的时间序列数据来产生车辆的动态出行路线，也可以用事先指定的线路或交叉口的转向比例来决定行车路线。它不仅可以用来模拟以不同比例组成的公交车、小汽车和载货汽车交通流，还可以模拟包括收费站电子收费系统、车辆导流系统和动态监测系统在内的智能交通管理系统。通过与 GIS 的整合，TransModeler 可以和已有的交通需求预测模型结合起来，为城市道路交通相关的规划和方案做深入的动态分析，从而使规划和方案显得有血有肉、容易理解。同时，交通仿真的结果可以反馈到交通需求预测模型，以进一步改进其预测精度和质量。

图 7-3　TransModeler 软件界面

TransModeler 以 Caliper 公司专门为交通应用而开发的 GIS 为基础，它采用最新的交通行为仿真模型，提供当今城市交通规划和仿真所需求的诸多功能。其主要功能为：

(1) 交通基础路网模型的建立：可以便捷地把 GIS 数据、交通规划网络和航拍照片等导入作为背景数据，经过简单的加工后即可生成基础路网模型。所有基础数据分不同图层，以 GIS 地图和仿真数据库的形式进行管理。

(2) 车辆出行状态仿真：可以仿真车辆的加速、减速、停车、让行、换道、超车、并道等多种行驶状态下的特性，这些特性由内在的模型根据基础路网模型和给定参数计算得出。

(3) 出行需求模型分析：可以方便地将 TransCAD 或其他交通规划软件得出的交通需求数据进行分配，以更加直观和细致地检验出行需求模型的分配效果。

(4) 交通控制方案的仿真：真实和动态地展示停车/让行、定时控制和感应控制等几种信号控制策略对交通流所产生的影响。

(5) 交通管理设施的仿真：仿真包括车道使用信息板、路段封锁标志、车道使用标志、人行横道信号灯、隧道入口信号灯、匝道控制信号灯、减速阀、限速标志、停车标志、让行标志等各类交通管理设施对交通运行状况的影响。

(6) 公交系统仿真：根据车站的长度、上下车乘客人数和比例，以及线路发车频率、车辆类型等分析公交车辆行驶受到的影响；设定公交专用车道、动态公交信号，分析公交优先策略对路网的影响及效果。

(7) 收费站仿真：可以再现不同车辆类型、不同收费方式（包括手工、电子和混合三种）和不同的收费服务时间分布对车辆出行时间的影响。

(8) 事故和施工区仿真：包括路段封闭、施工、事故等对车流量和出行时间的影响。

(9) 行人仿真：模拟行人横穿道路对交通流的影响。

(10) 车辆行驶路线的追踪：能够实现车辆的行驶路线的追踪分析。

(11) 三维动态仿真：支持三维仿真，将其他三维分析软件开发的三维模拟以 VRML 和 3DS 等格式导入进来；提供根据建筑物基地形状和高程自动建立棱柱型三维模型，根据二维图片和有关参数建立路标、交通标志、地物、树木等三维 VRML 模型；设定漫游路线，自动显示三维仿真动画。

(12) 综合仿真：可以针对同一个目标路网，对其不同组成部分或地段同时实现不同细节度的仿真，包括宏观、中观和微观仿真。

(13) 停车仿真：可以对停车进行仿真，包括并排停车和路边停车等；也可以模拟一些路段在行车道随机临时停车的现象。

TransModeler 软件提供强大而灵活的数据输入和编辑功能，除了支持多种格式的遥感图像以外，还提供一套与 Google Earth 并线协调和导入图像的功能，方便生成交通仿真网络的道路和设施等，将仿真功能的结果建立在真实地理数据的基础之上，并以实时动态的方式显现出来，其结果也可存储为 WMV 等格式进行日后的演示。同时，该软件还提供一套 GIS 应用开发工具库（GISDK），用于系统的二次开发，用户可以据此来定制自己的界面和其他需要扩充的功能。

四、DYNAMIT

DYNAMIT 是由麻省理工学院 Moshe Ben Akiva 教授领导的团队开发的中观仿真软件。与 DYNASMART 相似，它也有两个版本，分别是 DYNAMIT 和 DYNAMIT-P。其中，DYNAMIT 是一个提供交通估计、预测、驾驶员信息和路径诱导的实时准微观模型，支持交通管理系统和先进的驾驶员信息系统的运行；而 DYNAMIT-P 主要用于交通规划。

DYNAMIT 包括两个主要功能：状态评估和基于预测的路径诱导。它也可以利用离线和实时的交通信息。其中，离线信息包括路网的详细信息、历史路网条件的数据库；实时交通信息是由监视系统和控制系统提供的交通流等信息。在开展状态评估和基于预测的路径诱导过程中，有两个核心的模拟工具起作用，分别是供给模拟器和需求模拟器。其中，供给模拟器明确地仿真了需求和路网的相互作用，从而得到分配矩阵，并将 OD 流量映射到路段流量上。所得到的分配矩阵和实时观测信息将输入需求模拟器以获得更好的交通需求。需求模拟器评估和预测 OD 交通流及驾驶员关于离开时间、出行方式和路径选择的决策。

1) DYNAMIT 模型的特点

(1) 实现信息和诱导的预报功能。

(2) 实现关于驾驶员、车辆类型以及驾驶员行为的细致仿真。

(3) 区分能够获取和不能获取的驾驶员信息。

(4) 能够基于个体仿真并生成详细的车辆路径信息。

(5) 运用滚动区域法得到有效准确的实时估计和预测。

(6) 生成描述和说明性的信息，用于满足先进的交通信息系统的需求。

2) DYNAMIT 的应用范围

(1) 为出行者连续提供指示信息。

(2) 通过提供实时交通预测以优化交通管理中心的运行。

(3) 评估可变信息情报板的作用及效率。

(4) 实时事件管理策略的离线评估。

(5) 实时事件管理和控制。

(6) 交通信号和匝道控制策略的评估。

(7) 针对造成路段阻塞的实时紧急事件(例如自然灾害等)疏散和救援操作的协调。

DYNAMIT-P 是基于动态交通分配的交通规划系统,其核心功能是辅助交通管理人员开展短期的交通规划。为实现该功能,DYNAMIT-P 除了包含与 DYNAMIT 相同的供给模拟器和需求模拟器外,还增加了自学习模型,可以学习路网状态从不平衡到平衡过程中依次出现的各种中间状态,然后通过衡量这些中间状态以评价不同的规划方案。

3) DYNAMIT-P 的模型特点

(1) 基于个体的仿真,考虑了不同驾驶员出行目的、出行成本和对信息接收反应的不同,能够应用于特殊需求的交通规划。

(2) 表现出路网状态的动态特性,包括排队长度的变化、交通回流等。

(3) 能够实现基于不同时段的交通仿真。

该模型主要用于评估施工区域造成的影响、实施 HOV 和 HOT 措施前后的差异、时变的收费策略、匝道控制等。

4 种方法的优缺点比较见表 7-1。

4 种中观交通系统仿真软件优缺点对比 表 7-1

分类	优点	缺点
INTEGRATION	能够执行符合《美国道路通行能力手册》标准的交叉口分析;可以进行单车建模;能够提供很多路径诱导功能	不能够执行多路径交通分配
Paramics	能够对大量车辆进行仿真;可视性强;可以提供智能路径诱导功能	只适用于发达国家的交通环境
TransModeler	支持多种交通信号控制;与地理信息系统有机结合;包含微观、中观和宏观的混合仿真;与 TransCAD 无缝集成;有强大的二次开发功能	不提供 API 支持和动画文件数据格式支持
DYNAMIT	始终与预测交通状况协调,提供连续诱导;可综合不同类型驾驶员及行为,进行单独标定,产生诱导	无车辆动画功能,需采用辅助工具从数据文件中分析车辆轨迹;应用不够广泛

第二节 中观交通系统仿真案例分析

一、城市快速路交通运行状态仿真

本仿真案例来源于文献《城市快速路私家车交通量调查及 TransModeler 仿真分析》。此处结合文献对哈尔滨市和兴路交通量的调查数据,介绍 TransModeler 在城市快速路交通运行状态仿真中的具体应用。

仿真路段示意如图 7-4 所示,所调查的交通量数据见表 7-2。

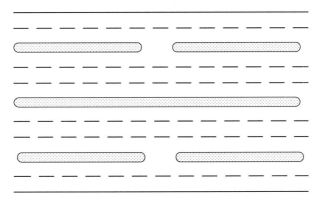

图 7-4 仿真路段示意

仿真路段交通量调查结果　　　　　　　　　　　　　　　表 7-2

流向	最大 15min 流率(pcu/15min)		最大小时交通量(pcu/h)		高峰小时系数	
	早高峰	晚高峰	早高峰	晚高峰	早高峰	晚高峰
工作日西向东行	1448	1356	5037	4960	0.87	0.91
工作日东向西行	1458	1296	5156	4702	0.88	0.91
非工作日西向东行	1160	1290	4245	4636	0.91	0.90
非工作日东向西行	884	809	3147	2963	0.89	0.92

运用 TransModeler 进行交通仿真的主要步骤如下：

(1) 仿真前的准备工作。检查 Project Settings 是否正确，输入文件配置是否正确，根据实际需要导入路网底图并调整底图比例。

(2) 道路网的创建。路网模型是交通仿真的基础，在 TransModeler 中可以选择直接运用路段编辑工具 Road Editor 在一个空的数据库中绘制道路网络，也可以导入现有地图并以此为基础绘制和调整道路网。本案例选用已有的航空照片作为路网底图，运用编辑器等工具将其快速加工转换为交通仿真所需的抽象网络，简化仿真路段交通模型的建立过程。

(3) 模型参数的设置。根据仿真需要设置车辆分类参数，即各种车型的比例。同时查看其他参数的具体数值，如路径选择参数、车辆行驶特性参数等，对不符合仿真要求的默认参数取值进行标定。

(4) 期盼输出结果的选定。根据仿真需要确定所需输出的仿真结果指标，并检查结果是否已选定。

(5) 交通需求信息的录入。默认由车辆出行列表描述网络上起讫点之间的交通量，用 OD 矩阵表示车流在路网上的分配。

(6) 设置仿真时间，运行仿真功能。

分析案例仿真结果，在工作日的仿真实验中，路段交通量早晚高峰特征较为显著，且常伴有短暂交通阻塞现象，路面平均行驶速度低于 8km/h；在非工作日的仿真实验中，无明显早晚高峰特征和交通阻塞现象，车辆平均行驶速度在 25km/h 左右。这一仿真结果与实际交通运行状态基本吻合,能很好地反映出所调查路段早晚高峰及平峰下的交通状况,可为后续交通规划、交通改造和交通管控等方面的研究及应用提供依据。

二、城市道路信号交叉口群运行状态仿真

本仿真案例来源于文献《微观交通仿真软件 Paramics 的工程应用实例》。此处结合文献对交口的改造方案,介绍 Paramics 在城市道路信号交叉口群运行状态仿真中的具体应用。

所仿真的交叉口群位于广西大学南门门前,是由大学路、火炬路和广西大学南校门门前路交会而成的一个交叉口群,示意图如图 7-5 所示。该交叉口群交通流混杂并且交织严重,交通拥堵问题严峻,因此对交叉口群进行车道渠化和信号灯控制改造。为了评价方案效果,需对改造前后的交通运行状态进行仿真。

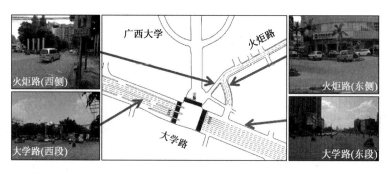

图 7-5 仿真交叉口示意

运用 Paramics 进行交通仿真的主要步骤如下:

(1)仿真前的准备工作。通常在建立路网前需要先导入一张符合实际路况的路网底图,再根据底图进行路网建模。本案例选择仿真交叉口群的设计图作为底图,将其导入 Modeller 建模器中,并用比例尺修改图形比例。

(2)路网建模。在调整后的底图上建立路网。首先在交叉口中心设置一个节点,再在北进口路段的终点即靠近底图边缘的位置添加一个节点,连接两个节点则完成北进口路段的设置。同理,依次完成其余南进口、西进口和东进口的路段设置。初步建立路网结构后,根据各路段的实际车道数及车道宽度对道路属性进行修改。

(3)车流控制设置。路网模型建立完成后需对每条路段的车流进行编辑,根据车道渠化情况设定车流转向。

(4)信号灯设置。设置车流控制之后,根据相位相序方案和信号配时方案设定交叉口群的信号灯。

(5)小区的设置。在各进口的上游路段分别设置小区。

(6)配置交通需求文件。完成小区设置后,在 Demand Editor 的属性框内配置需求文件,文件内容相当于 OD 矩阵,表示每两个小区之间的车流量,之后保存默认路径。

(7)运行仿真并输出仿真结果。输出行程时间作为指标来评价实施改造方案前后交叉口的状态。

运用 Paramics 进行交通仿真的过程如图 7-6 所示,实施方案前后交叉口群的行程时间见表 7-3。

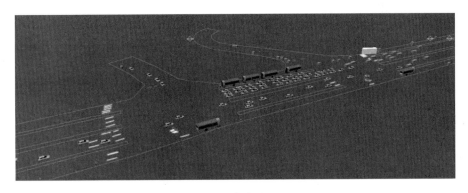

图 7-6 仿真过程

交叉口群实施改造方案前后的行程时间对比 表 7-3

路 段	行车方向	现状行程时间(s)	实施方案后的行程时间(s)
大学东路	东向西	72.5	40.5
	西向东	74.5	38.5
火炬路	北向南	83.2	57.4
	南向北	75.6	52.3

从表 7-3 中可以看出,实施渠化和信号控制的改造方案之后,仿真交叉口群的行程时间显著减少,说明所设计的方案可明显改善现状交叉口群的运行情况,这一结论可为交叉口群交通设施改造的决策提供依据。

本章思考题

1. 简要叙述常用中观交通系统仿真软件的特点。
2. 简要叙述 INTEGRATION 软件应用步骤。
3. 简要叙述 Paramics 软件应用步骤。
4. 简要叙述 TransModeler 软件应用步骤。
5. 简要叙述 DYNAMIT 软件应用步骤。

第八章
微观交通系统建模与仿真

第一节 微观交通系统仿真软件

自20世纪60年代以来,国内外交通业界在微观交通仿真领域取得了诸多研究成果。微观交通系统仿真是以微观交通流模型作为基础,通过考察单个交通实体及实体间的交互作用来分析系统状态与特征。除了对车辆和行人的运动状态进行研究之外,微观交通仿真技术还可用于交通流特性如流量、车速和密度等的研究。

随着微观交通仿真模型的不断完善,微观交通仿真软件也得到了飞速发展。本节将对6种应用较为广泛的微观交通系统仿真软件进行介绍,并对比分析各软件的技术性能及应用范围。具体软件操作请参考相关说明书或相关教程,本章节侧重于建模过程及结果分析。

一、VISSIM

VISSIM 软件(图8-1)是德国 PTV 公司开发的微观交通流仿真软件,仿真步长为0.1s,可用于模拟道路交通、公共交通及行人仿真等,可以对交通系统的多种运行状况进行分析。自1992年进入市场以来,VISSIM 经历了多个阶段十几次的深入研发和改进,在世界范围内拥有了大批用户。

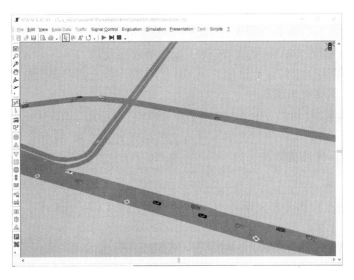

图 8-1　VISSIM 的操作界面

1. 构成要素

VISSIM 软件系统内部包括交通仿真器和信号状态产生器,两部分之间通过接口交换检测器数据和信号状态信息。交通仿真器是一个微观仿真模型,包括跟驰模型和车道变换模型。其中,描述车辆纵向运动的跟驰模型是德国 Karlsruhe 大学的 Wiedemann 教授提出的"心理-生理跟驰模型"(Psycho-physical Car-following Model);主要描述了车辆的横向运动即车辆变换,并采用基于规则(Rule-based)的算法进行模拟。信号状态发生器是一个信号控制软件,以仿真步长为基础从交通仿真器中获取检测器数据,用以确定下一仿真时钟的信号状态,并将信号状态信息回传给交通仿真器。软件的仿真原理如图 8-2 所示。

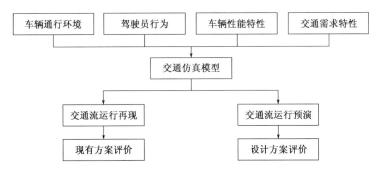

图 8-2　VISSIM 的仿真原理

VISSIM 系统由众多模块构成,不同模块承担着各自功能。主要模块及其功能如下:

(1)车辆定义模块。用户可通过该模块设置仿真环境的车型构成,即小汽车和重型车占比,此外还可定义每种车型的车辆长度、宽度以及前后轮胎间的距离等具体车辆参数。

(2)车速分布模块。该模块可帮助用户以区间的形式定义各种车型对应的运行速度。

(3)车辆跟驰模块。该模块用以定义并设置车辆跟驰行为,核心是跟驰模型。

(4)车道变换模块。该模块用以定义并设置多车道环境下车辆的变道行为,其核心是车道变换模型。

(5)交通量定义模块。该模块用以定义各路段的输入交通量,用混合交通量表示。

(6)信号控制模块。该模块用以对仿真节点的控制方式进行定义,可选择系统内部的固定配时控制程序或外部信号状态发生器如感应控制 VAP 模块,还可与其他信号控制逻辑设计软件比如 VS-PLUS 系统、SCATS 系统、SCOOT 系统等连接使用。

(7)动态分配模块。该模块允许用户以 OD 矩阵取代静态路径作为输入,可模拟实时交通信息对驾驶员路径选择行为的影响。

(8)V3D 模块。该模块是 VISSIM 的一个附加模块,专门用于 3D 建模,包括建筑物和车。

(9)评价模块。该模块为用户提供了自定义的结果评估类型,常用评估指标如平均车速、行驶时间、延误,以及排队长度等。

2. 仿真流程

VISSIM 的仿真流程如图 8-3 所示。

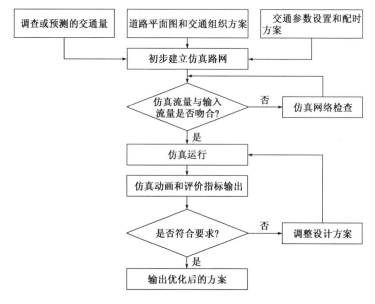

图 8-3　VISSIM 的仿真流程

3. 特点

VISSIM 软件的应用具有如下特点:

(1)易于实现路网编辑。软件具有较为直观的用户界面和简便的网络编辑器,用户可导入 JPG、BMP、DWG 等格式的文件作为背景图,并在栅格和矢量图形格式的背景底图上创建并编辑路网。

(2)具有较完善的动画功能。软件可在二维和三维模式中展示仿真车辆的运动,并可在仿真过程中进行切换。

(3)可全面分析仿真结果。软件为用户提供自定义的结果评估选项,对整个路段及网络提供如总流量、总延误等统计数据,还可输出仿真的车辆轨迹数据以及相应信号控制的参数表供后续研究。

(4)可实现车辆和行人的混合仿真。从 VISSIM 5.1 版本开始,行人仿真模块可供使用。该模块采用在行人仿真研究领域广泛使用的社会力模型,通过仿真形式再现行人与车辆间的动态交互行为,可为城市紧急疏散、基础设施规划等方面的研究提供指导。

（5）提供可二次开发的 COM（组件对象模型）接口。软件提供了一个额外的模块,它提供了 COM 功能,可用于外部编程环境。通过该种方式,用户可从外部程序执行 COM 命令来自动实现 VISSIM 中的某些任务,比如在仿真过程中改变车辆驾驶特征、改变车流量等交通参数以及外部定义行驶路径等。

（6）具备与宏观交通仿真软件 VISUM 的无缝接口。用户可将 VISUM 中所编辑的大型路网导入 VISSIM 中进行仿真,还可将仿真结果导出至 VISUM 中进行详细的图形显示。

4. 主要应用

VISSIM 可模拟不同车道类型、交通组成、信号控制等多种条件下的交通运行状况,具有分析、评价、优化交通网络、比较设计方案等功能。VISSIM 可应用于公路系统、城市道路系统、轨道网络系统、公交网络系统等城市交通系统各组成部分。主要的应用内容包括:

(1) 模拟分析和评估城市交通区域内的各种交通行为;
(2) 对规划、改造方案进行比较和评价;
(3) 评价城市交通区域路网的各项性能指标;
(4) 公交车站容量规划及公交专用道性能分析,公交优先方案的通行能力分析和检验;
(5) 评价并优化交叉口信号配时方案,用户还可通过 VISSIG 模块实现绿灯时长优化计算;
(6) 预测城市道路网络的轻轨系统的可行性及影响;
(7) 路径诱导和可变信息标志的影响分析;
(8) 实验和研究高速公路因施工或事故封锁道路及限速区的交通流状况等。

二、TSIS/CORSIM

20 世纪 70 年代中期,美国 FHWA 开发了交通微观仿真模型软件 CORSIM（Corridor Simulation）。由于 CORSIM 软件综合了应用于城市道路仿真的 NETSIM 模型和应用于高速公路仿真的 FRESIM 模型,因此可用于模拟城市道路、高速公路系统和具有简单或复杂控制条件的组合网络。

经过仿真逻辑和软件工程技术的不断改进和升级,CORSIM 成为美国应用最广泛的交通模拟程序包之一。随着交通软件集成系统 TSIS（Traffic Software Integrated System）的引进,CORSIM 在软件工程技术应用方面取得了一大突破（图 8-4）。

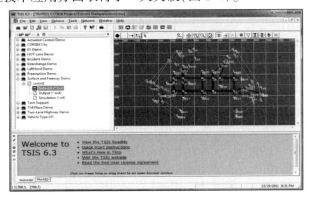

图 8-4　TSIS/CORSIM 的操作界面

1. 构成模块

TSIS 是由集成的程序组成的程序组,包括数据输入程序（TRAFED）、仿真运算程序（CORSIM）

和动画模拟器(TRAFVU),可为 CORSIM 提供一个集成的、基于 Windows 的完整用户界面和良好运行环境。TSIS 的组成如图 8-5 所示,其中 Tshell 是 TSIS 的图形用户接口及外壳程序,起着集成其他子模块,便于用户对交通流进行仿真分析的作用。在各子模块中,TRAFED 是基于 GUI 的交通输入编辑器,用户通过此模块可自行绘制交通路网并设置相应控制参数和路网参数。CORSIM 是 TSIS 实现交通仿真的核心部分,能够执行仿真、计算及输出仿真结果的相应程序,其下包括了 NETSIM 和 FRESIM 两个仿真模块。TRAFVU 是显示模拟仿真结果的模块,可通过动画形式呈现交通仿真过程。

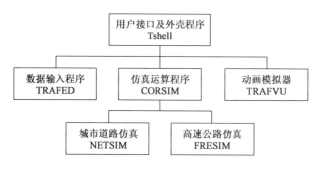

图 8-5 TSIS 的组成模块

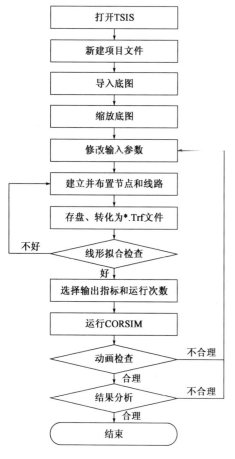

图 8-6 TSIS 的基本操作流程图

2. 仿真流程

TSIS 系统中的各模块间存在着应用顺序上的逻辑关系,主要的操作步骤包括:路网模型的构建(TRAFED)、路网运行(CORSIM)、输出结果及分析(TRAFVU)。TSIS 的基本操作流程图如图 8-6 所示。

3. 应用特点

TSIS/CORSIM 交通仿真软件能够模拟公路网、城市道路网、交通管理与控制、道路施工等多种交通状况,仿真时间步长为 1s。具有如下特点:

(1)能模拟复杂路网和道路条件。CORSIM 对路网的各组成部分编码灵活,能够仿真实际交通环境中的各种复杂道路设施,包括不同几何构型的城市道路平面交叉口、互通式立交、各种平曲线、不同类型出入口匝道、交织段、加减速车道等。此外还可以模拟不同路面类型及干湿程度、纵坡、横坡(超高)、车道数目和宽度等道路条件。

(2)能模拟多种交通控制及管理方案。CORSIM 能够模拟不同的交通控制设施,如城市平面交叉口的定时控制和感应式控制,高速公路匝道检测器和多乘员车辆车道(HOV 车道)的运行,以及公交车辆的运行方式等。

(3) 能够模拟多种交通现象。CORSIM 能在一定程度上模拟处于动态变化中的交通需求，能模拟发生拥挤、阻塞和交通事故的交通状态，以及交叉口处车队的启动、排队和消散等过程，但也存在匝道控制、出行者信息以及事故控制方面缺少分配算法的问题。

(4) 能够表征路网不同组成部分间的相互作用。与传统交通仿真研究中通常对路网各部分进行单独的交通流分析相比，CORSIM 能够模拟由城市道路、高速公路、匝道等组成的完整路网系统，因此，可以仿真分析得到各部分之间交通流的相互影响。

(5) 具备连接外部控制逻辑和程序的接口。通过特殊设计的 TSIS 界面，CORSIM 能够与外部控制逻辑和程序进行数据和信息的实时交流互换，这一特征使得 CORSIM 在 ITS 中的进一步开发和应用成为可能。

三、TRANSYT-7F

以英国的 TRANSYT(Traffic Network Study Tool) 系统为基础，佛罗里达大学交通研究中心(TRC)在 1981 年为美国联邦公路局(FHWA)开发了 TRANSYT-7F(图 8-7)，这是基于仿真的信号配时优化分析和路网性能评价的软件。TRANSYT 控制方法最早由英国道路交通研究所(TRRL)的 D. L. 罗伯逊于 1966 年提出，多次改进之后于 1980 年面世，目前在世界 400 多个城市被采用，是世界范围内流传最广、应用最普遍的协调配时方法之一。经专利转让，美国、法国等多个国家以 TRANSYT 为基础进行了不断改进，TRANSYT-7F 就是由 TRANSYT/7 派生出的版本。

图 8-7 TRANSYT-7F 软件界面

1. TRANSYT 系统的介绍

1) 构成模块

由于 TRANSYT-7F 由 TRANSYT 衍生而来，因此，二者的基本构成模块相似。作为一种脱机操作的定时控制系统，TRANSYT 主要由仿真模型和优化算法两部分组成。交通仿真模型指的是信号控制网络上模拟的车队模型，优化算法指的是信号配时方案的优化设计。

TRANSYT 所采用的仿真模型基于以下 4 条基本假定：

(1) 仿真路网内的所有主要交叉口均由交通信号控制或是让路规则控制。

(2)仿真路网内所有信号交叉口周期均采用协同控制长度或共同信号周期的一半。

(3)在某一确定时间段内路网内各车流的平均车流量为已知,并且保持不变。

(4)每一交叉口内的转弯车辆占比为已知,并且在某一确定时间段内保持不变。

为了便于路网模拟的优化计算,TRANSYT将复杂的交通网络简化为包含"节点"和"连线"的交通网络图式。其中,节点代表交通信号灯控制的交叉口,连线代表由上游节点驶向下游节点的单向车流,该图式较实际路网更为简洁,适用于数学运算。

为了描述车流在仿真路网上运行的全过程,TRANSYT采用周期流量变化图式来表示交通量在一个信号周期内随时间变化的过程。周期流量图式包括到达流量图式、驶出流量图式和饱和流量图式,这三种图式的共同特征在于上游节点的驶出周期车流决定下游节点的驶入周期车流,将上游连线驶出图式上的每一纵坐标值乘以车流运行过程中的车队离散特性即可得到下游连线上停车线的到达图式。

TRANSYT系统中的优化算法以优化目标函数PI(Performance Index)值作为主要依据,PI值由延误和停车次数的经济损失当量值加权和表示,具体的优化算法如图8-8所示。算法的求解过程为:首先,根据仿真的交通信息和初始配时参数确定优化的目标函数表达式;其次,运用爬山法得到相较初始配时下的PI值更小的信号配时;之后,将新的信号配时输入仿真部分,反复迭代,得到PI值达到最小标准时对应的信号配时即为系统的最佳信号配时。

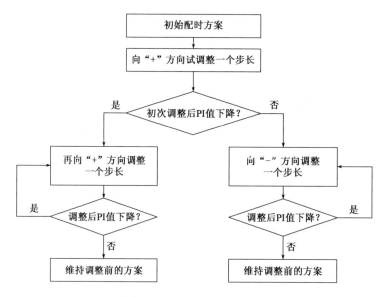

图8-8　TRANSYT的优化算法

TRANSYT的优化过程包括相位差的优化、绿灯时间的优化、控制子区的划分、信号周期时间的选择等。各环节的具体内容为:

(1)相位差优化。在初始信号配时方案的基础上以适当步距调整网络中节点的相位差,并计算调整后的PI值。若小于初始方案的PI值,则说明调整方向正确,继续调整,直至达到最小的PI值为止。若第一次调整后的PI值大于初始方案,则应反向调整相位差,直至达到最小的PI值为止。我们对所有节点的相位差进行反复多次调整,最终获得最佳的相位差方案。

(2)绿灯时间优化。在满足绿灯时间不小于规定最小绿灯时间的前提下,不等量地改变一个或多个信号相位的绿灯时长,并通过不断迭代仿真来降低整个路网的性能指标PI值。

(3)控制子区划分。对于范围较大的交通网络,为便于控制通常将其划分为多个控制子区,各子区之间的控制策略相对独立。通常以不宜协调的连线作为控制子区划分边界的参考依据,因此子区边界点通常位于这些连线上。

(4)信号周期选择。计算不同信号周期长度下的路网性能指标 PI 值,根据指标大小为每一子区选择一个 PI 值最低的共用信号周期时长,并确定需要采用双周期的节点。

2)基本流程

结合系统各模块的性能,绘制 TRANSYT 的基本原理流程图如图 8-9 所示。

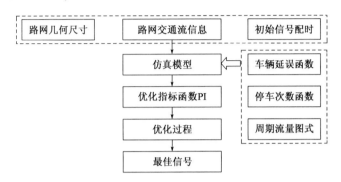

图 8-9 TRANSYT 的操作流程图

3)优缺点分析

脱机操作是 TRANSYT 系统的最大特点,因此,在实际应用中不需大量设备,具有投资成本低、容易实施的优点,但也存在以下不足:

(1)计算量很大。特别是对于大城市中规模较大的路网,其优化计算所需的步骤和计算量均较大。

(2)系统并未对周期长度进行优化,因此,实际上无法获得真正意义上整体最优的配时方案。

(3)需要大量基础数据。由于系统采用离线优化的模式,因此,需要采集大量的路网几何尺寸和交通流数据才可满足制订方案的要求。因此,该种系统较适用于交通增长已趋稳定的地区。

2. TRANSYT-7F 的发展与应用

传统的 TRANSYT 系统优先考虑由于排队溢出而减少的流量,仅对绿时差和绿灯时间进行优化,无法对周期长度进行优化。而最新版本的 TRANSYT-7F 能够优化网络内非协调交叉口的周期长度,而不依赖于网络的共用周期长度,同时,也为非协调交叉口的相序优化提供可能。TRANSYT-7F 可模拟包含 100 个节点、600 条连线,每个节点有 50 条连线的网络。

在第 7 版之前,TRANSYT-7F 只用于非饱和交通网络的模拟和信号优化,而在 1988 年 3 月发布的第 8 版软件增加了对过饱和网络建模的功能,并且引入了 4 个新的优化目标函数用以过饱和网络的信号配时优化设计,这是 TRANSYT-7F 发展过程中的一次重要改进。此后软件进行了多次改进,9.4 版的 TRANSYT-7F 首次引入了运用遗传算法优化相序的功能,9.6 版本允许用户修改遗传算法中的种群大小。

目前 TRANSYT-7F 已更新至第 11 版,这一版本可以在 HCS 2010 中使用,也可以在 TSISCORSIM 和 TRANSYT-7F(TSIS + T7F)的组合产品中使用。TRANSYT-7F 为 TSIS-CORSIM 6.0 和 6.1

版本提供了 CORSIM 处理和优化,最新的第 11 版可以直接优化 CORSIM 中的全感应信号,也可以直接优化多周期的 CORSIM 网络。

具体的应用功能包括:

(1)导入与导出 HCS 文件或 CORSIM 文件;

(2)包括多阶段优化和爬山优化算法;

(3)可对路网进行逐一车道分析以及驱动控制分析;

(4)对于特殊的车道设置和配时设置具有较大的灵活性;

(5)可模拟仿真拥挤扩散、排队溢出等交通状况;

(6)对于建模所用的语言、单位和左右舵驾驶的选择具有较大的灵活性;

(7)可以运用遗传算法优化周期长度以及相位序列。

四、Synchro

Synchro 软件(图 8-10)是美国 Trafficware 公司根据 HCM 手册所研发的仿真软件。该软件以信号配时优化设计为主要内容,具备通行能力仿真、信号协调控制仿真、自适应信号控制仿真等功能,是目前交通信号协调与配时设计中应用较为快捷和精确的工具。

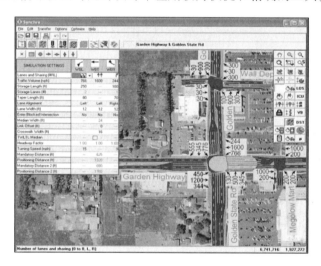

图 8-10　Synchro 的操作界面

Synchro 具备与传统交通仿真软件 CORSIM、TRANSYT-7F 和 HCS 等的接口,具有较高的工程实用价值。在实际的应用操作中,Synchro 软件除了为用户提供便捷的窗口编辑式的人机接口外,还可将已构建的路网信息转换为供 CORSIM、TRANSYT 和 HCS 三个常用的交通工程分析软件所使用的文件,便于用户对方案进行整合性分析和客观性评价。

1. 构成模块

Synchro 软件中包含的主要组件有 SimTraffic、SimTraffic CI、3D Viewer、Warrants 等。对各模块组件介绍如下:

(1)SimTraffic。该模块是软件的核心组成部分,也是进行交通信号配时优化和交通模拟的核心模型。该模型是在美国 FHWA 对道路车辆和驾驶员特性的深入研究基础上构造的,可对严重拥挤的交叉口运行、邻近交叉口间的车道变换、邻近交叉口的交通拥堵等复杂的交通状况进行有效分析。除了传统的控制延误计算方法,该模型还采用百分比延误计算方法(Percentile Delay Method,PDM)来评价交叉口的服务水平,使得信号配时方案的优化以及交叉口饱和状态下的延误计算更加合理。

(2)SimTraffic CI。该组件内置于 SimTraffic 中,可赋予用户更多的控制权。比如,用户可指定详细的道路几何特征和探测器的布局,还可利用附加的 3D 观看器以三维视图模式查看所有事物。

(3)3D Viewer。该组件可为用户提供从 SimTraffic 中直接生成三维场景的功能,所生成的三维视图场景接近于真实场景。

(4)Warrants。该组件可以获取每个交叉口在确定时段内的交通量,可对多个交叉口甚至是整个路网进行评估,最终生成质量报告并显示评估结果。此外,Warrants 还可便捷地与 Synchro 交换交叉口布局及交通流信息,加快模型生成的速度。

Synchro 包括路段窗口、流量输入窗口、信号配时窗口等。各部分包含的内容为:

(1)路段窗口。主要是通过数据表单的形式对仿真路网的几何信息和交通条件进行设置,并配合各项调整系数的计算,便于用户对输入数据的查核工作。所设置的信息包括车道配置、理想饱和流率、车道宽度、坡度、转弯速度、路缘石半径、感应器等。

(2)流量输入窗口。通过该窗口输入的流量数据对仿真交叉口的交通流量进行调整,输入数据包括 OD 流量、高峰小时系数、重车比率等。

(3)信号配时窗口。该窗口主要输入与配时设计相关的数据,包括最小绿灯时长、初始周期长度、相位数等,此外还可显示服务水平、延误、停车次数、耗油量等控制效果指标。

2. 仿真流程

Synchro 软件的基本操作流程如图 8-11 所示。由图中可看出,Synchro 软件交通仿真包括路网模型构建和信号控制设计优化两个部分。

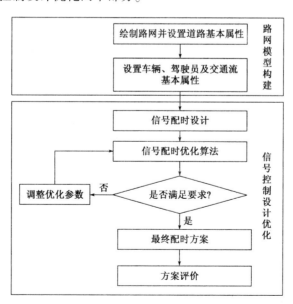

图 8-11 Synchro 的基本操作流程

1)路网模型构建

构成 Synchro 系统中的路网元素包括圆形节点和线段两类,圆形节点代表交叉口,线段代表路段或街道。为便于路网的协调控制,人们常将多个路口的组合定义为一个区域。节点的属性包括节点标识号、隶属区域、周期时长、控制器类型和位置坐标等。路段的属性包括道路名称、行驶速度、路段长度,以及车道数等。

软件提供两种绘制路网的方法:一是直接描绘交通线网,二是导入 DXF 格式的文件作为底图,在此基础上进行描绘。路网上仿真车辆的产生也具有两个特点,一是根据所设定的各车型产生概率随机生成相应的车辆实体;二是每个车辆实体产生后,如果驶出路网,则在之后的某个时刻将会随机于路网内某个横断面处再次产生,再次产生的车辆标号值不变。

2)信号控制设计优化

对于交通信号控制方式的设定,Synchro 软件提供了 TIMING Window 和 PHASING Window 两种设定控制程序的接口,此外还扩展了感应控制方式的类别,包括半感应-不协调式、全感应-不协调式和全感应-协调式。其中,全感应-协调式是有别于传统感应控制的控制方式,在该种方式下控制器以固定周期运行,次干道的相位为感应式并且可被跳过或早断,此外空余时间均被赋予主干道相位使用。

对于信号配时算法,Synchro 提供了定时信号配时算法和感应信号配时算法。在定时配时算法中,系统采用 Webster 周期计算公式自动计算周期值,此外还允许用户通过接口输入周期值,也可自主设定各相位的绿信比。在感应信号配时算法中,Synchro 提供了 5 种检测器的设置方案,包括长检测区域短间隔设置方式(SGTLDA)、停车线无检测器方式(NDSB)、停车线停车器只响应式设置(CODSB)、停车线 3 型检测器设置方式(T3DSB)以及系列扩展检测器设置方式(SED)。感应配时算法的基本原理主要是在预先设定的初期绿灯时间结束时刻,控制器根据检测器检测到的交通流到达情况,在不超过设定的绿灯极限延长时间前提下,通过延长绿灯时间实时控制绿灯信号的变化。

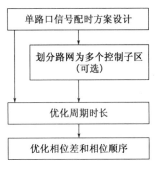

图 8-12　Synchro 的信号配时优化基本流程

信号方案的优化包括周期时长的优化、绿信比的优化和相位差的优化。优化的基本流程如图 8-12 所示。

周期的优化采用逐步尝试法,在自然周期长度的基础上逐步调整周期时长,最终可满足放行关键百分比流量的周期长为最优周期值。绿信比的优化首先以满足 90% 的车道组流量下的绿灯信号时间,如果不满足周期时长要求,则依次尝试满足 70% 和 50% 的车道组流量需求下的绿灯信号时间。如果没有满足车道组流量要求的信号周期,则采用以百分比信号延误、车辆停车次数和排队长度为指标的性能指标函数计算得到的周期。

3. 功能及特点

Synchro 软件结合了道路容量分析、服务水平评估以及交叉口信号配时设计等功能,适用于城市单个交叉口以及干线网络系统的模拟仿真。针对信号配时设计,Synchro 软件除了沿用传统信号配时设计常用的延误最小目标之外,还以干线绿波带最大宽度作为优化目标,同时还兼顾交叉口的相位设计,仿真功能强大。

Synchro 软件的具体功能及特点主要有:

(1)可对交通网络及属性进行便捷地创建和编辑。对道路、交叉口、车辆、驾驶员等基本属性进行编辑,添加或删改相关的参数信息。

(2)制定信号控制方案。包括定时控制和感应控制模式,为用户提供较多的选择,丰富了系统的仿真功能。

(3)可用于控制方案的评价。软件通过模拟仿真计算得到饱和度、延误、排队长度、停车次数和服务水平等指标,对所设计的方案进行评价与分析。

(4)可分析仿真车辆的静态特性和动态特性。Synchro 允许用户在仿真过程中通过点击相应仿真车辆的属性,包括车辆编号、车辆类型、驾驶员类型一类的静态参数,还包括上下游交叉口节点编号、即时距停车线的距离、下一交叉口的转向、瞬时车速、瞬时加速度、当前所在车道等动态参数。

(5)软件通过多种属性分类可再现接近实际的驾驶员行为。基于不同类型驾驶员的驾驶行为特性,Synchro 给出了 10 种驾驶员类型,分类参数包括黄灯反应时间、绿灯反应时间、车头时距、车头间距、速度系数等,并规定等级越高的驾驶员所具有的驾驶技术越熟练,此种分类方法与实际交通情况相似度较高。

五、SUMO

SUMO(Simulation of Urban Mobility,图 8-13)是由德国宇航中心(DLR)于 2000 年开发的一种空间上连续、时间上离散的多模态微观交通模拟工具,主要目的是为交通研究人员实现和评估算法提供支持。该软件采用跟驰、变道及其他驾驶员行为模型对单个车辆及车辆间的交互进行建模,此外还使用行人模型模拟人员的移动和人与车辆间的交互。

作为一个开源的仿真平台,SUMO 采用 C++语言开发,可以管理超过 10000 条街道的路网,主要用来处理城市规模的大型网络。自 2001 年以来 SUMO 仿真软件已被应用于多个国家和国际研究项目,主要包括交通控制的评估、路径选择、交通监控方法。

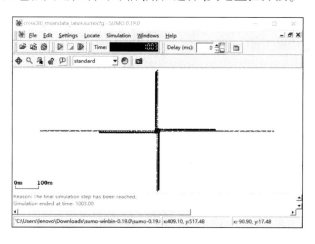

图 8-13 SUMO 软件界面

1. 构成模块

在最初设计时,开发者为了提高软件的运行速度,因此,规定 SUMO 的所有信息均由命令行控制,随着不断地改进,SUMO 发展为一个完整的软件包。SUMO 平台由多个应用模块构成,其内部各模块名称及功能介绍如下。

(1)SUMO:是平台的命令行应用程序,只能进行微观的、空间连续的、时间离散的无可视化微观模拟。

（2）SUMO-GUI：是带有图形用户界面的模拟程序，属于 SUMO 的扩展。用户可通过此模块直观地观察模拟效果，还可选择任意网络元素，例如边线、车道和交叉口等，将其保存到文件中或从文件中加载以进行进一步处理。

（3）NETCONVERT：该模块负责路网的导入和导出。可读取来自其他软件 VISUM、VISSIM、MATSIM、OpenStreetMap 等不同格式的道路网络，并将其转换为可被 SUMO 软件使用的格式。

（4）NETEDIT：该模块是软件的图形网络编辑器。用户可通过该模块从零开始创建网络和修改现有网络，还可以用来调试网络属性。NETEDIT 建立于 NETCONVERT 之上，具有无限的撤销或重做功能，因此可以快速纠正编辑错误。

（5）NETGENERATE：该模块可为 SUMO 生成 3 个用于仿真的几何结构抽象网络，分别为随机网络、网格网络和蜘蛛网络。

（6）DUAROUTER：该模块负责导入不同类型的需求描述，并计算通过网络的最快路线；当被迭代调用时，还负责执行动态用户分配。

（7）JTRROUTER：该模块按照需求定义，由交叉口的流量和转弯车辆百分比计算可能使用的路线。

（8）DFROUTER：该模块按照需求定义，通过电磁感应线圈计算可能使用的路线。

（9）MAROUTER：该模块负责从各种输入中计算需加载到 SUMO 的宏观用户分配，并执行宏观分配。

（10）OD2TRIPS：该模块负责导入 OD 矩阵，并将其分解为单个车辆的轨迹路线。

（11）POLYCONVERT：该模块可从不同的来源导入几何形状，将它们转换为可用于 SUMOGUI 可视化的表示形式。

（12）ACTIVITYGEN：该模块读取匹配给定网络的总体定义，并根据模拟行人的流动意愿生成交通需求。

（13）EMISSIONSMAP：该模块主要根据车辆的排放类别，在给定的速度、加速度和坡度范围内生成排放矩阵，并生成一个表示车辆排放特征的图像。

（14）EMISSIONSDRIVINGCYCLE：该模块用于根据给定的行驶周期计算车辆排放值。

2. 仿真流程

运用 SUMO 进行交通仿真主要包含 3 个步骤，分别是路网的描述、交通需求模型的创建和仿真执行。根据仿真需要，还可在仿真执行步骤前增加动态用户分配模型计算。对于前两个步骤，SUMO 为用户提供了多种实现方法的选择。

对于第一个步骤，用户可通过以下 3 种方法对路网进行描述：

（1）用 NETCONVERT 导入一个已经存在的路网；

（2）用 NETGENERATE 生成抽象路网；

（3）在 XML 文件中设置路网的具体描述，并用 NETCONVERT 导入。

对于第二个步骤，用户可通过以下 5 种方法创建交通需求模型：

（1）导入已经存在的路径；

（2）导入 OD 矩阵；

（3）生成随机路径；

(4) 描述确定的车辆路径；
(5) 使用车流和转换系数得到路径。

使用 SUMO 进行交通仿真的流程如图 8-14 所示。

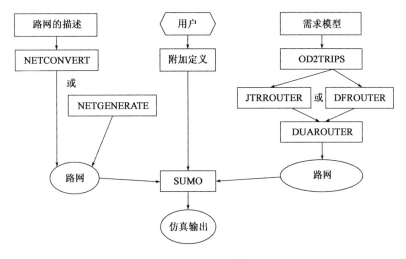

图 8-14　SUMO 交通仿真流程

3. 特点

SUMO 软件在应用过程中具有快速的 OpenGL 图形界面，支持多种网络格式输入的优点，为交通研究人员带来很大方便，避免了一些重复工作，但软件也存在不能提供网络仿真器所需要的轨迹文件的缺点。具体特点主要有：

(1) 包含所有交通仿真所需数据，如车辆类型、转弯规则、道路信息等。
(2) 包含准备和执行交通仿真所需的所有应用程序，如网络和路径导入、宏观交通分配、交通仿真等。
(3) 支持多种类型的路网文件导入，如 VISSIM、VISUM、OSM、OpenDRIVE 和 XML-Descriptions 路网文件等。
(4) 支持多种系统的运行环境，如 WindowsXP 和 Vista，以及 Linux 操作系统。
(5) 是一款开源软件，方便用户下载和使用。
(6) 仅支持 C++ 语言及其文件库。
(7) 仅能通过 XML 文本格式的数据提高交互性。

4. 应用

SUMO 的主要应用包括：
(1) 对交叉口的设计及交通信号控制方案进行模拟与评估；
(2) 实现和评估新设计的交通管制措施，如新的交通信号或新的交通路线诱导方案；
(3) 使用 GMS 网络对交通监管程度进行评估；
(4) 用于有大量参与者的复杂网络的交通流预测。

六、MassMotion

MassMotion 软件（图 8-15）是英国的软件咨询公司 Oasys（Ove Arup Systems）开发的用于模

拟复杂建筑物和公共空间内行人行为的商用微观交通仿真软件。该软件提供了业内领先的工具导入和合并2D、3D图纸,能快速生成3D模型,帮助用户建立三维环境,实现行人动力学、人群移动模式的研究和疏散模拟。

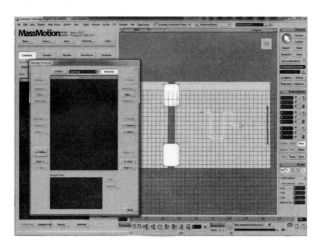

图8-15 MassMotion 的软件界面

作为一款高级的行人仿真和人群分析软件,MassMotion在几个小时内即可完成原本需要几天才能完成的成千上万个个体的仿真,节省了大量的仿真时间。在电脑配置允许的前提下,MassMotion可实现数小时或跨越数天的行人仿真,可以在复杂3D环境中预测上万人甚至是百万规模的运动模拟。在仿真过程中,通过模型可实现行人运动的动态计算,从而对每一个时间步进行调整,对路径进行实时动态更新。利用软件高度的可视化的特点,用户可深入讨论分析行人运行过程中较为复杂的问题。

1. 组成要素

MassMotion的组成模块包括Project、Scene、Activities、Simulation&A-nalysis等,各模块在软件运行过程中发挥各自功能。

在开始一个仿真项目之前首先需要搭建仿真的建筑物理环境,因此,我们对MassMotion中表示物理环境的几何组件进行介绍。模型中的几何组件主要包括以下类型。

(1)地面:在软件中表示供行人行走的物理水平区域。在模型中行人的移动受到地面边界的限制。

(2)连接:指的是行人从一个几何组件移动到另一个几何组件的物理水平连接。

(3)楼梯、坡道、自动扶梯:是行人从几何组件的一层移动至另一层的物理垂直连接。

(4)门户:包括入口和出口。其中,入口将行人引入模型,出口则定义行人的目的地方向。因此,行人通过门户进入或退出模型。

(5)栅栏、障碍物:栅栏和障碍物的主要作用是根据实际情况限制行人在建筑物理环境中的行动。

(6)提供服务的组件:既包括人也包括物,常见的应用如旅客安检区域。

对于在所搭建的物理环境中运动的仿真个体,MassMotion规定行人所具有的基本属性包括人员半径、水平行走速度、楼梯行走速度、坡道行走速度、最大加速度、最大转速、行走方向等。其中,楼梯上的行人速度主要是依据楼梯倾斜度的不同,所折算为水平疏散速度百分比的值,这与行人行走的实际情况较为契合。

MassMotion 仿真功能实现的核心要素是行人路径选择、社会力模型和行人运动。

(1) 行人路径选择。MassMotion 采用路线成本法为仿真行人匹配路径,而路线成本与起终点间的距离、路况和地形有关,因此,搜寻到的路径不一定是最短路径。

(2) 社会力模型。软件所采用的社会力模型是德国的 Helbing 在牛顿第二定律的基础上所提出的基于恐慌心理的社会力模型。社会力模型实质上是多粒子自驱动模型,在模型中行人是具有几何特征和物理特征的粒子,行人个体的行为被类比为各种作用力。常见的作用力如向目的地加速运动的驱动力、行人个体间以及行人与障碍物间的排斥力、行人与信息源间的吸引力等,在这些力的作用下,每个个体均有自身独立的运动控制方程。

(3) 行人运动。行人运动过程包括决策过程和移动过程。行人首先根据路径选择的结果进行决策,之后通过社会力模型的反应和反射,行人在每个时间步长中被施加目标力、列队驱动力、碰撞转向力等社会力,因而产生相应的移动。

2. 仿真流程

MassMotion 的基本操作流程如图 8-16 所示。具体包括以下步骤:

(1) 创建建筑物理环境:对于建筑物理仿真环境,用户可选择在 MassMotion 软件中直接创建,也可以导入 CAD 或 BIM 中。

(2) 设置场景:包括行人参数的设置、几何图形分析代理模型。在仿真开始之前,行人不占用几何组件的空间,只在预定时间内根据设定的行人参数自动生成所有人物模型。

(3) 验证与仿真:计算包含仿真结果的日志。

(4) 输出仿真结果及分析:以三维可视化校对、统计数据、生成报表等形式对结果进行分析。

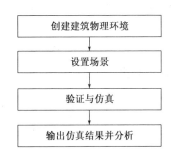

图 8-16 MassMotion 的基本操作流程

3. 特点

作为专用于行人模拟与仿真的工具,MassMotion 在软件应用上具有如下特点:

(1) 为用户提供了强大的可视化窗口,有较低的编译复杂性和较高的仿真界面直观性。

(2) 具有丰富的功能集,使用户能够模拟类似 BIM 或其他 3D 建模工具所定义的环境。

(3) 具有三维环境、自动人员寻路和离散事件逻辑等特点,可对不同类型场景进行建模。

(4) 可提供数量庞大的高密度人群和基于时刻表的行为活动,适应多种模拟需求。

(5) 具有强大的测量功能,可以对较大的建筑区域进行完整仿真。

(6) 可以输出不同格式的报表和视觉图形以及其他仿真信息,满足研究者的仿真数据分析需求。

4. 主要应用范围

MassMotion 可为设计师、运营人员和企业提供较为清晰的行人信息,包括建筑对象内出现的人员拥挤现象、各种人员通行设备使用的模式和行人空间安全等。在工程设计的早期阶段,软件的强大预测能力可以帮助用户以较低的成本和损失做出较为明智的方案决策。随着设计进程的推进和问题的出现,软件可用于测试不同的场景和方案,进一步对项目方案进行优化。

具体的应用包括以下方面:

(1)交通规划设计。可用于铁路和站台规划、机场航站楼规划设计、道路交叉口设计等工程项目中,为人们提供更安全、更舒适的空间使用布局。

(2)突发事件下的应急预案设计。对行人在人行道行走、检票、安检、分流和出入口等一系列活动进行分析,模拟紧急情况下的人群分流,深入探索在不同交通环境中可能发生的事件及相应的应对方案,如消防安全和疏散计划。

(3)交通设施服务效率的优化。可以通过模拟仿真结果分析出行人从一个地方到另一个地方所花费的时间以及行人流动速率,对检票口、出入口、电梯等设施的运营服务水平进行分析并优化。

(4)还可用于广告和宣传。

七、各仿真软件对比分析

结合6种典型微观仿真软件的组成要素、仿真流程、特点及应用范围的介绍,我们对各软件的应用性能及范围进行对比,见表8-1。

由表8-1可看出,在以上6种微观交通仿真软件中,TRANSYT-7F和Synchro主要用于信号配时设计和优化,MassMotion专用于行人交通仿真,而其他3种软件VISSIM、TSIS/CORSIM和SUMO的仿真性能较为综合、运用范围较广。

6种典型微观交通仿真软件特点分析　　　　　表8-1

名　　称	开发方 (国家/机构)	开源性	主　要　应　用	主　要　特　点	仿　真　规　模
VISSIM	德国 /PTV	不开源	模拟城市交通和公共交通运营及行人仿真	动态规划车辆路径;可实现较精细的仿真;但三维模拟展示对计算机硬件有较高要求	支持999个节点仿真
TSIS/CORSIM	美国 /FHWA	不开源	模拟城市街道、高速公路系统和具有复杂控制条件的组合网络	能表征复杂路网内部不同组成部分间的相互作用;但缺少分配算法,难以实现匝道控制的评价、事故和出行者引起的交通量转移	—
TRANSYT-7F	美国 /TRC	不开源	信号配时优化分析和路网性能评价	具有脱机式的信号协调控制系统;可优化区域内非协调交叉口的周期长度和相序	可模拟含100个节点、600条连线网络
Synchro	美国 /Trafficware	不开源	交通信号协调与配时优化设计	可实现定时信号配时和感应信号配时的控制方法	—
SUMO	德国 /DLR	开源	模拟大型城市路网交通	开源且可移植性强,方便用户使用;仅支持C++语言及其文件库;仅能通过XML文本格式的数据提高交互性	支持超过10000条街道的路网模拟
MassMotion	英国 /Oasys	不开源	模拟复杂建筑物和公共空间内行人行为	可在较短时间完成较大规模的行人模拟,快速生成3D模型	—

1. 运行环境比较

软件的运行环境是指计算机为软件提供运行的各种条件,包括硬件环境和软件环境。由于计算机技术发展迅速,大体上现有的计算机硬件环境均可满足仿真软件运行需求,因此重点比较三个软件对于计算机操作系统这类软件环境要求的异同。

VISSIM 和 TSIS/CORSIM 可在 Windows2000、XP、Vista、Win7 等环境下运行,运行速度由计算机运行速度决定。在 VISSIM 中,通常一个车辆占用 2KB 内存,因此对于包含 50000 辆车辆的路网,则需占用近 100M 的内存。对于大型路网,如包含超过 50 个信号控制交叉口的城市路网,则至少要占用 1GB 的内存。

SUMO 除了可在 Windows2000、XP、Vista、Win7 等环境下运行之外,还支持 Linux 操作系统。但在安装 SUMO 软件之前,还需要事先安装相应操作系统的其他配置软件。在 Windows 系统下,SUMO 的使用需要先安装 Visual C++2010Express Edition 或是更高的版本,如果有编辑动态网络的需求,还需要安装 Python 编程软件。在 Linux 系统下,SUMO 的运行需要先安装所需的工具和库文件,并且还需获得软件源代码,用以建立 SUMO 文件。

与 VISSIM 和 TSIS/CORSIM 相比,SUMO 对于运行系统可选范围较大,可满足部分非 Windows 操作系统用户的使用需求。但要在 Windows 下实现 SUMO 的仿真功能,还需另外安装相关配置,在一定程度上增加操作烦琐度。

2. 仿真模型比较

在软件的所有基本模型中,路网模型是仿真的基础,车辆行为模型是仿真的关键。因此重点对三个软件的路网模型和车辆行为模型进行比较。

1) 路网模型

路网模型指的是对实际路网进行抽象建模,并用计算机能够识别的方式表示,包括道路的建模、交叉口的建模、信号灯的建模等。

在道路建模方面,VISSIM 采用"线-连接"的形式表示路网结构,此外可以根据需要描述公交专用道、电子收费道、商务车道等专用车道。TSIS/CORSIM 也可以描述专用车道,但其中的路网结构用"节点-弧段"的形式表示,即可以定义曲度进而用曲线表示道路。

在交叉口的建模方面,VISSIM 可以直接模拟环形交叉口,而 TSIS/CORSIM 无法直接实现此功能。

2) 车辆行为模型

车辆行为模型是用来描述单个车辆在仿真过程中的行为,最主要的有跟驰模型和换道模型等。对于跟驰模型,VISSIM 采用心理-生理模型,TSIS/CORSIM 采用的是限制跟驰模型,而 SUMO 由于具有开源的特点,因此可实现多种跟驰模型,常用的是由 Stefan Krauss 提出的安全车速跟驰模型。对于换道模型,VISSIM 采用基于规则的算法,TSIS/CORSIM 中由驾驶员的可接受风险判断是否换道,SUMO 采用的换道模型是以 Krauss 车辆跟驰模型为基础所做的扩展。

由于 SUMO 的开源特性,因此车辆行为模型并不唯一,可根据用户需求自行改变。因此仅针对 VISSIM 和 TSIS/CORSIM 在车辆行为模型的种类上所存在的差异进行比较,见表 8-2。

VISSIM 和 TSIS/CORSIM 的车辆行为模型种类比较　　　　表 8-2

车辆行为模型	VISSIM	TSIS/CORSIM
车辆跟驰、换道及间距接收模型	有	有
交叉口转弯运动模型	有	有
车辆排队以及排队消散模型	有	有
交叉口左转影响模型	有	有
交叉口车辆行人相互影响模型	有	有
转弯速度影响模型	有	没有
停车影响模型	有	有
友好让车汇流模型	有	有
可变的驾驶员反应时间	没有	没有

3. 交通设施功能比较

在仿真中常见的交通设施有信号灯、专用车道、公交站点、停车场及车道检测器等。

在信号控制方面，VISSIM、TSIS/CORSIM 和 SUMO 均可以模拟定时信号控制、感应信号控制或无信号控制交叉口。此外，VISSIM 所具有的 COM 接口、SCATS 系统接口和 SCOOT 系统接口等还可实现协调信号控制、自适应控制等更为复杂的信号控制仿真。而 SUMO 作为一个基于 C++ 的开源软件，也可以根据用户需求接入第三方软件包或其他接口程序实现更为复杂的信号控制模拟。

在检测器与仿真模型间的通信方面，VISSIM 可支持实时通信，比如通过 Real-Time PRO 模块与高速检测器接口、计算机接口及其他接口间的直接通信。而 TSIS/CORSIM 尚未开发相关的硬件接口，因此不具有与检测器直接通信的功能。

针对 VISSIM 和 TSIS/CORSIM 在模拟交通设施的功能精细程度进行比较，见表 8-3。

VISSIM 和 TSIS/CORSIM 的交通设施功能比较　　　　表 8-3

交通设施功能	VISSIM	TSIS/CORSIM
信号控制	精细	较精细
专用车道	精细	较精细
公交站点及停车场	精细	较精细
检测器	精细	精细
检测器通信	精细	无此项功能

4. 拓展能力比较

随着计算机通信技术的不断发展和交通理论的不断成熟，交通研究对仿真系统提出了更高的要求。具有强大仿真功能的交通仿真系统还具有一些其他的拓展功能，常见的功能如匝道控制、交通事件管理、公交优先等，从而为用户提供相应的决策辅助或更深层的模拟。针对 VISSIM 和 TSIS/CORSIM 的拓展能力进行比较见表 8-4。

VISSIM 和 TSIS/CORSIM 的拓展能力比较　　　　　　　　　表 8-4

拓展能力	VISSIM	TSIS/CORSIM
匝道控制	有	有
交通事件管理	有	有
公交优先	有	拓展困难
动态交通分配	有	拓展困难
交通堵塞影响分析	有	无
天气影响分析	有	无
车辆发动机模拟	有	无
可变信息提示(VMS)	拓展困难	拓展困难

在这些拓展功能中，VISSIM 自身具有动态交通分配功能，也具有交通堵塞影响模型。此外，可通过 VAP 模块实现匝道控制、交通事件模拟、公交优先等功能。而 TSIS/CORSIM 本身即具有匝道控制功能和交通事件模拟模型，但无法直接模拟公交优先，也无法直接实现动态交通分配。

第二节　微观交通系统仿真案例分析

一、快速路入口匝道交通流元胞自动机数值仿真案例

1. 模型简化

快速路入口匝道连接段内设有加速车道，该处产生的交通冲突问题，实际是在固定的位置处车辆变换车道的问题，即入口匝道车辆在加速车道有限长度内变换车道，然后达到进入主线行驶的目的。为此，考虑快速路主线在外侧车道左侧的情况，将入口匝道连接段简化为图 8-17。为简化表述，将快速路主线车道入口匝道连接段上游和下游分别记为路段 U 和 D，匝道部分记为 R。加速车道的长度为 L_w，会入车辆和主线车辆在这个有限的区间内合流，车辆换道行为遵循相应的换道条件。

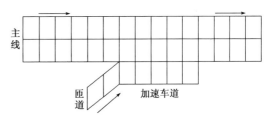

图 8-17　快速路入口匝道连接段元胞结构

匝道连接段内的车道变换分为强制性换道和选择性换道，换道条件比较简单。在双车道模型的位置更新过程中，每个时间步可以划分为两个子时间步：第一个子时间步，车辆根据是否满足换道条件平行地更换车道；第二个子时间步，车辆像在单车道一样按照 NS 模型规则更新位置。对于匝道交通流的换道进行强制性处理，所有车辆只要符合换道条件，均在 L_w 路段内换至主线车道，加速车道最右端的元胞对匝道车辆是刚性的固定边界，如果到达该元胞时还没有换道成功，车辆就要在此处停下来等候合适的换道机会，所以将其换道概率取 1。对于选择性换道行为，主线上游外侧车道和主线下游内侧车道车辆以一定的概率 p_c 分别向内侧车道和外侧车道转换。

2. 参数选取

1)元胞长度

首先需要将路段分成许多长度为 L 的元胞,一个基本的考虑是定义一个元胞只能容纳一辆标准车,因此可以初步定义元胞长度为平均车头间距。在城市快速路匝道连接段,车辆阻塞密度一般为 120~145pcu/km,故对城市道路元胞长度初步取 7m。

因此,如果一辆车加速运动,其速度的增加值为 1L/s,加速度为 $1L/s^2$,即 $7m/s^2$,该加速度值近似等于车辆的最大加速度值;同理,如果车辆减速,其减速度值为 $1\sim n$ L/s^2,即 $7n$ m/s^2。根据这样的取值,车辆在加、减速时总是以最大的加、减速度运行,这显然与实际不符,所以有必要调整车辆的加速度值,使之更符合车辆的实际运行状况。

通过缩小单个元胞长度能够获得较小的加、减速度值,本例取平均车头间距的 1/7 作为元胞长度,即每个元胞长度为 1m。因此,路段上每 7 个连续的元胞能够容纳一辆车,在某一时刻 t,这 7 个连续的元胞具有相同的状态,即所容纳车辆的速度一致。

2)最大速度

由于城市快速路匝道连接段车辆行驶受匝道入流车辆的影响,车辆行驶很难达到快速路的设计速度,最大行驶速度与该区域的自由流速度大致相等。

所以,模型中最大速度取 90km/h,元胞自动机模型中最大速度 v_{max} 将为 25L/s,车速取值范围为 $0\sim v_{max}$。

3)最大加减速度

根据车辆动力学的原理,车辆在加、减速过程中,能够达到的最大加、减速度主要由道路的路面附着系数 μ_r 来决定。

在平直路段车辆能够达到的最大加、减速度的 $\pm a_{max}$ 值约为 $\pm 7m/s^2$,相当于 $7L/s^2$,加速度取值范围为 $[-a_{max}, a_{max}]$。

4)更新时间步长

考虑实际交通流情况,同时结合速度和加速度的取值情况,更新时间步长取值会出现急剧加速和减速的情况,与实际交通流运行出入较大,因此本例更新时间步长取 0.5s。

5)边界条件

NS 模型采用的边界条件是封闭的道路系统,这样可以保证研究路段的交通流模拟稳定性,并且对单车道交通流研究效果很好。

采用无源无出口的闭环不便于实时模拟,因此本模型边界条件采用开放的道路系统,是一个有源有出口的道路,这样的边界条件更接近真实系统、更合理。在入口及主线研究区域左侧,按车辆产生模型产生车辆,当车辆驶出研究区域时,便不成为研究对象。

3. 运行规则

1)加速规则

在 t 时刻,如果 $v_n(t) \leq gap_n(t)$,则车辆加速行驶,即

$$a_n(t) = \begin{cases} gap_n(t) - v_n(t), & gap_n(t) - v_n(t) < 7 \\ 7, & gap_n(t) - v_n(t) \geq 7 \\ 0, & v_n(t) = v_{max} \end{cases} \quad (8-1)$$

式中:$v_n(t)$ —— t 时刻本车的速度,m/s;

$a_n(t)$——$t \sim t+1$ 时刻本车的加速度,m/s^2;

$\text{gap}_n(t)$——t 时刻本车的车头与前车车尾之间的间隔,m,即 $\text{gap}_n(t) = x_{n-1}(t) - x_n(t) - 7$。

2) 减速规则

在 t 时刻,如果 $v_n(t) > \text{gap}_n(t)$,则车辆减速行驶,即

$$a_n(t) = \begin{cases} \text{gap}_n(t) - v_n(t), & v_n(t) - \text{gap}_n(t) < 7 \\ -7, & v_n(t) - \text{gap}_n(t) \geq 7 \end{cases} \quad (8-2)$$

3) 修正规则

在 t 时刻,已知本车的加速度是 $a_n(t)$,假设前车的减速度是最大减速度 -7L/s^2,那么在 $t+1$ 时刻:

如果 $v_n(t+1) \leq \text{gap}_n(t+1)$,则本车的加速度依然为 $a_n(t)$。

如果 $v_n(t+1) > \text{gap}_n(t+1)$,则 $a_n(t) = a_n(t) - 1 \geq -7$,再重新计算 $v_n(t+1)$ 和 $\text{gap}_n(t+1)$,直至 $v_n(t+1) \leq \text{gap}_n(t+1)$。此时的 $a_n(t)$ 即为修正后本车在 t 时刻的实际加速度值。

4) 随机规则

在概率 p_b 下,经过修正规则修正的车辆继续减速,其减速增量为 $\Delta a \in [-7,0]$,且使修正后的加速度加上 Δa 不小于最大减速度。

5) 前进规则

元胞按照获取的速度进行不断更新前进。

$$v_n(t+1) = v_n(t) + a_n(t)/2 \quad (8-3)$$
$$x_n(t+1) = x_n(t) + v_n(t+1)/2 \quad (8-4)$$

式中:$x_n(t)$——t 时刻本车的位置,m。

6) 换道规则

假设想要换道的车辆 1 位置为 $x_0(t)$,左(右)侧车道上前车和后车的位置分别为 $x_{n-1}(t)$ 和 $x_n(t)$。如果车辆 1 满足:

$$\begin{cases} x_{n-1}(t) - x_0(t) - 7 \geq 0 \\ x_0(t) - x_n(t) - 7 \geq 0 \end{cases} \quad (8-5)$$

式中:$x_0(t)$——t 时刻加速车道车辆的位置,m;

$x_{n-1}(t)$——t 时刻前车的位置,m。

它就会以一定的换道概率进行车道变换。即只要左(右)侧车道平行位置的元胞没有被任何车辆占据,车辆 1 就会以一定的概率变换车道,然后像单车一样按照模型规则更新位置。

4. 系统开发

元胞自动机交通流仿真可分为 5 个步骤,即网络建立、初始状态确定、元胞速度和位置更迭、仿真图形及交通流分析。

元胞自动机仿真模块框架如图 8-18 所示。

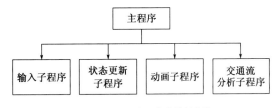

图 8-18 元胞自动机仿真模块框架

1) 车辆产生(输入)模块

进行匝道连接段车辆运行仿真,首先必须产生合乎要求、足够真实的交通流输入,即建立

车辆产生模型。车辆产生模块是在仿真时间段内在快速路主线或入口匝道最左侧断面不断产生车辆,实质反映了系统初始化的两个随机性,即车辆个体的随机性和车辆到达时刻的随机性。

车辆产生模块主要分为两部分,分别为车辆随机产生及初始状态给定。根据需求设置一个[0,1]的 P,同时根据 Rand(1)产生一个随机数,比较 Rand(1)和 P 的大小,在此基础上判断该车道前 n 个元胞被占情况,如果没有被占则产生一辆车,同时赋予$[0,v_{max}]$的速度。

2)车辆状态更新模块

车辆状态更新模块为该仿真模块的核心部分,也是最关键部分,其正确与合理与否关系到最后的仿真结果的合理性。

根据出入口匝道连接段不同设计速度下的实际运行速度不同,给定一个最大速度和最大加速度,同时给定不同车道的车辆换道概率和随机概率。通过设定状态更新时长(0.5s),对每个元胞的速度、加速度和位置更新进行设定。

此处设定主线和辅助车道的元胞最大速度有所差别,同时,根据不同的匝道连接段类型,对不同区域不同车道车辆的换道方向和换道概率分别进行设置。

3)仿真图像(动画)模块

仿真结果的输出为图形输出和数值输出两种,仿真图像模块还可以辅助判断仿真模块的正确性与合理性。

由于该仿真模型仿真时间设定为 0.5s,所以仿真图像表现出非连续性,如图 8-19 所示,图形显示每个时段临界点的图像,从而实现车辆不断向前前进。

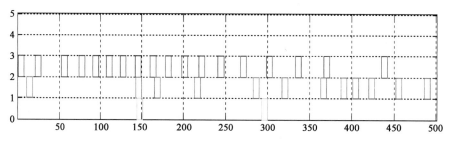

图 8-19 匝道连接段元胞自动机仿真界面

4)交通流分析模块

交通流分析模块是通过计算流密度等参数对交通运行状态进行分析。

根据需求,分别统计主线上游、下游及匝道入口的流量变化情况,主线及变速车道的密度变化情况和速度变化情况。

5. 仿真实验

设定仿真连接段的长度、时长、车辆产生率、车道变换率、最大加速度、最大速度等参数后,进行仿真实验。仿真输入如下:

(1)匝道连接段的长度为 330~680m,即变速车道长度为 50~400m。

(2)快速路主线设计速度分别为 60km/h、80km/h 和 100km/h,即入口匝道连接段主线和匝道的车辆最大速度分别为[19,22,25]和[11,14,20],最大加速度为 7。

(3)车辆产生概率位于[0,1],车道变化概率位于[0,1]。

(4)随机变化概率取 0.2。

(5)仿真时间间隔 0.5s,时长 7500s。

根据多次实验,得到车辆产生概率为 0.3,主线车道变化概率为 0.2,加速车道车辆车道变化概率为 1,匝道连接段长度为 500m,不同主线设计速度下的匝道连接段各元胞的实际服务流率如图 8-20 所示。车辆产生概率和车道变换概率均为 0.2,不同长度的变速车道条件下匝道连接段的实际服务流率如图 8-21 所示。

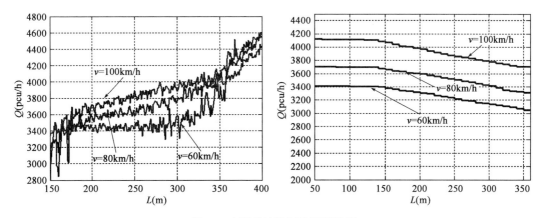

图 8-20　匝道连接段交通流模拟结果

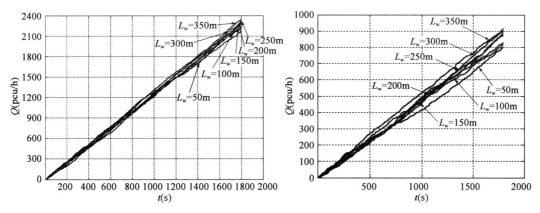

图 8-21　加减速车道长度对匝道连接段通行能力的影响

以通过主线断面的车辆数来表示入流流量,并标记为 Q_i。分别选取主线 $v_{max}=22$ 和匝道 $v_{max}=14$,得到 Q_i 随入流概率 p 的变化情况。随着 p 的增加,主线在两个车道上的交通流不多时($p\leq 0.3$),入流流量也会不断增加;但随着来流车辆不断增加,由于越来越多的匝道车辆变换车道后并入,使得主线上游的交通流行驶比较困难,入流流量持续下滑。分析可知,匝道来流车辆的频繁变化车道对主线交通会造成很大影响,尤其是在主线和匝道的来流车辆较多时,可能导致主线交通阻塞。

二、单点感应信号控制交叉口运行状态仿真案例

全感应信号控制是在所有进口道上均设置检测器的感应信号控制方式,适用于相交道路等级相当、交通量接近且变化较大的交叉口,如图 8-22 所示。

笔者等多位研究者提出了一种单点感应交叉口车辆延误分析模型,该部分内容请参阅相关文献。这里给出理论计算及用 CORSIM 仿真分析的结果。

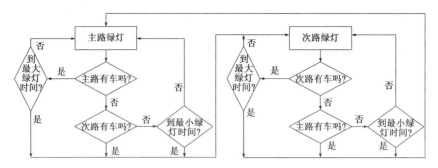

图 8-22 全感应信号控制流程

假设感应信号控制参数以及主次道路交通流相关参数见表 8-5。

主次路交通流及感应信号控制相关参数　　　　表 8-5

进口方向	最小绿灯时间(s)	单位绿灯延时(s)	最大绿灯时间(s)	到达率(pcu/h)	饱和流量(pcu/h)
主路	20	3	40	1500	2000
次路	10	3	20	800	1000

1. 检测器设在主路的半感应信号控制

首先,根据计算模型计算各概率:

$$\begin{cases} P_1(G_0) = \lambda_主 G_0 e^{-\lambda_主 G_0} = 0.42 \times 3 \times e^{(-0.42 \times 3)} = 0.36 \\ P_1(1) = \lambda_主 e^{-\lambda_主} = 0.42 \times e^{(-0.42)} = 0.27 \\ P_0(G_0) = e^{-\lambda_主 G_0} = e^{(-0.42 \times 3)} = 0.29 \end{cases} \quad (8-6)$$

然后,根据模型公式计算时间间隔和到达次数期望:

$$\begin{cases} E(x) = \dfrac{\{1 - [1 - P_1(1)]^{G_0}\}/P_1(1) - G_0 [1 - P_1(1)]^{G_0}}{P_1(G_0)} = 3.09\text{s} \\ E(n) = [1 - P_0(G_0)]/P_0(G_0)^2 = 8.69 \end{cases} \quad (8-7)$$

最后,计算次路延误、主路延误及平均延误:

$$\begin{cases} d_{ci} = \dfrac{1}{2}[G_{\min 主} + E(n) \cdot E(x)]^2 \cdot \sum_i \dfrac{\lambda_{ci} S_{ci}}{(S_{ci} - \lambda_{ci})} = 2439.8\text{s} \\ d_{cj} = \dfrac{1}{2} G_{\min 次}^2 \cdot \sum_j \dfrac{\lambda_{cj} S_{cj}}{(S_{cj} - \lambda_{cj})} = 166.7\text{s} \\ \overline{d_c} = (d_{ci} + d_{cj})/\sum_k q_{ck} = 17.9\text{s} \end{cases} \quad (8-8)$$

2. 检测器设在此路的半感应信号控制

$$\begin{cases} P_0(G_{\min 主}) = e^{-\lambda_次 G_{\min 主}} = e^{(-0.22 \times 20)} = 0.01 \\ P_1(1) = \lambda_次 e^{-\lambda_次} = 0.22 \times e^{(-0.22)} = 0.18 \\ P_1(G_0) = \lambda_次 G_0 e^{-\lambda_次 G_0} = 0.22 \times 3 \times e^{(-0.22 \times 3)} = 0.34 \\ P_0(G_0) = e^{-\lambda_次 G_0} = e^{(-0.22 \times 3)} = 0.51 \end{cases} \quad (8-9)$$

$$\begin{cases} E(m) = 1 + P_0(G_{\min \pm})/[1 - P_0(G_{\min \pm})]^2 = 1.01 \\ E(y) = \dfrac{\left\{ \{1 - [1-P_1(1)]^{G_0}\}/P_1(1) - G_0[1-P_1(1)]^{G_0} \right\}}{P_1(G_0)} = 11.45\text{s} \\ E(l) = [1 - P_0(G_0)]/P_0(G_0)^2 = 1.85 \end{cases} \quad (8\text{-}10)$$

计算次路延误、主路延误及平均延误，分别为 $d_{ci} = 444.4\text{s}$、$d'_{cj} = 1617.1\text{s}$、$\bar{d}_c = 15.7\text{s}$。

3. 全感应信号控制

全感应信号控制下相应的参数可采用上述计算结果，可得次路延误、主路延误及平均延误分别为 $d''_{ci} = 2439.8\text{s}$、$d''_{cj} = 1617.1\text{s}$、$\bar{d}_c = 20.4\text{s}$。

4. CORSIM 仿真分析

在这里，假设在主路进口车道处有 2 条直行车道、1 条右转车道和 1 条左转车道，在次要道路进口道设有 1 条直行车道、1 条右转车道和 1 条左转车道。

此处预设左转、直行和右转车辆的比例分别为 15%、65% 和 20%。而且，系统中没有大型车辆的干扰。此外，每个相位分别选择 3s 黄灯时间和 1s 全红时间。最后，交叉口的限速设置为 35mile/h（约合 56.3km/h）。图 8-23 显示了单点全感应信号控制交叉口的 CORSIM 仿真界面。

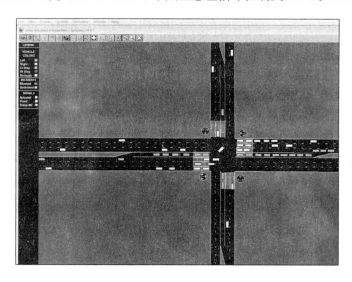

图 8-23　单点全感应信号控制 CORSIM 仿真界面

仿真结果表明，对于在主路设置检测器、在次路设置检测器的半感应信号控制和全感应信号控制，交叉口平均延误分别为 16.5s、17.7s 和 18.8s；与理论计算结果的相对误差分别为 7.8%、-12.7% 和 8.0%。

三、单点定时信号控制交叉口机动车油耗仿真案例

笔者和其他几位研究者提出了单点定时信号控制交叉口在不同交通需求、不同道路条件下的机动车燃油消耗模型并进行了仿真分析。具体计算模型请参考本教材参考文献，这里简要介绍仿真部分内容。此案例为过饱和条件下交叉口机动车燃油消耗的仿真分析，以 TRANSYT-7F、VISSIM 两个仿真软件展开分析。

此处以典型十字信号控制交叉口为例。此交叉口采用定时式 4 相位信号控制,信号周期为 120s,黄灯时间为 3s,分析时段为 1h;此例假设各进口道交通流均相等且运行状况一致,右转交通流采取让行控制方式;具体计算相关参数见表 8-6。

过饱和交叉口案例分析基础数据　　　　　表 8-6

参数	周期（s）	平均车头间距（m）	交叉口间距（m）	饱和流率（pcu/h）	直 行		
					绿灯时长（s）	交通量（pcu/h）	通行能力（pcu/h）
数值	120	7	500	1200	30	360(450)	300

1. 过饱和状态 I

根据分析,机动车燃油消耗量的估算如下:

首先,计算得出 $\xi = 31$,并判断条件成立。可分别计算得到 $N_d = 30\text{pcu}$ 、$\bar{d} = 405\text{s}$ 、$\bar{S} = 4$ 次、$\bar{N}_d = 37.5\text{pcu}$ 及 $\bar{N}_e = 67\text{pcu}$。同时,可分析得到 $\bar{t}_{ad} = 14\text{s}$,加速、减速及怠速平均油耗率同前。

然后,考虑到没有相应的自动 SSS 系统,可以通过以下等式估计交叉口中每个进口直行车道组中交通流的机动车燃料消耗:

$$FC_l = 300 \times (1.65 \times 4 \times 14 + 0.28 \times 405) = 61740(\text{mL}) \quad (8-11)$$

$$FC_l = 300 \times (1.65 \times 4 \times 14 + 10 \times 4) = 39720(\text{mL}) \quad (8-12)$$

2. 过饱和状态 II

假设 4 个直行车道机动车到达量 $q = 450\text{pcu/h}$,其他条件完全相同,计算该交叉口高峰小时通过交通流的燃油消耗量。

首先,计算得出 $\xi = 12$,并判断条件不成立。可分别计算得到 $N_{d1} = 65\text{ pcu}$、$\bar{d}_1 = 825\text{s}$、$\bar{S}_1 = 7.5$ 次、$\bar{d}_2 = 972\text{s}$ 及 $\bar{S}_2 = 8.1$ 次。同时,可分析得到 $\bar{t}_{ad} = 14\text{s}$,加速、减速及怠速平均油耗率同前。则单个进口直行车道组燃油消耗总量为

$$FC_l^1 = \frac{12 \times 120}{3600} \times 300 \times (1.65 \times 7.5 \times 14 + 0.28 \times 825) = 48510(\text{mL}) \quad (8-13)$$

$$FC_l^1 = \frac{12 \times 120}{3600} \times 300 \times (1.65 \times 7.5 \times 14 + 10 \times 7.5) = 29790(\text{mL}) \quad (8-14)$$

$$FC_l^2 = \left(1 - \frac{12 \times 120}{3600}\right) \times 300 \times (1.65 \times 8.1 \times 14 + 0.28 \times 972) = 82669(\text{mL}) \quad (8-15)$$

$$FC_l^2 = \left(1 - \frac{12 \times 120}{3600}\right) \times 300 \times (1.65 \times 8.1 \times 14 + 10 \times 8.1) = 48260(\text{mL}) \quad (8-16)$$

$$FC_l = 48510 + 82669 = 131179(\text{mL}) \quad (8-17)$$

$$FC_l = 29790 + 48259.8 = 78050(\text{mL}) \quad (8-18)$$

3. 理论计算结果

根据前面对状态 I 和状态 II 的过饱和流量的机动车燃油消耗量的描述和估计,表 8-7 显示了不同饱和程度的平均油耗计算结果。

过饱和交叉口油耗计算结果   表8-7

项目		平均油耗(mL/pcu)		
		无 SSS	有 SSS	节省量
饱和度	1.20	205.80	132.40	73.40(35.7%)
	1.50	437.30	260.20	177.10(40.5%)
增量		231.50(112.5%)	127.80(96.5%)	—

注:SSS 为发动机自动启停系统。

平均油耗的结果表明了以下特征:

(1)当交叉口各进口道直行的饱和度为1.2时,机动车平均油耗达到205.80mL左右;当饱和度增加到1.5时,油耗增加到437.30mL,与之前的过饱和实验结果基本一致。

(2)在相同的运行环境下,配备SSS的机动车可以明显节省燃油。饱和度为1.2时,每辆车在无/有SSS的情况下,油耗分别为205.8mL和132.4mL;有SSS的机动车节油率约为35.7%。当饱和度为1.5时,油耗分别为437.30mL和260.20mL左右,SSS机动车节油约40.5%。

4. 仿真分析

1) VISSIM 仿真分析

首先利用VISSIM软件构建仿真环境。最重要的参数是进口车道的饱和流率,在VISSIM软件中通过跟驰模型和车速分布进行标定;车速分布在40~45km/h之间;跟驰模型选择Wiedemann 74,平均停车距离为2.00m,安全距离的加法部分为4.38m,乘法部分为5.38m。在模拟之后,机动车的轨迹如图8-24所示。

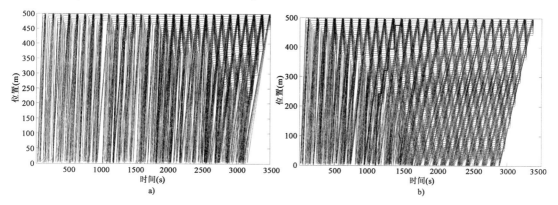

图8-24 不同饱和度的交叉口进口道的机动车行驶轨迹

图8-24描述了当交叉口间距固定时,随着饱和程度的增加,交通流排队和停车次数的变化。同时,这两组曲线提供了最直接的证据,表明延误和停车次数的增加是油耗上升的主要原因。在图a)中,机动车的延误和停车逐渐接近但未达到临界值。同时,排队长度小于但接近交叉口间距的长度。

相比之下,在图b)中,延迟、停止和队列长度急剧达到临界值。这里,第120辆车的轨迹用加厚曲线标记,因此该图分为两部分。左边是第1至第119辆车的轨迹,与图a)有相似的特征。然而,右侧,即第121至第300辆车的轨迹,显示出完全不同的特征。排队的长度总是等于交叉口间距的长度,而停车和延误始终保持在临界值。

2）TRANSYT-7F 仿真分析

同时，利用美国佛罗里达大学开发的 TRANSYT-7F 仿真软件进行仿真分析。仿真的基本设置如图 8-25 和图 8-26 所示。TRANSYT-7F 仿真结果如图 8-27 所示。

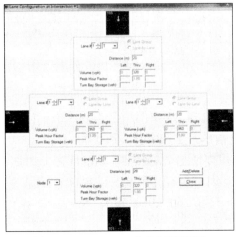

图 8-25　TRANSYT-7F 仿真交通流设置

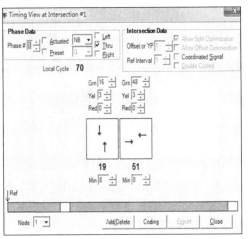

图 8-26　TRANSYT-7F 仿真信号控制设置

TRANSYT-7F
File Edit View Run Window Options Help
Output Quick Jump　Time Period
T Intersection 1.tof

<PERFORMANCE WITH INITIAL SETTINGS>

Movement/ Node No.	Flow vph	Sat Flow vphg	Degree of Sat %	Total Travel veh-km	Travel Time Total veh-h	Travel Time Avg sec/v	Delay Uniform veh-h	Delay Random veh-h	Delay Total	Delay Average sec/veh	Stops Uniform (vph, %)	Stops Random (vph, %)	Stops Total (vph, %)
NB THRU	320	1600	87	6.40	5.23	58.8	2.56	2.52	5.09	57.2	292.8(92%)	120.7(38%)	413.6(130%)
SB THRU	320	1600	87	6.40	5.23	58.8	2.56	2.52	5.09	57.2	292.8(92%)	120.7(38%)	413.6(130%)
EB THRU	960	1600	87	19.20	5.59	21.0	2.46	2.70	5.17	19.4	650.6(68%)	129.5(14%)	780.1(82%)
WB THRU	960	1600	87	19.20	5.59	21.0	2.46	2.70	5.17	19.4	650.6(68%)	129.5(14%)	780.1(82%)
1 :	2560	MAX =	87	51.20	21.64		10.05	10.45	20.51	28.8	1886.8(74%)	500.5(20%)	2387.4(93%)

Movement/ Node No.	Max Back of Queue Uniform veh/link(m/lane)	Max Back of Queue Random veh/link(m/lane)	Max Back of Queue Total veh/link(m/lane)	Queuing Capacity veh/link(m/lane)	Time Full %	Critical Link	Fuel Cons. lit	Eff. Green sec	Arr. Type	LOS
NB THRU	6.1 (46)	2.9 (22)	9.0 (68)	2.0 (15)	0.0	N	20.07	18.0	3	E
SB THRU	6.1 (46)	2.9 (22)	9.0 (68)	2.0 (15)	0.0	N	20.07	18.0	3	E
EB THRU	10.4 (76)	3.1 (24)	13.5 (100)	2.0 (15)	0.0	N	28.07	54.0	3	B
WB THRU	10.4 (76)	3.1 (24)	13.5 (100)	2.0 (15)	0.0	N	28.07	54.0	3	B
1 :					0		96.27	(DI=	26.5)	C

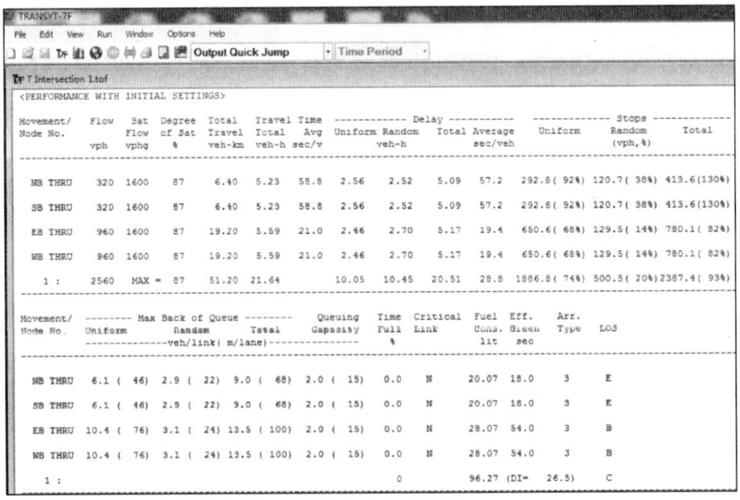

图 8-27　TRANSYT-7F 仿真结果界面

四、基于油耗的综合待行区机动车运行仿真案例

1. 仿真参数及标定

综合待行区（图 8-28）应用情况较为有限，主要思想是在绿灯期间能够充分利用进口道的道路空间，而车辆的集聚和自组织主要完成于红灯期间。一般而言，综合待行区长度应不少于 40～50m，主要保证左转或直行车流不至于产生二次排队且进口道车直行和左转车道数不少于 3 条；同时，交叉口进口道左转及直行交通需求大于或等于普通信号设置的通行能力；最后，交叉口相位采取同一进口道左转和直行交叉放行的方式。

利用 VISSIM 仿真平台进行综合待行区设置仿真研究。综合待行区与左转待行区在仿真时的主要区别在于：①设置第一停车线和第二停车线并且在第二停车线前 30～50m 范围内允

许车辆进行车道变换;②每个进口道设置两组信号灯组进行信号控制。模型构建及标定过程如图 8-29 和图 8-30 所示。

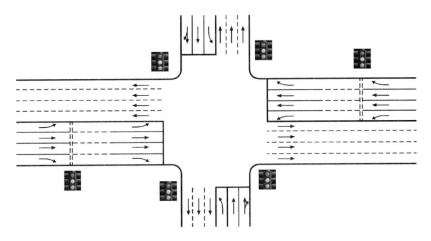

图 8-28　综合待行区示意

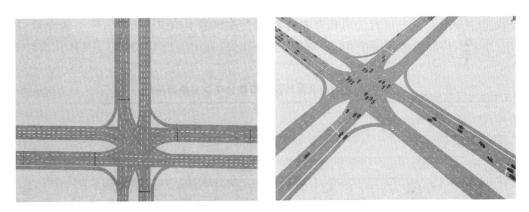

图 8-29　VISSIM 平台综合待行区仿真建模

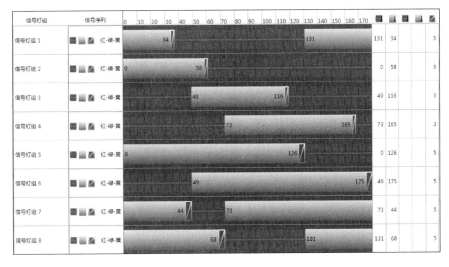

图 8-30　综合待行区配时及相位设计

2. 当信号配时方案不变时

信号配时周期时长和各相位绿灯时长不变，但相位顺序需进行调整，具体见表8-8。同时，计算得出综合待行区最短长度为1pcu，此处按照7pcu长度进行计算分析。结合准饱和交叉口交通流燃油消耗量计算方法，分别计算得到设置综合待行区前后各相位各进口车道组及交叉口的车辆平均延误、平均停车率、平均油耗量及总的油耗量。

交叉口交通量及车道分布　　　　　　　　　　　　　　　　表8-8

进口		东进口		南进口		西进口		北进口	
转向		左转	直行	左转	直行	左转	直行	左转	直行
车道数		2	2	2	2	2	2	2	2
q(pcu/h)		289	341	880	780	360	302	870	657
S(pcu/h)		1550	1650	1550	1650	1550	1650	1550	1650

可以看出，在保持信号配时方案不变时，设置综合待行区后，交叉口各进口车道组车辆平均延误及停车率指标均有所降低，即分别由97s和1.6降至89s和1.4，降低相对比例约为8.25%和12.50%；设置综合待行区虽然会增加部分车辆的停车次数，但其能够改善交叉口的通行状况，从而能够提高通行能力和服务水平，降低车辆的平均燃油消耗量及总油耗量，该交叉口交通流平均燃油消耗量由57mL降低至50mL，相对比例为12.28%。具体计算结果见表8-9。

基于油耗的综合待行区信号配时优化及效益分析　　　　　　表8-9

进口	转向	评价指标	①原配时+无待行区	②原配时+有待行区	③新配时+有待行区	①②对比（%）	①③对比（%）
南进口	直行	延误(s)	105	97	43	7.62	59.05
		停车率	1.8	1.4	1.4	22.22	22.22
		平均油耗(mL)	62	53	37	14.52	40.32
	左转	延误(s)	111	104	78	6.31	29.73
		停车率	2	1.6	1.8	20.00	10.00
		平均油耗(mL)	67	59	54	11.94	19.40
北进口	直行	延误(s)	86	68	43	20.93	50.00
		停车率	1.3	1.3	1.2	0.00	7.69
		平均油耗(mL)	48	42	34	12.50	29.17
	左转	延误(s)	108	102	77	5.56	28.70
		停车率	1.9	1.6	1.7	15.79	10.53
		平均油耗(mL)	64	58	53	9.38	17.19
东进口	直行	延误(s)	98	91	51	7.14	47.96
		停车率	1.9	1.1	1.1	42.11	42.11
		平均油耗(mL)	63	46	34	26.98	46.03
	左转	延误(s)	68	68	51	0.00	25.00
		停车率	0.9	0.9	1	0.00	-11.11
		平均油耗(mL)	35	35	33	0.00	5.71

续上表

进口	转向	评价指标	①原配时+无待行区	②原配时+有待行区	③新配时+有待行区	①②对比（%）	①③对比（%）
西进口	直行	延误(s)	90	81	51	10.00	43.33
		停车率	1.3	1.1	1	15.38	23.08
		平均油耗(mL)	49	42	33	14.29	32.65
	左转	延误(s)	68	68	51	0.00	25.00
		停车率	1	1	1.1	0.00	−10.00
		平均油耗(mL)	37	37	35	0.00	5.41
交叉口	直左	延误(s)	97	89	59	8.25	39.18
		停车率	1.6	1.4	1.4	12.50	12.50
		平均油耗(mL)	57	50	42	12.28	26.32

3. 当信号配时方案变化时

设置综合待行区后，信号配时方案不变时，虽然能够改变交叉口的通行状况，但并不利于降低交通流燃油消耗。其主要原因是绿灯时长不能充分利用，且额外产生的加减速增加了油耗。因此，结合待行区的设置情况，进行交叉口配时方案优化，得到最佳周期时长为112s，考虑信号协调等因素取120s，各相位绿灯时间分别为34s、18s、30s和18s。

仍按照准饱和交叉口交通流燃油消耗量计算方法，分别计算得到设置综合待行区前后各相位各进口道车道组及交叉口的车辆平均延误、平均停车率、平均油耗量及总的油耗量。计算结果表明，只有第四相位（即东西进口道左转）交通流车辆油耗量有所增加且东进口左转车停车率略有增加，其他相位交通流各评价指标均有所下降。并且，整个交叉口各进口车道组车辆平均延误及停车率指标均有所降低，即分别由97s和1.6降至59s和1.4，降低相对比例约为39.48%和12.50%；同时，交通流平均燃油消耗有所下降，由57mL降低至42mL，降低相对比例约为26.32%。

因此，交叉口设置综合待行区后，应进行信号配时方案优化，不但能够明显改善交叉口的通行状况，同时也能够明显地减少交通流的燃油消耗量。同理，该案例仿真也可以适用于交叉口逆向可变车道信号控制仿真等，具体情况请参阅笔者已经发表的相关论文。

五、面向 V2I 的信号控制交叉口车辆跟驰模型与仿真

1. 问题分析与模型构建

1）基础模型分析

跟驰模型是描述微观驾驶行为的一种基本模型，现有的跟驰模型多是考虑前方信息车辆的影响。对于跟驰模型来说，其基本形式如下所示：

$$\frac{\mathrm{d}v_n(t)}{\mathrm{d}t} = f(v_n, \Delta x_n, \Delta v_n, \cdots) \tag{8-19}$$

上述公式表明，第 n 辆车的加速度由其自身速度、车头间距、相对速度以及其他因素决定。而对于未来使用V2I技术的信号控制交叉口交通场景，影响交通的因素更包括机动车对前方交通信息的预判。然而，到目前为止很少有研究者考虑V2I对信号控制交叉口交通流运行的影响，应该在考虑V2I对信号控制交叉口机动车影响的基础上，建立更符合信号控制交叉口机动车运行特征的车辆跟驰模型。

在全速差模型的基础上,进一步考虑 V2I 对智能车和信号交叉口机动车的影响,对模型进行扩展。对于全速差模型,其形式表示如下:

$$\ddot{x}_n(t) = k[V(\Delta x_n(t)) - v_n(t)] + \lambda \Delta v_n(t) \tag{8-20}$$

式中:$x_n(t)$——第 n 辆车在 t 时刻的位置,m;

$\ddot{x}_n(t)$——第 n 辆车在 t 时刻的加速度,m/s²;

$\Delta x_n(t)$——t 时刻第 n 辆车与第 $n-1$ 辆车之间的车头间距,m;

$V(\cdot)$——优化速度函数;

k、λ——敏感系数;

$\Delta v_n(t)$——t 时刻第 n 辆车与第 $n-1$ 辆车之间的速度差,m/s。

对上述基础模型分析可知,该模型只是考虑跟驰车辆受到前方运行车辆的影响。在考虑 V2I 对信号控制交叉口运行车辆影响的基础上,提出了一个新的基于 V2I 的信号控制交叉口车辆跟驰模型。根据相关文献可知,V2I 通常会对参数 k、λ 以及优化速度函数 $V(\cdot)$ 等造成影响,而现有模型未能全面考虑上述影响因素,需要通过理论建模的手段对该模型进行补充拓展,以描述应用 V2I 的信号控制交叉口的交通流特征。

2)模型构建

首先,总结 V2I 对车辆运行特征的影响可知,当车辆将要到达交叉口时,V2I 可以提供给驾驶员相关的信息,因此车队上游的车辆能够反应得更为迅速及时,此时 k 和 λ 参数相比现有的模型会有所变化,更能够灵敏地反映前方交通信息对驾驶车辆的影响。这里定义受 V2I 影响的敏感系数 k、λ 为 k_{V2I} 和 λ_{V2I},其具体意义解释如下:

当智能车辆进入信号控制交叉口的 V2I 影响区域时,即车辆的实时位置 $x(n,t)$ 满足 $ST_d - R < x(n,t) < ST_d$ 时(其中 ST_d 为信号控制交叉口停车线位置,R 为 V2I 的影响距离),随着车辆靠近信号控制交叉口区域,对需要改变机动车运行轨迹的车辆来说,驾驶员根据 V2I 提供的前方的交通信息做出的反应逐渐增强,即 k_{V2I} 与 λ_{V2I} 逐渐变大。鉴于此,对相关参数定义如下:

$$k_{V2I} = k + u(x_n(t)) \tag{8-21}$$
$$\lambda_{V2I} = \lambda + w(x_n(t)) \tag{8-22}$$

式中:$u(x_n(t))$——表示随着接受 V2I 信息影响的机动车靠近信号控制交叉口,因机动车减速,其反应敏感度随着机动车与交叉口的距离缩短而增强。

具体表示公式为:$u(x_n(t)) = u + u \cdot \{1 - [ST_d - x(n,t)]/R\}$。

与此同理,定义 $w(x_n(t)) = w + w \cdot \{1 - [ST_d - x(n,t)]/R\}$。

同时,为了能够反映 V2I 对智能车的影响程度,也可理解为智能车驾驶员对 V2I 所提供的前方交通信息的接受程度。定义 p 为表示 V2I 对智能车驾驶员影响程度的影响因子,p 值越大则说明 V2I 对智能车驾驶员影响程度越大,即此时 V2I 在信号控制交叉口所发挥的作用越大。

下文将针对几种机动车运行的不同情况进行分析研究。

(1)当机动车能够正常通过信号控制交叉口时,车辆会按照现在的运行特征前进。因此采用全速差模型描述其运动特征,公式如下所示:

$$\ddot{x}_n(t) = k[V(\Delta x_n(t)) - v_n(t)] + \lambda \Delta v_n(t) \tag{8-23}$$

(2)当智能车能够加速在当前绿灯期间通过交叉口时,研究可知,第 n 辆智能车会尽可能加速至最大限速,以确保智能车辆能够安全通过交叉口。然而,智能车辆前方的运行车辆会影响其加速行为。因此可以对其运动特征描述如下:

$$\ddot{x}_n(t) = k[V(\Delta x_n(t)) - v_n(t)] + \lambda \Delta v_n(t), \Delta x_n(t) \leq ST_d - x_n(t) \quad (8\text{-}24)$$

式中：ST_d——交叉口停车线的位置，m。

可知，$ST_d - x_n(t)$ 表示为第 n 辆车到停车线的距离。即当前车尚未通过信号控制交叉口时，第 n 辆车会受其阻碍，而不会加速。

而当前车通过停车线时，第 n 辆车会考虑以最大速度通过交叉口，避免在红灯期间的停车等待，但同时其驾驶行为依然受前车速度的影响。此时可以对其运动特征描述如下：

$$\ddot{x}_n(t) = k_{V2I}[v_{\max} - v_n(t)] + \lambda_{V2I}\Delta v_n(t), \Delta x_n(t) > ST_d - x_n(t) \quad (8\text{-}25)$$

式中：$v_{\max}$——车辆允许的最大速度，m/s。

同时，若第 n 辆车与前方车辆距离较远，或 $n=1$ 时，则排除前方车辆的影响，此时 $\Delta v_n(t)$ 可以不用考虑，对其运动特征可以描述为

$$\ddot{x}_n(t) = k_{V2I}[v_{\max} - v_n(t)], \Delta x_n(t) > ST_d - x_n(t) \quad (8\text{-}26)$$

（3）当智能车辆需要平缓减速停车时，智能车驾驶员能够及时获得下游交通的信息，例如能够获知交叉口停车线位置信息，以及预测前方排队车辆信息。定义优化速度函数 $V(\cdot)$：

$$V(\cdot) = V[ST_d - m_n^p \cdot h_d - x_n(t)] \quad (8\text{-}27)$$

式中：m_n^p——第 n 辆车前方排队等待通过的车辆数；

h_d——停车排队的车头间距，m；

$m_n^p \cdot h_d$——前方排队车队的长度，m。

当 $m_n^p = 0$ 时，表示在第 n 辆智能车前方不会有车辆排队等待，可知此时 $\Delta x_n(t)$ 为第 n 辆智能车与信号控制交叉口停车线之间的距离 $ST_d - x_n(t)$。此时车辆不再受前车的速度影响，此时可视停车线为前车。因此对其运动特征描述如下：

$$\ddot{x}_n(t) = k[V(ST_d - x_n(t)) - v_n(t)] - \lambda v_n(t), m_n^p = 0 \quad (8\text{-}28)$$

当 $m_n^p = 1,2,\cdots,N$ 时，表示在第 n 辆智能车前方最终会有 m_n^p 辆车排队等待，因此可视 $\Delta x_n(t)$ 为第 n 辆智能车与前方排队车队的距离 $ST_d - m_p \cdot h_d - x_n(t)$，则优化速度函数为 $V(\cdot) = V(ST_d - m_n^p \cdot h_d - x_n(t))$。$\Delta v_n(t)$ 表示车辆受到前车影响后的速度变化。

$$V(\cdot) = (1-p) \cdot V(\Delta x_n(t)) + p \cdot V(ST_d - m_n^p \cdot h_d - x_n(t)) \quad (8\text{-}29)$$

定义上式中 $0 \leq p \leq 1$。当 p 增大时，V2I 提供的前方交叉口信息发挥的作用增大。相反可知，当 p 减少时，$1-p$ 增大，V2I 提供的前方交叉口信息发挥的作用减小。

此时车辆的运动特征可以描述如下：

$$\ddot{x}_n(t) = k_{V2I} \cdot [(1-p) \cdot V(\Delta x_n(t)) + p \cdot V(ST_d - m_p \cdot h_d - x_n(t)) - v_n(t)] + \lambda_{V2I} \cdot \Delta v_n(t) \quad (8\text{-}30)$$

（4）当智能车辆可以减速通过交叉口时，智能车会减速到较低的速度，在该速度下，当最后一辆车开始移动时，车辆可以恰好到达队列尾部。因此，比较合理的速度等于车辆和队列尾部之间的距离除以从时间 t 到队尾车辆开始移动时间的间隔。同时也应该考虑该车依然受前车的制约，可以建立如下方程描述其运动特征：

$$\ddot{x}_n(t) = k_{V2I} \cdot \left[(1-p) \cdot V_n(t) + p \cdot \frac{ST_d - x_n(t) - m_p \cdot h_d}{g_s + t_{qc} - t} - v_n(t)\right] + \lambda_{V2I} \cdot \Delta v_n(t) \quad (8\text{-}31)$$

式中：g_s——绿灯最近的开始时间，s；

t_{qc}——队尾车辆的起动时间，s。

2. 数值仿真

本例主要是通过仿真来探究 V2I 对机动车影响程度 p、V2I 影响范围 R 对信号控制交叉口交通流特征及延误、速度等指标的影响。这里选取信号交叉口单进口道运行的车辆为仿真对象,仿真参数取值如下:

车辆数 $N_V = 15$, $k = 0.41\text{s}^{-1}$, $\lambda = 0.2\text{s}^{-1}$, $l_c = 9\text{m}$, $v_{max} = 16.66\text{m/s}$, $v_1 = 6.75\text{m/s}$, $v_2 = 7.91\text{m/s}$, $C_1 = 0.13\text{m}^{-1}$, $C_2 = 1.57\text{m}^{-1}$, $v_{min} = 6\text{m/s}$。

(1) 设置信号交叉口 V2I 影响区域范围 $R = 500\text{m}$,15 辆车以等同的车头间距在同一车道上依次排列,头车初始位置为 $x_1(0) = 0$,停车线位置为 $ST_d = 300\text{m}$。

(2) 设置信号周期为 85s,绿灯时长为 40s,绿灯开始时刻为 0。

(3) 设置车辆自由行驶速度为 14.66m/s,设置仿真步长为 0.1s。

(4) 取 p 初始值为 1, $u = 0.2$, $w = 0.1$。

1) V2I 对信号交叉口交通流特征的影响

(1) V2I 影响程度 p 对信号交叉口交通流的影响。图 8-31 所示为不同的影响程度系数 p 对信号交叉口交通流的影响。对比仿真图中车辆运行轨迹可知,当 V2I 对机动车的影响程度增大时,即 p 值逐渐增大,此时车辆运行轨迹更加平缓,减速停车等待的车辆减少。上述仿真结果表明了智能交通对提高信号交叉口机动车运行效率的重要作用。

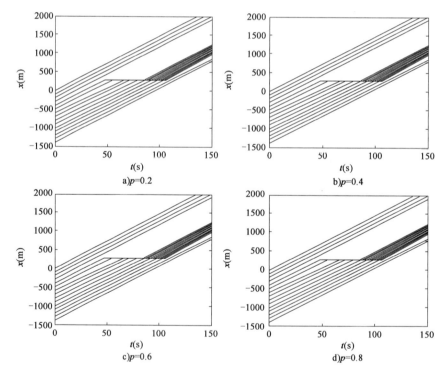

图 8-31 不同影响系数 p 的仿真对比

(2) V2I 影响范围 R 对信号交叉口交通流的影响。图 8-32 所示为不同的 V2I 影响范围 R 对信号交叉口进口道机动车行驶特征的影响。R 取值大小分别 100m、200m、300m、400m、500m 及 600m,随着 R 的增大,减速等待的车辆数明显减少,其中 $R = 200\text{m}$ 时,有 7 辆车需要等待通过;$R = 300\text{m}$ 时与 $R = 400\text{m}$ 时,有 2 辆车需要等待通过。由此可见,随着 R 的增大,机动车不停车通过信号交叉口的概率逐渐增大,能够有效减少车辆的停车等待,车辆时空轨迹更加平缓,同时加速通过信号交叉口的车辆得到增加。这与实际特征比较相符,因为车辆通过提前获知信号交叉口的信息能够提前进行加速与减速。而当 R 进一步增大时,车辆运行虽然能够进一步得到优化,但是效果提升不太明显。

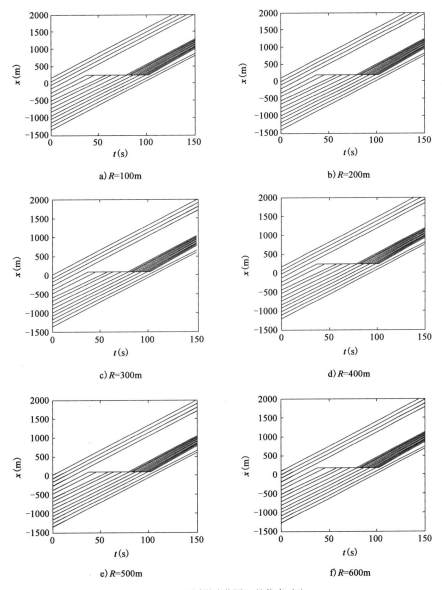

图 8-32　不同影响范围 R 的仿真对比

然而,通过上述仿真分析及城市道路特征及车辆特性可知,随着 R 的不断增大,V2I 的影响作用增幅逐渐减少,同时限于城市交叉口间距设置规范,因此未来在信号交叉口应用 V2I 时,应根据道路交通的实际情况,设定合理的影响范围 R。

(3) 其他因素对信号控制交叉口交通流的影响。在智能车尚未完全投入使用的阶段,智能车的比例会对信号控制交叉口交通流特征造成一定影响。当智能车比例增大时,由于普通车辆的跟驰特性,到达车队中机动车不停车通过信号控制交叉口的概率会增大。通过研究可以发现,智能车的时空位置同样是影响交通流特征的重要因素。因此对信号控制交叉口到达车队中智能车的时空位置的研究是具有一定应用价值的。除上述影响因素外,车辆速度范围、加速度范围以及系数 k、λ 等其他因素对机动车运行特征都有一定影响。

2) V2I 对信号交叉口机动车平均延误、平均速度的影响

(1) V2I 对信号控制交叉口机动车平均延误影响。图 8-33 所示为在有无 V2I 影响时,通过信号交叉口的机动车的平均延误。仿真选取的交通流量为 400~1400pcu/(h·ln)[间隔为 200pcu/(h·ln)]时的不同延误值。在有 V2I 的情况下,机动车的平均延误得到有效降低,说明 V2I 的应用能够有效降低信号控制交叉口的平均延误。随着交通量的增大,延误降低值依次为 21.23%、26.97%、26.46%、30.24%、19.00% 和 18.41%,这是因为当流量在 400~1000pcu/(h·ln) 间增加时,更多的机动车能够通过 V2I 的应用实现车辆行驶的优化。而当流量进一步增大时,车辆在交叉口的延误逐渐增大,限于交叉口的通行能力等因素,V2I 的对机动车的运行优化空间较小,因此延误降低值出现降低的现象。

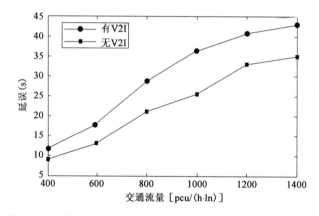

图 8-33 不同流量下有无 V2I 影响的信号控制交叉口机动车平均延误对比

为了进一步探究 V2I 的应用对信号控制交叉口机动车平均延误的影响,对不同 p 值下的信号控制交叉口机动车的平均延误进行仿真计算,结果如图 8-34 所示。通过分析仿真图可知,随着 p 值的不断增大,机动车的平均延误得到不断降低,这说明,随着 V2I 在交叉口的影响作用增大,机动车的延误能够得到进一步降低,这充分证明了 V2I 在信号控制交叉口的重要作用。

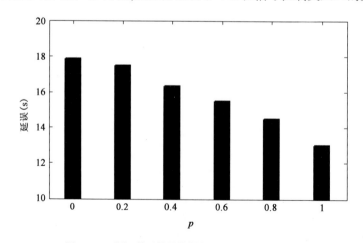

图 8-34 不同 p 值下信号控制交叉口机动车平均延误

图 8-35 所示为不同 p 值下信号控制交叉口机动车延误箱形图,表明随着 V2I 影响的加深,通过信号控制交叉口的机动车延误的 25%、50% 和 75% 分位数不断降低,证明 V2I 的应用能够使通过交叉口的机动车延误得到有效降低。

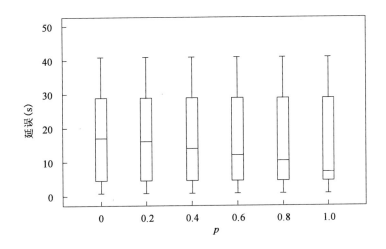

图 8-35　不同 p 值下信号控制交叉口机动车延误箱形图

（2）V2I 对信号控制交叉口机动车平均速度影响。图 8-36 所示为在有无 V2I 影响时通过信号控制交叉口的机动车的平均速度对比分析图。结果表明当流量在 400～1400pcu/(h·ln) 时,机动车的平均速度分别增加 8.42%、14.14%、18.07%、23.75%、14.35% 以及 14.11%,这说明 V2I 的应用能够有效提高机动车通过信号控制交叉口的平均速度。

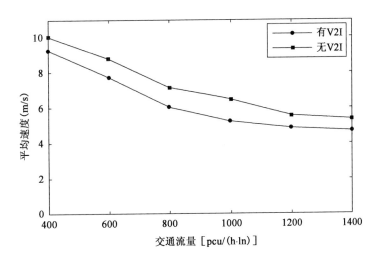

图 8-36　不同流量下有无 V2I 影响的信号控制交叉口机动车平均速度对比

综上可知,V2I 的应用能够有效降低信号控制交叉口的机动车平均延误、提高机动车的平均速度以及减少车辆减速停车次数,充分证明了 V2I 的应用对提高信号控制交叉口机动车运行效率的重要作用。

本章思考题

1. 简要叙述常用微观交通系统仿真软件的特点。
2. 简要叙述 VISSIM 软件的应用步骤。
3. 简要叙述 TSIS/CORSIM 软件的应用步骤。
4. 简要叙述 Synchro 软件的应用步骤。
5. 简要叙述 SUMO 软件的应用步骤。

参考文献

[1] 冯树民.交通系统工程[M].北京:知识产权出版社,2009.

[2] 方道元,韦明俊.数学建模——方法引导与案例分析[M].杭州:浙江大学出版社,2011.

[3] 慈玉生.快速路匝道连接段通行能力与匝道设置研究[D].哈尔滨:哈尔滨工业大学,2008.

[4] 吴丽娜.城市道路交叉口车辆燃油消耗分析及控制方法研究[D].哈尔滨:东北林业大学,2015.

[5] 杨丽,吴雨茜,王俊丽,等.循环神经网络研究综述[J].计算机应用,2018,38(S2):1-6,26.

[6] 王祥雪,许伦辉.基于深度学习的短时交通流预测研究[J].交通运输系统工程与信息,2018,18(1):81-88.

[7] 隽志才.交通系统建模与仿真[M].北京:科学出版社,2011.

[8] 裴玉龙,张亚平.道路交通系统仿真[M].北京:人民交通出版社,2004.

[9] 陈宽民.交通工程CAD基础教程[M].北京:人民交通出版社,2012.

[10] 程琳.城市交通网络流理论[M].南京:东南大学出版社,2010.

[11] 孙剑.ATIS环境下交通仿真基础理论及关键技术研究[D].上海:同济大学,2006.

[12] 周国志.面向信号交叉口的微观交通仿真系统开发[D].北京:北京交通大学,2019.

[13] 高春霞.基于MAS的客运专线交通枢纽行人交通微观仿真研究[D].北京:北京交通大学,2012.

[14] 杨龙海,张春,仇晓赟,等.车辆跟驰模型研究进展[J].交通运输工程学报,2019,19(5):125-138.

[15] 刘亚龙.基于数据驱动的微观交通流建模研究[D].成都:西南交通大学,2017.

[16] 杨柳青.道路交通流仿真模型构建及其应用研究[D].北京:北京工业大学,2014.

[17] 杨国军.复杂道路情况下智能交通系统建模、控制与仿真[D].兰州:兰州交通大学,2013.

[18] 王殿海,金盛.车辆跟驰行为建模的回顾与展望[J].中国公路学报,2012,25(1):115-127.

[19] 廖明军,李克平,王凯英,等.行人交通微观仿真研究综述[J].武汉理工大学学报(交通科学与工程版),2010,34(1):180-183.

[20] 胡明伟,史其信.行人交通仿真模型与相关软件的对比分析[J].交通信息与安全,2009,27(4):122-127.

[21] 贾海亮.电动自行车交通特性研究[D].成都:西南交通大学,2014.

[22] 张国斌.综合客运枢纽站前广场行人交通行为及微观仿真研究[D].北京:北京交通大学,2009.

[23] 邹智军,杨东援.微观交通仿真中的车道变换模型[J].中国公路学报,2002,15(2):108-111.

[24] 邵春福,魏丽英,贾斌.交通流理论[M].北京:电子工业出版社,2012.

[25] 张福勇.三大交通规划软件的比较分析研究[D].西安:长安大学,2004.

[26] 任敏. 交通规划软件 TransCAD、CUBE/Trips 和 VISUM 的比较分析[J]. 交通与计算机, 2008, 26(4):125-127, 139.

[27] 大连经济技术开发区规划建设局. 大连市金港区综合交通规划(2008—2030)[R]. 2008.

[28] 袁家祥. 基于 TransCAD 的建设项目交通影响评价研究[D]. 乌鲁木齐:新疆农业大学, 2016.

[29] 张琳. CUBE 软件交通规划建模特点研究[D]. 西安:长安大学, 2012.

[30] 王晓光, 李志鹏, 王茜. 城市快速路私家车交通量调查及 TransModeler 仿真分析[J]. 机电产品开发与创新, 2011, 24(4):79-81.

[31] 李伦. 微观交通仿真软件 Paramics 的工程应用实例[J]. 交通世界(工程技术), 2018, 26:42-44, 49.

[32] Yusheng Ci, Lina Wu, Xianzhang Ling, et al. Operation Reliability for On-ramp Junction of Urban Freeway[J]. Journal of Central South University of Technology, 2011, 18(1):266-270.

[33] Shumin Feng, Yusheng Ci, Lina Wu, et al. Vehicle Delay Estimation for an Isolated Intersection under Actuated Signal Control[J]. Mathematical Problems in Engineering, 2014, 356707:1-7.

[34] Lina Wu, Yusheng Ci, Jiangwei Chu, et al. The Influence of Intersections on Vehicle Fuel Consumption in Arterial Road Traffic[J]. Plos One, 2015, 10(9):1-10.

[35] Lina Wu, Yusheng Ci, Yunpeng Wang, et al. Fuel Consumption at the Oversaturated Signalized Intersection Considering Queue Effects: A Case Study in Harbin, China[J]. Energy, 2020, 192(116654):1-9.

[36] Yusheng Ci, Lina Wu, Jiafa Zhao, et al. V2I-based Car-Following Modeling and Simulation on the Signalized Intersection[J]. Physica A: Statistical Mechanics and its Applications, 2019, 525:672-679.

[37] 慈玉生, 荣彧, 吴丽娜. 交叉口逆向可变车道感应控制仿真研究[J]. 交通运输系统工程及信息, 2018, 18(S1):66-73.

[38] 张立东, 王英龙, 贾磊. 交通仿真研究现状分析[J]. 计算机仿真, 2006, 23(6):255-258.

[39] Park Byungkyu, Messer Carroll J, Urbanik Thomas. Initial Evaluations of New TRANSYT-7F Version 8.1 Program[J]. Transportation Research Record Journal of the Transportation Research Board, 1999, 1683(1):127-132.

[40] 和英杰. 两种微观交通仿真软件的对比研究[D]. 广州:华南理工大学, 2012.

[41] 贾利民, 张尊栋, 秦勇. 城市道路交通网络多模态结构动态性研究[M]. 北京:科学出版社, 2013.